LEGAL PRACTICE

OF

dispute resolution on
value adjustment mechanism

对赌争议解决法律实务

邱 琳 刘新波 田 古 等

著

法律出版社 LAW PRESS·CHINA

邱　琳

邱琳律师，中国政法大学法律硕士，是法律界顶尖媒体汤森路透《亚洲法律杂志 ALB China》评选的2019年度十五佳诉讼律师之一，现任隆安律师事务所高级合伙人、争议解决委员会主任。邱琳律师于2018年取得中欧国际工商学院高级工商管理硕士（EMBA）学位，2020年考取清华大学五道口金融学院硕士。邱琳律师曾任北京某法院民事审判庭副庭长，八年的法院工作累计审结与公司有关的纠纷、股权证券信托类纠纷、房地产建工及其他合同类纠纷、劳动争议、婚姻家庭等各类民商事案件2200余件。邱琳律师多年专注于资本市场争议解决，尤其擅长投资并购、对赌及股权交易纠纷的诉讼与仲裁。邱琳律师现担任中欧国际工商学院MBA外聘导师、中国国际贸易促进委员会CCPIT-CEDR调解员、新加坡国际调解中心（SIMC）调解员、最高人民法院“互联网法院系统理论”课题组专家、中国共产党中央网络安全和信息化委员会区块链专家库成员、中国仲裁法学研究会会员、宁波仲裁委员会仲裁员、沈阳仲裁委员会仲裁员、成都仲裁委员会仲裁员、北京多元调解发展促进会离任法官调解服务团调解员、北京市朝阳区律师协会争议解决业务研究会副主任等职务。

刘新波

刘新波律师，中国政法大学法学硕士，曾任职于北京仲裁委员会，累计承办股权转让、借贷与担保、建设工程等各类民商事案件550余件；刘新波律师曾先后担任北汽集团及下属公司法务负责人，主管诉讼/仲裁、重大项目收购、法人治理、合同审核等工作。刘新波律师法学功底深厚，实战经验丰富，沟通和逻辑分析能力较强，尤其擅长公司法、合同法争议解决及非诉法律服务，熟悉诉讼及仲裁程序，了解裁判者思维方式。刘新波律师担任中国国际贸易促进委员会/中国国际商会调解员、中国国际贸易促进委员会CCPIT-CEDR调解员、新加坡国际调解中心（SIMC）调解员、宁波仲裁委员会仲裁员、北海仲裁委员会/北海国际仲裁院仲裁员。

田　古

田古律师，中国政法大学法学硕士，曾在北京某法院从事各类民商事案件审判工作，后进入律师行业执业至今。从事法律行业十余年间，始终处于办理疑难、复杂商事争议案件第一线。田古律师尤其擅长处理涉公司、股权争议案件，曾审理、办理与公司股权、投融资、合同交易相关的争议案件累计达2000余件。从事审判工作期间，田古律师曾荣获北京市法院系统年度办案数量第一名，具有丰富的审判实践经验及案件办理培训经验。田古律师为现任中国法学会会员，曾参与撰写并出版法学专著《国家征收法律制度研究》，全书逾40万字。田古律师担任中国国际贸易促进委员会/中国国际商会调解员、北海仲裁委员会/北海国际仲裁院仲裁员。

李晓丹

李晓丹律师，首都经济贸易大学法学硕士，现执业于隆安律师事务所。李晓丹律师主要负责重大疑难案件的辅庭、出庭应诉工作，以及重点非诉项目承办工作。李晓丹律师深度参与“对赌”课题研究，输出专业性文章10余篇，累计5万余字，阅读量超过6万次，其主讲的《资本市场3种交易结构：对赌、Earn-out、锁箱计价》课程，广受好评。

宸　超

宸超律师，中国政法大学法律硕士，现执业于隆安律师事务所。宸超律师主要负责重大疑难案件的辅庭、出庭应诉工作，以及重点非诉项目承办工作。宸超律师深度参与“对赌”课题研究，发表多篇理论与实务类文章，累计约7万字，阅读量超过2万次。

对赌协议，在中国投融资和并购市场被普遍运用，也由此带来了不少纠纷、争议，乃至因协议下标的高估值而导致的上市公司商誉减值现象屡见不鲜。但长期以来，实务界与学界对其的研究和认识，或倾向理论分析，或偏于个别案例解读。本书以学术化的系统性研究，通过大量的数据总结，辅以丰富的实际案例，既见树木，又见森林，从经济、金融和法律等多学科视角分析、讲解了对赌协议涉及的方方面面，兼顾应用广度与法理深度，是企业家、投资人、学者和监管层理解和掌握对赌实务的必要参考著作。

——中欧国际工商学院金融学副教授，总经理课程联席课程主任 **黄生博士**

《对赌争议解决法律实务》是我们课题组邱琳同学在中欧国际工商学院攻读EMBA时就在酝酿编写的一本具有商业思维的法律类实战书，现即将付梓，很是高兴。有幸成为这本书籍的参与者和见证者，这是我职业生涯以来第一次这么深入的了解法律的商业价值。现在，我想为大家推荐这本书，因为对于即将创业的你、正在创业的你、创业成功的你，或者说对于每一个直接或者间接拥有一家或者若干家公司的你而言，都不容错过，读懂这本书，借鉴他人的经验、得失，帮助你和企业健康成长，遇见更好的未来。

——郑州安图生物工程股份有限公司 **杨增利总经理**

对赌机制是当下投融资交易和并购交易中最活跃的工具之一，但也颇具争议。邱琳律师及其团队在该领域深耕多年，积累了丰富的经验。本书旨在厘清对赌争议解决实务，但又绝不局限于争议解决，而是汇总真实交易数据，穿插典型交易案例，在处理争议解决司法实务的同时将对赌交易机制的基础知识和法律问题娓娓道来。如此体例安排，使得本书在内容严谨专业之余，也不失鲜活生动，便于更多专业、更多行业、更多领域的读者了解、明白对赌机制。也正因此，本书既能够帮助资本市场交易主体预判、甄别法律风险，也能够帮助法律行业专业人士选择合理可行的争议解决方案，从而助力对赌交易机制真正实现服务资本市场商业交易的制度目的。

——北京大学法学院教授 **刘燕**

中国已进入“大众创业、万众创新”的全新时代，创新离不开资本的支持，而资本在逐利的同时，从来没有放松对投资风险的把控。“对赌”作为股权投融资交易中的估值调整机制，通常也关注到投资方的安全退出问题，在保障投资方权益及分配风险、平衡各方利益方面具备的独特优势，已使其成为众多股权投融资项目中的“标配”条款。但是，股权投融资涉及公司法及合同法等多个法律部门，且与公司及其债权人等利益相关者的权益保护、资本市场可持续的健康发展密切相关，“对赌”纠纷的处理由此呈现出纷繁复杂的特点。

目前，关于资本市场中“对赌”的研究专著很少。本书以国内近10年的交易数据为实证基础，将典型商业案例作为研究的出发点，系统地介绍了“对赌”的起源、交易结构等基础知识，对“对赌”引发的法律争议中涉及的主要法律问题进行了全面梳理，并结合经典案例对最高人民法院《九民纪要》的裁判规则做了细致的分析；同时，从程序角度就“对赌”法律纠纷的争议解决，从程序启动、争议焦点提炼、证据规则适用直至执行等全流程进行了完整介绍，并根据上市公司“对赌”涉刑问题频发的现象提出了专业建议。本书较好地实现了理论与实践、法律思维与商业思维的有机融合，为“对赌”问题的深入研究提供了丰富的资料，适合投融资领域及法律从业人士阅读。

——中国人民大学法学院教授、博士生导师，商法研究所所长，

第五届“全国十大杰出青年法学家” **刘俊海**

对赌协议，简单地说，就是当事人在进行股权投融资时为解决信息不对称、目标公司未来发展的不确定性、代理成本等因素产生的风险而订立的包含金钱补偿、股权回购等内容的协议，其本质上是当事人基于意思自治而做的一种交易安排。随着我国经济的发展，对赌协议在投融资领域广泛存在，由此也产生了大量的相关纠纷。对赌协议纠纷涉及到诸多法律问题，既包括合同成立、效力和履行等合同法问题，也涉及股权转让、资本维持原则和债权人保护等公司法的问题。尽管实务界对于对赌协议高度关注，但是理论上尚缺乏深入系统的研究。本书就对赌协议的问题进行了系统分析研究，书中既对对赌协议的理论知识做了全面梳理，从实际案例入手对重点、疑点和难点问题开展了细致的研究，更从实务操作的角度挑选了典型的对赌交易案例，结合对赌协议中的各个条款予以细致分析。本书不仅是一本关于对赌协议最有价值的入门书，而且对于律师、法官等广大法律实务工作者正确地解决对赌协议纠纷而言，也是一本有益的研习工具书。

——清华大学法学院副院长、教授、博士生导师 **程啸**

本书向您展现了两类故事：一类是商界精英用对赌投资引资策划谋略的故事，一类是法界英才晰理说法辨明是非的故事；本书呈现了两种思维：一个是进取发展的商业思维，一个是重法守信的裁判思维。两类故事，两种思维，本书给您带来两个启示：商界精英有对赌明天的豪情，也当知“赌”的风险，懂防范化解之道；法律人有追求公平正义的信念，也当知商业人士的思维初心，懂得商业逻辑。

——中国国际经济贸易仲裁委员会　**姚俊逸处长**

序　一

我认识邱琳，是在天同律师事务所。2015 年秋天，北京市朝阳区人民法院商事审判庭邀请中国政法大学民商经济法学院商法研究所和天同律师事务所共同申报最高人民法院的重大课题。应蒋勇先生之邀，我参观了天同四合院，迎门的一块石碑上刻着北宋理学大师张载的名言："为天地立心，为生民立命，为往圣继绝学，为万世开太平"，气魄恢弘，我以为我走进了某个国学院。

当时，邱琳任职于天同，她引领我游览了四合院的厢房、模拟法庭、小博物馆，还有枣树，中午品尝了号称"见肉不见面"的天同牛肉面。不久，冬天来临，她又代表天同律师事务所参加江平老师的生日宴会，向江平老师献上祝寿鲜花。

邱琳是从法院辞职下海做律师的，天同只是她熟悉海水的游泳池，她很快就组团单干了。几经周折，最后加入了隆安律师事务所。

出于对她的专业水平的信任，我将朋友委托的一些案件转委托给她。

邱琳在法庭上，说理层次非常清晰。在准备代理意见时，她表现出一种"说理强迫症"，和"一定要把道理说透"的决心，逻辑要捋直，不允许中间有任何断裂。她的方法不是“笼而统之”的论证模式，而是一种“单刀直入”的分析路径。这是许多律师所忽视的，连我自己在论证案件时，中间的细小裂痕，也常被无意识地忽视。

我想，这是一种法官的本色和素质。她虽为律师了，但依然把自己看成法官，要让自己说服自己。从法官到律师的角色转化，使得她可以立体地观察和分析案件。

在澜泰并购再审案中，她与田古一丝不苟，将案件剥开揉碎。案情涉及对方并购反悔，她们收集了美国纳斯达克市场股票的涨跌图，证明对方诉讼的真正目的是因股价下跌而反悔。连主审法官都赞扬她们做的材料，法官说：“什么时候我的助理也有这样的水平，我就轻松多了。”我心想：“我的材料可不是法官助理做的，而是‘副庭长’做的。”那天中午，在最高人民法院开完庭，我们难掩喜悦之情；刚走出法院大门，就听说美国总统竞选特朗普获胜了，我们又惊讶无比。所以，那一天的印象鲜明而深刻。

邱琳毕业于中国政法大学，她读法律硕士的时候，我已经留校任教。之后，她在北京市基层法院工作，审判任务极其繁重，每年处理的案件达 700 件。因工作出色，她很快被提升为副庭长。

十年的法官生涯，在邱琳身上历练出一种珍贵的才干。她和她的团队，表现出出色的专业精神和敏锐的判断力，这在青年律师中，是难能可贵的。一些青年律师，迷信于勾兑关系，而荒芜于专业，以为这是发展的不二法门，其实是不归之路。律师不相信专业的力量，不追求逻辑的清晰，律师就成为讼师了。

今年 1 月，庄胜集团公司董事长周建和先生委托我担任庄胜诉信达再审案的代理人，周建和先生向我征求第二位代理人的人选，我推荐了邱琳律师，列于推荐名单的第二位，仅在刘凯湘老师之后。今年 8 月 20 日，此案在最高人民法院庭审，我和刘凯湘教授出庭应诉，全国直播，有一百多万观众在线观看，影响很大。我相信，如果邱琳律师参加庭审，她也会有出色的表现。

邱琳和她的团队现在的研究与实务集中于对赌，创建了“对赌实务”微信公众号，已经有两年多，发表了 78 篇原创文章，在业内影响颇广。邱琳在中欧商学院攻读 EMBA 时，还组织专场讲座，向青年企业家的同学们讲授

“对赌与法律风险”,成为对赌顾问。

去年11月,最高人民法院《九民会议纪要》颁布后,对赌中的法律关系引起法学界的再次关注和深入探讨。

借此序,我也谈谈我的研究心得,我以为:

“在对赌协议的履行中,存在合同权利和法定义务的冲突,对赌协议中的当事人既是公司的债权人,又是公司的股东。双重身份创造了相互冲突的义务和权利。一方面,作为债权人,他有权要求与其对赌的公司返还出资。另一方面,作为公司的股东,有义务不抽逃出资。

如何处理对赌协议中的合同权利和法定义务的冲突?在早期的判例中,最高人民法院以法定义务绝对否定合同权利,进而绝对否定合同效力,例如,最高人民法院(2012)民提字第11号判决‘海富案’。最高人民法院的海富案的裁决,显然是轻率了。

但是,之后江苏省高级人民法院(2019)苏民再第62号判决‘华工’案,则另辟蹊径。经过一段时间的实践和研究,最高人民法院在2019年《全国法院民商事审判工作会议纪要》作出了理性的修正和回应,其第5条第3款的规定实质上是创设了一种新型的抗辩权。

上述分析思路形成时,正值我的专著《私权的分析与建构——民法的分析法学基础》付梓出版,我就将其写进了该书第八章‘私权的冲突’。

去年秋天,国家税务总局举行一个研讨会,讨论有关对赌的一个迫切的税收问题:对赌失败所涉及的两次股权转让,是否应征收两次所得税?我和刘凯湘教授以及叶林教授参加,我们表达了相同的观点:“税法上的认定最终取决于民法如何认定‘一来一往’的两次股权转让金额是否构成‘所得’,是否是两个完整而独立的法律行为。事实上,由于对赌失败,当事人虽然一无所获,但是,在民法上,两次股权转让都是生效的并且履行完毕的法律行为,不同于因合同无效或被撤销导致的两次转让,所以,构成两次‘所得’,应当征两次所得税。”

今年11月,在吉林大学主办的中国商业法年会的分组研讨中,我和刘燕教授、彭冰教授、傅穹教授等同仁继续深入探讨此问题,获益良多。会上,有从事对赌实务的律师介绍,引入“可转换债”可消弭对赌失败后出资返还的合同权利和“禁止抽逃出资”的法定义务的矛盾,但是,律师主张:“出资返还的合同权利应优先于‘禁止抽逃出资’的法定义务”，值得商榷。

邱琳律师和她的团队编著的《对赌争议解决法律实务》一书即将出版了，她嘱我写一篇序言。我是看着她和她的团队在对赌实务研究的田园中辛勤耕耘并获得丰收的，作为见证者，欣然为序。

王　涌
中国国际经济贸易仲裁委员会仲裁员，
中国政法大学民商经济法学院教授、博士生导师，
洪范法律与经济研究所所长
2020年12月22日

序　二

记不清这些年来看过多少涉及对赌协议纠纷的仲裁裁决了。不过，当拿到邱琳、刘新波等合著的《对赌争议解决法律实务》书稿，可以先睹为快时，还是有点儿小激动。

去年6月，北京仲裁委员会/北京国际仲裁中心与中欧国际工商学院、中欧国际工商学院校友总会联合举办了一场对赌实务分享会，邱琳在发言时介绍，他们团队搜集了过往十年1000余份可以从公开途径找到的法院裁判文书，分析了其中最经典的150余个对赌案例，从纠纷解决的角度去审视对赌的全过程，并精炼出针对投融资双方的15条对赌实操建议。当时印象非常深刻！

与会议发言只能点到为止相比，本书全面展示了作者在对赌方面的案例研究成果和实务操作心得。除了基础知识的介绍，所有的分析都是从实际案例中引申出来的。带着清晰的问题意识，实实在在地去讨论投融资双方在实践中的每个环节需要考虑的问题无疑是本书的一大特点。作者还尽可能地照顾不同读者的需求，比如有些内容写得非常平实易懂，让刚入门的人甚至非法律背景的商务人士都能参酌；有些内容则显得很高端，让即便是最资深的同行都能感受到有独到之处。

个人以为，争议解决的要义并不仅仅是解决个案争议，更重要的是在解释和界定通过合同所体现出来的交易及资本的游戏规则。由于诉讼和仲裁具有不同的特性,在对规则尚不明晰的前沿问题作出回应时并不必然得出完全一致的答案。比如,在2012年的"海富案"引起业界巨大反响甚至引起投资者不安时,北京仲裁委员会等国内领先的仲裁机构在裁决中旗帜鲜明地坚持投资方跟目标公司的对赌并不必然无效的立场,尽可能尊重交易的内在逻辑,满足投资方对商业安排的确定性和可预期性的合理期待。个中意义,不言而喻。其实,仲裁不仅在定性问题上更加尊重行业惯例,在定量方面也一直努力通过专业的裁判去直接或间接引导行业实践。仲裁员大多是业内专家,他们面对一些对赌协议中没有充分考虑极限状态的现金补偿公式时,往往能一眼看清本质,尽可能公平合理地平衡双方的利益,而不是机械地简单化处理。

当然,法院的立场也在变化。2019年11月最高人民法院颁布的《全国法院民商事审判工作会议纪要》,即《九民纪要》就"对赌协议"的效力及履行作出了新的回应,跟原来的立场相比,应该说有了相当的进步。但仲裁在处理涉及对赌协议纠纷方面的优势并没有受到实质的影响。懂行的人都知道,仲裁仍然是大多数投资者重要的、甚至是首要的选择。

如今,对专业有自我期许的实务界朋友出书并不罕见。这类实务作品往往从实务需求出发,系统地对相关领域进行总结与梳理,在展示作者专业度的同时,把作者在一线厮杀的经验和心得都贡献出来,无形中提升了大家对整个领域的认知水平,加速了一个群体在该领域的专业积累。衷心希望,在本书作者及其他同行的共同努力下,目前在一些人看来仍然比较前沿的关于对赌的know-how尽快成为投融资领域所有人都熟悉的常识。

以上,权以为序!

陈福勇

北京仲裁委员会/北京国际仲裁中心副秘书长

2020年9月14日

自　序

自党的十四大报告把建立社会主义市场经济体制作为我国经济体制改革的目标以来，市场经济改革不断深入。作为资源配置的要素，资本在市场中发挥着越来越重要的作用，投资基金数量大幅增长，国内外专业的投资机构及投资基金几乎涉足全部行业，投融资也逐渐成为一个专业领域。与其他经济活动一样，投资同样要面对风险，而且往往是更大的风险，为了更好地管理和安排风险，人们不断摸索，在股权投融资交易中创造性的构建了"对赌"交易模式，用以应对在投资或收购公司时，因存在信息不对称、代理成本及标的公司未来发展不确定性所造成的估值难以确定的难题，"对赌"在越来越多的股权交易中扮演着重要的角色。一时间出现了"无对赌不交易"的局面。

《对赌争议解决法律实务》旨在成为"对赌"的工具书，对投资并购中的"对赌"交易及相关争议解决问题进行全面梳理和介绍，全书共分为五章，从对赌交易的数据和具有社会影响力的案例入手，引入"对赌"概念，进而系统梳理对赌的基础知识，随后从实体及程序两个角度，对与对赌有关的法律纠纷中的主要法律实务问题，结合理论进行了分析和探讨，形成了较为系统的研究成果。

本书的主要内容如下：

第一章为"中国对赌交易数据——潮起潮落"，以引发广泛关注且产生强烈共鸣的“新冠疫情”对募投市场的影响引出话题，并用商业和法律两个维度的大数据对“对赌”交易的发展状况进行介绍，研究的数据主要包括：2015年至2020年第一季度我国GDP的增速、2010年至2020年第一季度我国股权投资市场基金的募资情况（基金数量及募集金额）、2010年至2020年第二季度我国股权投资市场的投资情况（案例数量及投资金额）、2012年至2020年第二季度我国股权投资市场退出情况（案例数量）、2020年我国第一、二季度股权投资市场退出情况（案例数量及退出方式占比）、2010年至2020年第二季度我国并购市场案例数量及总规模以及2009年至2020年第二季度我国企业境内外上市数量及融资总金额、统计并研究的数据包括2009年至2018年上市公司重大资产重组中的对赌数量及占比、上市公司并购重组中的对赌数量、2012年至2017年我国上市公司并购重组中对赌失败率、2013年至2019年我国对赌涉诉案件数量及年份分布、案涉融资企业地域及行业分布、案涉交易总额及争议总额、前五位高频争议焦点、PE/VC对赌中投融资双方的胜诉率、上市公司对赌中投融资双方胜诉率、对赌涉诉案件数量及年份分布以及上市公司因对赌引发的刑事案件罪名占比及受罚主体情况（范围及占比）。

我们在《对赌实务》公众号上持续更新研究成果，与读者开展广泛交流；同时，将研究成果带到包括但不限于中欧国际工商学院EMBA兼并收购课堂、北京仲裁委员会、中欧国际工商学院创业营、清华五道口金融学院、和君商学院、中国民主建国会、混沌大学、中国政法大学法学院、全国各地律师协会等机构进行了多次专题分享，与企业家、投资者、创业者、法律行业从业人员、金融行业从业人员以及法律及金融行业研究人员等进行了充分的交流与讨论，形成了从理论到实践，从实践回归理论的良性循环，为整个研究打下了坚实的基础。

第二章为“2010年—2020年，中国十大典型对赌交易”，我们将过去10年间国内十大典型“对赌”交易的情况进行了比较详尽的介绍，使读者得以全面了解交易的主要内容，这些案例中包括了蒙牛、俏江南、永乐电器、华谊兄弟等国人耳熟能详的知名企业。在全面介绍交易背景、拆解交易结构、分析“对赌”条款内容及结果的基础上，从“对赌”交易的行业、交易、法律特性角度出发，针对每个典型案例均提炼出的关键词，成为帮助读者加深理解“对赌”交易的钥匙。

在大数据与典型案例之后，本书在第三章对“对赌”基础知识进行了全面系统的梳理及介绍,包括但不限于:“对赌”的起源和定义;“对赌”与其他相近概念或模式,如回赎条款以及 Earn-out 之间的区别;上市公司与 PE/VC 投资对赌中的常见交易结构;参与对赌的主体有哪些?赌什么?投资对赌的三个主要阶段及各自的使命、对赌的常见模式及投资款的支付方式、交易文件等。通过本章的介绍,读者可以对“对赌”的基础知识有一个较为全面的了解。

本书第四章为“对赌争议中最重要的法律问题”,本章中对与“对赌”有关的法律问题进行了深入系统的梳理和探讨。第四章重点研究了和“对赌”相关的两个最重要的法律问题,第一是“对赌”的效力,第二是投资方与目标公司对赌可能陷入的僵局问题。关于“对赌”的效力问题,首先,结合司法实践中出现的“海富案”“华工案”等典型案例,总结了裁判机构(法院与仲裁机构)评价态度的历史演变过程,并从法律专业角度,以对比的方式对典型案例所涉及的“对赌”及担保效力问题进行了评析;其次,针对引起广泛关注和争论的,最高人民法院于 2019 年 11 月印发的《九民纪要》确定的关于投资方与目标公司对赌的效力及可履行性的裁判规则,本书从实务角度出发,就该裁判规则的积极作用,以及仍然存在的问题,尤其是投资方与目标公司对赌可能出现的“僵局”,提出了自己的见解。在关于裁判规则的讨论中,对不同解决方案的尝试性研究,具有较高的理论和实践价值。

“对赌”在我国被运用于投融资领域不足 20 年,虽然带有比较明显的特色,但依然是作为股权投融资交易的一种设计或模式而存在,因“对赌”产生的法律纠纷还是要放在投融资整体交易的背景下予以裁判。因此,本书的作者团队利用其丰富的法律服务实践经验,尤其是在争议解决领域的优势,在第五章中将“对赌争议解决涉及的其他法律问题”进行了汇总,从“对赌”交易的实操角度出发,以时间为序,对“对赌”协议签订前、签订时、履行中、进入诉讼/仲裁、执行程序所涉及的相关法律问题进行总结,由于内容丰富,因此,第五章分为(上、下)两个部分,第一部分具体内容包括:“对赌”协议签订前的股权结构设计问题,企业在各个阶段设计股权架构时需要考虑的因素,股权代持及其应对;创业者夫妻财产及债务认定的规则;“对赌”协议签订时应当关注的重要条款,如:背景性条款、商务核心条款、程序性条款及保障性条款;“对赌”协议履行过程中可能遇到的不可抗力/情势变更、抽屉协议效力、股东知情权的行使与司法保护、回购权的法律性质及限制等问题;第二部分内容包括:诉讼与仲裁制度及主要程序的介绍;证据在争议解决中的关键作用与实操、《新证据规则》的实践意义;生效法律文书的执行以及救济程序;上市公司对赌涉刑的常见罪名及风险防范建议;等等。

检索并研究逾千件的司法及仲裁裁判文书,与商学院实战案例相结合,以商业与法律大数据解读"对赌"是本书的一大特色,由此对实证研究"对赌"作出了重要贡献。以《公司法》与《合同法》为基础,追根溯源并兼顾司法判例及《九民纪要》裁判规则,从实践和理论两个层面对"对赌"进行全面系统的对比研究,使得本书对投融资及法律专业领域人士都具有较高的参考价值。

在"对赌"研究以及本书撰写过程中,感谢很多为我们提供支持和帮助的企业家、教授及各位领导,感谢名单按拼音顺序如下:北京仲裁委员会/北京国际仲裁中心陈福勇副秘书长;清华大学法学院副院长、教授,博士生导师程啸教授;中欧国际工商学院金融学副教授、总经理课程联席课程主任黄生博士;中国人民大学法学院教授、博士生导师,商法研究所所长,第五届"全国十大杰出青年法学家"刘俊海教授;北京大学法学院刘燕教授;隆安律师事务所高级合伙人彭啸律师;叮当科技 COO 孙泽锋;狮桥集团副总裁王帆;中国国际经济贸易仲裁委员会仲裁员,中国政法大学民商经济法学院教授、博士生导师,中国商业法学会副会长,中国商法学会信托专业委员会副主任,洪范法律与经济研究所所长王涌教授;武汉蜜欢健康产业发展有限公司董事长严超;中国国际经济贸易仲裁委员会姚俊逸处长;郑州安图生物工程股份有限公司杨增利总经理等。

同时,作为专业的律师团队,在从事交易设计及纠纷解决工作的同时,我们对"对赌"的研究只能是零散的,一年多以来,我们在微信公众号《对赌实务》上,陆续发表了一系列关于"对赌"的研究成果文章,而本书正是《对赌实务》研究成果的梳理与汇总,这些成果源于很多人的共同努力与合作,在本书付梓之际,我们在此衷心地向他们表示感谢,他们是丁珊、李世耘、杨晨、袁宁、杨佩峰、杨雪、翟会杰、朱君、郑植升等。

自从事"对赌"研究至本书出版,不过一年半的时间,加上水平有限,本书内容难免有错漏之处,欢迎读者批评指正。最后,我们衷心希望有志于"对赌"研究的同仁,继续关注中国投融资交易的发展变化,为妥善解决资本市场中的法律纠纷,从而推动资本市场的健康发展献计献策,贡献力量。

邱　琳

2020 年 12 月 24 日

本书缩略语

一、法律、行政法规、部门规章缩略语

全　称	简　称
《中华人民共和国合同法》	《合同法》
《中华人民共和国物权法》	《物权法》
《中华人民共和国民事诉讼法》	《民事诉讼法》
《中华人民共和国仲裁法》	《仲裁法》
《中华人民共和国民法典》	《民法典》
《中华人民共和国民法通则》	《民法通则》
《中华人民共和国民法总则》	《民法总则》
《中华人民共和国公司法》	《公司法》
《中华人民共和国担保法》	《担保法》
《中华人民共和国证券法》	《证券法》
《中华人民共和国侵权责任法》	《侵权责任法》
《中华人民共和国著作权法》	《著作权法》
《中华人民共和国专利法》	《专利法》
《中华人民共和国刑法》	《刑法》
《中华人民共和国会计法》	《会计法》
《中华人民共和国人民法院组织法》	《人民法院组织法》
《中华人民共和国婚姻法》	《婚姻法》
《中华人民共和国信托法》	《信托法》

续表

全　称	简　称
《中华人民共和国企业破产法》	《企业破产法》
《中华人民共和国中外合资经营企业法》	《中外合资企业法》
《中华人民共和国中外合资经营企业法实施条例》	《中外合资企业法实施条例》
《首次公开发行股票并上市管理办法》	《IPO 管理办法》

二、司法解释及会议纪要缩略语

全　称	简　称
关于适用《中华人民共和国民事诉讼法》的解释	《民诉法解释》
关于适用《中华人民共和国公司法》若干问题的规定(二)	《公司法解释(二)》
关于适用《中华人民共和国公司法》若干问题的规定(三)	《公司法解释(三)》
关于适用《中华人民共和国公司法》若干问题的规定(四)	《公司法解释(四)》
关于适用《中华人民共和国公司法》若干问题的规定(五)	《公司法解释(五)》
关于适用《中华人民共和国合同法》若干问题的解释(一)	《合同法解释(一)》
关于适用《中华人民共和国合同法》若干问题的解释(二)	《合同法解释(二)》
关于适用《中华人民共和国仲裁法》若干问题的解释	《仲裁法解释》
关于适用《中华人民共和国婚姻法》若干问题的解释(二)	《婚姻法解释(二)》
关于审理涉及夫妻债务纠纷案件适用法律有关问题的解释	《夫妻债务解释》
关于审理仲裁司法审查案件若干问题的规定	《仲裁司法审查规定》
关于民事诉讼证据的若干规定(2001 年)	《旧民事诉讼证据规定》
关于民事诉讼证据的若干规定(2019 年)	《新民事诉讼证据规定》

续表

全　称	简　称
关于人民法院办理仲裁裁决执行案件若干问题的规定	《仲裁裁决执行规定》
全国法院民商事审判工作会议纪要	《九民纪要》
关于审理联营合同纠纷案件若干问题的解答	《联营合同纠纷解答》
关于适用《中华人民共和国担保法》若干问题的解释	《担保法解释》
关于人民法院办理执行异议和复议案件若干问题的规定	《执行异议和复议规定》
关于适用《中华人民共和国民事诉讼法》执行程序若干问题的解释	《执行解释》

目　录

第一章　中国对赌交易数据

——潮起潮落

关于《特殊资本交易——对赌》的研究是源于我在中欧国际工商学院攻读 EMBA 时的毕业课题,《以××上市公司为例,如何成功实施企业并购战略》,中欧国际工商学院的金融学副教授黄生博士是课题的指导教授。

课题研究期间,我们发现有超过三分之二的并购交易都是失败的,个中原因包括但不限于并购标的的选择、并购战略的制定、并购后的协同、整合等。更为重要的是,我们发现从并购标的的选择、对并购标的的尽职调查开始至并购交易的磋商、系列并购文件的签署以及包括并购价款的支付、股权交割、业绩对赌等在内的繁复的交易履行行为等,其中均存在大量的法律问题。

于是,在黄生教授的指导下,在课题组的共同努力下,我们开启了毕业课题子课题《特殊资本交易——对赌》的研究。与此同时,在研究团队中,那群有着丰富民商事裁判经验、长期专注于资本市场争议解决的前法官、仲裁专业人士、著名法学院校的知名教授、法学院的优秀毕业生们也加入其中,一起组成了这支兼具商业和法律双重视角的研究团队。

图 1-1

法学院的研习往往肇始于司法判例，因为从争端解决的维度复盘，能为前期的商业实践活动提供最有针对性的司法评价，进而帮助企业从早期的风险识别、防控入手，最大限度地发挥法律的工具价值；商学院的研究则发端于数据，尤其是大数据时代的到来让所有的人、事物、事件、交易都变得有章可循、有据可查。我们的研究则从商业数据+司法判例立体维度出发，以期实现理论指导实践，实践反哺理论的良性循环，进而让我们的研究能真正地惠及每一个有需要的企业、企业家、投资人、创业者，以及法律研究人员和法律从业人员。

一、新冠疫情下的募投市场

2020 庚子之年，一场突如其来的新冠疫情打乱了人们的计划，人口流动停滞、经济运行停摆，人们担忧的决不仅仅是东京奥运会无法召开，而是经济全球化的倒退。截至本书写作之日，此次疫情的全球确诊人数已突破 1428 万人，而作为全球第一大经济体的美国竟然是疫情最严重的国家，其确诊人数逼近 320 万人。

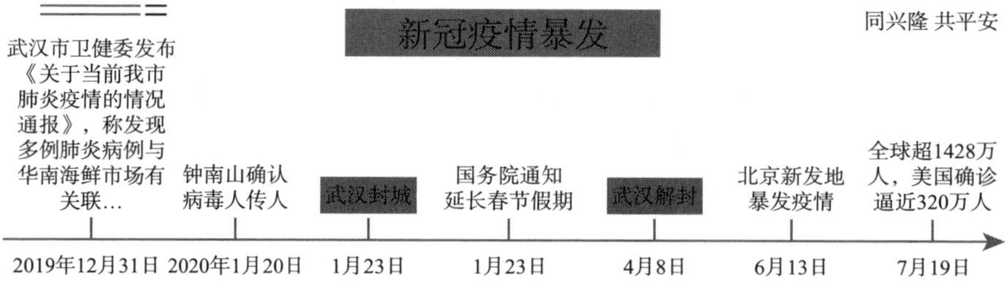

图 1-2　新冠疫情发展大事记

在这场抗疫战役中，我国虽已取得了决定性胜利，但依靠的是全国各地陆续开展的包括但不限于封城、中断部分交通运输系统、强制隔离、强制外来人口居家留观、关闭娱乐场所、延长春节法定假期、推迟非医用物资企业的复工时间等一系列牺牲经济发展的防护措施为代价。

毋庸置疑，本次疫情对我国国民经济造成了巨大的影响，国内的生产、消费和对外贸易均受重创，我国 2020 年第一季度的国民生产总值（GDP）出现负增长，增长率为-6.8%，如表 1-1 所示；从 2015 年至 2020 年第一季度的 GDP 增速来看，近 6 年来首次出现负增长，如表 1-2 所示。

表 1-1　2020 年我国第一季度 GDP 增长情况

	绝对额（亿元）	比上年同期增长（%）
	1 季度	1 季度
GDP	206504	-6.8
第一产业	10186	-3.2
第二产业	73638	-9.6
第三产业	122680	-5.2
农林牧渔业	10708	-2.8
工业	64642	-8.5
制造业	53852	-10.2
建筑业	9378	-17.5
批发和零售业	18750	-17.8
交通运输、仓储和邮政业	7865	-14.0
住宿和餐饮业	2821	-35.3
金融业	21347	6.0
房地产业	15268	-6.1
信息传输、软件和信息技术服务业	8928	13.2
租赁和商务服务业	7138	-9.4
其他服务业	39660	-1.8

注：资料来源：中国政府网

1. 绝对额按现价计算，增长速度按不变价计算；

2. 三次产业分类依据国家统计局 2018 年修订的《三次产业划分规定》；

3. 行业分类采用《国民经济行业分类(GB/T 4754-2017)》;

4. 本表 GDP 总量数据中,有的不等于各产业(行业)之和,是由于数值修约误差所致,未作机械调整。

表 1-2　2015 年—2020 年第一季度我国 GDP 增速

单位:%

年份	1 季度	2 季度	3 季度	4 季度
2015	7.1	7.1	7.0	6.9
2016	6.9	6.8	6.8	6.9
2017	7.0	7.0	6.9	6.8
2018	6.9	6.9	6.7	6.8
2019	6.4	6.2	6.0	6.0
2020	-6.8	—	—	—

注:同比增长速度为与上年同期对比的增长速度,来源:中国政府网。

2020 年第一季度我国股权投资市场募资总额超过 2000 亿元,同比下降约 20%。与募资市场遇冷情况相同,我国 2020 年第一季度投资市场也呈现断崖式下跌,总投资额约 1100 亿元,投资数量与金额同比下滑近 40%。募投市场数量和金额双双出现下滑,这既是因为全球宏观经济下滑资金面临持续紧张的市场影响,也是由于第一季度疫情导致机构投资执行受阻所造成。

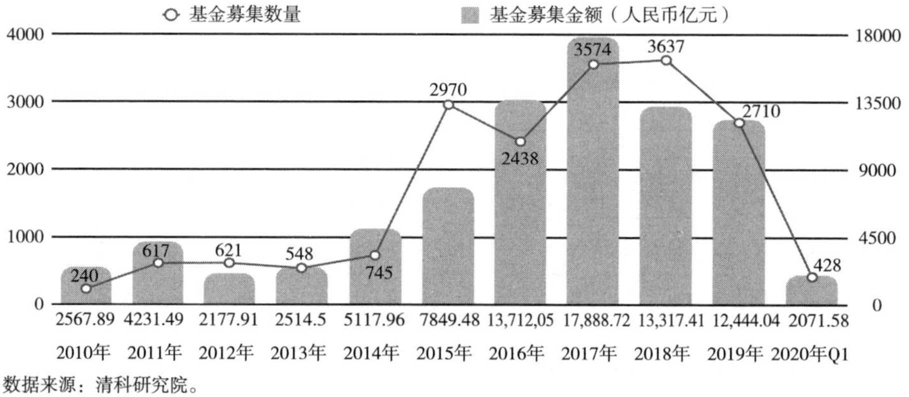

数据来源:清科研究院。

图 1-3　2010—2020 年 Q1 中国股权投资市场基金募资情况(包括早期投资、VC、PE)

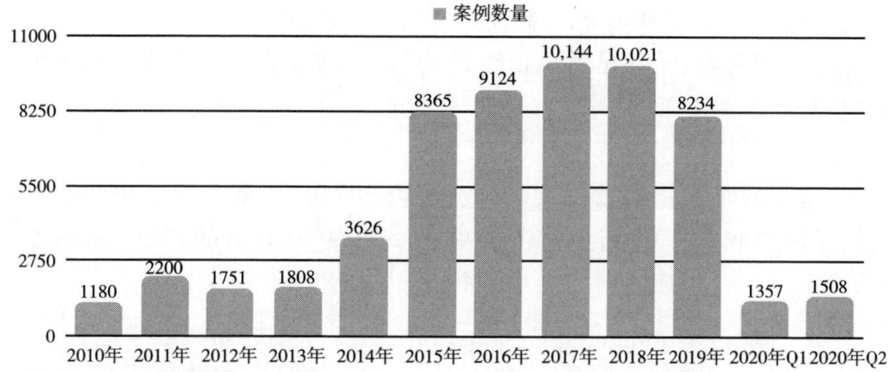

数据来源：清科研究院。

图 1-4　2010—2020 年 Q2 中国股权投资市场投资情况(包括早期投资、VC、PE)

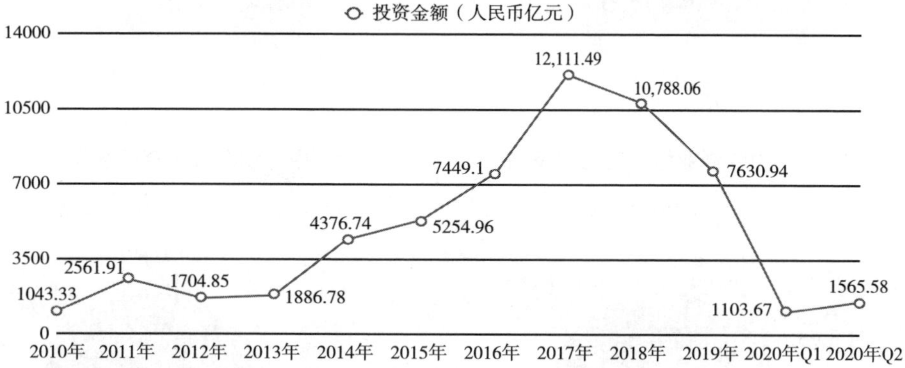

数据来源：清科研究院。

图 1-5　2010—2020 年 Q2 中国股权投资市场投资情况(包括早期投资、VC、PE)

2020 年募投市场的不景气,也带来了一个新的课题,那就是“后疫情时代下的对赌”。为了更好地解答这个课题,更直观地了解投融资交易中的实际情况,尤其是疫情之下企业家、投资人、创业者对于对赌的了解和参与情况,我们向中欧国际工商学院创业营的同学们发出了一份调查问卷,包括但不限于以下问题:

(1)您是否正在对赌?新冠疫情对您仍未完成的对赌产生何种影响?

(2)您是否了解应对策略?您的应对策略是否注重法律手段的运用?

(3)后疫情时代,您最希望了解的对赌问题是什么?

(4)您对赌的里程碑事件是什么?对赌期的延长是否能帮助您完成对赌承诺?

(5)如果发生对赌纠纷,您希望以哪种方式解决?

(6)关于对赌,尤其是后疫情时代的对赌,您还有兴趣深入了解的问题是哪些?

……

得益于创业营龚焱教授及老师、同学们的支持,调查问卷很快收到反馈,从反馈中我们了解到疫情下对赌的一些更为突出的特征,如图 1-6 所示。

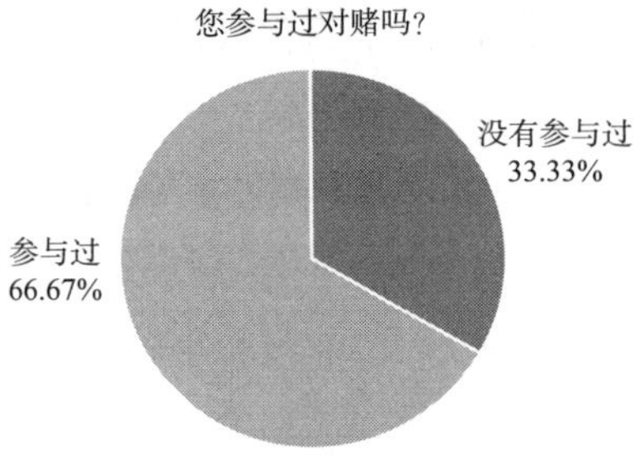

图 1-6　中欧创业营调查问卷反馈

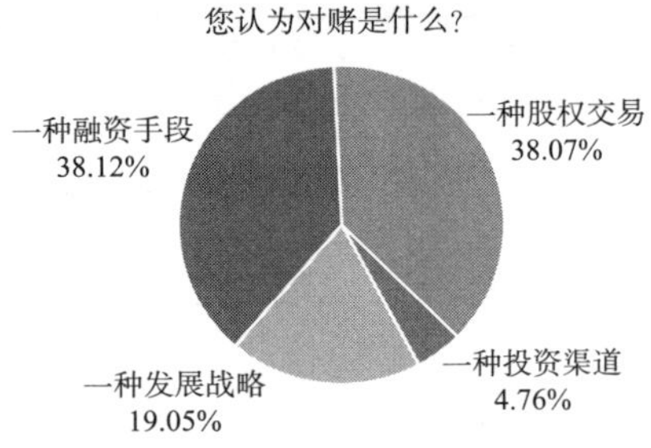

图 1-7　中欧创业营调查问卷反馈

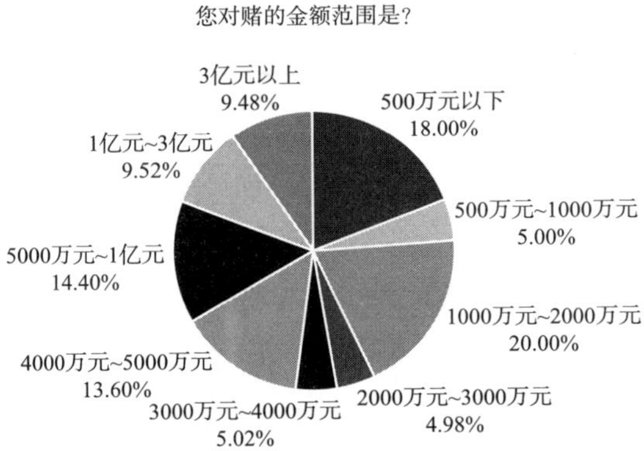

图 1-8　中欧创业营调查问卷反馈

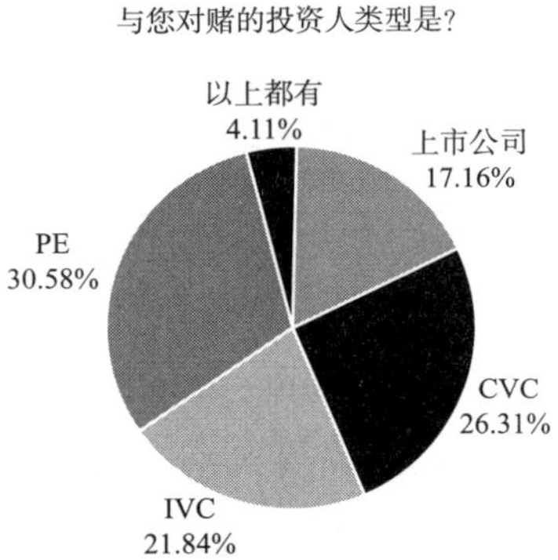

图 1-9　中欧创业营调查问卷反馈

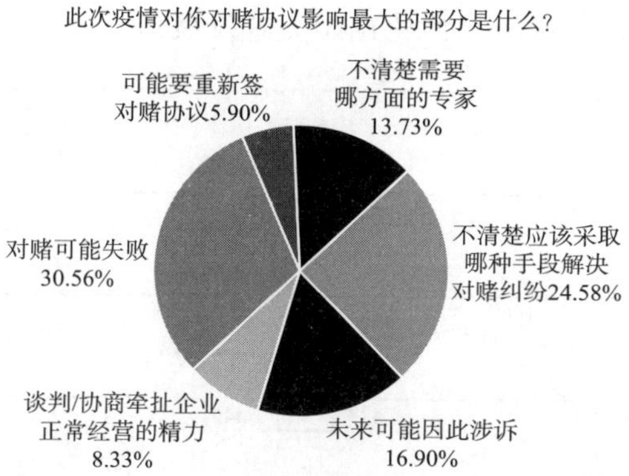

图 1-10　中欧创业营调查问卷反馈

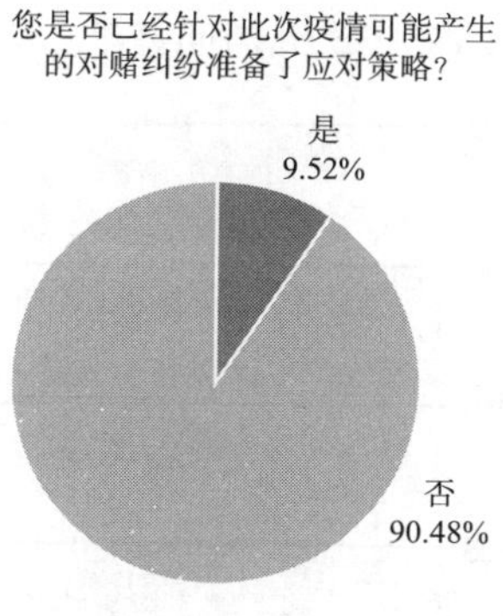

图 1-11　中欧创业营调查问卷反馈

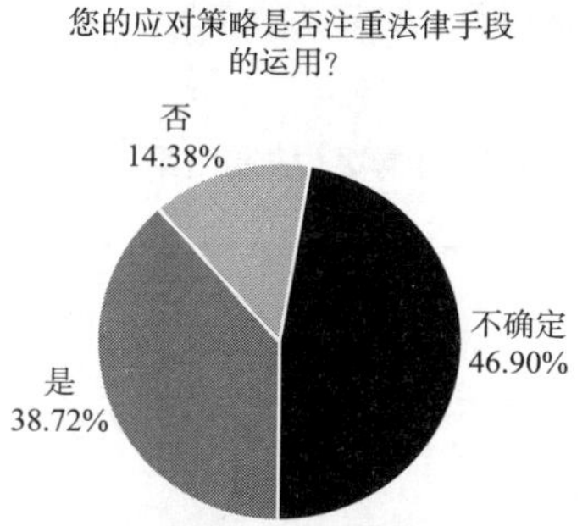

图 1-12　中欧创业营调查问卷反馈

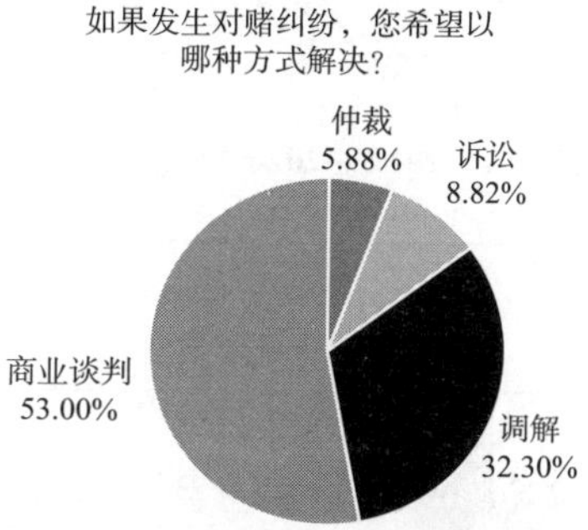

图 1-13　中欧创业营调查问卷反馈

从上述图表中可以看出，参与调查问卷的创业者和企业家对于对赌，以及和对赌相关的法律问题的理解以及应对策略的选择存在较大差异。这不仅仅是因为疫情导致对赌纠纷增长，从而使创业者对应对对赌纠纷没有明确的思路，本质上是由于对对赌交易的本质和风险不太了解所致。

二、回看过往近十年的对赌数据

事实上，我们的研究不止于疫情以来的一两个季度，我们同时也关注了过往近十年的募投市场情况。从退出情况来看，2020 年第一季度对于未来的发展尤为具有代表性，从数据可见，IPO 作为最主要的退出方式，占比达到 70.14%；并购和股权转让作为第二和第三种主要退出方式，占比分别达到 17.38%、6.13%。

随着我国股权投资市场的发展，科创板和注册制相继运行，IPO 在一定程度上难度降低，但 IPO 仍然无法满足机构的所有退出需求。在此背景下,VC/PE 机构向并购、股权转让、回购等多元化退出方式发展。

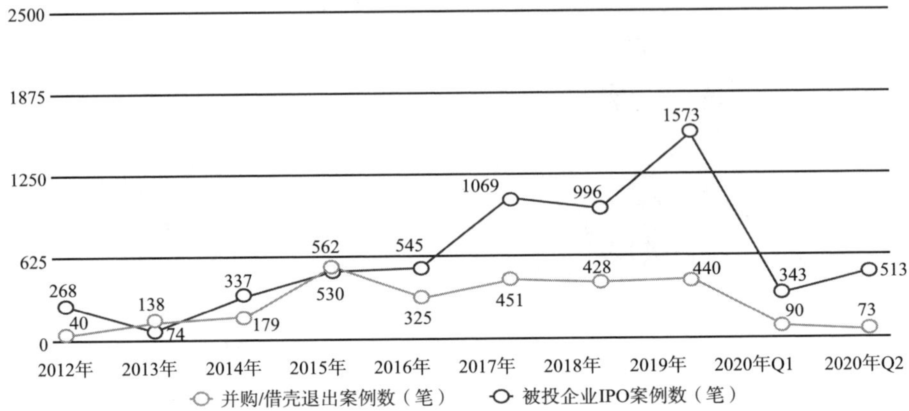

数据来源：清科研究院。

图 1-14　2012—2020 年 Q2 中国股权投资市场退出情况(按退出案例数,笔)

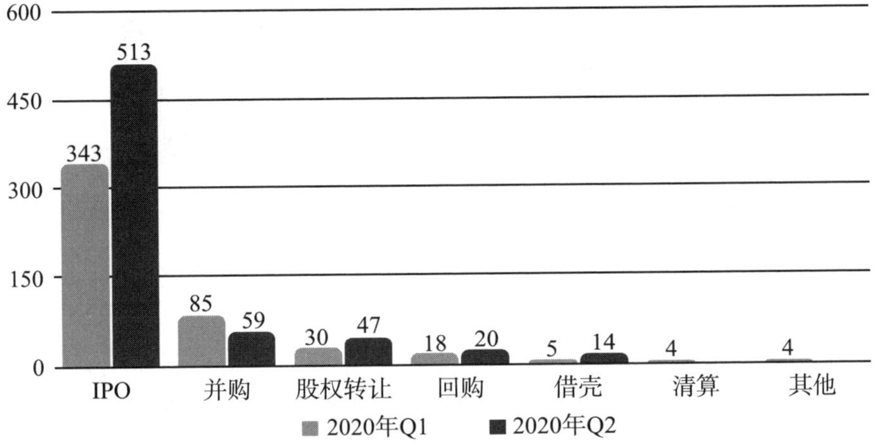

数据来源：清科研究院。

图 1-15　2020 年 Q1、Q2 中国股权投资市场退出情况(按退出案例数,笔)

2013 年至 2017 年是我国并购市场的繁荣期,2016 年的并购数量几乎是 2013 年的 3 倍,并购总规模也达到 2013 年的 2 倍多,并购市场的繁荣促使对赌交易的激增。然而,从 2018 年开始并购交易数量和总规模均开始下滑,虽然 2019 年 10 月中国证监会出台的《关于修改〈上市公司重大资产重组管理办法〉的决定》(证监会令第 159 号)落地,旨在鼓励上市公司通过并购重组吸引优质资产,激活存量市场。但数据显示,2019 年至 2020 年第一

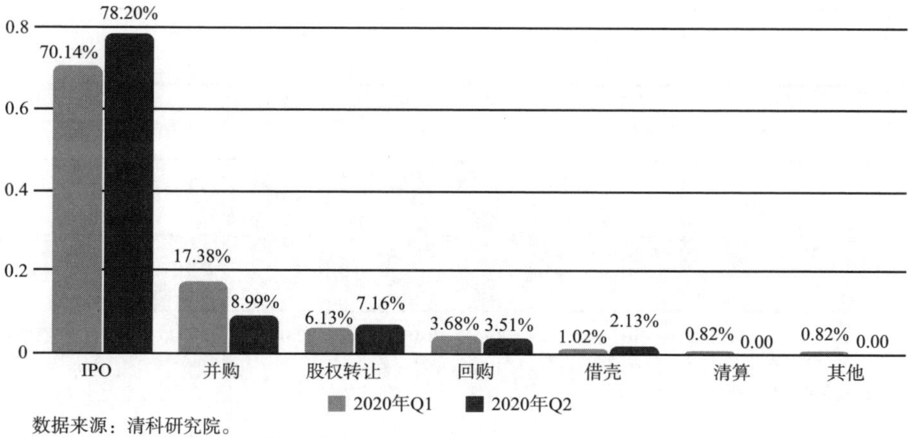

数据来源：清科研究院。

图 1-16　2020 年 Q1、Q2 中国股权投资市场退出情况

季度，并购市场依旧没有太大起色。有分析表明，大量的对赌失诺所造成的“对赌有毒”阴影，叠加新冠疫情应是核心原因之一。

自 2020 年 2 月中旬开始，疫情的蔓延导致各大经济体企业的生产经营陷入停滞状态，导致 2020 年第一季度的并购事件断崖式下跌，即便已经发生的并购交易其需要尽调、商谈、签约等一系列操作进度不得不放缓；但另一方面，可能会催生更多并购重组机会。

此外，值得关注的是，由于科创板试行注册制，上市审核工作由上海证券交易所科创板股票上市委员会负责，境内市场整体审核效率大幅提升。

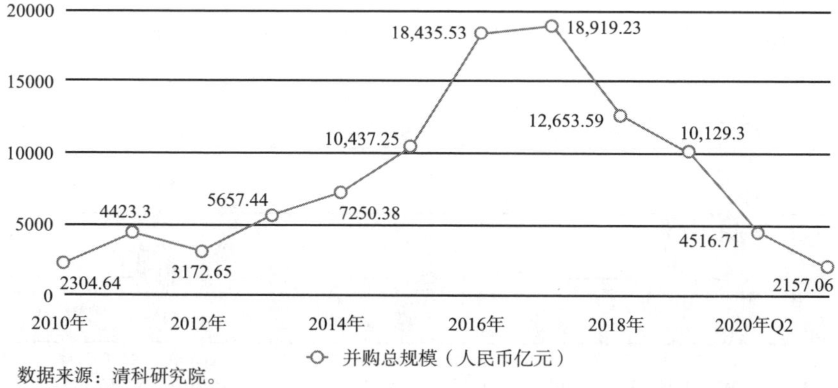

数据来源：清科研究院。

图 1-17　2010—2020 年 Q2 中国并购市场总体统计(并购总规模)

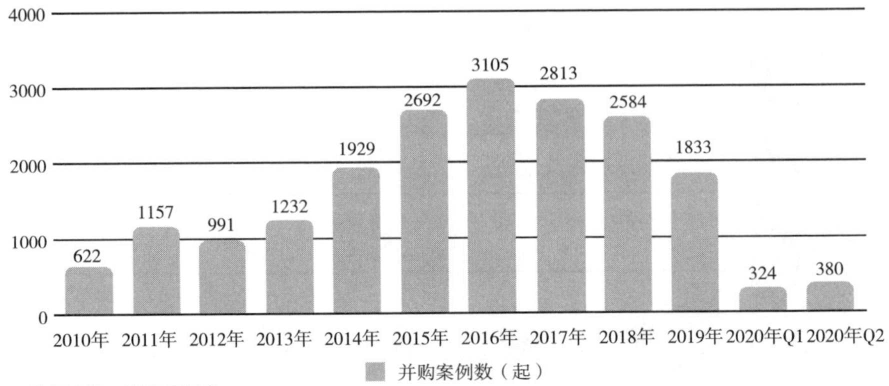

数据来源：清科研究院。

图 1-18　2010—2020 年 Q2 中国并购市场总体统计（并购案例数）

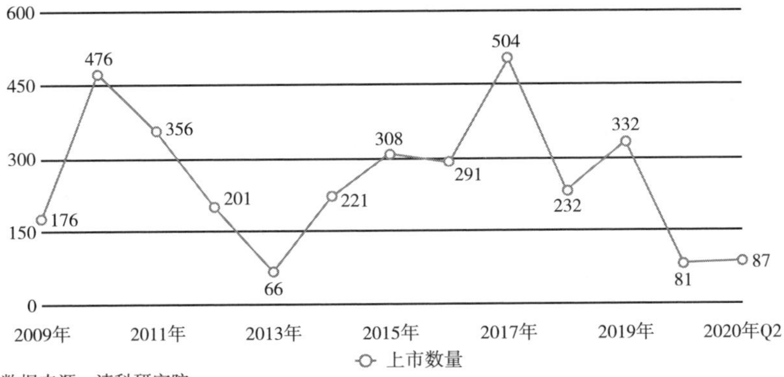

数据来源：清科研究院。

图 1-19　2009—2020 年 Q2 中国企业境内外上市数量

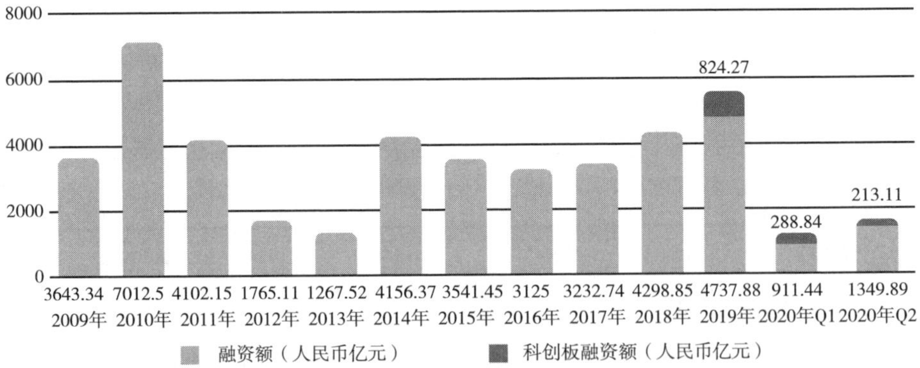

数据来源：清科研究院。

图 1-20　2009—2020 年 Q2 中国企业境内外融资总金额

从数据的公开性和准确性等角度出发，由于上市公司的重组并购公告均能从证监会、交易所等公开渠道获取，因此上市公司重大资产重组中的对赌数据是我们研究的主要对象。2009 年至 2018 年期间，上市公司重大资产重组的 1239 起交易中，涉及对赌的有 680 起，占比 55%。

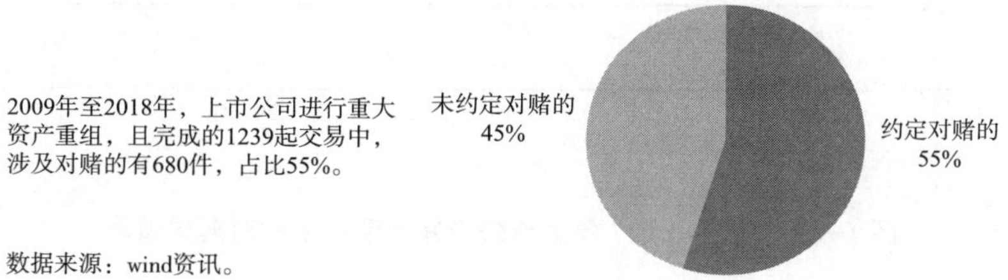

图 1-21　2009—2018 年上市公司重大资产重组中的对赌数量

2010—2018 年间，上市公司并购重组中的对赌数量呈现出先增后减的趋势，其中 2015 年数量最多，从 2015 年开始，并购重组中对赌的数量逐年递减。

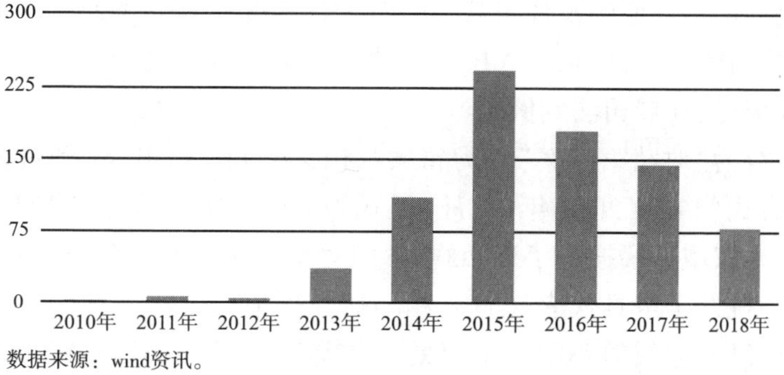

图 1-22　上市公司并购重组中的对赌数量

那么，在数量如此众多的上市公司对赌中，完成的情况又怎么样呢？2012—2017 年间，上市公司并购重组中的对赌失败率呈现“U 字形”，从 2012 年的 33%降至 2013 年的 5%，随后又逐步增至 2017 年的 42%。由此可以看出，在上市公司的并购重组之中，对赌失败率在近三四年内是逐步增高的。一般而言，交易双方约定的对赌期为 3 ~ 5 年，以 2013 年签署协议为例，到 2016 年、2017 年时对赌协议基本到期，到期未完成对赌业绩的现象逐渐浮现出来，容易产生对赌失败的情况。

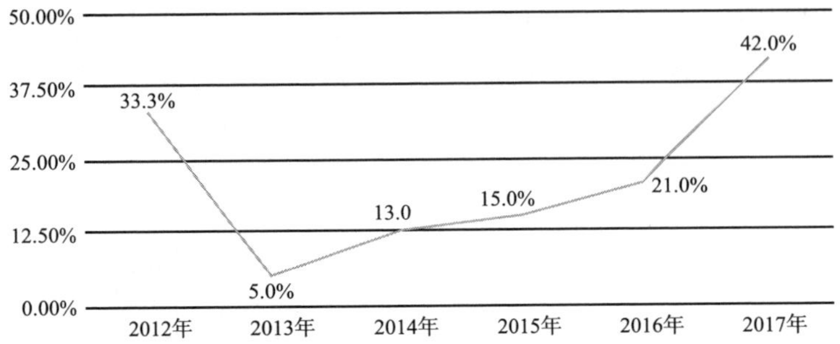

数据来源：wind资讯。

图 1-23　2012—2017 年上市公司并购重组中的对赌失败率

商业数据可以宏观地反映我国股权投融资市场整体的发展变化，但对于商业行为的司法评价，还是应回归司法判例，以真实的案例进一步解读交易背后蕴藏的法律逻辑及其司法评价。

鉴于此，在投融资双方发生对赌纠纷后，首选通过商业谈判的方式和解解决，和解无法达成一致的，其商事争端解决路径无非是诉讼和仲裁两种。仲裁裁决的保密性原则及仲裁裁决的电子化程度使我们不便于获取大量的分析数据，因此，我们以最高人民法院裁判文书网及相关网络公开的裁判文书数据为依托，开展司法判例研习。

从被誉为“对赌第一案”的海富案（2013 年 11 月）开始，到最高人民法院发布《九民纪要》（2019 年 11 月）正式为对赌下定义为止，我们从裁判文书网等公开权威途径搜集了近 2000 件因对赌失诺引发的争议案例，并逐一核对，从中挑选了最具代表性且有相当研究价值的 154 个案例进行系统分析，分析的维度包括但不限于争议的主体类型、交易的标的及争议的标的、和谁赌、怎么赌、争议焦点、对赌交易核心条款、对赌争议解决的法律适用及司法评价、对赌交易的行业及区域、非典型性对赌等。

具体而言，根据裁判文书网公开数据，以案涉主体划分，2013—2019 年间，上市公司对赌纠纷案件的数量保持在每年 10 件以下，而 PE/VC 的对赌纠纷案件数量明显高于上市公司案件数量，且 2013—2019 年间呈逐步上升趋势。

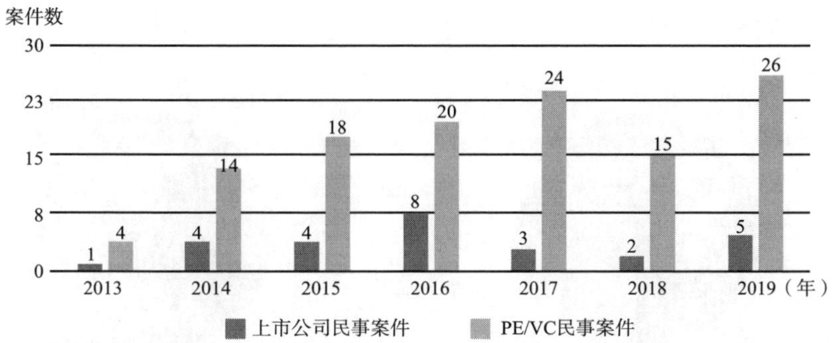

数据来源：裁判文书网。

图 1-24　2013—2019 年对赌涉诉案件数量及年份分布

如图 1-25 所示，对赌纠纷案涉融资企业的地域分布以北京、广东、浙江、江苏四省（市）居多，其中，北京市的对赌纠纷占总数的 20%；广东位居第二，占 15%；占比 10%以上的还有江苏（11%）、浙江（9%）。对赌纠纷中融资企业的行业主要集中于租赁和商业服务业（21%）、制造业（18%）、批发和零售（14%）、科研和技术服务（14%），此外，其他行业占比 25%。

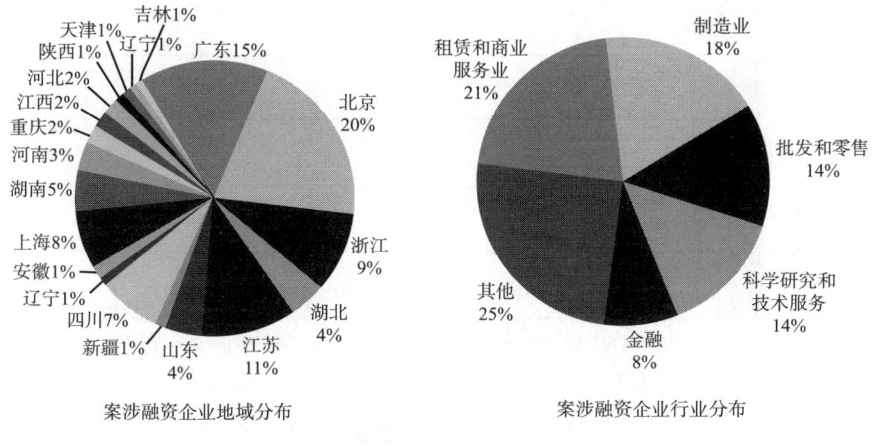

图 1-25　案涉融资企业地域及行业分布

对赌纠纷的案涉交易总额在 1 亿元之上的占 5%；金额在 1000 万元-3000 万元占比最高，为 39%；1000 万元以下占 23%；3000 万元-5000 万元占比 18%。对赌交易案涉争议总额，即对赌双方或多方争议的标的金额总额，占比最高的仍是 1000 万元-3000 万元，为 37%；其次是 1000 万元以下，占比 17%；其余依次是 3000 万元-5000 万元（16%）；5000 万元-1 亿元

（17%）；争议金额在 1 亿元以上的占 8%。

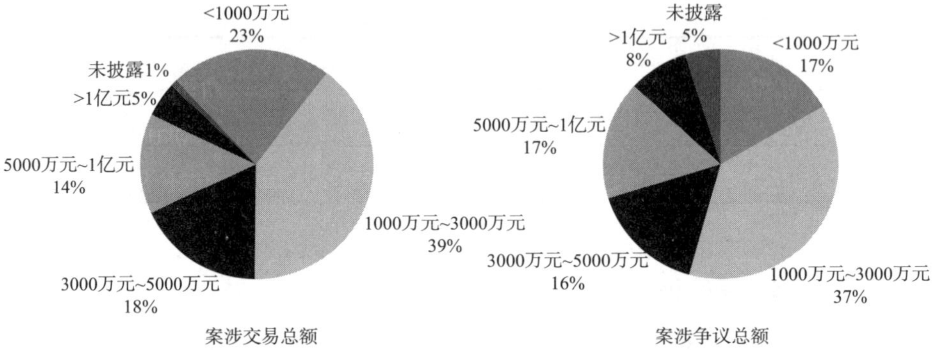

图 1-26　案涉交易总额及争议总额

在过去的 10 年间，上市公司重大资产重组的并购交易中，涉及对赌的交易有一半之多，并且对赌的失败率正逐渐攀升，越来越多的有对赌的企业正面临对赌失败的风险。而失败的对赌交易，难免会诉诸最终解决手段：诉讼或者仲裁。从裁判文书网上公开数据来看，在《九民纪要》发布前，对赌争议案件的争议焦点较为集中，主要是以下五个问题，其中以效力问题为首：

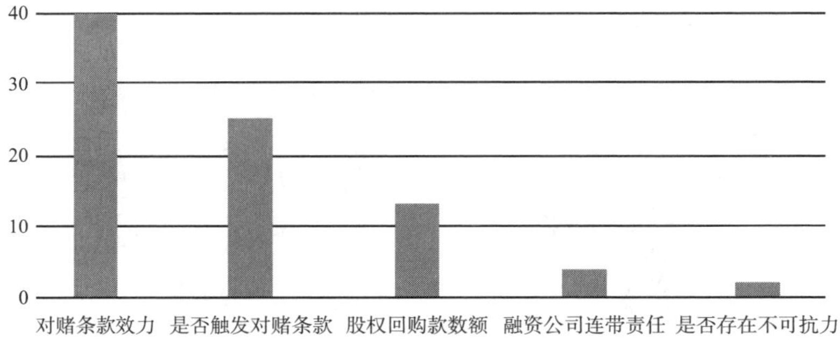

数据来源：裁判文书网。

图 1-27　前五位高频争议焦点

从法院公布对赌中投融资双方胜诉率的数据可以看出，PE/VC 对赌中投资方的胜诉率超过了 90%，上市公司对赌中上市公司作为投并主体几乎完胜，由此可见，无论是 PE/VC 还是上市公司对赌，从判决的角度，一旦发生纠纷，投资方的胜诉率是碾压性的。

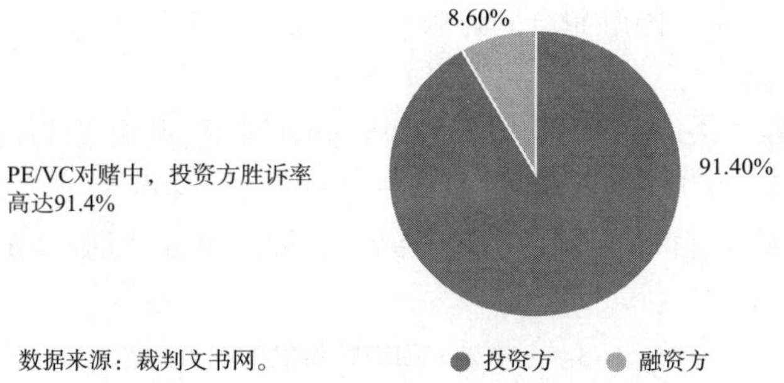

图 1-28　PE/VC 对赌中投融双方胜诉率

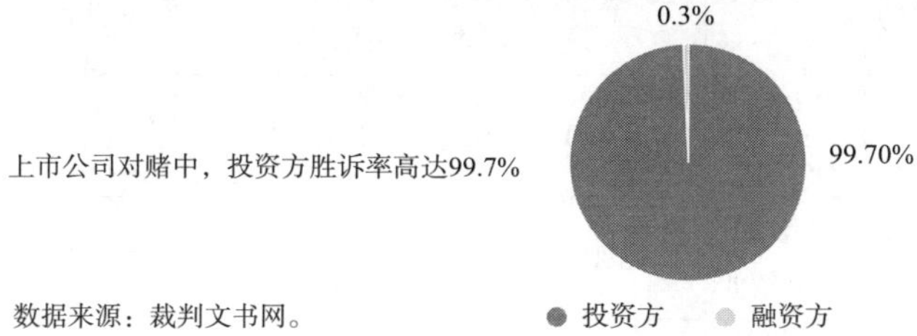

图 1-29　上市公司对赌中投融双方胜诉率

不仅如此，我们还关注了因对赌而产生的涉刑问题。刑事案件往往因数量少而不被重视，然而一旦涉刑，不仅影响企业的正常发展，对于企业主要责任人员来说，很可能受到刑罚处罚。

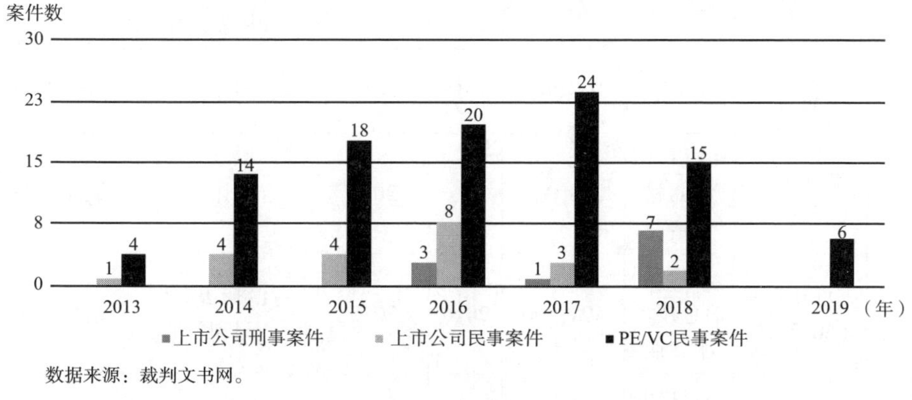

图 1-30　对赌涉诉案件数量及年份分布

我们在此列举了上市公司因对赌涉刑的 11 个案例，案涉标的总额达到 88 亿元。其中，不乏在全国范围内有重大影响力的案件，如粤传媒收购香榭丽案,该案责任主体因触犯合同诈骗罪、单位行贿罪等罪名而受到司法机关的追究。

从涉及罪名来看,最常见的罪名为合同诈骗罪,共有 7 个案例涉及合同诈骗罪。其次,较为常见的罪名还有职务侵占罪,共有 3 个案例涉及该罪。从刑罚上限来看,11 个案例中所涉及的罪名最高可处死刑,其余涉及无期徒刑、有期徒刑不等。

表 1-3　上市公司因对赌引发的刑事案件

序号	证券简称(股票代码)	行业	交易标的额(万元)	交易起始时间	相关方涉刑揭露时间	相关方所涉罪名	刑罚上限
1	粤传媒(002181)	商务服务业	45,000	2013	2016	合同诈骗罪、单位行贿罪	最高死刑
2	顺灏股份(002565)	造纸和纸制品业	7380	2013	2016	职务侵占罪	最高 15 年
3	中水渔业(000798)	批发业	22,000	2014	2016	挪用资金罪	最高 10 年
4	亚威股份(002559)	通用设备制造业	13,976	2014	2018	职务侵占罪	最高 15 年
5	富临运业(002357)	道路运输业	3438.4	2015	2017	合同诈骗罪、虚开增值税专用发票罪	最高无期
6	超华科技(002288)	制造业	18,000	2015	2018	合同诈骗罪	最高无期
7	宁波东力(002164)	电气机械和器材制造业	216,000	2016	2018	合同诈骗罪	最高无期
8	百花村(600721)	软件和信息技术服务业	194,500	2016	2018	背信损害上市公司利益罪	最高 7 年
9	宜通世纪(300310)	软件和信息技术服务业	1000	2016	2018	合同诈骗罪、职务侵占罪	最高无期

续表

序号	证券简称(股票代码)	行业	交易标的额(万元)	交易起始时间	相关方涉刑揭露时间	相关方所涉罪名	刑罚上限
10	杰瑞股份(002353)	批发业	20,925	2017	2018	合同诈骗罪	最高无期
11	康尼机电(603111)	铁路、船舶、航空航天和其他运输设备制造业	340,000	2017	2018	合同诈骗罪	最高无期

从上市公司涉刑案件的涉案罪名看,破坏社会主义市场经济秩序罪的占比最高,达到60%;侵犯财产罪达到14%;其余的罪名占比分别为贪污贿赂罪(9%)、妨害社会管理秩序罪(9%)、危害公共安全罪(8%)。

从上市公司涉刑案件的受罚主体来看,上市公司实控人占比最高,达到34%;上市公司旗下公司董事、高管占到19%。另外,上市公司董事(11%)、高管(8%)所占的比例也不容小觑。

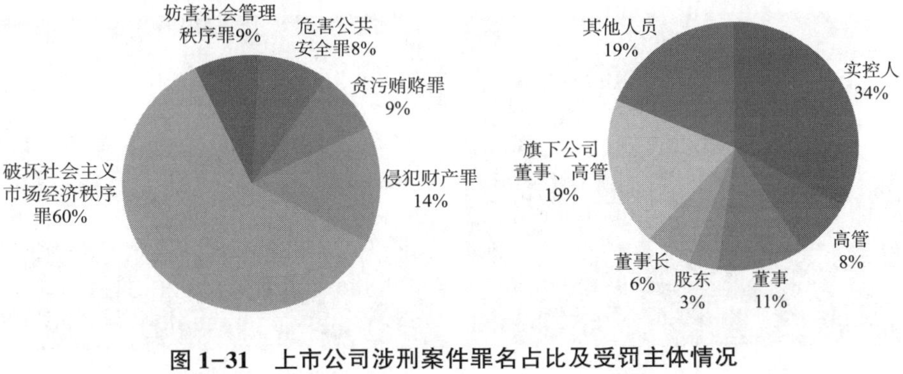

图 1-31 上市公司涉刑案件罪名占比及受罚主体情况

从前述的数据分析我们可以看到对赌交易中存在的八大问题:

(1)对赌在股权投融资及上市公司并购交易中占比很高;

(2)对赌失诺在涉对赌交易中占比很高,且逐年上升;

(3)涉对赌交易的标的额、争议标的额均很大,甚至巨大;

(4)从判决结果的角度看,失诺的对赌交易是投资人、上市公司胜;

(5)从判决执行的角度看,失诺的对赌交易是融资人胜;

(6)涉对赌争议案件往往因复杂的交易结构、多轮投资人并存呈极复杂的状态;

(7)经济下行叠加新冠疫情的持续难控,投资人退出压力势必造成涉对赌争议的爆发式增长;

(8)过度的压力、过大的诱惑,往往会滋生舞弊,对赌涉刑将不再是个案。

三、对于十年数据的实战验证

基于前述数据的结论是否符合实际以及能否真正反映对赌的全貌?对此我们也进行了实战验证。我们一方面在《对赌实务》公众号上持续更新我们的研究成果,与读者开展广泛交流。更重要的是,我们将研究成果带回到包括但不限于中欧国际工商学院 EMBA 兼并收购课堂、北京仲裁委员会、中欧国际工商学院创业营、和君商学院、中国民主建国会、混沌大学、中国政法大学法学院、各地律师协会等机构进行过多次专题分享,参与分享的人员包括企业家、投资者、创业者、法律行业从业人员、金融行业从业人员以及法律及金融行业研究人员等,经过反复的交流、反馈及论证,200 多页的分享课件更新近 200 次,我们验证了上述数据的结论。

图 1-32　2019 年 3~11 月期间受邀在中欧国际工商学院分享对赌及纠纷解决

图 1-33　2019 年 9 月北京仲裁委员会“对赌实务”线下分享现场

图 1-34　2019 年 9 月上海争议解决新动向论坛

图 1-35　2019 年 11 月上海 CBLJ 商法论坛

我们在验证的同时，发现对赌中还存在四大问题：一是对赌交易量比数据显示的更高；二是对赌失诺占比比数据显示更高；三是对赌对企业和创业者有致命影响，往往会直接改变企业的发展轨迹，甚至决定其生死存亡；四是在实际中，绝大多数创业者并不真正了解什么是对赌。

四、基于实战验证后的理论回归及实战应用路径

在商业数据分析、司法判例研习及实战验证之后，我们从以下四个层面梳理了和对赌相关的重要法律问题：一是对赌基础问题；二是程序问题；三是实体问题；四是其他重要问题。

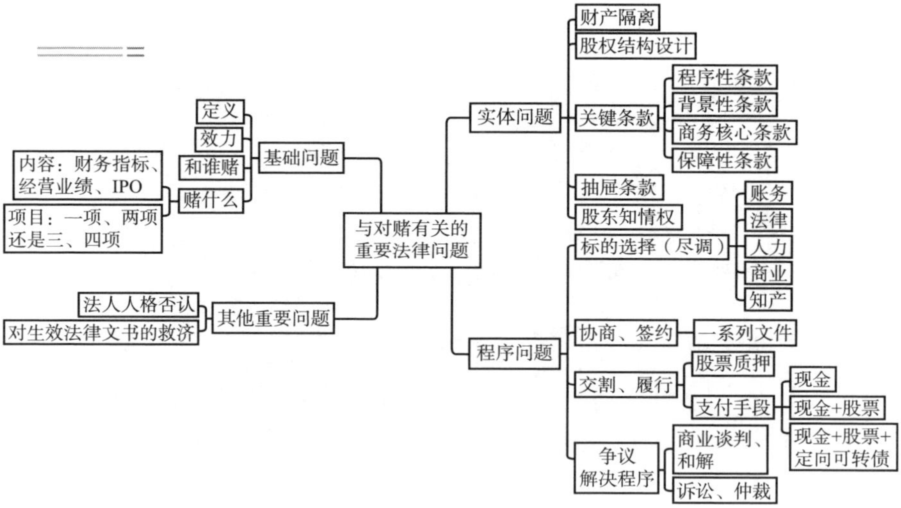

图 1-36　与对赌相关的重要法律问题

其中，第一层面是对赌的基本问题包括对赌的定义、对赌的效力、和谁赌以及赌什么等内容。2019 年 11 月《九民纪要》正式出台后，对于对赌有了明确的定义："对赌是投资方与融资方在达成股权性融资协议时，为解决交易双方对目标公司未来发展的不确定性、信息不对称以及代理成本而设计的包含了股权回购、金钱补偿等对未来目标公司的估值进行调整的协议。"

此外，《九民纪要》中要求法院关于对赌协议的认定需要从效力层面及履行可能层面分别考量。效力层面，从《合同法》角度考量，对赌协议满足合同生效要件不存在法定无效事由，无论是投资方与目标公司股东或者实际控制人对赌抑或是投资方与目标公司对赌，均认定为有效。履行层面，从

《公司法》角度考量,贯彻资本维持原则和保护债权人合法权益原则,就股权补偿而言目标公司必须先履行减资程序,就现金补偿而言目标公司必须有相应的可分配利润。

第二层面是对赌的程序性问题,涉及上市公司及 PE/VC 在投融资交易中应履行的程序性事项。

第一步是正式交易文件签署之前的谈判、尽职调查阶段。如何选择被并购或被投资标的,不仅关乎交易能否顺利完成,也关系到对赌业绩能否完成。因此,尽职调查是重中之重,尽职调查的范围不仅包括被投资企业的商业尽调、财务尽调、人力尽调、重大诉讼风险等法律风控合规尽调,往往还会根据被投资企业的行业特性,增加业务尽调的范围,比如涉高科技企业的知产深度尽职调查。

第二步是对赌协议的协商、签约。如果是上市公司并购重组,那么在这一过程中需要签署的协议可能包括增资协议、股权/资产并购协议、重组协议、募集配套资金认购协议、盈利预测补偿协议等协议。如果是 PE/VC 投资其他企业,则在这一过程中可能需要签署股份认购协议、股东协议等文件。

第三步是交割和协议履行阶段,在上市公司并购中包括了并购实施、整合、清盘等阶段,在 PE/VC 投资其他企业的对赌中,该阶段包括实际交割(如变更工商登记、移交工作材料等)、支付方式等事项。

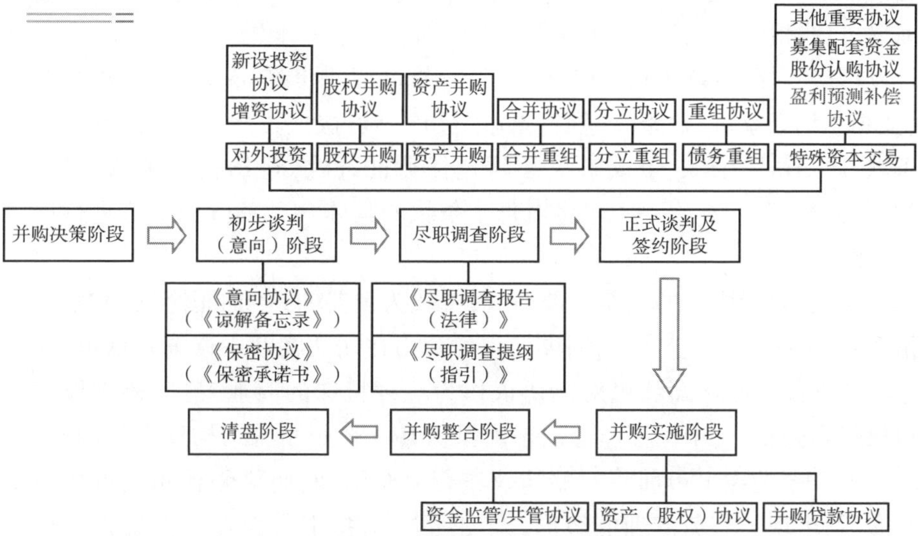

图 1-37　上市公司并购交易结构图

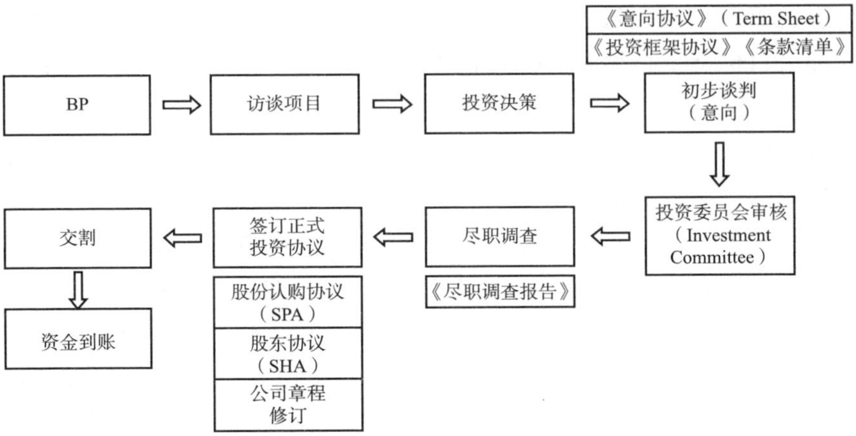

图 1-38　PE/VC 投资流程

最后一步则是投融资双方出现争议后，就对赌纠纷予以解决的阶段。该阶段根据双方前期协议的约定，可能会采取不同措施。一般而言，协商解决都是优先选择的一种应对策略，如果双方无法达成一致，则应根据协议约定的争议解决方式（向法院提起诉讼/向仲裁机构提请仲裁）来解决纠纷。

第三层面则是对赌的实体问题，包括以下三方面：

第一，对赌协议签署前，创业者应做好财产隔离和股权结构设计，以避免用个人财产承担对赌补偿责任。为此，创业者可以采取设立公司、夫妻提前约定、股权代持、设立信托等手段做好财产隔离工作。

第二，对赌协议中包含的关键性条款，包括背景性条款、商务核心条款（业绩承诺条款、回购条款、领售条款、反稀释条款）、程序性条款（合同签署条款、通知送达条款、争议解决条款）、保障性条款（违约责任条款、担保条款）等条款，我们在本书中也将对每个条款的具体含义及应用方法进行详尽的介绍。

第三，对赌协议的交割和履行，其中较为重要的是"抽屉协议"和股东知情权。《九民纪要》公布后，对赌协议的效力在司法实践中逐渐被认可，证券市场监管部门亦逐渐认可对赌协议作为一种特殊的商业安排，科创板相关审核规则公布前，中国证监会出于确保拟 IPO 企业股份结构稳定等因素，要求拟 IPO 企业在上市前将对赌协议进行完全清理，而科创板相关审核规则公布后，出现了豁免清理的情形。本书也将对拟上市企业如何妥善处理相关对赌条款进行分析，并提出相关建议。

对于投资者来说，尤其是 PE/VC 投资创业型企业，投资者在成为目标公司的股东后，如何保障股东知情权及监督目标公司管理层工作，也成为投融资交易中的常见问题，本书对于在协议履行阶段如何行使股东知情权，也进行了细致的分析和解读。

第四，不论是投资者还是创业者，不论是并购方还是被并购方，还应当了解公司法人人格否认以及对生效法律文书的救济等内容，前述内容我们也将在书中一一为您解读。

通过对商业和法律数据的分析，我们发现对赌纠纷的数量远比图表呈现的要多，面对数量庞大的对赌引发的纠纷，我们制定了商事争议解决法律服务流程图，通过四十二步服务流程以及动态化的诉讼策略调整，以期最大限度实现委托人的利益。

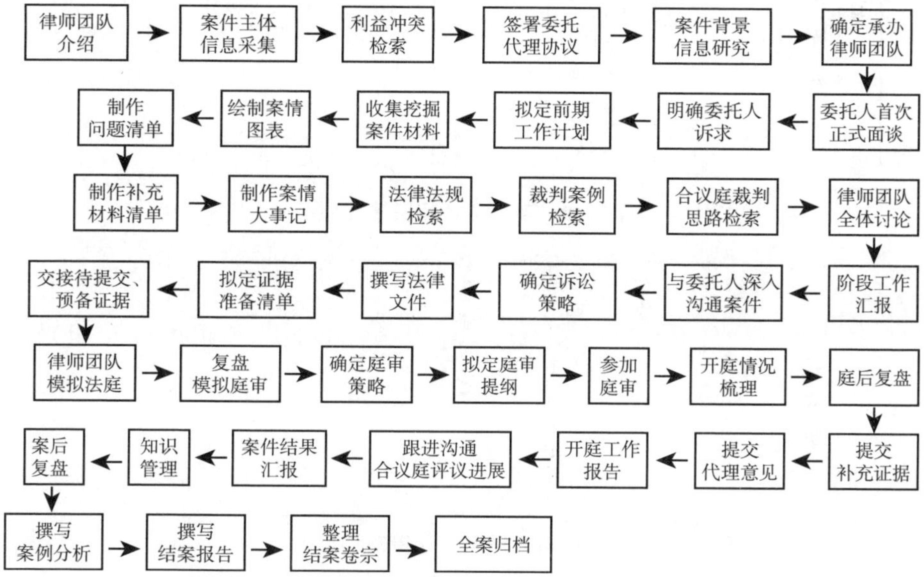

图 1-39　四十二步服务流程

基于以上的四十二步流程，我们将商事争议解决分为四个模块，其中，模拟法庭是重中之重。庭审的不可逆特性决定了代理律师在法庭上的每一句陈述都应值得推敲，甚至被进一步推演，要保证我们的庭审思辨不留死角，模拟法庭不容小觑。

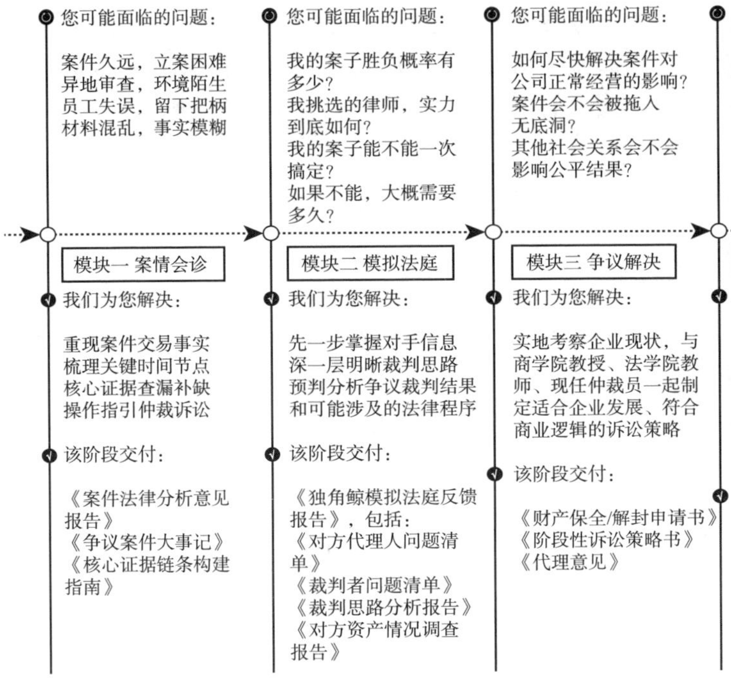

图 1-40　商事争议解决法律服务

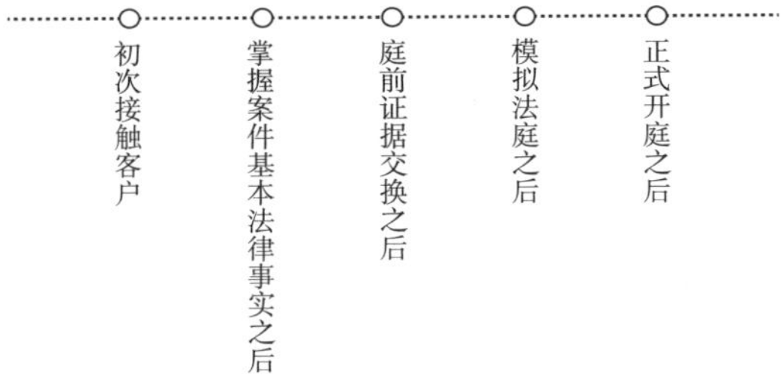

图 1-41　动态诉讼策略调整

五、小结

现在大家对我们的研究概况已经有了初步的了解，下面我们将从十个不同行业的典型案例出发继续抽丝剥茧，以对赌为轴心出发，回归交易本质，发掘法律在特殊资本交易——对赌中的最大效用及价值。

第二章　2010—2020 年中国十大典型对赌交易

第一节　引　言

对赌无“毒”。

我们与创业者群体甚至法律人群体接触过程中结识的很多人，在简单了解一些对赌案例后，往往对对赌持一种“敬而远之”的抗拒态度，认为创业者在对赌中一定会失败。

形成这一印象，一方面源自媒体对“丑闻”天生的追逐，隔三差五便有“某某公司对赌失败创始人赔千万”“最惨创业者被扫地出门”消息曝出，导致公众被动关注到的对赌交易多为失败案例；另一方面则在一个“赌”字，将大多数群体与这种交易结构拉开距离，从而认为它晦涩难懂遥不可及。

其实对赌交易与资本市场的其他交易并无本质区别。创业者、投资方在对赌交易中栽过的跟头，例如疏于设计交易结构事发后追悔莫及，前期尽调不充分一味听之信之暴露信用风险，低估商业环境变化难以应对变局等，在其他交易中也一样会遇到。

除此之外，与资本市场其他交易相比，对赌拥有自己独特的优势：投资人对出资时尚不确定的估值数额设置调整机制、创业者以公司未来发展预期换取当下大额融资,都可谓"四两拨千斤"的高明交易手段。

因此,无论对于创业者还是投资者,为作出更准确地商业判断,为避免重蹈覆辙,都必须将逻辑从五花八门的商业新闻、表面故事中抽离出来,从故事中提炼对赌交易关键风险。控制权失守、创始人出局、核心人员涉刑、计算公式考虑不周……这些是创业者、投资人最关注的问题,每一个单独的困境,都可能对个人或企业造成致命的打击。

资本市场中的对赌交易虽然持续升温,但我们经过充分调查检索,发现目前市面上尚难觅对对赌争议解决作出专业研究且通俗易懂的书籍资料,仅有的部分研究仍然停留在堆砌案例、缺乏分析的阶段。

为更好地与大家一起认识对赌,为对赌"解毒",在进入后文专业法律分析以前,我们想先跟大家聊聊我们眼中的对赌。我们挑选了 10 家参与对赌的公司,讲述他们的交易故事,提炼交易中的法律风险。同时,我们还对与故事有关的商业名词、法律名词进行初步解释,由特殊到一般,以期帮助读者先对对赌交易建立直观认识,再在后续章节中作出深入法律研究探讨。

第二节　对赌起源:蒙牛对阵摩根士丹利①

提到中国乳制品行业,享誉全国的两大品牌唯伊利和蒙牛所属。蒙牛股份能拥有今天的行业翘楚地位,不仅与产品的超强竞争力有关,资本的力量也在其发展初期提供了巨大的帮助,这里的帮助指的正是蒙牛股份借助外资登陆香港联交所,从此成就了一段投融资佳话。

---

① 本节案例事实主要来源:王吉舟:《摩根财技狩猎"蒙牛"》,载新财富,http://www.xcf.cn/newfortune_1/texie/201411/t20141120_690909.htm;白益民:《摩根士丹利与蒙牛的对赌》,载财团帝国大讲堂,http://www.360doc.com/content/17/0612/09/959777_662067331.shtml;王吉舟:《蒙牛乳业:摩根士丹利们的"利润猛牛"》,载《中国经营报》,http://futures.money.hexun.com/1198937.shtml;《大摩蒙牛对赌协议简介》,载和讯网,http://news.hexun.com/2008-11-04/110846402.html;《投资那些事儿　摩根对赌蒙牛》,载中峰资本公众号,https://mp.weixin.qq.com/s?src=11&timestamp=1604120656&ver=2677&signature=C1qtMh1Ic3iKZPkF9u25wtbvDePMJFLzdtinVRdbdRtTJE1caAbUQTomyRS8EDg3tBjdMYgh5Xg7RywfVt3sYC048x*m6TECa1R2qJ7-WHI7q9vNigt-rBKm62rRwOca&new=1;黄昕:《揭开蒙牛资本之谜　所谓对赌协议不过是期权安排》,载新浪财经,http://finance.sina.com.cn/stock/hkstockresearch/20050510/20541575904.shtml。

回顾这段佳话，最引人关注并起关键性作用的，便是当时以牛根生为代表的蒙牛股份管理层与摩根士丹利、英联投资、鼎晖投资等境外投资机构（以下简称境外投资机构）之间签署的对赌协议。

时间倒回至1999年1月，牛根生黯然离开伊利，但他为中国乳制品事业奋斗的决心并未因此消减半分。他从亲戚朋友处筹集900万元（下文如无特别标注，均以人民币作为货币单位）作为启动资金，创立蒙牛乳业有限公司，注册资金仅为100万元。这些钱承载了亲友对牛根生的信任和期待，他小心翼翼，如履薄冰，冒着风险前行。

1999年8月，蒙牛乳业有限公司进行股份制改造，变更为蒙牛乳业股份有限公司（以下简称蒙牛股份），注册资本猛增至1398万元，总股本1398万股。得益于牛根生的大局观和超前的顶层设计，蒙牛股份在1999年当年净利润即达到3700万元，从成立之初的同业排名1000余名一跃升至第119名。

在不断加大投资和增加产品种类的商业决策下，蒙牛股份很快便在国内乳制品行业崭露头角，2000—2001年净利润保持迅猛增长的势头。但就算是这等高速发展的民营企业，在当时的中国资本市场也很难融资，蒙牛股份转而寻求引入境外投资机构。

根据公开可查询的资料，蒙牛股份管理层与境外投资机构一共签订过两次对赌协议，而蒙牛股份的管理层两次均实现了对赌协议约定的利润目标，成就了一段国内企业与境外投资机构双赢的佳话。

2002年6月，摩根士丹利等境外投资机构注册开曼公司。

2002年9月，蒙牛股份的发起人在英属维尔京群岛注册成立金牛公司，蒙牛股份的投资人、业务联系人和雇员注册成立银牛公司。金牛和银牛各以每股1美元的价格认购开曼公司9.4%的股权。境外投资机构以2597万美元（折合人民币约2.16亿元）认购开曼公司90.6%的股权，其后开曼公司设立全资子公司——毛里求斯公司，境外投资机构的投资经毛里求斯公司最终换取到蒙牛股份66.7%的股权。

从以上结构可以看出，控制了开曼公司即等于控制了国内的蒙牛股份。为保证牢牢掌握对开曼公司的控制权，蒙牛股份管理层与投资人共同设计出一套AB类二元股权结构：A类股票拥有每股10票投票权，B类股票拥有每股1票投票权，蒙牛股份管理层持有开曼公司5102股A类股，拥有开曼公司51%的投票权；境外投资机构持有48980股B类股，拥有开曼公司49%

的投票权。

第一次对赌,蒙牛股份管理层胜出。2002 年,蒙牛股份管理层与境外投资机构签署对赌协议,双方约定蒙牛股份预期实现的净利润目标以及补偿条款。签署协议后,蒙牛股份充分利用资源,扩大生产规模,增加产品种类。2003 年,液态奶方面已然处于国内领先水平,业绩增长更令人咋舌。这次对赌,蒙牛股份实现了双方约定的利润目标。

第二次对赌,实现双赢。2003 年,外资机构对蒙牛股份二次投资,与蒙牛股份签署了类似于国内证券市场可转债的"可换股文据",约定未来换股价格为 0.74 港元/股。通过"可换股文据",摩根士丹利等境外投资机构再次向蒙牛股份注资 3523 万美元,折合人民币 2.9 亿元。在此次投资中,境外投资机构与蒙牛股份管理层继续签署基于业绩增长的对赌协议。

2004 年 6 月,蒙牛股份业绩增长达到预期目标,并完成赴港上市。一方面,境外投资机构持有的"可换股文据"期权兑现为股票,换股时蒙牛股份的股价已超过每股 6 港元;另一方面,境外投资机构承诺奖励给蒙牛股份管理层的股份随后也一一兑现。蒙牛股份的业绩对赌,让各方都成为赢家。

一、交易主体

投资方:摩根士丹利、鼎晖投资、英联投资

目标公司:蒙牛乳业股份有限公司

业绩承诺方:以牛根生为代表的蒙牛股份管理层

二、交易结构(如图 2-1 所示)

第一次对赌协议约定:如果 2003 年蒙牛股份的利润达到目标要求,则蒙牛股份管理层可以选择将手中的 A 类股票以 1 : 10 的比例兑换为 B 类股票,这样蒙牛股份管理层依然掌握相对控制权,同时享有的收益权将进一步扩大。如果蒙牛股份的利润未达到目标要求,则境外投资机构将取得开曼公司及毛里求斯公司的控制权,从而间接控制蒙牛股份。

第二次对赌协议约定:在 2004 年至 2006 年 3 年内,如果蒙牛股份利润复合年增长率未达到 50%,蒙牛股份管理层就要将最多 7830 万股上市公司股份转让给境外投资机构。反之,如果蒙牛股份的利润复合年增长率超过 50%,境外投资机构就将拿出自己持有的相应股份奖励给蒙牛股份管理层。

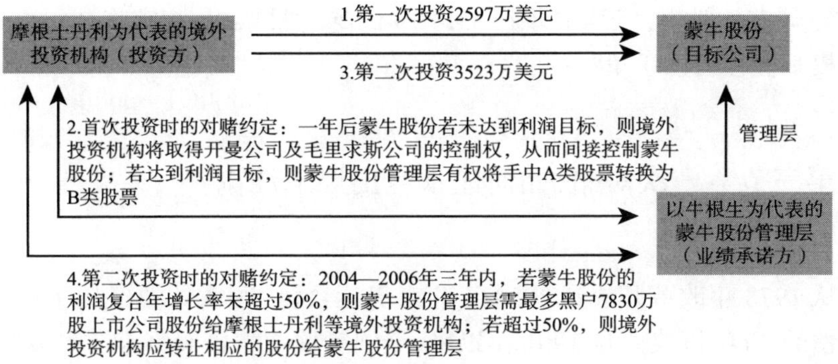

图 2-1　交易结构

三、对赌结果：双赢

2005 年 4 月，因蒙牛股份业绩迅猛增长，境外投资机构在兑现了向蒙牛股份管理层奖励 6260 万股的基础上，提前终止了与蒙牛管理层之间的对赌。

境外投资机构持有的可换股文据（0.74 港元购买）期权兑现为股票，换股时蒙牛乳业股票价格超过每股 6 港元。境外投资机构两轮共投入 6120 万美元，套现总金额高达 26.125 亿港元，投入产出比高达 550%。

四、关键词

【对赌】

对赌是一种估值调整机制，是指投资方与融资方在达成股权性融资协议时，为解决交易双方对目标公司未来发展的不确定性、信息不对称以及代理成本而设计的包含了金钱补偿、股权补偿等对目标公司估值进行调整的交易安排。广义上的对赌还包括投资方以 IPO、股权回购、并购等机制退出的动态交易内容。

【双重股权结构】

双重股权结构（Dual-Class Share Structure）区别于传统的“一股一票投票权”的表决权结构，是指公司将股票划分为 AB 两种类型，其中 B 股作为普通股遵循“一股一票投票权”的表决规则，而 A 股作为特殊股票，采用高于 B 股数倍投票权的表决规则。

例如，京东集团的双重股权架构设计，A 类股为一股 1 票，但京东创始人刘强东持有的 B 股，一股拥有 20 票的投票权，在京东上市之后，刘强东虽仅持有公司20%股份,但其掌握着83.70%的绝对投票权,牢牢将公司决策权、控制权掌握在自己手里。

第三节 一次对赌,如何让张兰出局俏江南?①

从1978年改革开放到2008年北京奥运会,中国餐饮业经历了历史性、跨越性的30年巨变。自1991年以来,全国餐饮业零售额每年增幅都保持在两位数以上,2005年全国餐饮业零售额实现8886.8亿元,同比增长17.7%,比上年净增1331亿元。2006年全国餐饮业零售额突破1万亿元大关,达到10,345.5亿元,同比增长16.4%,拉动社会消费品零售总额增长2.2个百分点,对社会消费品零售总额增长的贡献率为15.8%,比GDP增速高出5.7个百分点。

1991年,张兰嗅到改革开放商业契机,怀揣从加拿大打工所得的2万美元回京,开办了她的第一家餐馆——阿兰酒家。

2000年,张兰创立俏江南。因经营得力,俏江南一路高歌猛进,在2008年更是一举成为北京奥运会餐饮服务商。也是在这一年,全球爆发金融危机,餐饮业因其良好的现金流优势,获得一众投资人的看好。为实施门店扩张计划,俏江南引入鼎晖投资。然而就是这一举动,在后来被张兰称为"巨大的失误"。

据公开报道,2008年9月,鼎晖投资2亿元人民币,换取俏江南10.53%股权,推算下来,俏江南彼时估值近19亿元。作为财务投资人,鼎晖投资虽然看好俏江南的未来发展,但仍然无法预测行业风险和企业自身经营风险。

---

① 本节案例事实主要来源:《俏江南:资本之殇》,载搜狐财经综合报道,https://business.sohu.com/20160111/n434103687.shtml;《俏江南张兰是如何签下对赌协议的?》,载搜狐财富频道,https://www.sohu.com/a/54465805_212861;《俏江南融资悲剧:一个女强人被这样扫地出门!》,载搜狐网,https://www.sohu.com/a/51677649_212861;刘巍:《难忘俏江南:鼎晖投资快消版图之痛》,载《中国企业家杂志》,https://mp.weixin.qq.com/s? src = 3&timestamp = 1604121262&ver = 1&signature = teMfxpxtf * T1XFokYt0NpU9HhM5cdYcdtRLfyGYxx * NDnTj0kCto5XPT0TJeeUpEvXTOOzQ3AP2lEEbGTcfShK3SheXH5OnJuia43tK2ez * Nn2v * DOP8j * Qm9Q8h * 9A43tp4q * WM2EG5P2UsRFbHQA;《CVC"杠杆收购"俏江南的谜团解析》,载东方财富网,https://www.sohu.com/a/56113207_119536;《张兰称将起诉CVC:未经同意质押其俏江南股权》,载《京华时报》,https://finance.sina.com.cn/chanjing/gsnews/20150720/013922730974.shtml? cre = sin apc & mod = g&loc = 34&r = u&rfunc = 0。

为保障投资利益,鼎晖投资与创始股东张兰签订对赌协议,张兰承诺俏江南将于 2012 年年底前上市,如上市失败,则回购鼎晖投资所持股权。

值得一提的是,由于鼎晖投资仅占股俏江南 10.53%,为保证在将来上市失败情况下有人愿意“接盘”,双方不仅约定了俏江南无法按时上市时张兰的股权回购义务,还约定了在回购不能实现的情况下,鼎晖投资所享有的领售权,即张兰必须确保届时按照鼎晖投资的出售意愿,以同等条件一并跟随出售相应的股权。

除领售权外,双方还约定了优先清算权条款,即当俏江南发生协议定义的“清算事件”时,鼎晖投资可以以优先股股东的身份,收回投资收益并实现退出。

“回购权”+“领售权”+“优先清算权”的设计,为鼎晖投资预留了畅通的退出之路,不仅体现鼎晖投资作为顶级投资机构的远见卓识,也为张兰的最终出局埋下伏笔。

就在对赌协议签订后不久,中央出台八项规定,高端餐饮行业扩张遭遇瓶颈,俏江南业绩一路下滑。先后经历 A 股上市被拒、赴港 IPO 失败后,俏江南无法完成对赌承诺,回购条款触发。而彼时张兰已无力承担高额回购款,继而触发领售权条款。

最终,2013 年末,私募股权基金 CVC 愿以 3 亿美元收购俏江南 82.7%的股权,其中即包括鼎晖投资出售的 10.53%股权,以及张兰随售的 72.17%股权。剩余股权中,张兰持股 13.8%,员工持股 3.5%。

CVC 为收购俏江南,专门设立了一家名叫“甜蜜生活美食控股”的并购壳公司,鼎晖投资和张兰把其所持共计 82.7%的股权转让给“甜蜜生活美食控股”,该壳公司将俏江南的全部股权抵押给银行等债权方,拿到融资后支付现金股权对价给鼎晖投资和张兰。

因俏江南的股权出售比例超过 50%,又进一步构成对赌协议中约定的“清算事件”,鼎晖投资以 A 类优先股股东(投资人)优先于普通股股东(创始股东)的身份,收回投资收益并实现全身而退。反观张兰,虽然从中套现数亿元,但被迫出售了一手创办的俏江南股权。

而从 CVC 的角度来说,鼎晖投资虽然抛过来的是“烫手山芋”,但 CVC 作为欧洲最大的私募股权基金,其实对于此笔交易也设了安全阀——压低交易价格及杠杆收购。在收购所需的 3 亿美元总价款中,CVC 使用的自有资金仅 6000 万美元,其余价款通过银行融资 1.4 亿美元,通过发行债券募集

1 亿美元。可见绝大部分收购资金是由 CVC 依靠外部债权融资完成,计划日后依靠俏江南所产生的内部现金流还款。

但商场的变幻常常事与愿违。CVC 收购俏江南之后,高端餐饮行业迟迟未能回暖,俏江南的经营情况也没有好转,难以依靠现金流偿还并购贷款。CVC 作为财务投资人,其目标是获取足够的利益并实现退出,并不想在俏江南如何扭亏为盈上花太多心思。

于是在 2015 年,CVC 将俏江南股权全部转让给银行委派的专做清算顾问的香港保华有限公司,张兰也随之失去了自己在俏江南最后 13. 8%的股权。至此,张兰彻底失去对俏江南的拥有和控制。

张兰退出俏江南,但她与 CVC 之间的故事并没有结束。

自 2015 年以来,CVC 和张兰卷入了激烈的诉讼和仲裁纠纷中。关于纠纷原因,双方各执一词。CVC 声称其 2013 年支付的收购款在进入俏江南之后去向不明,而张兰则主张 CVC 在未经其本人同意的情况下,将其持有的 13. 8%股权抵押给银行。

2015 年,CVC 取得了针对张兰在香港的资产冻结令和资产披露命令,以支持在贸仲的仲裁。香港高等法院法官钟安德在解释其授予这一命令的决定时,驳回了张兰关于"没有充分证据证明存在资产散失的切实风险"的主张。相反,钟安德法官指出,"(CVC)已经支付了极为可观的款项,至今仍无从得知这些款项的下落……钱当然是一种流动性较强形式的资产"。根据该仲裁结果,张兰不得转移在港资产,同时香港高等法院要求张兰向原告披露价值超过 50 万元的资产清单。

2019 年 4 月,CVC 取得针对张兰及其两家关联企业胜诉金额超过 1. 4 亿美元的仲裁裁决。CVC 申请在香港执行该仲裁裁决,而张兰和其他被申请人则在内地法庭申请撤销该裁决。

2019 年 11 月,张兰和其他被申请人在香港发出传票,寻求撤销执行仲裁裁决的命令。此后,CVC 向香港法院申请了"Hadkinson Order",即在张兰就藐视法庭的罪行作出弥补之前(遵守禁制令并完全披露她的资产),法庭将不再听取张兰的传票请求。

2020 年 4 月 23 日,香港高等法院针对张兰颁下 Hadkinson Order,由于张兰违反法庭命令及藐视法庭,因此,法官将拒绝听取张兰向法庭提出搁置仲裁裁决执行命令的申请。

CVC 与张兰之间的纠纷可谓旷日持久,就目前形势来看,似乎张兰付出的代价更大。虽然张兰与 CVC 争议的实质内容已与对赌没有关系，但这连续不断的纠纷实实在在地起源于对赌。

不妨站在本案例主人公张兰的角度去回想，如果 2008 年没有引入鼎晖投资，如果上市没有失败，如果 CVC 没有接盘……如果就坚守初心做好餐饮，不过度迷恋资本，如今的俏江南是否会呈现另一番景象？

一、交易主体

投资方：鼎晖投资

目标公司：俏江南股份有限公司

业绩承诺方：俏江南股份有限公司创始股东张兰

二、交易结构

鼎晖投资投入 2 亿元人民币，收购俏江南 10.53%的股权，同时双方约定：如果非鼎晖投资方面原因，造成俏江南无法在 2012 年底之前上市，鼎晖投资有权要求回购并退出俏江南，如图 2-2 所示。

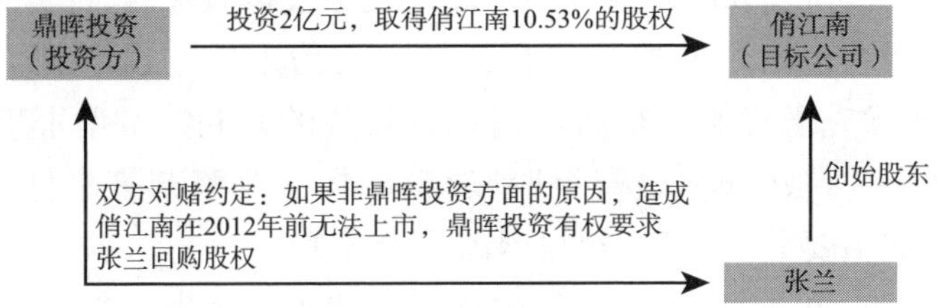

图 2-2 交易结构

三、对赌结果

俏江南未完成上市目标，接连触发投资协议中的回购权条款、领售权条款、优先清算权条款，由欧洲私募股权基金 CVC 出资 3 亿美元，以杠杆收购的方式收购了鼎晖投资和张兰手中的共计 82.7%股权。但由于现金流未能充足至足以偿还借款，CVC 所持有的俏江南股权最终被银行债权人行权，创始股东张兰终于还是出局。

四、关键词

【领售权】

领售权(Drag-Along Right):又称拖售权,是指目标公司部分股东收到第三方的收购报价或者大股东拟向第三方转让目标公司股权时,其有权要求或强制目标公司其他股东按照同等条件向第三方出售所持有目标公司股权的权利。

该权利条款的基本逻辑和目的是:在公司整体出售达到满意的价格或条件时,投资人作为少数股东希望通过整体出售实现退出,但由于潜在收购方通常希望购买目标公司全部或大多数的股权/资产,在股权出售交易中,如果可供购买的股权比例不够高或不足100%,可能无法实现收购目的;在资产出售交易中,如有股东不配合,亦无法达成交易。因此,需要设置部分股东有权发起交易并要求其他股东配合的机制,以保证目标公司可以在合适的情况下被整体或大部分出售。

【优先清算权】

优先清算权(Liquidation Preference):是指公司清算时,部分股东优先于其他股东获得剩余财产分配的权利;或者,在约定的"视同清算事件"发生时,部分股东优先于其他股东从公司获得收益的权利。"视同清算事件"通常包括公司合并、被并购、出售控股股权、出售主要资产等事件。优先清算权的分配方式主要分为两种:参与型和非参与型。

(1)参与型:在该种方案下,优先股股东获得其优先分配金额后,将和其他股东一起按股权比例继续参与剩余财产的分配;

(2)非参与型:在该种方案下,优先股股东获得其优先分配的金额后,不再参与剩余财产的分配。

【回购权】

回购权(Redemption Rights):是指投资人在特定情况下,要求目标公司或目标公司股东/实际控制人以特定价格购回其持有的股权的权利。一般来说,投资人回购权的触发条款包括但不限于以下情形:

(1)承诺期内,任一年度目标公司未达到约定的业绩目标;

(2)承诺期内,目标公司未实现合格上市;

(3)承诺期内,目标公司拒绝上市;

(4)承诺期内,目标公司或目标公司股东实质性地违反其作出的陈述、保证与承诺,或有重大不诚信行为,或者有重大行政或刑事违法行为等。

【杠杆收购】

杠杆收购(Leverage Buy-Out,LBO),是公司收购中一种特殊形式,实质在于举债收购,即通过信贷融通资本,运用财务杠杆加大负债比例,以较少的股本投入(约占 10%)融得数倍的资金,对企业进行收购、重组,并以所收购、重组的企业未来的利润和现金流偿还负债。因此,这种方式也被称为高度负债的收购方式。杠杆收购有如下特征:

(1)收购的资金主要来自市场融资,尤其是以目标公司资产为抵押或担保而获得的银行贷款和各种信用等级的债券,而不是收购方的自有资金;

(2)收购方一般是专门从事杠杆收购的投资银行或投资基金,而收购方锁定的目标公司一般为资产优良、业绩一般、股价偏低的公司。

第四节　上市、退市到被收购,永乐电器在对赌中完败[①]

2004 年的连锁家电市场,与今天相比,有很大不同。

这一年,家电企业都在疯狂扩大自己的市场份额,而跑马圈地的能力取决于各自的财力。国美电器与苏宁电器先后在港股及 A 股上市,打通了资本市场的融资渠道,有力支持了各自的市场扩张。相比而言,未能实现上市的永乐电器在资金供给上则困难重重。为了配合自己的市场扩张,永乐电器创始人陈晓转而开始寻求私募股权基金的支持。

经过大半年的努力,永乐电器最终于 2005 年 1 月获得摩根士丹利及鼎晖投资的 5000 万美元联合投资。其中,摩根士丹利投资 4300 万美元,占股 23.53%;鼎晖投资 700 万美元,占股 3.83%。正是在这次融资中,陈晓与包括摩根士丹利及鼎晖投资在内的资本方签下“对赌协议”,约定了永乐电器

---

① 本节案例事实主要来源:贺韶辉:《永乐电器与摩根士丹利的对赌案例》,载高顿网校,https://www.gaodun.com/guoshui/647377.html;《永乐上市 家电零售巨头展开新一轮“对赌”》,载《中国经济时报》,http://www.linkshop.com.cn/web/Article_news.aspx? ArticleId=54076;《业界著名的“对赌协议”失败案例解析》,载九顶商学,https://www.sohu.com/a/304420396_120116620;《对赌协议:陈晓与摩根士丹利及鼎辉对赌输掉永乐电器》,载亿融通公众号,https://mp.weixin.qq.com/s? src=3&timestamp=1604121695&ver=1&signature=MVjHs*zhBD6E3IAw4s52IrrNTV5Op*Dt4d2skYp4tfMMHjRmb3cyrO8sm6Zc8f7cFS7IJJ8Hma3owiAxrfzTeGc2RGYsgCjKfiOXRiEK9*RKjKG0Q7jGwEPkoTzICO0aQP0qUy9m5PJrAObFrWXSU2VzOtpkpBxIo40nXBubvGQ=。

2007 年净利润的承诺目标,陈晓将根据目标实现情况向资本方出让股份或者获得股份。

陈晓要想在这场赌局中不赔掉股份,永乐电器就需要在 2007 年至少完成 6.75 亿元的净利润指标。问题是双方设立的利润指标是否合理?

永乐电器 2002 年至 2004 年的净利润分别为 2820 万元、1.48 亿元和 2.12 亿元,显然这个盈利水平与 6.75 亿元的目标还差得太远。而摩根士丹利的理由是,永乐电器过去几年的净利润增长一直保持在 50% 以上的速度,按照这样的速度计算,2007 年实现 6.75 亿元的目标并不存在太大的困难。

获得融资之后的陈晓,明显加快了在全国扩张的步伐。一方面强势扩张自营连锁店,另一方面大肆收购同行。2005 年 5 月至 7 月,永乐电器迅速收购了河南通利、厦门灿坤、厦门思文等地域性家电连锁品牌。

2005 年 10 月 14 日,永乐电器登陆香港联交所完成 IPO,融资超过 10 亿港元。

但是,在企业上市的表面光鲜背后,陈晓开始明显感觉到经营寒冬的到来,跨地域扩张的困局开始初现端倪。上市一个月之后,永乐电器无奈对外承认“外地发展不顺”的事实。

2006 年 4 月 24 日,摩根士丹利突然发布报告称:“由于成本升速超过预期,预计永乐电器当年收益将下降 25%~27%”,同时下调了永乐电器的评级。2006 年 4 月 25 日第一个股票锁定期到期的当天,摩根士丹利减持了一半的永乐电器股份(另一半股份还在锁定期),并几乎同时再次下调永乐电器的评级。其他投资者继而跟风抛售,永乐电器股价持续走低。

此时,摩根士丹利背后的心思渐渐浮出水面,一边调高永乐电器竞争对手国美电器的评级并增持,一边公开发表言论称支持国美电器并购永乐电器。

这时牵动陈晓神经的已不再是股价的下挫以及摩根士丹利的套现,而是一年前签下的那纸对赌协议。按照永乐电器披露的业绩预警,2006 年的全年业绩很可能低于 2005 年的 3.21 亿元,那么 2007 年实现 6.75 亿元净利润的希望就会变得非常渺茫,这就意味着陈晓要赔 3%~6% 的永乐电器股份给摩根士丹利。

永乐电器或许这才意识到,自己不过是舞台上的一只拉线木偶,一步步被动地走向被国美并购的结局,而操控的线就掌握在摩根士丹利手中。但木已成舟,永乐无法回头。

随着永乐电器股东接受国美电器的收购要约,其退市已成定局。2006年7月25日,国美电器、永乐电器正式对外公布了两家合并的方案:国美电器通过“现金+股票”的方式,以52.68亿港元的代价全资收购永乐电器100%的股权,收购完成之后,原永乐电器的股东全部转变成国美的股东,而永乐电器则成为国美的全资子公司并从香港联交所退市。2006年11月,陈晓低调出任国美电器总裁。既然他在国美电器拥有少量股份(不足4%),就显然已经不再是当年永乐时代一言九鼎的大股东了,而更像是黄光裕所聘请的职业经理人。

2006年8月14日,永乐电器公布了半年报,上半年永乐最终净利润为1501.8万元,相比2005年同期净利润1.4亿元,跌幅高达89%。

任何资本操作者,其追求的唯一目的就是投资收益最大化,将外来资本视作企业的救星或夺权的杀手都有失偏颇。资本市场没有道德的争论,只有理性的博弈。对赌协议就是这样一个博弈的利器。

当2006年6月25日永乐电器面对媒体承认对赌协议中承诺的目标过分乐观时,当2006年7月25日陈晓坐在国美电器并购永乐电器新闻发布会的主席台上一脸严肃时,处于快速发展期具有强烈融资渴望的中国企业家们,在看到闪耀着金光的资本,盘算着怎么把财神爷请回家的同时,也需要低下头重新思考一下自己的家底是不是供得上香火钱。

一、交易主体

投资方:摩根士丹利、鼎晖投资

目标公司:上海永乐家用电器有限公司

业绩承诺方:以陈晓为代表的永乐电器管理层

二、交易结构

2005年1月,摩根士丹利和鼎晖投资向永乐电器投资5000万美元,成为永乐第三大股东。其中,摩根士丹利投资4300万美元占股23.53%;鼎晖投资投资700万美元,占股3.83%。交易结构如图2-3所示。

【对赌条款】

A:永乐电器2007年(如遇不可抗力,可延至2008年或2009年)扣非净利润如果高于7.5亿元,投资方向永乐电器管理层转让4697.38万股永乐股份(股价以永乐电器上市后价格为准);扣非净利润如果介于6.75亿元和7.5亿元之间,不需要进行估值调整;扣非净利润介于6亿元和6.75亿元之间,永乐电器管理层向投资方转让4697万股永乐股份;扣非净利润低于6亿元,永乐电器管理层转让的股份达到9395万股永乐股份,占永乐电器上市后总股本的4.1%,如图2-3所示。

B:协议中还指出了另外一种变通的方式,即若投资者达至回报目标,则永乐电器未达到净利润目标也可免于割让股份。这个回报目标是,投资者初次投资的300%(二者2005年1月初次投资总额为5000万美元,其中摩根士丹利投资约4300万美元),再加上行使购股权对价的1.5倍(上市前行使了约1.18亿港元的购股权),合计约11.7亿港元。依此计算,协议中的这一条款实际上是摩根士丹利为自己的投资设定了一个最低回报率底线,约260%。

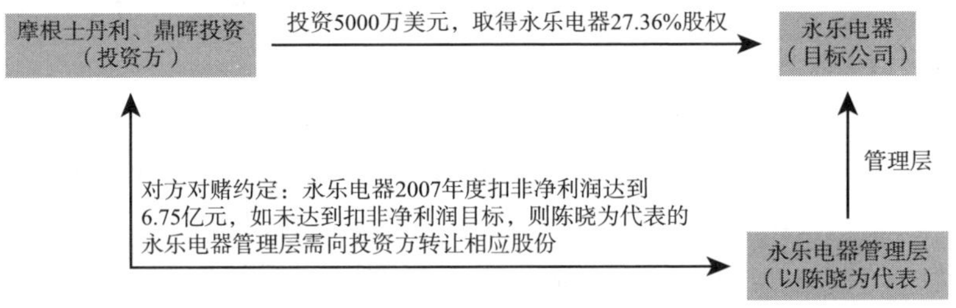

图2-3 交易结构

三、对赌结果

摩根士丹利全身而退。

随着摩根士丹利持有的全部永乐股票禁售期在2006年7月25日届满,摩根士丹利将永乐股票全部出售,共套现7.2369亿港元。按照国美收购永乐支付方式计算,摩根士丹利共获得国美电器7286万股股份,同时得到约3895万港元现金。

至此,摩根士丹利投资永乐的总收益约达12.22亿港元(约1.56亿美元),投资回报率高达262%,甚至超过其投资永乐时的预期回报率。

永乐及陈晓完败。

在与摩根士丹利等投资方的对赌博弈中,永乐及以陈晓为代表的管理层的股份被国美收购,失去公司控制权,原永乐股东也变成国美股东。尽管新集团公司实行双品牌战略,但永乐电器的独立品牌和市场地位一去不复返,此次对赌以永乐的完败告终。

四、关键词

【股票禁售期】

股票禁售期,是指对某一类股东持有的股票,规定其在持有一定期限后方可在二级市场交易流通。

具体规定例如:对于pre-IPO公司的控股股东和实际控制人的股票禁售规定。

证监会2017年6月发布的《发行监管问答——关于首发企业中创业投资基金股东的锁定期安排》有如下规定:

首发审核中对发行人控股股东、实际控制人所持股票锁定期的一般性要求有哪些?

"答:根据《公司法》第141条的规定,发行人首次公开发行股票前已发行的股份,自发行人股票在证券交易所上市之日起一年内不得转让。

根据证券交易所《股票上市规则》的有关规定,发行人控股股东和实际控制人所持股份自发行人股票上市之日起36个月内不得转让。

对于发行人没有或难以认定实际控制人的,为确保发行人股权结构稳定、正常生产经营不因发行人控制权发生变化而受到影响,审核实践中,要求发行人的股东按持股比例从高到低依次承诺其所持股份自上市之日起锁定36个月,直至锁定股份的总数不低于发行前股份总数的51%。"

【投资回报率】

投资回报率(Return on Investment),是指企业从一项投资性商业活动的投资中得到的经济回报,是衡量一个企业盈利状况所使用的比率,也是衡量一个企业经营效果和效率的一项综合性的指标。在对赌交易中,投资人会使用此指标来保证自身的投资收益水平。

计算方式:投资回报率=投资收益÷投资额×100%

【要约收购】

要约收购,是指收购人通过向目标公司的股东发出购买其所持该公司股份的书面意思表示,并按照依法公告的收购要约中所规定的收购条件、价格、期限以及其他规定事项,收购目标公司股份的收购方式。

我国《证券法》第62条规定:"投资者可以采取要约收购、协议收购及其他合法方式收购上市公司。”

根据《上市公司收购管理办法》(2020年修订)第5条规定,收购人可以通过取得股份的方式成为一个上市公司的控股股东,可以通过投资关系、协议、其他安排的途径成为一个上市公司的实际控制人,也可以同时采取上述方式和途径取得上市公司控制权。收购人包括投资者及与其一致行动的他人。案例中,国美电器就是通过取得永乐电器股份的方式取得永乐电器的控制权。

要约收购可分为全面要约和部分要约。根据证监会制定的《上市公司收购管理办法》(2020年修订)第23条规定,全面要约,是指投资者以要约方式,向被收购公司所有股东发出收购其所持有的全部股份的要约。部分要约,则是投资者向被收购公司所有股东发出收购其所持有的部分股份的要约。案例中,国美电器即采用全面要约收购永乐电器股东所持的股份。

第五节　双倍业绩差额补偿,新华医疗与成都英德闹上法庭①

近些年来,医药行业的企业参与并购,基本都设计了业绩对赌方案,以期通过业绩对赌对未来收益不确定性进行约定,从而达到降低并购风险的目的。

提到医疗器械行业的对赌,就不得不说成都英德生物医药装备技术有限公司(以下简称成都英德)与山东新华医疗器械股份有限公司(以下简称新华医疗,证券代码:600587)的对赌纠纷。

新华医疗多年来以收购和兼并多家医药企业的方式,扩充自己的产业

① 本节案例事实主要来源:《新华医疗对赌之殇:9自然人股东无力补偿 祸起要价过高》,载《中国经营报》,http://finance. sina. com. cn/roll/2017-07-01/doc-ifyhrxtp6387353. shtml;《这笔因成都英德未达业绩承诺的巨额补偿款,新华医疗能否如愿拿到?》,载《经济导报》,https://baijiahao. baidu. com/s? id=1652787281335697889&wfr=spider&for=pc;《新华医疗状告成都英德业绩补偿调查:原业绩承诺人持股市值不足偿还业绩补偿》,载搜狐财经频道,http://news. jstv. com/a/20170622/1498070287626. shtml;《定增+现金 新华医疗3.7亿购英德生物85%股权》,载《上海证券报》,http://finance. eastmoney. com/news/1354,20140419377903411. html;《盘点丨2017年医疗圈对赌失败案例》,载九泰药械公众号,https://www. sohu. com/a/221248323_99920688;《新华医疗并购后遗症:法院判决3.8亿元业绩补偿"打折"》,载《中国经营网》,http://news. sina. com. cn/o/2019-08-30/doc-iicezueu2178441. shtml。

链和市场份额。作为一家国有控股上市公司,新华医疗在资本市场的布局和操作令人叹为观止。新华医疗 2009 年的股价仅为每股 3.68 元,经过兼并收购,2014 年股价达到每股 40 元,一跃成为医疗器械行业的 5 年 10 倍股。

此次入主英德生物,是看中了英德生物在生物装备业的发展潜力,属于战略投资,新华医疗也就是资本市场中常常提及的战略投资人。

2014 年 4 月 19 日,新华医疗通过发行股份及支付现金的方式购买成都英德 85%股权,各方签下对赌协议,成都英德股东隋涌等 9 人承诺:成都英德 2014 年—2017 年的扣非净利润分别不低于 3800 万元、4280 万元、4580 万元、4680 万元。若未完成,9 名股东应向新华医疗支付当期业绩承诺与实际扣非净利润之差的 2 倍作为业绩补偿款,即双倍业绩差额补偿。

2014 年—2017 年,成都英德均未实现业绩承诺,2016 年甚至还亏损 5057.83 万元。根据对赌协议,新华医疗主张应当得到补偿 3.8 亿元,但英德生物董事长隋涌表示根本赔不起。

2017 年 6 月 2 日,成都英德隋涌等 9 名自然人股东被新华医疗起诉至法院,索赔金额为 3.8 亿元及延迟支付的利息。2019 年 8 月 15 日,山东高院判令隋涌等 9 名股东支付利润补偿款合计 1.3 亿元以及延迟支付的利息,共 1.8 亿元。

这份对赌协议中的补偿条款十分引人注目,那就是:如果成都英德在承诺期内未完成对赌业绩,则承诺人应以现金形式进行业绩差额双倍补偿。

如果实际利润与承诺利润偏差不大,双倍补偿似乎影响不大。而该案的特殊点就在于制药机械行业是一个周期性行业,深受政策环境的影响。2013 年—2014 年恰逢医药行业新版 GMP 认证,药机行业非常红火。但是,潮起必有潮落。2014 年起受到医药生产质量规范改革的影响,成都英德没能完成业绩承诺,甚至出现了运营恶化、大幅亏损情况。

如此一来,按照约定的业绩差额双倍赔付条款,成都英德股东累计需补偿 3.8 亿元,但此前出售股权时价格才仅 3.7 亿元。这就意味着 9 人不但将失去苦心经营多年的公司,而且之前拿到的钱也几乎要尽数奉还,真是赔了夫人又折兵。

新华医疗设置双倍赔付条款的初衷我们不得而知,但是对于这一条款,成都英德却没有在交易时考虑未完成业绩目标的严重后果,从而导致极端情况下的赔付金额远远超出了当初交易所获得的金额。

而对于新华医疗来说,若拿到全部 3.8 亿元的业绩补偿款及利息,就相当于以零代价获得了国内制药机械龙头企业的控制权，可以说是一笔无本万利的交易。

令新华医疗颇为“不满”的是，法院并没有支持其双倍赔付的全部诉讼请求，只判令成都英德支付1倍业绩差额的70%，即1.33亿元作为补偿款。

一审法院山东高院认为，双方签署的对赌协议条款不够明确，新华医疗以战略投资人的身份使其实质性地参与了成都英德的经营管理，9名被告不能完全控制公司却要承担因公司业绩下滑所带来的风险，违反了权利义务对等原则，在成都英德业绩下滑之时要求9名被告补偿双倍业绩差额显然违反公平原则，因此认为应将业绩未完成的责任30%归因于新华医疗及其他外部原因。

虽然另据公告显示，新华医疗不服一审判决并已提起上诉，目前该案处于最高人民法院二审期间。但由此仍然可见，新华医疗看似精明的背后，凸显了其对交易结构和交易条款的忽视。

一、交易主体

投资方：山东新华医疗器械股份有限公司(600587)

目标公司：成都英德生物医药装备技术有限公司

业绩承诺方：成都英德生物医药装备技术有限公司9名股东

二、交易结构

新华医疗以发行股份及支付现金的方式购买成都英德85%股权，作价约3.70亿元，同时配套募集资金不超过1.23亿元，用于支付上述收购的现金对价。新华医疗收购成都英德85%股权分为以下两步，如图2-4所示：

第一步：以发行股份方式购买作价2.22亿元的成都英德51%股权，成都英德共定向发行559.38万股，发行价格为39.66元/股。

第二步：以现金1.48亿元收购隋涌等9名自然人、德广诚投资、中冠投资、智望创投所持成都英德34%股份，支付的现金来自配套募集资金和自筹资金。

【对赌内容】

成都英德9名股东承诺：成都英德2014年—2017年的扣非净利润分别不低于3800万元、4280万元、4580万元、4680万元。若未完成，9名股东应向新华医疗支付当期业绩承诺与实际扣非净利润之差的2倍作为业绩补偿款,即双倍业绩差额补偿,如图 2-4 所示。

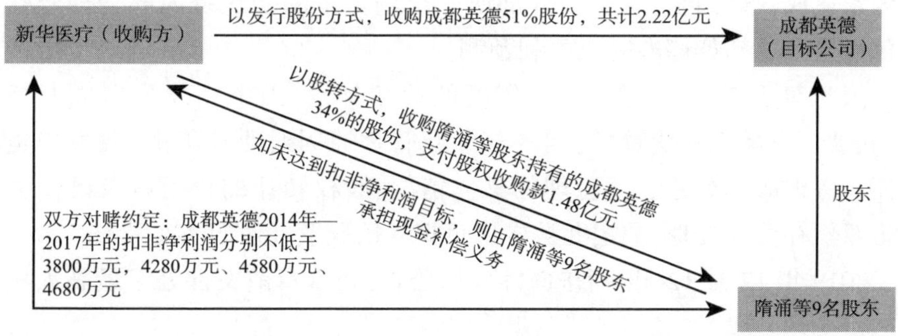

图 2-4　交易结构

三、对赌结果

成都英德隋涌等 9 名自然人对赌失败。

成都英德 2014 年至 2017 年的扣非净利润分别为 3163. 35 万元、3252. 24 万元、-5057. 83 万元和-4684. 86 万元。

按照双方签订的《利润预测补偿协议》,2014 年至 2017 年,隋涌等 9 名自然人需付给新华医疗的补偿款分别为 1273 万元、2055 万元、1. 9 亿元、1. 9 亿元,合计 4. 13 亿元,扣除已经收到的 2268. 39 万元补偿款,尚有 3. 8 亿余元。

四、后续发展

2017 年 6 月 2 日,成都英德隋涌等 9 名自然人股东被新华医疗起诉至山东高院,请求法院判令被告支付 3. 8 亿元的业绩补偿款及延迟支付的利息。

山东高院一审判令成都英德支付 1 倍业绩差额的 70%作为补偿款,加上迟延履行的利息共计 1. 8 亿元。

山东高院认为,如果 9 名被告不能控制目标公司而承担因目标公司业绩下滑所带来的损失赔偿,违反《合同法》规定的权利义务对等原则。同时,在成都英德业绩下滑之时还要求 9 名被告按双倍业绩补偿违反《合同法》规定的公平原则。

山东高院还认为,成都英德业绩下滑是因所处行业市场竞争加剧、相关行业政策调整、公司经营决策调整、管理层发生变动以及管理方式变化等诸多因素造成,归结起来主要为外部所处市场竞争的变化及内部管理经营的变化而导致成都英德未完成盈利预测。

因此对于2016年度、2017年度的业绩补偿,因市场风险造成业绩下滑,九被告应承担补偿责任;因内部经营管理原因对业绩下滑,双方均负有责任。考虑成都英德经营管理的具体情况、股权转让的价值以及已免去九被告双倍补偿的处理,酌定九被告应负担一倍业绩补偿的70%责任。

2019年12月12日,新华医疗发布公告,公告目前案件处于最高人民法院二审受理阶段。

五、关键词

【战略投资者 vs. 财务投资者】(如表2-1所示)

表2-1 战略投资者与财务投资者区分标准

	战略投资者	财务投资者
行业背景	绝大多数与被投资企业从事相同或相近的产业,或者有合作关系,或者两者所从事的业务具有一定的互补性	既可以与被投资企业有行业关联,也可以与被投资企业没有行业关联
投资者	一般为境内外的大型企业、集团	一般为风险投资基金、私募基金
投资目标	产业链上的横向、纵向扩张	高风险下的资本增值,要求一定的投资收益率
持股比例	一般以控股为最终目的	一般持有少数股份(10%~40%)
投资时间	长期稳定持有(5年以上)	以上市、股份转让等方式择机退出(3~5年内)
管理渗透	参与被投资企业的日常经营管理,纳入其整体战略规划	一般不参与企业日常管理经营,在财务、资本运作方面提供建议,可能会要求委派财务管理人员

续表

	战略投资者	财务投资者
被投企业获得优势	1. 在引入资金的同时,被投资企业也可能从管理能力、技术、资源等多方面获益,产生协同效应; 2. 被投资企业不用担心投资者短期套现而造成的资金紧张	1. 财务投资者的投资决策相对比较快速,程序相对简单; 2. 有助于提升资本市场对于被投资企业的认可程度,对被投资企业短期财务表现及未来上市起到积极作用
典型例子	阿里巴巴战略投资部,投资申通快递、中通快递及百世物流,以扩大阿里巴巴商业版图	真格基金、红杉资本、九章资产、明汯投资、九坤投资

第六节　华夏幸福"卖股图存"？与平安资管签订三年对赌①

2018年,地产圈最受关注的消息大概就是华夏幸福基业股份有限公司(以下简称华夏幸福,证券代码:600340,)被平安资产管理有限责任公司(以下简称平安资管)以138亿元买入19.88%股份的消息。华夏幸福资金链紧张的消息在行业内众所周知,折价转让近20%的股份的确有"卖股图存"之嫌,因而备受关注。

2018年7月10日,华夏幸福发布公告称,控股股东华夏幸福基业控股股份公司(以下简称华夏控股)与平安资管于2018年7月10日签订《股份转让协议》,约定华夏控股通过协议转让方式,向平安资管转让5.8亿股公司股份,占公司总股本的19.70%,转让价款共计137.7亿元。转让后,平安

① 本节案例事实主要来源:叶剑霞:《大手笔! 平安资管137亿入股华夏幸福,"送"股民接近一个涨停!》,载《中国基金报》,https://mp.weixin.qq.com/s?src=11&timestamp=1604122630&ver=2677&signature=TTHnaQzJpzOwmom2yp*5WJr5d58uo8XqBMG3YErbaNpxILQIThiJ2Kt96K5nbkH6rLgaSQQ3y1Gu0PnR1YYeD9mpj4RRgSCUY2mjSVt6YgENSFXRFlgNVYf23neBNWRJ&new=1;《华夏幸福对赌平安:2019勉强过关,利润增长承压》,载亿欧网,http://finance.sina.com.cn/stock/relnews/cn/2020-04-24/doc-iircuyvh9652185.shtml;《华夏幸福对赌:平安资管砸137.7亿成"二掌柜"》,载《21世纪经济报道》,http://finance.sina.com.cn/chanjing/gsnews/2018-07-10/doc-ihfefkqp7675076.shtml;《平安二度增持,华夏幸福获180亿缓解资金之渴》,载《第一财经》,https://baijiahao.baidu.com/s?id=1625258587242286290&wfr=spider&for=pc。

资管及其一致行动人合计持有上市公司华夏幸福25.16%股份。

房地产作为一个资金密集型行业,与金融的结合屡见不鲜。此前另一家房地产公司碧桂园也曾与平安人寿合作,平安人寿在2015年4月出资62亿港元收购碧桂园9.9%股权,目前的持股比例是8.97%。

不过2018年的金融环境与三年前已经有所不同,为赢得金融巨头平安的支持,华夏幸福显然比当时的碧桂园献出了更大的诚意:这次合作附带有3年累计承诺业绩超过400亿元的对赌协议。

客观来看,这笔交易对双方都有益:平安人寿以极低的价格获得了TOP10房企的二股东身份,而华夏幸福则因金主加持缓解了资金链风险。然而合作意向的达成并不是个轻松的过程。因为,在业绩承诺期间,如果华夏幸福的实际净利润低于当年度承诺利润的95%,华夏幸福将对平安资管进行现金补偿。

房企找到金融行业的巨头做金主,未尝不是一个出路,当然也必须警惕外部投资人的介入,可能会对公司既定的发展方向产生影响。

一、交易主体

投资方:平安资产管理有限责任公司

目标公司:华夏幸福基业股份有限公司(600340)

业绩承诺方:华夏幸福基业控股股份公司

二、交易结构

华夏控股通过协议转让方式,向平安资管转让5.8亿股公司股份,占公司总股本的19.70%,转让价格为23.655元/股,转让价款共计137.7亿元。转让后,平安资管及其一致行动人合计持有上市公司华夏幸福25.16%的股份,如图2-5所示。

业绩承诺:以上市公司2017年度归属于上市公司股东的净利润为基数,上市公司2018年度、2019年度、2020年度归属于上市公司股东的净利润增长率分别不低于30%、65%、105%,即2018年度、2019年度、2020年度归属于上市公司股东的净利润分别不低于1,141,505万元、1,448,833万元、1,800,065万元,如图2-5所示。

补偿条款:业绩承诺期间,如出现上市公司任一会计年度的实际净利润小于本协议第5条第1项所述上市公司在同一年度的预测利润的95%,则甲方承诺对乙方进行现金补偿,补偿金额的计算公式为:当期补偿金额=(截至当期期末累积承诺净利润数-截至当期期末累积实际净利润数)×乙方持有股份19.7%。

业绩承诺期限内,已经补偿的金额不冲回;上述补偿款(如有)应于上市公司年度审计报告出具后30日内支付。

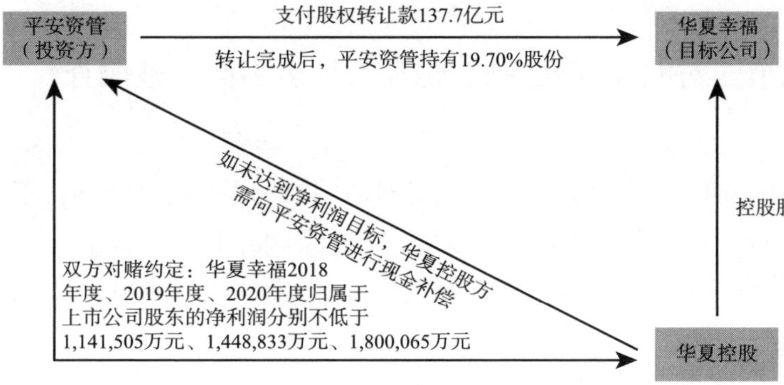

图2-5　交易结构

三、对赌进程

华夏幸福2018年、2019年归属于上市公司股东净利润分别为1,174,579万元、1,461,178万元,勉强完成2018年度、2019年度1,141,505万元、1,448,833万元的业绩承诺目标。

2020年4月25日,华夏幸福发布2020年第一季度报告,显示第一季度归属于上市公司股东净利润为28,872万元,距离业绩承诺目标还差1,771,193万元。

四、关键词

【绝对控股股东、相对控股股东】

一般而言,在股份有限公司中,绝对控股股东是指在持股比例达到67%(2/3)及以上,对公司的重大事项(增减资、修改公司章程、合并、分立等)享有决定权的股东。

相对控股股东则是指持股比例达到51%及以上未到达67%,对公司一般事项享有决定权,而对重大事项无决定权的股东。

划分绝对控股股东与相对控股股东的法律依据为我国《公司法》(2018年修正)第103条第2款:“股东大会作出决议,必须经出席会议的股东所持表决权过半数通过。但是,股东大会作出修改公司章程、增加或者减少注册资本的决议,以及公司合并、分立、解散或者变更公司形式的决议,必须经出席会议的股东所持表决权的三分之二以上通过。”

第七节 对赌完成就变脸,恺英网络多名高管被调查①

自2016年国家新闻出版广电总局对游戏版号管控加严以后,不少原本状况良好的游戏公司都面临不同程度的经营困难,不过这并不能成为恺英网络科技股份有限公司(以下简称恺英网络,股票代码:002517)走上犯罪道路的借口。

曾因《全民奇迹》《蓝月传奇》等游戏产品而获得不菲收入的恺英网络,在2019年却过得并不顺利。

恺英网络于2017年完成近20亿元的对赌后,便陷入业绩变脸的泥潭。2019年,公司多名高管因涉嫌刑事犯罪被公安机关立案侦查,曾经风光一时的恺英网络经历了成立以来的至暗时刻。

2019年4月23日起,公司实际控制人王悦、董事长金峰、总经理陈永聪等7名现任及前任董监高均被有关部门立案调查,涉及操纵证券市场、内幕交易等多项指控。

2019年6月12日晚,恺英网络实际控制人王悦因涉嫌操纵证券、期货市场罪,经上海市人民检察院批准,被上海市公安局正式逮捕。

2020年6月30日,上海市第一中级人民法院开庭审理了王悦操纵证券、期货市场罪一案[(2020)沪01刑初25号],截至本书写作之日,该案尚

---

① 本节案例事实主要来源:《恺英网络实控人失联、持股100%质押 关注函也来了》,载新浪财经,https://finance.sina.com.cn/stock/s/2019-04-01/doc-ihtxyzsm2375340.shtml;《恺英网络:实控人王悦涉嫌操纵证券市场罪被上海市公安局逮捕》,载新浪新闻,http://news.sina.com.cn/o/2019-06-12/doc-ihvhiews8437606.shtml;《7名高管“沦陷”背后 复盘恺英网络窝案》,载经济观察网,http://www.eeo.com.cn/2019/1115/369556.shtml;《57亿市值被索赔76亿!五位高管落马后,恺英网络又摊上大事了》,载搜狐网,https://www.sohu.com/a/362328329_161795;《恺英网络窝案揭秘:实控人定增签抽屉协议,场外配资用279个账户操纵股价》,载腾讯财经,https://finance.qq.com/a/20200420/009704.htm。

未宣判。

恺英网络高管的“集体沦陷”遭到外界诸多猜疑，也不免使人联想到恺英网络与泰亚鞋业股份有限公司（以下简称泰亚股份）之间的那份对赌协议。

2015 年，恺英网络以 63 亿元估值借壳泰亚股份登陆 A 股，与此同时，交易双方签订对赌协议，要求恺英网络 2015—2017 年净利润分别不低于 4.6 亿元、5.7 亿元和 7 亿元。为此，恺英网络开始了疯狂并购，最终三年均超额完成业绩承诺。

但好景不长，恺英网络在对赌结束后的第一年，也就是 2018 年，业绩就突然“变脸”，2018 年报披露净利润下滑 89.17%。

针对这一情况，深交所发函要求公司说明 2018 年净利润较上年大幅度下降的原因，以及是否存在通过提前确认收入、跨期结转成本费用等方式调节利润实现业绩承诺的情形。恺英网络在回函中详细分析了净利润减少的原因，并表示：“不存在通过提前确认收入、跨期结转成本费用等方式调节利润实现业绩承诺。”

2020 年 2 月 29 日，恺英网络发布 2019 年度业绩快报，公告称：报告期内，本公司实现营业总收入 198,770.07 万元，较上年同期下降 12.96%；实现营业利润-194,221.32 万元，同比下降 765.11%；实现利润总额-206,842.59 万元，同比下降 855.41%；实现归属于上市公司股东的净利润-210,284.53 万元，同比下降 1305.86%。

尽管恺英网络实控人王悦的一审还未出结果，其他高管的调查情况也尚未公布，但从其在资本市场的种种表现来看，不得不让人思考如此大面积涉刑的背后原因。

数名高管被采取刑事措施后，深交所也发函关注，要求恺英网络说明上述事项对公司业务开展、日常生产经营、管理层稳定性的影响，及公司已采取和拟采取的应对措施。由此可见，参与对赌的高管一旦因自身违法甚至犯罪行为被采取相关措施，不仅导致其持有的股份本身面临大量的限制，也直接影响目标公司恺英网络的经营管理和发展。

恺英网络为完成自身的对赌业绩，在资本市场并购频繁，收购了以浙江盛和为代表的多家游戏公司，业绩变脸也反映出恺英网络并没有将这些资源很好地整合，不免使人猜疑并购是为了拼凑业绩，粉饰财报。

完成对赌业绩须靠真本领，而非旁门左道，在资本市场的大火炉里，真金与废铁一炼即可分明。

一、交易主体

卖壳方：泰亚鞋业股份有限公司（曾用证券代码：002517）

买壳方：上海恺英网络科技有限公司

业绩承诺方：王悦等 9 名上海恺英网络科技有限公司股东

二、交易结构

2015 年 4 月 15 日、5 月 25 日，泰亚股份与王悦等 11 名交易对方以及泰亚股份实际控制人林诗奕分别签署了《资产置换、发行股份购买资产及股份转让协议》及《资产置换、发行股份购买资产及股份转让协议之补充协议》。

根据《上市公司重大资产重组管理办法》第 13 条规定，该交易构成借壳上市。交易方案包括：（1）重大资产置换；（2）发行股份购买资产；（3）股份转让。交易完成后，泰亚股份持有恺英网络 100%股权，同时泰亚股份的控股股东和实际控制人变更为王悦。具体交易结构如下，如图 2-6 所示：

资产置换：置入资产 630,000 万元，置出资产 67,000 万元。泰亚股份以截至 2015 年 2 月 28 日经审计及评估确认的全部资产及负债（作为置出资产）与王悦等 11 名交易对方持有的恺英网络 100%股权（作为置入资产）中的等值部分（67,000 万元）进行置换。

发行股份购买资产：泰亚股份向王悦等 11 名交易对方按其各自持有恺英网络的股权比例非公开发行股份，用于购买置入资产超过置出资产价值的差额部分（563,000 万元）。

股权转让：控股股东林诗奕向恺英网络全体股东按其持有恺英网络的股权比例合计转让 1500 万股上市公司股票。恺英网络全体股东同意将与本公司进行资产置换取得的置出资产由林诗奕或者其指定的第三方承接，作为其受让股份的支付对价。

三、对赌内容

2015 年 4 月 15 日，泰亚股份与王悦等 9 名交易对方签署了《盈利补偿协议》。同年 5 月 25 日，泰亚股份与王悦等 9 名交易对方签署了《盈利补偿协议之补充协议》。

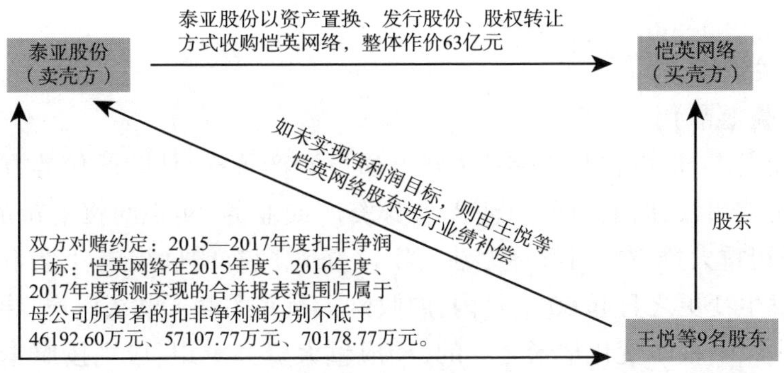

图 2-6　交易结构

王悦、冯显超、赵勇、王政、海通开元、海桐兴息、经纬创达、骐飞投资、圣杯投资等 9 名业绩承诺人承诺：恺英网络在 2015 年度、2016 年度、2017 年度预测实现的合并报表范围归属于母公司所有者的扣非净利润分别不低于 46,192.60 万元、57,107.77 万元、70,178.77 万元。

若本次重组无法在 2015 年度内完成，则业绩承诺人同意延长业绩承诺期至 2018 年，即将整个业绩承诺期间调整为 2015 年度、2016 年度、2017 年度及 2018 年度，其中，2018 年度承诺扣非净利润不低于 83,047.03 万元。

四、对赌结果

恺英网络 2015 年、2016 年、2017 年实际扣非净利润分别为 6.42 亿元、6.58 亿元、9.86 亿元，均超额完成业绩承诺。

五、后续发展

业绩承诺期刚过，恺英网络的业绩便出现了“变脸”。

恺英网络 2018 年年报显示，报告期实现营业收入 22.84 亿元，同比下降 27.13%；净利润为 1.74 亿元，同比下降 89.17%。2019 年第一季度，依然延续了这一下滑态势，报告期实现营业收入 6.73 亿元，同比微增 6.73%；净利润 8839.22 万元，同比下降 64.15%。

深交所发函要求恺英网络说明 2018 年度收入利润下降的情形下经营活动现金流上升的原因，并详细说明 2019 年一季度净利润较上年同期大幅度下降的原因和一季度经营性现金流为负的原因。

六、关键词

【借壳上市】

借壳上市，是指收购人及其关联方通过资产置换、认购股份等方式取得上市公司控制权，向上市公司注入自身资产或业务，实现间接上市的行为。《上市公司重大资产重组管理办法》第13条对此有明确规定："上市公司自控制权发生变更之日起60个月内，向收购人及其关联人购买资产，导致上市公司发生以下根本变化情形之一的，构成重大资产重组，应当按照本办法的规定报经中国证监会核准：

（一）购买的资产总额占上市公司控制权发生变更的前一个会计年度经审计的合并财务会计报告期末资产总额的比例达到100%以上；

（二）购买的资产在最近一个会计年度所产生的营业收入占上市公司控制权发生变更的前一个会计年度经审计的合并财务会计报告营业收入的比例达到100%以上；

（三）购买的资产在最近一个会计年度所产生的净利润占上市公司控制权发生变更的前一个会计年度经审计的合并财务会计报告净利润的比例达到100%以上；

（四）购买的资产净额占上市公司控制权发生变更的前一个会计年度经审计的合并财务会计报告期末净资产额的比例达到100%以上；

（五）为购买资产发行的股份占上市公司首次向收购人及其关联人购买资产的董事会决议前一个交易日的股份的比例达到100%以上；

（六）上市公司向收购人及其关联人购买资产虽未达到本款第（一）项至第（五）项标准，但可能导致上市公司主营业务发生根本变化；

（七）中国证监会认定的可能导致上市公司发生根本变化的其他情形。

上市公司实施前款规定的重大资产重组，应当符合下列规定：

（一）符合本办法第十一条、第四十三条规定的要求；

（二）上市公司购买的资产对应的经营实体应当是股份有限公司或者有限责任公司，且符合《首次公开发行股票并上市管理办法》规定的其他发行条件；

（三）上市公司及其最近3年内的控股股东、实际控制人不存在因涉嫌犯罪正被司法机关立案侦查或涉嫌违法违规正被中国证监会立案调查的情形，但是，涉嫌犯罪或违法违规的行为已经终止满3年，交易方案能够消除该

行为可能造成的不良后果,且不影响对相关行为人追究责任的除外;

(四)上市公司及其控股股东、实际控制人最近 12 个月内未受到证券交易所公开谴责,不存在其他重大失信行为;

(五)本次重大资产重组不存在中国证监会认定的可能损害投资者合法权益,或者违背公开、公平、公正原则的其他情形。

上市公司通过发行股份购买资产进行重大资产重组的,适用《证券法》和中国证监会的相关规定。

本条第一款所称控制权,按照《上市公司收购管理办法》第八十四条的规定进行认定。上市公司股权分散,董事、高级管理人员可以支配公司重大的财务和经营决策的,视为具有上市公司控制权。

创业板上市公司自控制权发生变更之日起,向收购人及其关联人购买资产,不得导致本条第一款规定的任一情形。

上市公司自控制权发生变更之日起,向收购人及其关联人购买的资产属于金融、创业投资等特定行业的,由中国证监会另行规定。”

【操纵证券、期货市场罪】

《刑法》第 182 条规定:“有下列情形之一,操纵证券、期货市场,情节严重的,处五年以下有期徒刑或者拘役,并处或者单处罚金;情节特别严重的,处五年以上十年以下有期徒刑,并处罚金:

(一)单独或者合谋,集中资金优势、持股或者持仓优势或者利用信息优势联合或者连续买卖,操纵证券、期货交易价格或者证券、期货交易量的;

(二)与他人串通,以事先约定的时间、价格和方式相互进行证券、期货交易,影响证券、期货交易价格或者证券、期货交易量的;

(三)在自己实际控制的账户之间进行证券交易,或者以自己为交易对象,自买自卖期货合约,影响证券、期货交易价格或者证券、期货交易量的;

(四)以其他方法操纵证券、期货市场的。

单位犯前款罪的,对单位判处罚金,并对其直接负责的主管人员和其他直接责任人员,依照前款的规定处罚。”

第八节　冯小刚与华谊兄弟的对赌：又爱又恨①

近年来，越来越多的明星参与业绩对赌，除冯小刚外，冯绍峰、吴奇隆、刘诗诗、杨幂等人都已做了尝试。对赌协议对明星和投资方而言，是一桩各取所需的买卖。影视行业的对赌协议一般多发生在上市公司与明星投资的工作室或公司之间，上市公司有垄断资源、捆绑明星的需求；而对明星而言，对赌协议则能让他们通过被上市公司收购而在短时间内大量变现，获得丰厚回报。

不知道大家是否还记得当年冯小刚与万达的"《芳华》大战"。一向高冷的冯导，为何会在网上公开向万达开炮呢？

2019年年初，华谊兄弟传媒股份有限公司（以下简称华谊兄弟，证券代码：300027）公布了"最差年报"，其中冯导对赌失败，已经补偿华谊兄弟数千万元。虽然冯导已如数补偿华谊兄弟，但对于大家来说，仍有必要了解一下冯导所签的那一纸对赌协议。

华谊兄弟于2015年11月发布公告称，以10.5亿元收购浙江东阳美拉传媒有限公司（以下简称东阳美拉）股东冯小刚、陆国强合计持有的70%股权。东阳美拉在被收购时也仅成立2个月。公告显示，当时东阳美拉的资产总额仅为1.36万元，负债总额为1.91万元，所有者权益为-0.55万元。

根据协议，东阳美拉股东冯小刚承诺东阳美拉2016年的业绩目标为税后净利润不低于1亿元，2017年至2020年每年度业绩目标在上一年承诺的净利润目标基础上增长15%，如有差额将以现金方式补足。据此测算，东阳美拉2017年业绩目标应达1.15亿元，2018年业绩目标应达1.32亿元。

财报显示，2018年东阳美拉实现净利润6501.50万元，远未达到承诺的"1.32亿元"业绩目标，冯小刚需要补偿华谊兄弟近6700万元现金，而华谊

① 本节案例事实主要来源：《〈芳华〉背后的商业故事：冯小刚和华谊兄弟的"对赌"》，载搜狐网，https://www.sohu.com/a/215036956_118622；《华谊兄弟上市后年度首亏　冯小刚郑恺为对赌买单》，载网易财经，https://money.163.com/19/0429/03/EDTC9KTB002580S6.html；《与华谊兄弟对赌失败！冯小刚赔近7000万，郑恺需赔2000万》，载腾讯新闻，https://xw.qq.com/cmsid/20190429A0G0W300；《华谊兄弟和冯小刚对赌协议的结局：一地鸡毛》，载新浪财经，http://finance.sina.com.cn/stock/relnews/cn/2020-01-28/doc-iihnzhha5026400.shtml。

兄弟 2019 年报显示，华谊兄弟已在 2019 年 4 月收到冯导 6821. 11 万元业绩补偿款。

2018 年，华谊兄弟净利润亏损 11. 8 亿元，其中因为高价并购这些影视公司形成的商誉减值就达 9. 73 亿元，占比达到 89. 03%，仅仅东阳美拉因对赌失败而进行的商誉减值，就高达 3. 02 亿元，占华谊兄弟当年商誉减值的 31%。

尽管首年对赌失败，冯导并未放弃搏斗。2019 年，冯导的线下作品《只有芸知道》上映，但票房不及预期，不少外界预测冯导今年实现对赌的压力仍然较大。而根据华谊兄弟 2020 年 4 月披露的年报，2019 年东阳美拉实现净利润 16，427. 12 万元，踩线完成此前承诺的 11580 万元业绩目标。至于在 2020 年，因新冠疫情导致影视行业几近冰冻的情况下，冯导是否还能有如 2019 年一样踩线达标的好运，我们只能拭目以待。

不少专家分析认为影视行业并不适合对赌，因为影视行业与其他行业相比，投入产出比不固定。这基于影视行业的每个环节都和人相关，而人是最不确定的因素，导致了这一行业的业绩相对不可控，因此不适合风险高的对赌。

影视行业目前正经历寒冬，业内人士一致认为，前几年由于资本涌入而导致大面积对赌的盛况，未来一两年恐怕很难再现。

一、交易主体

投资方：华谊兄弟传媒有限公司（300027）

目标公司：浙江东阳美拉传媒有限公司

业绩承诺方：浙江东阳美拉传媒有限公司股东冯小刚、陆国强

二、交易结构

公司拟以人民币 10. 5 亿元的股权转让价款收购浙江东阳美拉传媒有限公司（以下简称目标公司）的股东冯小刚和陆国强合计持有的目标公司 70%的股权，本次股权转让完成后，公司持有目标公司 70%的股权。

东阳美拉股东冯小刚、陆国强 2016 年度承诺的业绩目标为目标公司当年经审计的税后净利润不低于人民币 1 亿元，自 2017 年度起，每个年度的业绩目标为在上一个年度承诺的净利润目标基础上增长 15%。

冯小刚、陆国强作出的业绩承诺期限为 5 年，自标的股权转让完成之日

起至2020年12月31日止。

若东阳美拉未能完成某个年度的“业绩目标”，则东阳美拉股东冯小刚、陆国强同意于该年度的审计报告出具之日起30个工作日内，以现金的方式（或目标公司认可的其他方式）补足目标公司未完成的该年度业绩目标之差额部分（如图2-7所示）。

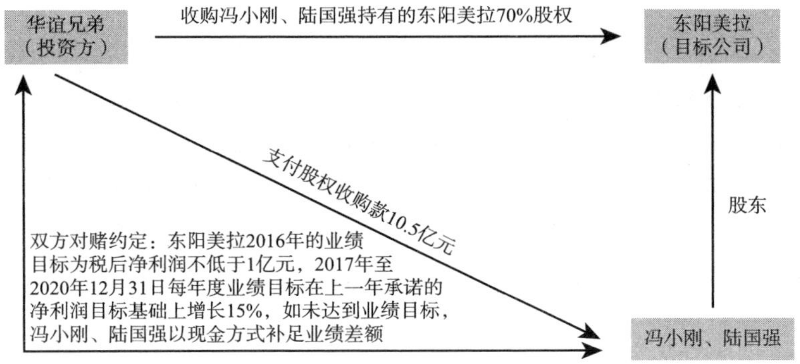

图2-7　交易结构

三、对赌结果

华谊兄弟2018年年报显示，根据公司与原股东冯小刚、陆国强签署的《股权转让协议》，2018年度承诺的业绩目标为经审计的税后净利润不低于人民币13,225.00万元。2018年东阳美拉实现净利润6501.50万元，未完成业绩承诺，将根据协议进行补偿，冯小刚已于2019年4月向华谊兄弟支付6821.11万元业绩补偿款。2019年东阳美拉实现净利润16,427.12万元，踩线完成承诺业绩目标。

四、关键词

【商誉及商誉减值】

业绩对赌和大额商誉如影随形，尤其是在轻资产的影视行业。商誉作为企业的一项资产，是指企业获取正常盈利水平以上收益（超额收益）的一种能力，是企业未来实现的超额收益的现值。

根据《企业会计准则第20号——企业合并》的规定，上市公司收购非同一控制下企业控制权，在购买日，合并成本大于被购买方可辨认净资产公允价值的差额，在合并会计报表中确认为商誉。

商誉减值,是指对企业在合并中形成的商誉进行减值测试后,确认相应的减值损失。简单理解的话,商誉减值表示此前所收购资产或无法达到此前测算价值,企业从谨慎角度出发,提前降低收购原测算资产价值。

依据《企业会计准则第 8 号——资产减值》的规定,上市公司合并会计报表中的商誉应在每个年度资产负债表日进行商誉减值测试,计算商誉所在资产组可收回金额,可收回金额小于账面价值的差额确认减值损失。

第九节　对赌仅一年,龙发制药恐遭控制权易主[①]

2017 年,豪气对赌四年,净利润目标共计 1.61 亿元的云南龙发制药股份有限公司(以下简称龙发制药,证券代码:871290)肯定不会想到,仅仅不到两年时间,公司就会因为这场对赌而陷入控制权易主的困境。

2019 年 9 月 4 日,龙发制药发布一则风险提示公告,揭露了一份被雪藏的对赌协议。9 月 5 日,也就是揭露对赌协议的第二天,龙发制药发布公告称,公司控股股东已经将其持有的挂牌公司股份全部质押给投资者。随后,在 2019 年 10 月 30 日,龙发制药实际控制人焦家良、焦少良因未及时披露该协议,被云南证监会出具警示函。

那么,这份对赌协议究竟是如何约定的?

2017 年 11 月,龙发制药与嘉兴保龙股权投资基金合伙企业(有限合伙)(以下简称投资方)在北京市东城区签署《股份认购协议》,公司向投资方发行股票 7,578,948 股,占龙发制药总股份的 19.36%,发行价格为每股人民币 9.5 元,募集资金总额为人民币 72,000,006 元。全部新增股份于 2018 年 6 月 8 日在全国中小企业股份转让系统挂牌并公开转让。

龙发制药实际控制人焦家良及配偶郭某秀、焦少良及配偶高某霞、龙发

---

① 本节案例事实主要来源:《龙发制药违规吃警示函　2549.01 万关联资金往来未披露》,载中国网财经频道,https://baijiahao.baidu.com/s?id=1648794992325869104&wfr=spider&for=pc;《龙发制药实控人吃警示函　定增"对赌"协议未及时披露》,载新浪财经频道,https://finance.sina.com.cn/roll/2019-11-01/doc-iicezzrr6504006.shtml;《龙发制药一周两收监管书　实控人焦家良兄弟吃警示函》,载中国经济网,https://baijiahao.baidu.com/s?id=1648991836814377730&wfr=spider&for=pc;《龙发制药一周两收监管书　实控人焦家良兄弟吃警示函》,载新浪财经频道,https://finance.sina.com.cn/roll/2019-11-01/doc-iicezuev6507885.shtml。

制药控股股东云南龙润投资有限公司等5方向投资方承诺:2017年到2020年龙发制药实际净利润分别不低于人民币1600万元、2800万元、4500万元、7200万元;龙发制药在2020年底前正式提交IPO申请。如果龙发制药没有分别达到上述承诺的年度净利润目标或未实现上市,投资者有权要求公司实控人等对投资方进行现金补偿或回购股份。

但事情果然朝着糟糕的方向发展了。

龙发制药2017年度、2018年度经审计的归属于龙发制药股东的扣除非经常性损益后的净利润分别为1159.9万元、141万元,对赌实际完成率分别为72%、5%,未完成对赌业绩。

对于2018年盈利的大幅度下滑,龙发制药解释为受2018年整个行业政策调整力度的影响。

2017年,我国开始在医药行业推进"两票制",减少药品流通环节,不少药企市场份额暴跌,难以为继;同时,新版医保目录也使一些药企的业绩出现断崖式下跌……

可这并不是龙发制药搪塞投资人的借口。

龙发制药2019年半年报显示,上半年公司盈利同比大幅度增长超五成,但同时扣非净利润却大幅下滑,仅为300余万元,这连4500万元业绩承诺的零头都没达到。

2020年4月23日,龙发制药发布无法按期披露的更正公告,将2019年报的披露日期推迟了2个月;4月30日,龙发制药因信息披露违规被停牌……

这样看来,龙发制药的经营状况确实陷入了困境,想要兑现剩余两年的业绩承诺,难于登天。目前,控股股东龙润投资已将其占公司总股本79.03%的股份质押给投资者,如龙发制药未来无法完成业绩承诺或融资方未能履行现金补偿及股份回购,龙发制药的股权结构可能将发生变化,导致其控制权变更。

一、交易主体

投资方:嘉兴保龙股权投资基金合伙企业(有限合伙)

目标公司:云南龙发制药股份有限公司(871290)

业绩承诺方:龙发制药实际控制人焦家良及配偶郭某秀、焦少良及配偶高某霞、龙发制药控股股东云南龙润投资有限公司等5方

二、交易结构

龙发制药作为挂牌公司，向投资方发行股票 7,578,948 股，占龙发制药总股份的 19.36%，发行价格为每股人民币 9.5 元，募集资金总额为人民币 72,000,006 元。

同时，龙发制药实际控制人焦家良及配偶郭某秀、焦少良及配偶高某霞、龙发制药控股股东云南龙润投资有限公司等 5 方向投资方承诺：龙发制药 2017 年、2018 年、2019 年、2020 年实际净利润分别不低于 1600 万元、2800 万元、4500 万元、7500 万元；龙发制药在 2020 年底前正式提交 IPO 申请（如图 2-8 所示）。

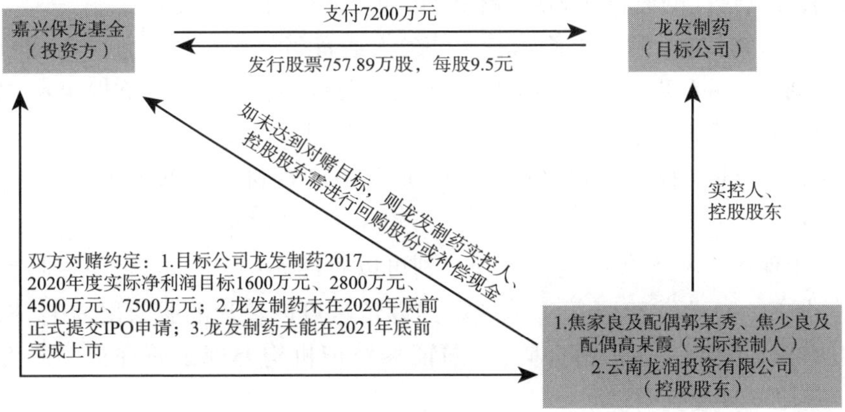

图 2-8　交易结构

三、对赌结果

龙发制药业绩连续两年不达标（2017 年扣非净利润为 1159.96 万元，2018 年扣非净利润为 141 万元），与业绩承诺相差甚远，触发对赌补偿条款。

四、关键词

【信息披露义务人】

新《证券法》第 78 条确立了以“信息披露义务人”为中心的监管原则，信息披露义务人的范围为：发行人及法律、行政法规和国务院证券监督管理机构规定的其他信息披露义务人，应当及时依法履行信息披露义务。

在新《证券法》的规定下，信息披露义务人不仅包括发行人、上市公司（如龙发制药），还包括法律、法规和部门规章规定的其他主体（实际控制人、控股股东、董监高等）。

对于信息披露义务主体的统一规范，意味着对信息披露主体的监管进入"统一监管时代"，各领域、各主体的信息披露标准被全面整合，今后无论是法律、法规还是部门规章规定，只要是被课以信息披露义务的主体，都负有直接的信息披露义务和责任。

【股权质押】

（一）股权质押的相关规定

股权质押属于权利质押的一种形式，是指出质人向质权人以其所持有的依法可以转让的股权作为质押标的物而设立的质押。

我国《物权法》第223条规定："债务人或者第三人有权处分的下列权利可以出质：……（四）可以转让的基金份额、股权……"第226条规定："以基金份额、股权出质的，当事人应当订立书面合同。以基金份额、证券登记结算机构登记的股权出质的，质权自证券登记结算机构办理出质登记时设立……"

《担保法》第75条规定："下列权利可以质押：……（二）依法可以转让的股份、股票……"第78条第1款规定："以依法可以转让的股票出质的，出质人与质权人应当订立书面合同，并向证券登记机构办理出质登记。质押合同自登记之日起生效。"

对于股权质押，法律存在例外性规定。例如，《公司法》第142条规定："公司不得接受本公司的股票作为质押权的标的。"

（二）限售股质押的实践

1. 限售股概念

所谓限售股，是指的是由于受到法律、法规、规章、交易所规则、单方承诺等限制，在一定期限内不能自由转让的股份。

根据《公司法》第141条的规定，自公司成立之日起1年内，发起人不得转让其持有的本公司股份；自公司股票在证券交易所上市交易之日起1年内，公司股东不得转让公司IPO前已发行的股份。公司董监高所持本公司股份自公司股票上市交易之日起1年内不得转让。上述人员离职后半年内，不得转让其所持有的本公司股份。

此外，《证券法》《上市公司董事、监事和高级管理人员所持本公司股份及变动管理规则》《上市公司非公开发行股票实施细则》等法律、规章均对限售期有所规定。

2. 限售股质押合同的效力

2004 年《最高人民法院执行工作办公室关于上市公司发起人股份质押合同及红利抵债协议效力问题请示案的复函》(〔2002〕执他字第 22 号)(以下简称《复函》)中规定,《公司法》规定对发起人股份转让的期间限制,应当理解为是对股权实际转让的时间的限制,而不是对达成股权转让协议的时间的限制。

在《复函》所提到的案件中,质押的股份不得转让的期限截至 2002 年 3 月 3 日,而质押权行使期自 2005 年 9 月 25 日才可开始,在质押权人有权行使质押权时,该质押的股份已经没有转让期间的限制,最高人民法院认为不应以该股份在设定质押时依法尚不得转让为由确认质押合同无效。据此,限售股的限售期在质权行使前结束的,应认定质押合同有效。

3. 限售股质押登记效力

中证登公司制定的《证券质押登记业务实施细则》(2013 年 4 月 1 日修订)(已失效),其第 3 条规定:“本公司采取证券质押登记申报制度,对质押登记申请人提供的申请材料进行形式审核,质押登记申请人应当保证其所提供的质押合同等申请材料真实、准确、完整、合法,以及证券质押行为、内容、程序符合法律、行政法规和部门规章等有关规定。因质押合同等申请材料内容违法、违规及其他原因导致质押登记无效而产生的纠纷和法律责任,由质押登记申请人承担,本公司不承担任何责任。”

虽然中证登公司没有明确规定非流通股和限售股是否能够质押,但目前实践中,中证登公司是给限售股办理质押登记的。中证登公司采取登记申报制度,只进行形式审查,只要质押申请材料符合规定,即予以办理。

4. 限售股实现质权的方式

实践中以限售股进行质押融资时,质权行使一般都会设定在限售期届满之后。也就是说,股权质押合同签订之时所质押的股票尚在限售期内,债务期限届满之时股票已不在限售期内。

这种操作方式就是使股票质押期限届满时倘若出现融资人不能偿还债务的风险,股票已经不在限售期内,可随意处置,债权人享有的质权可以顺利实现。

【两票制】

两票制,是指药品从药厂卖到一级经销商开一次发票,经销商卖到医院再开一次发票,以"两票"替代目前常见的七票、八票,减少流通环节的层层盘剥,并且每个品种的一级经销商不得超过两个。

2016 年 12 月 26 日国务院医改办、国家卫计委等八部门联合发布了《关于在公立医疗机构药品采购中推行"两票制"的实施意见(试行)》(国医改办发〔2016〕4 号),这标志着公立医院在药品采购中实行"两票制"将从部分省市的试点逐步推向全国施行。

第十节　19 亿对赌式卖壳交易,中超集团强势扭转结局①

2017 年 10 月 10 日,江苏中超控股股份有限公司(以下简称中超控股,证券代码:002471)公告称,控股股东江苏中超投资集团有限公司(以下简称中超集团)拟将其所持中超控股 29%股份让给深圳市鑫腾华资产管理有限公司(以下简称深圳鑫腾华),转让价款为 19.08 亿元。本次权益变动后,深圳鑫腾华实控人黄锦光将成为中超控股新的实控人。

值得一提的是,中超集团通过协议转让方式以 5.19 元/股的价格转让股份,按当时收盘价 5.63 元/股计算,折价约 8%。除了折价卖壳,中超集团还签订了一份长达 5 年的业绩承诺,如任一年度未达标,中超集团应向中超控股补足差额。

因为中超控股是中超集团旗下唯一的上市公司平台,当时这种对赌式卖壳属于 A 股首例,引发了市场热议。

但是,当中超集团获得深圳鑫腾华 8 亿元转让款后,双方发生纠纷。按照双方约定,第一次交割股份在上市公司总股本中占比 20%,第二次交割股

① 本节案例事实主要来源:《对赌式卖壳首现 A 股　中超控股 19 亿易主》,载搜狐网,https://www.sohu.com/a/197804594_267106;《控股股东对赌式隐退　中超控股易主料有续集》,载新浪财经频道,https://finance.sina.cn/2017-10-20/detail-ifymzzpv7073676.d.html;《中超控股陷入窘境:对赌卖壳震惊市场　接盘方原来是"空手套"》,载腾讯网,https://new.qq.com/omn/20180928/20180928A1OYRH.html;《对赌式卖壳频现　谁能真正掌控全局?》,载网易财经频道,https://money.163.com/19/0223/00/E8LLBHAJ002580S6.html;《官司不断　中超控股将被"对赌式卖壳"后遗症拖垮?》,载新浪财经频道,http://finance.sina.com.cn/stock/s/2019-05-31/doc-ihvhiews5972562.shtml。

份在上市公司总股本中占比 9%。

由于双方在转让款上的分歧,中超集团总股本的 9%的股权交割接连延期。深圳鑫腾华只拿到中超控股 20%股份,随后又爆发了财务危机。

2018 年 11 月,深圳鑫腾华实控人黄锦光因私刻 250 家公司的公章及法人私章用于融资贷款,向揭阳市公安局揭东分局经济犯罪侦查大队投案自首;2019 年 1 月 20 日,黄锦光向揭阳市榕城区人民法院书面出具了《情况说明》:“本人入主中超控股公司之前,为筹集资金向债权人借款,后来发生财务危机。”

在交易对手爆发财务危机之后,中超集团在 2018 年 8 月 9 日明确通知深圳鑫腾华、黄锦光,《股权转让协议》中剩余 9%股份不再交割过户,已交割的 20%股份将通过法律途径解决。

随后,中超集团还提请仲裁解除 9%股权的转让,并重新成为公司控股股东。

2019 年 7 月,中超集团这一申请获得上海仲裁委员会支持,于是深圳鑫腾华所持中超控股 20%股权将被司法拍卖。

2019 年 12 月 9 日,中超控股公告,广东省深圳市中级人民法院拟在淘宝网司法拍卖平台上对深圳鑫腾华持有的 19,020 万股公司股票进行公开拍卖活动。

2020 年 4 月,中超控股公告,公司股东深圳鑫腾华持有的股票于 2020 年 4 月 16 日 10 时起至 2020 年 4 月 17 日 10 时止(延时的除外)在淘宝网司法拍卖平台进行公开拍卖,但根据淘宝网司法拍卖网络平台页面显示,本次拍卖流拍。

无论最终鑫腾华的股票拍卖结果如何,中超控股的控股股东和实际控制人都不会发生变更。而这也意味着这桩对赌式卖壳交易,最终将以中超控股回归中超集团宣告剧终。

一、交易主体

投资方:深圳市鑫腾华资产管理有限公司

目标公司:江苏中超控股股份有限公司(002471)

业绩承诺方:江苏中超投资集团有限公司

二、交易内容

2017年1月,中超集团将其持有的中超控股的29%股权转让给深圳鑫腾华,转让价款为19.08亿元。中超集团承诺,上市公司2018—2022年度经审计的净利润应分别不低于9000万元、9675万元、10401万元、11,181万元、12,020万元。任一年度未达标,中超集团应向上市公司补足差额。如超过当期承诺净利润数,则超额部分的50%奖励给中超集团,如图2-9所示。

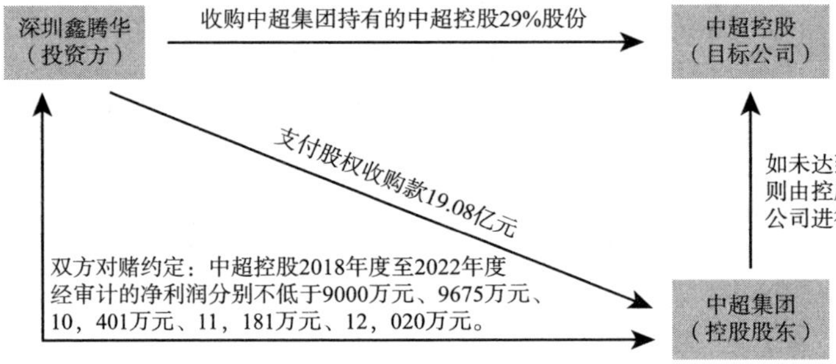

图2-9　交易结构

三、交易进程

按照双方约定,第一次交割股份在上市公司总股本中占比20%,第二次交割股份在上市公司中占比9%。中超集团于2017年年底如约完成了第一次股份交割的工作,然而深圳鑫腾华未按期付清相应的股份转让款。

中超集团向仲裁机构提起仲裁,请求禁止深圳鑫腾华行使股东权利,随后主持召开中超控股2018年第四次临时股东大会,由于深圳鑫腾华持有的中超控股20%股份的表决权无法行使,中超集团利用表决权优势一举更换了中超控股的董事长、董事。

四、关键词

【对赌式卖壳】

对赌式卖壳,是指壳买卖双方对上市公司在一定期限内的业绩进行约定,并根据业绩实现情况而采取补偿或奖励的资产重组方式。即在买卖上市公司"壳"资源的交易中,附有业绩补偿和奖励的条款。一般情况下,如果上市公司在约定期间内达到承诺业绩,则买壳方应给予卖壳方相应奖励;反之,如果上市公司在约定期间内未到达承诺业绩,则应由卖壳方补偿买壳方。

【行为保全】

行为保全,是指在民事诉讼中为了避免当事人或者利害关系人的利益受到损害或判决难以执行,法院根据申请人的申请或必要时自行决定,责令行为人为或不为一定行为的限制。

【法律依据】

(一)《民事诉讼法》第100条

"人民法院对于可能因当事人一方的行为或者其他原因,使判决难以执行或者造成当事人其他损害的案件,根据对方当事人的申请,可以裁定对其财产进行保全、责令其作出一定行为或者禁止其作出一定行为;当事人没有提出申请的,人民法院在必要时也可以裁定采取保全措施。

人民法院采取保全措施,可以责令申请人提供担保,申请人不提供担保的,裁定驳回申请。

人民法院接受申请后,对情况紧急的,必须在四十八小时内作出裁定;裁定采取保全措施的,应当立即开始执行。"

(二)《民事诉讼法》第101条

"利害关系人因情况紧急,不立即申请保全将会使其合法权益受到难以弥补的损害的,可以在提起诉讼或者申请仲裁前向被保全财产所在地、被申请人住所地或者对案件有管辖权的人民法院申请采取保全措施。申请人应当提供担保,不提供担保的,裁定驳回申请。

人民法院接受申请后,必须在四十八小时内作出裁定;裁定采取保全措施的,应当立即开始执行。

申请人在人民法院采取保全措施后三十日内不依法提起诉讼或者申请仲裁的,人民法院应当解除保全。"

(三)《民诉法解释》第152条

"人民法院依照民事诉讼法第一百条、第一百零一条规定,在采取诉前保全、诉讼保全措施时,责令利害关系人或者当事人提供担保的,应当书面通知。

利害关系人申请诉前保全的,应当提供担保。申请诉前财产保全的,应当提供相当于请求保全数额的担保;情况特殊的,人民法院可以酌情处理。申请诉前行为保全的,担保的数额由人民法院根据案件的具体情况决定。

在诉讼中,人民法院依申请或者依职权采取保全措施的,应当根据案件的具体情况,决定当事人是否应当提供担保以及担保的数额。”

第十一节　A 股对赌涉刑第一案:多名高管累计判刑超 60 年①

作为 A 股对赌涉刑第一案,广东广州日报传媒股份有限公司(以下简称粤传媒,股票代码:002181)并购上海香榭丽广告传媒有限公司(以下简称香榭丽)一案曾震惊投资圈。

2019 年 2 月 27 日,一则来自粤传媒的行政处罚公告,让这一场惊天骗局再次进入投资者的视野。粤传媒作为一家国有的上市企业,却被一家香榭丽这样的广告公司在并购中骗得团团转,造成国有资产损失近 5 亿元。

事发之后,当事各方均未幸免。粤传媒三位时任高管、被并购方香榭丽三位负责人以及中介机构东方花旗证券原项目主办人,因合同诈骗罪或行贿罪等,均受到刑事处罚,刑期从 3 年到 15 年半不等,追缴金额近 5 亿元,这或将成为 A 股市场最令人唏嘘的一场并购案。

一切还要从 2013 年 5 月说起,时任粤传媒财务总监的陈广超向时任粤传媒总经理的赵文华推荐并介绍了香榭丽的并购项目,有意促成粤传媒对香榭丽的收购。

香榭丽为民营企业,2003 年设立,改制于 2012 年 10 月,曾是上海的明星传媒企业,号称获得多家机构累计投资 3 亿元,建造了全国性商圈 LED 广告播放平台,在 2012 年全国行业规模排名位列第三名。

粤传媒作为一家大型国有传媒上市企业,收购香榭丽是为布局新媒体,寻求报业转型突破,开始寻找并购标的,借此提升业绩,刺激股价上扬。

收购完成后,香榭丽利润跳崖式下跌,连续三年未完成承诺业绩。按照

---

① 本节案例事实主要来源:《粤传媒:香榭丽公司一审被判犯合同诈骗罪》,载凤凰网财经频道,https://finance. ifeng. com/c/7dCYBDqYSLg;《A 股并购奇案,粤传媒并购香榭丽案,致 7 人陷入囹圄,是专业不够,还是缺乏职业谨慎》,载搜狐网,https://www. sohu. com/a/237496887_117373;《合同诈骗行贿虚增利润 粤传媒 4. 5 亿买的公司成色太差》,载新浪财经频道,http://finance. sina. com. cn/stock/s/2018-08-16/doc-ihhvciiw0411165. shtml;《中企华遭调查:事发粤传媒收购香榭丽拖累多 A 股公司》,载新浪财经频道,http://finance. sina. com. cn/stock/s/2019-01-29/doc-ihqfskcp1429686. shtml;《粤传媒收购香榭丽案虚增利润 3. 7 亿 中企华遭罚没百万》,载新浪财经频道,https://finance. sina. com. cn/roll/2019-05-28/doc-ihvhiqay2023459. shtml。

当初收购协议的约定,香榭丽原股东应当对粤传媒进行业绩补偿,但该业绩补偿迟迟没有到位。

在香榭丽未完成对赌业绩后,粤传媒一直未收到相应的业绩补偿,此时的香榭丽股东已完全没有能力进行补偿。纸里终究包不住火,这场虚假并购案事情最终败露,遭到了公安、证监会等多部门的调查。据公开信息显示,在整个并购过程中,各方的违法犯罪行为如下:

买方粤传媒三位工作人员在收购过程中,包括在后续增资过程中,存在受贿行为。香榭丽方叶玫给予粤传媒时任董事会秘书陈广超、粤传媒时任总经理赵文华、粤传媒派驻香榭丽公司负责监督管理的时任副总经理、粤传媒上海事业部时任常务副总经理李名智钱款合计 410 万元。除此之外,粤传媒三位工作人员还严重失职,在错误判断香榭丽的财务状况情况下继续对其增资及借款。

卖方香榭丽为尽快被并购,向粤传媒三名国家工作人员行贿,并通过虚构合同、确认未实际履行合同的财务收入、调高合同折扣等方式虚增利润。在 2011 年至 2013 年间制作虚假合同共计 127 份,虚增净利润共计 30,589.83 万元,也就意味着香榭丽从 2011 年就已经开始布局进行造假虚增利润。

中介机构东方花旗未严格履行尽职调查责任,并出具包含重大虚假信息的尽调报告,并存在行贿、单位行贿犯罪情节。

这场并购案最终的结局,是买方、卖方、中介机构的相关人员都被追究了刑事责任,无一幸免。

广东省广州市人民检察院以穗检公二刑诉(2017)59 号起诉书,向广东省广州市中级人民法院提起公诉。2018 年 5 月 25 日,广州市中级人民法院作出一审判决:

买方粤传媒时任高管赵文华、陈广超、李名智以受贿罪、行贿罪、国有公司人员失职罪等罪名,分别被判处有期徒刑 11 年、11 年、8 年,分别并处罚金 50 万元、50 万元、20 万元。

卖方香榭丽时任高管叶玫、乔旭东、周思海以合同诈骗罪、单位行贿罪等罪名,分别被判处有期徒刑 15 年半、10 年、4 年,分别并处罚金 500 万元、300 万元、20 万元。

此外,中介机构东方花旗项目主办人郑某辉以行贿罪被判处有期徒刑 3 年。标的公司香榭丽以合同诈骗罪、单位行贿罪被判处罚金 1100 万元,并追缴违法所得4.95亿元。

在粤传媒并购香榭丽的案件中,交易双方及中介机构均企图瞒天过海,然而真相总有浮出水面的一天。

从买方角度看,粤传媒未尽到审慎职责,尤其涉及国有资产的运作,甚至不惜收受贿赂而与香榭丽一方共同造假,这其中有具体工作人员的个人问题,但同时也暴露了公司风控合规的短板。

从卖方角度看,并购前就开始使用简单粗暴的造假手段,并向粤传媒有关人员行贿,注定难逃刑事责任追究。

从中介机构角度看,东方花旗未尽到独立、严格的尽职调查义务,并存在行贿事实,也暴露了中介机构监管的漏洞。

因此,粤传媒并购案的爆出,其实反映了资本市场逐利而轻视法律的一个侧面,对于买卖双方以及相关的中介机构,如何在法律的范围内进行资本操作,是一个值得深思的问题。

一、交易主体

投资方:广东广州日报传媒股份有限公司(002181)

目标公司:上海香榭丽广告有限公司

业绩承诺方:上海香榭丽广告有限公司原股东

二、交易结构

2013年10月,香榭丽公司全部股东与粤传媒签订协议,粤传媒同意以4.5亿元并购香榭丽公司。证监会批准后,粤传媒及其子公司正式以4.5亿元的价格买下香榭丽100%的股权。此次并购中,香榭丽的净资产为2.9亿元,交易价格为4.5亿元。原股东业绩承诺为:香榭丽在2014年、2015年和2016年分别实现5683万元、6870万元和8156万元的扣非净利润,合计2.07亿元,如图2-10所示。

三、对赌结果

香榭丽对赌业绩未达标,破产被转让,粤传媒报案

香榭丽2014年、2015年和2016年实现的扣非后净利润分别为-1.54亿元、-1.33亿元和-1.17亿元。

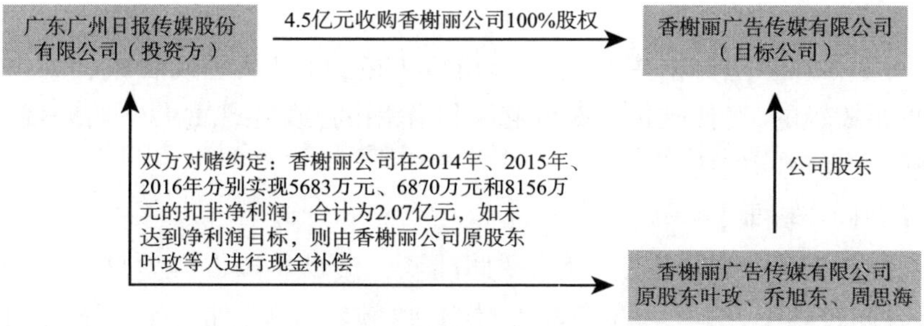

图 2-10　交易结构

2016 年 9 月,香榭丽申请破产,至 2017 年 6 月 30 日,香榭丽的净资产亏损 5.2 亿元,最终在 2017 年 9 月被粤传媒以 1 元的价格转让。至此,粤传媒花 4.95 亿元(并购 4.5 亿元、增资 4500 万元)买来的公司已一文不值。

对于对赌补偿的执行,因香榭丽原股东叶玫、乔旭东等人持有的粤传媒股票已被质押给券商用于提前套现,质押的股票也因纠纷被法院司法冻结,粤传媒未拿到任何业绩补偿。

粤传媒随后向警方报案,经过公安机关刑事侦查,以行贿罪为突破口,进而查出合同诈骗行为,买方、卖方、中介方共有 7 人已经被一审判决有罪,最长的被判 15 年半。

四、关键词

【行贿罪】

《刑法》第 389 条规定:“为谋取不正当利益,给予国家工作人员以财物的,是行贿罪。

在经济往来中,违反国家规定,给予国家工作人员以财物,数额较大的,或者违反国家规定,给予国家工作人员以各种名义的回扣、手续费的,以行贿论处。

因被勒索给予国家工作人员以财物,没有获得不正当利益的,不是行贿。”

《刑法》第 390 条规定:“对犯行贿罪的,处五年以下有期徒刑或者拘役,并处罚金;因行贿谋取不正当利益,情节严重的,或者使国家利益遭受重大损失的,处五年以上十年以下有期徒刑,并处罚金;情节特别严重的,或者使国家利益遭受特别重大损失的,处十年以上有期徒刑或者无期徒刑,并处罚金或者没收财产。

行贿人在被追诉前主动交待行贿行为的，可以从轻或者减轻处罚。其中，犯罪较轻的，对侦破重大案件起关键作用的，或者有重大立功表现的，可以减轻或者免除处罚。”

【合同诈骗罪】

《刑法》第224条规定：“有下列情形之一，以非法占有为目的，在签订、履行合同过程中，骗取对方当事人财物，数额较大的，处三年以下有期徒刑或者拘役，并处或者单处罚金；数额巨大或者有其他严重情节的，处三年以上十年以下有期徒刑，并处罚金；数额特别巨大或者有其他特别严重情节的，处十年以上有期徒刑或者无期徒刑，并处罚金或者没收财产：

（一）以虚构的单位或者冒用他人名义签订合同的；

（二）以伪造、变造、作废的票据或者其他虚假的产权证明作担保的；

（三）没有实际履行能力，以先履行小额合同或者部分履行合同的方法，诱骗对方当事人继续签订和履行合同的；

（四）收受对方当事人给付的货物、货款、预付款或者担保财产后逃匿的；

（五）以其他方法骗取对方当事人财物的。”

【受贿罪】

《刑法》第385条规定：“国家工作人员利用职务上的便利，索取他人财物的，或者非法收受他人财物，为他人谋取利益的，是受贿罪。

国家工作人员在经济往来中，违反国家规定，收受各种名义的回扣、手续费，归个人所有的，以受贿论处。”

《刑法》第386条规定：“对犯受贿罪的，根据受贿所得数额及情节，依照本法第三百八十三条的规定处罚。索贿的从重处罚。”

《刑法》第383条规定：“对犯贪污罪的，根据情节轻重，分别依照下列规定处罚：

（一）贪污数额较大或者有其他较重情节的，处三年以下有期徒刑或者拘役，并处罚金。

（二）贪污数额巨大或者有其他严重情节的，处三年以上十年以下有期徒刑，并处罚金或者没收财产。

（三）贪污数额特别巨大或者有其他特别严重情节的，处十年以上有期徒刑或者无期徒刑，并处罚金或者没收财产；数额特别巨大，并使国家和人民利益遭受特别重大损失的，处无期徒刑或者死刑，并处没收财产。

对多次贪污未经处理的，按照累计贪污数额处罚。

犯第一款罪，在提起公诉前如实供述自己罪行、真诚悔罪、积极退赃，避免、减少损害结果的发生，有第一项规定情形的，可以从轻、减轻或者免除处罚；有第二项、第三项规定情形的，可以从轻处罚。

犯第一款罪，有第三项规定情形被判处死刑缓期执行的，人民法院根据犯罪情节等情况可以同时决定在其死刑缓期执行二年期满依法减为无期徒刑后，终身监禁，不得减刑、假释。”

第三章　对赌交易的基础知识介绍

导　读

由于具备动态调整股权估值及预设退出路径的作用,“对赌”在股权投融资中被越来越多地运用。投融资双方对“对赌”的理解,多限于投资协议中的估值调整条款和退出条款。为使该机制更好地发挥作用,有必要厘清“对赌”的一些基础问题。

在本章中,我们将重点介绍如下内容:“对赌”的起源和定义,“对赌”与类似概念的区别,“对赌”交易结构;参与“对赌”的主体,“对赌”的目标;“对赌”的履行过程,“对赌”投资款的常见支付方式;“对赌”协议的效力及可履行性;“对赌”中常用的交易文件等。

第一节　对赌的起源与定义

一、对赌是什么

对赌是一种估值调整机制,是指投资方与融资方在达成股权性融资协议时,为解决交易双方对目标公司未来发展的不确定性、信息不对称以及代理成本而设计的包含了金钱补偿、股权补偿等对目标公司估值进行调整的交易安排。

实践中俗称的“对赌协议”,也即投资协议,不仅包含估值调整条款,而且通常还包含股权回购条款,即通过目标公司/目标公司股东/目标公司实际控制人等对投资方所持的股权进行回购的方式实现投资方的退出。

二、对赌的起源

关于对赌的起源,有一种流传的说法是源于美国硅谷,这是不对的。之所以存在这种误传,起因是美国风险投资协会作为美国风险投资界最具代表性的行业组织之一,以一家注册于美国特拉华州的公司为蓝本,组织大批业内专家,起草了一整套《美国风险投资示范合同》,其中的投资方强制回赎条款与对赌中的投资方退出路径之股权回购条款的权利内容相似,所以有人误以为对赌是来源于《美国风险投资示范合同》中的回赎条款,但对赌与回赎条款存在很大差异。

实际上,该套《美国风险投资示范合同》文本共包括 8 份文件,分别是投资条款清单(Term Sheet)、A 序列优先股购买协议(Series A Preferred Stock Purchase Agreement)、公司章程(Certificate of Incorporation)、示范补偿协议(Model Indemnification Agreement)、投资方权利协议(Investors' Rights Agreement)、管理权证书格式文本(Management Rights Letter)、优先购买权和共同销售权协议(Right of First Refusal and Co-sale Agreement)、投票协议(Voting Agreement),基本囊括了一个典型的风险投资操作过程所需的全部协议文本。

这套文本中第 3 部分“公司章程”(Certificate of Incorporation)中,列明了投资方强制回赎条款的相关内容:“优先股 A 序列股应由公司在当日或此后,从持有至少「特定百分比」当时已发行优先股 A 序列股的股东处收到要求回赎所有优先股 A 序列股的书面申请之日起 60 天后,以 3 次年度分期付款方式(每次分期付款的起始日期被称为‘回赎日’),以其合法可用资金进行回赎,回赎价为「每股 A 序列股原始发行价加上所有该股已宣派而未支付的股息」”。

三、对赌的定义

(一)回赎条款与对赌的区别

结合上述“投资方强制回赎条款”的示范文本,我们可以看到,回赎条款与对赌的条款含义、条款目的是存在一定差异的。

从条款含义上来说,我们通常所说的对赌协议,也称为投资协议,通常由估值调整条款加退出条款构成。而对赌仅指估值调整条款,通过约定金钱补偿、股权补偿条款实现对目标公司的估值调整;退出条款,是指对赌协议中约定投资方要求目标公司/目标公司股东/目标公司实际控制人回购其持有的目标公司股权,以实现投资方的退出目的,亦称股权回购条款;回赎条款是指由目标公司或其他主体回赎投资方所持股权,保障投资方实现退出目标公司的目的。因此,退出条款(股权回购条款)与回赎条款含义基本相同。

从条款目的上来说,对赌核心条款的目的在于调整目标公司的估值;回赎条款意在赋予投资方随时退出目标公司的权利,通过退出目标公司来隔绝未来公司可能发生的一切风险,以回赎价款保障投资收益,与"对赌协议"所包含的退出条款(股权回购条款)的目的相一致。

(二)Earn-out 与对赌的区别

在美国华尔街的投融资并购领域,确实存在一种与对赌相类似的估值调整方式——Earn-out。Earn-out 是一种或有对价支付方式,是指由于投融双方对目标公司价值和未来风险的判断不一致,采用根据目标公司未来一定时期内的业绩表现确定并支付股权对价的交易模式。

总体上说,Earn-out 是在预估股权价格的基础上进行分期付款,以或有对价的方式来最终确定股权对价;而对赌是投资方在签订协议后一次性支付全部股权对价,满足条件时再由融资方进行现金补偿、股权补偿,通常情况下,对赌协议还约定股权回购条款。

综上所述,对赌并非舶来品,既不同于回赎条款又区别于 Earn-out,是地道的"中国智造"。对赌发源于 2002 年至 2004 年间摩根士丹利等境外投资基金投资蒙牛时,设立的一项依业绩调整股权比例的安排,并经 2004 年蒙牛于香港联交所上市之招股说明书中的描述而为公众所知。随后,永乐、太子奶等民营企业与境外投资方对赌失败的悲剧让这一术语广泛流传。

四、对赌交易结构的梳理

(一)上市公司投资中的对赌

上市公司作为投资人进行的投资行为,从理论上讲可以分为两类,一是上市公司为实现产业协同、渠道拓展、享受创新研发成果等目的而进行的普通投资行为；二是上市公司为提高资产质量，改善财务状况，增强持续盈利能力而进行的重大资产重组行为。

就上市公司进行的普通投资行为，以阿里巴巴在企业服务领域的投资案例为例，自 2015 年以来，阿里巴巴历年投资数量稳定在 10 起以上，2019 年共投资 7 个项目，联合投资金额约 1. 35 亿元。①

上市公司投资中可用的支付方式包括现金、股票、现金和股票组合、定向可转债等，其中股票方式、现金和股票组合方式最为常见。此种情形下，投资交易中的估值就涉及两个方面，一是拟购买资产（通常为目标公司股权）的估值作价；二是上市公司自身股票估值作价。

关于上市公司自身股票估值作价，法律规定明确可执行，根据中国证券监督管理委员会《上市公司重大资产重组管理办法》（2020 年修正）第 45 条之规定："上市公司发行股份的价格不得低于市场参考价的 90%。市场参考价为本次发行股份购买资产的董事会决议公告日前 20 个交易日、60 个交易日或者 120 个交易日的公司股票交易均价之一。本次发行股份购买资产的董事会决议应当说明市场参考价的选择依据。"

关于拟购买资产估值作价，交易双方一般会聘请第三方机构，根据在谈判阶段所确定的估值区间，选择适合目标公司特点的估值模式进行估值测算，并最终综合各种因素确定估值。此外，为保障该估值的准确性，双方还通常约定对赌条款来进行估值调整，具体如下：

1. 上市公司一般投资行为中的对赌

在上市公司一般投资行为中，即该投资行为不构成"壳资源"的买卖、重大资产重组，不存在其他监管部门强制要求对赌之其他情形，交易双方可自主约定是否对赌、对赌期限、对赌责任的承担方式及责任主体。

因上市公司通常将对赌所涉交易进行公告，我们得以进一步了解此种类型的对赌交易结构有如下特征：

首先，关于支付方式，上市公司通常以发行股份购买+募集配套资金的方式支付目标公司股权对价，该种交易结构下，上市公司通常采用股票锁定等方式限制目标公司原股东所持股票的流通，以保障对赌失败后目标公司原股东交还上市公司股票进行补偿。

其次，关于补偿方式，根据我们的实践经验，在前述支付方式下，对赌失

---

① 资料来源：鲸准洞见，36 氪创投研究院整理。

败后,上市公司通常以 1 元进行回购目标公司原股东所持的部分或全部股票并进行注销。以“1 元进行回购”的原因在于:首先如果不支付股权对价,可能导致该股票转让行为被认定赠与而非回购,进而导致上市公司注销该股票时发生障碍;其次在证券交易所办理股权回购登记时,通常无法进行登记为“0 元对价”。

2. 上市公司重大资产重组中的对赌

根据《上市公司重大资产重组管理办法》(2020 年修正)第 2 条规定,上市公司重大资产重组指的是:“上市公司及其控股或者控制的公司在日常经营活动之外购买、出售资产或者通过其他方式进行资产交易达到规定的比例,导致上市公司的主营业务、资产、收入发生重大变化的资产交易行为。”

在上市公司重大资产重组交易中,通常由交易双方自主协商是否进行对赌,但特定情形下,交易双方必须签订对赌协议。

第一,关于强制对赌的情形。

上市公司重大资产重组交易中,有以下情形的,必须签订明确可行的补偿协议(对赌协议):一是采取收益现值法、假设开发法等基于未来收益预期的方法对拟购买资产进行评估或者估值并作为定价参考依据的;二是交易对方为上市公司控股股东、实际控制人或者其控制的关联人的;三是导致上市公司控制权发生变更的(构成借壳上市的)。相关规定如下:

《上市公司重大资产重组管理办法》(2020 年修正)第 35 条第 1 款规定:“采取收益现值法、假设开发法等基于未来收益预期的方法对拟购买资产进行评估或者估值并作为定价参考依据的,上市公司应当在重大资产重组实施完毕后 3 年内的年度报告中单独披露相关资产的实际盈利数与利润预测数的差异情况,并由会计师事务所对此出具专项审核意见;交易对方应当与上市公司就相关资产实际盈利数不足利润预测数的情况签订明确可行的补偿协议。”

《中国证监会上市部关于上市公司监管法律法规常见问题与解答修订汇编》(2015)规定

“问:《上市公司重大资产重组管理办法》第三十五条‘交易对方应当与上市公司就相关资产实际盈利数不足利润预测数的情况签订明确可行的补偿协议’,应当如何理解?”

“答:交易对方为上市公司控股股东、实际控制人或者其控制的关联人,应当以其获得的股份和现金进行业绩补偿。如构成借壳上市的,应当以拟购买资产的价格进行业绩补偿的计算,且股份补偿不低于本次交易发行股份数量的90%。业绩补偿应先以股份补偿,不足部分以现金补偿。”

需要说明的是,在上市公司重大资产重组中,不仅通过签订对赌协议来保护上市公司利益,而且在交易可能摊薄上市公司当年每股收益的情况下,上市公司的相关责任主体还将采取措施填补每股收益。具体填补措施包括:进一步发展上市公司主营业务,保障股东的分红收益等。

根据《上市公司重大资产重组管理办法》第35条第2款、第3款之规定,上市公司向控股股东、实际控制人或者其控制的关联人购买资产或导致上市公司控制权发生变更的重大资产重组中,预计该次重大资产重组摊薄上市公司当年每股收益的,上市公司应当提出填补每股收益的具体措施,并将相关议案提交董事会和股东大会进行表决。

第二,不得变更对赌承诺内容。

证监会在《关于上市公司业绩补偿承诺的相关问题与解答(2016年6月17日)》中明确:“上市公司重大资产重组中,重组方的业绩补偿承诺是基于其与上市公司签订的业绩补偿协议作出的,该承诺是重组方案的重要组成部分,因此,重组方应当严格按照业绩补偿协议履行承诺。重组方不得适用《上市公司监管指引第4号——上市公司实际控制人、股东、关联方、收购人以及上市公司承诺及履行》第五条的规定,变更其作出的业绩补偿承诺。本问答发布前股东大会已经审议通过变更事项的,不适用本问答。”

由此可见,与上市公司一般投资行为中可依据《上市公司监管指引第4号——上市公司实际控制人、股东、关联方、收购人以及上市公司承诺及履行》规定变更业绩承诺内容不同,上市公司重大资产重组中,重组方不得变更对赌承诺内容。

第三,设置业绩奖励安排的奖励金额有上限。

证监会在《关于并购重组业绩奖励有关问题与解答(2016年1月15日)》中明确:“上市公司重大资产重组方案中,基于相关资产实际盈利数超过利润预测数而设置对标的资产交易对方、管理层或核心技术人员的奖励对价、超额业绩奖励等业绩奖励安排时,有哪些注意事项?

答:1. 上述业绩奖励安排应基于标的资产实际盈利数大于预测数的超额部分,奖励总额不应超过其超额业绩部分的100%,且不超过其交易作价的20%。2. 上市公司应在重组报告书中充分披露设置业绩奖励的原因、依据及合理性,相关会计处理及对上市公司可能造成的影响。”

由此可见，上市公司重大资产重组中，如设置业绩奖励安排的，奖励总额不应超过其超额业绩部分的100%，且不超过其交易作价的20%。

（二）VC/PE投资中的对赌

在创投界，VC（风险投资）/PE（私募股权投资）作为专门的投资机构有着不同的投资偏好，通常VC更倾向于在目标公司发展早期阶段进行投资，PE更倾向于在目标公司发展成熟阶段进入，但随着投资机构投资项目的多元化，两者的界限已经越来越模糊，故本书将两者作为同类投资人进行介绍。

1. 以现金作为支付手段

与上市公司投资中采用发行股份购买的支付方式不同，VC/PE通常以现金作为对价受让目标公司股权或向目标公司增资。这是因为VC/PE组织形式通常为有限合伙，由GP（普通合伙人）、LP（有限合伙人）构成，其中LP向有限合伙中投入巨额资金，由GP进行资金的运作和管理，所以，VC/PE通常“财力雄厚”，不存在现金流不足的支付压力。

2. 以短期收益为导向

与上市公司通常长期持有目标公司股权不同，VC/PE通常选择在3~5年内退出目标公司以取得投资收益，退出方式包括目标公司上市后通过二级市场交易、目标公司未能上市时目标公司原股东进行回购、向第三方转让目标公司股权等。

如前文所述，VC/PE的投资资金源于其背后的LP，LP作为最终的出资人必然对GP提出收益期限及收益率的要求，这种要求在VC/PE从事的投资行为中就进一步体现为：目标公司未能上市时原股东应承担的回购义务、VC/PE通常不参与目标公司日常管理经营、VC/PE应享有清算优先权等特殊财产性权益。

第二节　与谁赌？赌什么？

一、与谁赌？

（一）投资方与目标公司股东/实际控制人/管理层对赌

在最高人民法院［（2012）民提字第11号］苏州工业园区海富投资有限公司与甘肃世恒有色资源再利用有限公司等再审案（以下简称海富案）

中，最高人民法院确定了"投资方与目标公司对赌内容无效"的裁判规则。最高人民法院认为："目标公司对投资方进行业绩补偿的约定使得投资人的投资可以取得相对固定的收益，该收益脱离了目标公司的经营业绩，损害了公司利益和公司债权人利益。"

海富案之后，投资方纷纷放弃约定与目标公司对赌，选择直接与目标公司股东/实际控制人/管理层对赌。但当对赌对象为前述三者时，如目标公司股东/实际控制人/管理层通过股权转让、职务任免，丧失目标公司的股东身份、控制权、经营管理权，应否继续承担对赌责任？对此，法院有不同观点：

四川省高级人民法院于2020年3月16日作出的[(2019)川民终1130号]京福华越(台州)资产管理中心、恒康医疗集团股份有限公司股权转让纠纷案认定，投资方停止创始人职务，导致无法参与和控制目标公司的运营，丧失了继续履行业绩补偿条款的基础，构成根本违约，创始人及原股东有权解除业绩补偿条款。

在"最惨创业者郭建"的案例中，经历了一审、二审，杭州中院在2020年5月29日作出[(2019)浙01民终10260号]判决认为，当事人在合同中一再明确了回购义务人为于任远、郭建，并未约定任何关于协议条款仅约束回购义务发生时的实际控制人的合同条款。现案涉协议约定的回购条件已经成就，而未有证据表明科发创投已明确豁免郭建的回购义务，科发创投有权要求于任远、郭建依约履行其回购义务。

实际上，目标公司股东/实际控制人/管理层在与投资方签订对赌协议时，双方作为具备商业理性的行为人，应该对合同条款有明确的预期，如果双方约定了股东会层面、董事会层面、经营管理层面在投资者进入后的调整，且不作身份变化或职务任免的特殊约定，目标公司股东/实际控制人/管理层实际上就已经面临在丧失目标公司经营控制权的情况下承担对赌责任的巨大风险，很难再以公平原则等要求减免对赌责任。

但并不表明此种情形下，前述三主体就没有可争取空间，此时，能否及时全面地搜集证据、制定并实施合理的应对策略，就成为关键，比如四川省高级人民法院[(2019)川民终1130号]案例中，原股东及时起诉因合同目的无法实现要求解除合同，法院经审理后，判决解除《业绩承诺之补充协议》，免除原股东的对赌责任。

（二）投资方与目标公司对赌

如前所述，自海富案以来，投资方大多不再选择与目标公司对赌。2019年4月3日，江苏省高级人民法院作出[（2019）苏民再62号]江苏华工创业投资有限公司与扬州锻压机床股份有限公司、潘云虎等请求公司收购股份纠纷再审判决书（以下简称华工案），明确投资方与目标公司对赌并非确定无效，引起了广泛关注。

最高人民法院于2019年11月8日出台的《九民纪要》（法[2019]254号），亦肯定了与目标公司对赌的效力，但在协议的履行层面，要求审查是否违反资本维持原则及股权回购的强制性规定。

具体规定为："投资方与目标公司订立的'对赌协议'在不存在法定无效事由的情况下，目标公司仅以存在股权回购或者金钱补偿约定为由，主张对赌协议无效的，人民法院不予支持，但投资方主张实际履行的，人民法院应当审查是否符合公司法关于'股东不得抽逃出资'及股份回购的强制性规定，判决是否支持其诉讼请求。"

二、赌什么？

对赌协议中，最常见的对赌内容包括：

（一）经营性业绩指标

扣非净利润、净利润、营业额。

（二）非经营性业绩指标

与主营业务紧密相关，并直接影响目标公司未来的盈利能力，比如某种产品的市场占有率、产量、新技术研发时间等。

（三）IPO

包括但不限于境内资本市场：主板、中小板、创业板、科创板；境外资本市场：境外港交所、纳斯达克、纽交所等。

包括但不限于境内资本市场各个板块：主板、中小板、创业板、科创板；境外资本市场：港交所、纳斯达克、纽交所等。

三、怎么赌？

对赌具有"目标公司价值预估+股权对价结算调整"的特点，在国内各行业的投融资、并购交易中广泛适用。投资主体诸如PE（私募股权投资）、VC（风险投资）、IVC（独立风险投资）及上市公司都乐于使用对赌降低投资风险,保障投资收益。在交易的三个主要阶段中,对赌体现出不同的作用。

(一)确定目标公司估值——磋商及签约阶段

在进行股权投资之前,投资方通常会委托专业机构及人员对目标公司进行尽职调查,尽可能了解目标公司的基本情况和可能存在的风险,一方面为是否进行投资提供决策依据,另一方面也会对目标公司的价值进行初步评估。

在投资/并购协议签订时,融资方与投资方在对目标公司未来发展进行预测的基础上进行协商,预估目标公司价值,暂定股权交易对价。

同时,将对目标公司未来的发展预测[通常为一定期限内的经营性业绩指标/非经营性业绩指标,如(扣非)净利润、营业额、某种产品的市场占有率、产量、新技术研发时间、IPO等]作为判断股权暂估价是否准确的依据,并约定股权价格调整的计算方式。

(二)调整目标公司估值——履行阶段

对赌期限内各年度审计报告出具后,双方将经审计的公司财务数据与之前设定的经营性业绩指标或非经营性业绩指标进行对比。

如目标公司实现甚至超额完成经营性业绩指标或非经营性业绩指标,说明股权暂估价与实际价值相符,目标公司及目标公司的股东、高管无需承担业绩补偿责任,如双方约定业绩指标、IPO实现后投资方对目标公司、目标公司股东、目标公司高管的奖励条款,投资方还应该对前述主体进行奖励;如目标公司未能实现经营性业绩指标或非经营性业绩指标,说明股权暂估价高于实际价值,融资方需以现金或股权方式向投资方进行补偿,从而实现股权对价的“多退少补”。具体补偿方式如下:

1. 现金补偿

现金补偿条款列举:目标公司未来3年内净利润/扣非净利润/营业收入/某种产品的市场占有率/产量等不低于a,b,c,如未实现,由目标公司股东/目标公司实际控制人/目标公司对投资方进行现金补偿。

通常,对赌协议中约定的现金补偿公式为:

补偿金额=(当年业绩指标-实际实现的当年业绩)÷当年业绩指标×目标公司估值×投资方持股比例-投资方当年累计分得的红利(如有);

补偿金额=已投资金额×(1-实际实现的当年业绩÷当年业绩目标)-投资方当年累计分得的红利(如有)=已投资金额×(当年业绩目标-实际实现的当年业绩)÷当年业绩目标-投资方当年累计分得的红利(如有)。

我们认为,应当考虑当年业绩占对赌期限内业绩目标之和的权重,故协议各方可约定现金补偿公式为:

补偿金额=(当年业绩指标-实际实现的当年业绩)÷当年业绩指标×目标公司估值×投资方持股比例×当年业绩目标÷对赌期限内业绩目标之和-投资方当年累计分得的红利(如有);

补偿金额=已投资金额×(1-实际实现的当年业绩÷当年业绩目标)×当年业绩目标÷对赌期限内业绩目标之和-投资方当年累计分得的红利(如有)=已投资金额×(当年业绩目标-实际实现的当年业绩)÷当年业绩目标×(当年业绩目标÷对赌期限内业绩目标之和)-投资方当年累计分得的红利(如有)。

对赌期限内,目标公司实际实现的扣非净利润可能为负,此时,如何正确计算融资方应承担的现金补偿数额,结合审判实践,我们来看法院给出的不同裁判结果。

案例一:

在[(2015)辽民二初字第00029号]判决书中,双方当事人在《增资补充合同》约定两种业绩补偿公式,并约定以计算结果中较低值为准。公式一:2013年补偿金额=7500万元×(1.69亿元-实际完成净利润)÷1.69亿元;公式二:2013年补偿金额=甲方实际投资金额×(2012年实际完成净利润×130%-2013年实际完成净利润)÷(2012年实际完成净利润×130%)。

将目标公司2013年净利润-7456.74万元带入公式二计算:业绩补偿款=2750万元×[(-5254.84万元)×130%-(-7456.74万元)]÷[(-5254.84万元)×130%]=-251.78万元,最低值是个负数。

对于融资方应承担2013年业绩补偿款为负值的情形,投资方认为2013年业绩补偿款-251.78万元,明显是不符合双方估值调整的缔约本意及预期的。应当支付上海盛彦远大于2750万元(按净利润1元算)的补偿款才合理。

辽宁省高级人民法院认为,因结果出现负值,对投资方要求目标公司股东给付2013年补偿款及利息诉请无法支持。

案例二:

在[(2014)浙杭商终字第2488号]判决书中,双方当事人约定:如果浙江中宙公司(目标公司)2011年和2012年实际净利润总和低于7700万元(承诺额),对低于7700万元的部分,补偿金额=(1-实际完成额/承诺额)×

增资方增资款总额(870 万元)。

经审计,浙江中宙公司 2011 年、2012 年两年合并项下的净利润之和为 -87,220,606.23 元。杭州中宙公司(目标公司股东)认为将该值带入前述公式中则补偿金额超出投资方的增资总额,但最大的补偿金额应当不超过富丽泰泓投资的增资款总额即 870 万元。

杭州市中级人民法院认为:“实际净利润”的确可能包括负数,但公式约定“实际完成额”,两者并非同一概念。实际净利润为 7700 万元时,无须进行补偿,为零时,应补偿 870 万元,为负数时,应当视为没有实际完成额。

如果将负的净利润直接等同于公式中的“实际完成额”,并以此计算补偿金额,则可能出现浙江中宙公司亏损越多,富丽泰泓投资获得的补偿越多之现象,有违诚实信用和公平合理原则。故补偿金额应当不超过富丽泰泓投资的增资款总额即 870 万元。

我们认为,融资方向投资方补偿之目的在于调整目标公司估值,从这个角度讲,估值调整与现实生活买卖合同中标的物价款的“多退少补”相类似。在不存在出资不实及抽逃出资的问题前提下,当目标公司实际实现扣非净利润为负时,既然目标公司的股权价值与投资时相较价值缩水,融资方对投资方进行补偿是合理的,但补偿的数额不应超过投资方所支付的投资款总额。

2. 股权补偿

股权补偿条款列举:目标公司未来 3 年内净利润/扣非净利润/营业收入/某种产品的市场占有率/产量等不低于 a,b,c,如未实现,由目标公司股东/目标公司实际控制人对投资方进行股权补偿。

通常,对赌协议中约定的股权补偿公式为:

按照补偿股权数量情况来计算:补偿的股权数 = 投资完成后的持股数量×(当年业绩指标÷实际实现的当年业绩-1)。其中,投资完成后的持股数量 = 目标公司注册资本×原持股比例(注:其中目标公司注册资本是指投资款注入后的注册资本)。

按照补偿股权比例情况来计算:调整股权比例 = 投资款÷(实际实现的当年业绩×原 PE 值)-原持股比例。

我们认为,应当考虑当年业绩占对赌期限内业绩目标之和的权重,故协议各方可约定股权补偿公式为:

按照补偿股权数量情况来计算:补偿的股权数 = 投资完成后的持股数

量×(当年业绩指标÷实际实现的当年业绩-1)×当年业绩目标÷对赌期限内业绩目标之和。其中,投资完成后的持股数量=目标公司注册资本×原持股比例(注:其中目标公司注册资本是指投资款注入后的注册资本)。

按照补偿股权比例情况来计算:调整股权比例=投资款÷(实际实现的当年业绩×原PE值)×当年业绩目标÷对赌期限内业绩目标之和-原持股比例。

(三)投资方退出

为实现投资方的资本退出及再循环,在签订投融资协议时,双方通常会约定投资方的退出条款,即约定目标公司应在一定期限内实现IPO等特定目标,如届时未能实现,投资方有权要求目标公司/目标公司原股东/目标公司实际控制人回购股权,从而收回投资并退出目标公司。

通常情况下,基于投资方退出条款,投资方可通过目标公司IPO后退出,或要求责任主体回购其所持目标公司股权退出。此外,投资方还可以通过向第三方转让股权(包括目标公司被上市公司并购及投资方向后序投资方转让目标公司股权)、目标公司破产清算退出。

1. 目标公司实现IPO后退出

双方通常会在协议中明确列举目标公司申请IPO并最终挂牌交易的板块市场,包括但不限于:境内资本市场的主板、中小板、创业板、科创板;境外资本市场的港交所、纳斯达克、纽交所等。

不同板块市场对企业的上市要求不同,其中关于境内资本市场中的科创板,根据证监会于2019年1月28日出台的《关于在上海证券交易所设立科创板并试点注册制的实施意见》(中国证券监督管理委员会公告〔2019〕2号),更是将企业申请上市由"审核制"变更为"注册制",支持科创型企业上市融资。此外,为进一步服务好科创型企业,证监会于2020年4月30日出台的《关于创新试点红筹企业在境内上市相关安排的公告》(中国证券监督管理委员会〔2020〕26号),为更多已在境外资本市场上市的科创型企业提供了对接国内资本市场的路径。

目标公司于约定期限内实现IPO后,在符合监管部门对股票禁售期限的情形下,投资方可通过二级市场交易实现套现目的。

2. 向第三方转让股权

(1)上市公司并购目标公司

鉴于目标公司期限内IPO的不确定性因素较多,对于投资方来说,上市公司并购退出也不失为一种可行途径。

实际上，投资方在“募、投、管、退”四个环节中，为了能够最终实现上市公司并购“退”出，在前述三个环节中也会重点关注相关领域上市公司的产业资源需求，甚至通过募集上市公司或上市公司实控人资金使其作为投资方LP的方式，实现投资方与上市公司建立深度战略合作关系，最终通过“LP注资+投资方投资+上市公司并购”闭环交易实现资源整合和多方共赢局面。

(2)投资方向后序投资方转让股权

实践中目标公司通常历经天使轮、种子轮、A轮、B轮、C轮直至Pre-IPO轮中的全部或部分轮次，后序轮次融资过程可能也会为前序投资方退出提供路径，即前序投资方通过向后序融资轮次进入投资方转让股权的方式实现退出。

3. 承诺方回购股权

如前所述，回购条款被触发后，投资方有权要求目标公司/目标公司原股东/目标公司实际控制人以回购股权，从而收回投资并退出目标公司。

股权回购条款列举：目标公司未来3年内净利润/扣非净利润/营业收入/某种产品的市场占有率/产量等不低于a,b,c；或，目标公司未来5年内实现IPO，如未实现，由目标公司股东/目标公司实际控制人/目标公司对投资方持有的股权进行回购。

股权回购公式列举：回购价格=投资本金×(1+年固定收益率)×投资之日起至实际支付回购价款之日历经的自然天数÷365天-投资方历年累计分得的红利(如有)。

4. 目标公司破产清算

对于目标公司濒临倒闭且前述三种退出路径均无法实现的情况下，投资方可以采用对目标公司进行破产清算的方式及时止损，尽可能收回部分资本。《企业破产法》第2条规定：“企业法人不能清偿到期债务，并且资产不足以清偿全部债务或者明显缺乏清偿能力的，依照本法规定清理债务。”企业是否存在前述法律规定的破产情形，司法实践中存在确定性的认定标准，此处不予展开。

值得注意的是，企业破产清算需要一定的清算费用、时间成本以及复杂的法律程序，投资方作为目标公司股东应谨慎评估启动破产清算的项目收益。

四、对赌的常见模式

（一）一般模式

在投资/并购协议签订时，融资方与投资方在对目标公司未来发展进行预测的基础上进行协商，预估目标公司价值，暂定股权交易对价。

在约定期限内的各个评价时间节点，对目标公司的实际经营情况进行考察，并与盈利业绩目标进行对比，对目标公司估值进行动态调整，从而实现投资对价的“多退少补”。

期限届满，如触发股权回购条款，投资方有权要求融资方以按照一定收益率确定的价格回购股权，从而收回投资并退出目标公司。

（二）特殊模式

1. 互为承诺

互为承诺是单向业绩承诺的演变，在金叶珠宝（股票代码：000587）重大资产重组案例中就采用互为承诺这一对赌模式。金叶珠宝于2015年以发行股份及支付现金的方式买下了丰汇租赁90%股权，丰汇租赁原股东承诺：丰汇租赁2015年—2017年度实现的扣非净利润分别不低于5亿元、8亿元和10亿元。九五集团作为金叶珠宝的大股东亦作出承诺：金叶珠宝（不含丰汇租赁）2015年—2017年度实现的扣非净利润分别不低于1.5亿元、2亿元和2.5亿元。

双方还约定，如丰汇租赁未达业绩承诺，则丰汇租赁原股东以通过本次交易取得的金叶珠宝股份进行补偿，补偿公式为：当年应补偿金额=（截至当期期末丰汇租赁累计承诺净利润数-截至当期期末丰汇租赁累计实现净利润数）-已补偿金额；当年应补偿股份数量=当年应补偿金额÷本次发行股份购买资产的发行价格。补偿股份由金叶珠宝以1元进行回购或者由丰汇租赁赠送给金叶珠宝指定股东。

如金叶珠宝未达业绩承诺，则九五集团将在相应年度年报公告之日起15个工作日内，向金叶珠宝一次性补足实际净利润与承诺业绩之间的差额部分。补偿公式为：当年应补偿金额=（截至当期期末九五集团承诺的金叶珠宝累计承诺净利润数-截至当期期末金叶珠宝累计实现净利润数）-已补偿金额。

通过前述案例可以明确，与一般对赌中仅为目标公司设置业绩目标不同，在部分交易中，也存在为投资方公司设置业绩目标的情形。采用这一对赌模式，所涉的交易通常有两大特征：一是目标公司因资产良好、发展前景好、管理人员能力突出等处于相对优势谈判地位；二是投资方/收购方支付投资款方式中包括发行股份（增资），目标公司原股东为避免该投资方/收购方股票（股权）在交付后价值贬损从而要求其作出补偿承诺。

2. 高奖低惩

与对赌一般模式中的“只惩不奖”相对应，“高奖低惩”是一种双向对赌，指的是投资/并购过程中，投资方与融资方约定，目标公司未达业绩承诺，由融资方承担业绩补偿责任，当达到业绩承诺后，由投资方向目标公司股东/目标公司实际控制人/目标公司管理层进行奖励，奖励方式包括现金及股份。

自 2011 年起，上市公司并购重组签订的盈利预测补偿协议，通常约定目标公司未达业绩承诺，目标公司股东承担补偿、回购责任；目标公司超出业绩承诺，上市公司奖励目标公司股东一定比例的股权或者现金。

“高奖低惩”，比较适合于早期初创企业与投资者之间，并且投资者对于被投资企业的估值偏保守。此外，在适用行业方面，由于互联网公司未来前景波动比较大，估值弹性较大，也更适用于“高奖低惩”式双向对赌。

需要提示的是，前述提及的“奖”“惩”概念在对赌交易中的运用是不准确的，如此使用仅仅是方便理解的形象类比；对赌作为一种估值调整机制，与“奖励”“惩罚”无关，仅是降低投资风险、实现准确估值的一种手段。

3. 卖壳方承诺

卖壳方承诺，是指在上市公司“壳资源”交易中，为确保卖壳方获得转让溢价，维护上市公司业务资源的稳定性、上市地位的持续性，保证交易双方围绕“壳资源”买卖产生的交易目的不落空，卖壳方对上市公司（“壳资源”）未来一段时间的业绩作出承诺，如上市公司未达业绩承诺，则由卖壳方进行补偿的特殊对赌模式。

卖壳方作出业绩承诺是基于以下两个原因：

一是随着壳市场的供需发生变化，壳供给增多，壳价值下跌，壳内业务价值正超越壳本身价值成为关注重点，卖方市场已经逐渐转变为买方市场，加之科创板实行注册制，企业上市从理论上来讲难度更低，要求更少。

二是卖壳方作出业绩承诺可以降低上市公司（壳资源）的退市风险。退市新规修订后，上市公司退市风险上升，为避免上市公司因为持续亏损而引发退市风险，作为卖壳方的上市公司控股股东可视情形作出业绩承诺。

五、对赌中投资款的常见支付方式

（一）现金支付

1. 案例——杰瑞环保案

以杰瑞股份（002353. SZ）全资子公司杰瑞环保收购湖南先瑞为例，杰瑞环保以现金20,925万元取得湖南先瑞75%股权，并约定湖南先瑞2017年、2018年、2019年及2020年实现净利润分别不低于人民币1000万元、2000万元、3000万元及4000万元，如未实现，根据已实现净利润占承诺业绩比例，目标公司原股东承担现金补偿义务或股权回购义务。

股权转让对价支付完毕后，杰瑞环保要求湖南先瑞将全部股权转让对价的70%购买杰瑞股份股票并质押。

后经过投资方尽职调查发现，目标公司控股股东通过虚增收入、虚增利润等方式财务造假，使目标公司总体估值异常虚高，投资方通过实现质押权取回不当得利17,925万元，并对目标公司进行重新估值。

2. 现金支付的风险

风险一：不利于防范目标公司股东的道德风险。

从目标公司股东的角度讲，根据《物权法》之规定，现金的权属变更简单易行，占有即所有，当目标公司股东取得巨额现金对价时，使用支配的权利自然归属于目标公司股东所有。

从传统的商业逻辑上来讲，“一手交钱、一手交货”能够更加方便快捷地实现交易目的。

但是，在业绩补偿、股权回购条款被触发后，目标公司股东需要履行现金/股权补偿、股权回购义务，但因为前期股权转让款已经自由支配并使用完毕，在目标公司经营状况不佳的前提下，目标公司股东可能会无法如约履行现金/股权补偿、股权回购义务。

风险二：加重投资方负债。

从投资方的角度讲，支付巨额现金可能会增加投资方的资产负债率，在投资方现金流受限的情形下，投资活动无法有效开展，收购规模受公司自有资金限制，可能导致投资方错失其他投资项目。

3. 建议

要求目标公司股东将所收到的股权对价现金购买投资方权益，例如，上市公司股票，并结合具体情形进行锁定、质押。未经投资方书面同意，目标公司股东不得将前述权益出售或以其他方式进行处置，直至对赌补偿期限届满，根据目标公司实现的对赌目标情况安排解除锁定、解除质押、股票回购。

(二)股票(权)支付

1. 案例——银江股份案

2013年9月5日，银江股份在历经3个月的停牌准备后，发布重组预案，称公司拟以发行股份和支付现金方式收购亚太安讯100%股权，交易总价为6亿元。

银江股份并购亚太安讯交易中使用的支付方式就包括股票支付，6亿元的股权交易对价的一部分采用股票支付，银江股份发行股票购买亚太安讯83.3%的股权，发行价格为21.33元，发行数量为2344.12万股。

2. 股票(权)支付的风险

风险一：股票(权)价格易产生波动。

投资方以定向增发、投资方的控股股东/实际控制人转让其所持投资方股票(权)的方式支付收购对价，通俗地讲，称为"换股"。在这种支付方式下，投资方缓解了资金压力，但支付风险并没有消失。值得注意的是，投资方所支付的股票(权)价值时刻随公司的经营情况而变动，尤其对于上市公司来讲，二级市场的股价受法规政策、行业发展、社会事件等众多因素影响，使上市公司的股票价格出现巨大波动的可能性更大。

在支付发生当时，如投资方公司股票(权)价值偏高对目标公司股东较为不利，一旦上市公司的股票跌停或有限责任公司经营情况恶化，则导致股票(权)价值严重缩水，目标公司股东的利益受到损害；如投资方公司股票(权)价值偏低对投资方较为不利，公司或股东仅能以现行股票(权)价格进行增发或股权转让，则相较于价值较高时额外发生股权稀释。

风险二：目标公司股东另行转让、质押股票(权)。

在上述银江股份的案例中，亚太安讯股东将银江股份用来支付股权对价的股票另行质押，并进行质押登记。该质押行为导致亚太安讯未达业绩承诺后，银江股份无法按照预期以1元人民币回购股票，导致债权能否收回陷入不确定性，损害了银江股份股东的利益。

3. 建议

(1)关于"股票(权)价格易产生波动"的建议

为避免上市公司股票暴跌，结合前述金叶珠宝并购丰汇租赁的案例中的交易结构，可以要求上市公司进行业绩承诺。虽然上市公司的股票表现受经济周期、国家财政状况、金融环境、行业地位变化等多因素影响，但上市公司的经营业绩通常是其中最为重要的影响因素，由上市公司作出业绩承诺可以在一定程度上降低股票价格暴跌对目标公司原股东造成的不利影响。

(2)关于“目标公司股东另行转让、质押股票(权)的风险”的建议

一般情况下，投资方要求目标公司股东将作为支付对价的相关股票(权)进行锁定、质押，并做好质押登记，根据目标公司业绩完成情况分批解锁、解除质押，保障目标公司未达业绩承诺后投资方的回购行为能够顺利进行。

《公司法》第142条规定：“……公司不得接受本公司的股票作为质押权的标的。”

鉴于《公司法》前述规定，上市公司不得作为本公司股票的质押权主体，我们认为，实践中可采取如下两种方式：

一是投资方可以通过设计闭环对赌方案来保障对赌退出的安全性、可靠性，比如上市公司可以其子公司作为收购主体，采用股权转让方式投资目标公司，并要求目标公司股东将收到的股权转让款定向用于购买上市公司股票，形成利益绑定，再要求目标公司股东将购买的上市公司股票全部质押给上市公司子公司，形成闭环。

二是投资方可以要求目标公司股东提供其他增信措施，如上市公司要求目标公司的其他股东、股权转让方的配偶或其他主体等承担连带保证责任等。

(三)定向可转债支付

1.定向可转债定义

定向可转债是指发行公司依法定向发行、在一定期间内依据约定的条件可以转换成股份的公司债券。

2.案例——赛腾股份案

2018年11月1日，证监会发布《证监会试点定向可转债并购支持上市公司发展》的公告，鼓励上市公司在并购重组中定向发行可转换债券作为支付工具，支持包括民营控股上市公司在内的各类企业通过并购重组做优做强。

作为第一个吃螃蟹的人，赛腾股份(603283)勇气十足。试点公告发出

后，赛腾股份作为市场首单，率先发出停牌公告，在停牌筹划 6 日后，赛腾股份定向发行可转债并购资产方案正式出炉。

根据赛腾股份与菱欧科技全体股东签署的交易协议，股权转让对价 2.1 亿元，其中以发行可转换债券的方式支付交易对价的 60%，即 1.26 亿元；剩余转让对价分别以现金、发行股份的方式支付。

菱欧科技为自动化设备制造商，其向交易对方承诺，菱欧科技 2018 年至 2020 年扣非净利润分别不低于 1500 万元、1700 万元、2100 万元。

简言之，赛腾股份通过发行定向可转债、股份及支付现金的方式购买菱欧科技 100%股权，菱欧科技作出业绩承诺，交易完成后，菱欧科技将成为赛腾股份的全资子公司。

3. 定向可转债的优势

结合赛腾股份作为上市公司发行定向可转债进行并购的试点案例，可以得出，定向可转债具有如下优势：

优势一：避免现金支付压力。

定向可转债可能在程序、进度上不如现金支付快捷，但避免了一次性支付现金的压力。

不仅如此，而且可转债利息一般远低于商业贷款利率，计息方式为债券到期后一次性还本付息，有效缓解上市公司支付现金利息的压力。目标公司原股东接受利率较低的可转债表明其愿意与目标公司绑定，看好上市公司未来的股价表现，会努力达成目标公司的业绩承诺，从而促进双赢。

优势二：可以设置锁定期和解锁条件。

锁定期和解锁安排与业绩承诺绑定，符合对赌交易的一般经验。

设定锁定期，融资方一定期限内不得转让和转股，限制期经过后，将解锁条件与目标公司业绩进行挂钩，分批解锁。

优势三：灵活的博弈机制。

定向可转债可以通过设置上调和下修条款，实现对并购方和被并购方的权益平衡。

为保护上市公司股东利益，当上市公司股票价格上涨时，对转股价格设置上调条款。且上市公司有权行使强制转股权，将满足解锁条件的可转换债券按照当时有效的转股价格强制转化为上市公司普通股股票。

以赛腾股份并购案为例，如上市公司股票连续 30 个交易日的收盘价格不低于当期转股价格的 130%时，上市公司董事会有权提出强制转股方案，并提交股东大会表决，该方案须经出席股东大会的股东所持表决权的三分之二以上通过方可实施。

为保护可转债持有方利益，当上市公司股票价格下跌时，可以对转股价格设置下修条款。

以赛腾股份并购案为例，如上市公司股票在任意连续30个交易日中至少有15个交易日的收盘价低于当期转股价格的90%时，公司董事会有权提出转股价格向下修正方案并提交公司股东大会审议表决，修正后的转股价格不得低于董事会决议公告日前20个交易日、60个交易日或者120个交易日交易均价的90%。

六、对赌协议的效力及可履行性

对赌协议的效力与可履行性应当作为既有联系又相对独立的两个问题分别予以判断。

（一）对赌的两种类型

第一类：投资方与目标公司的股东或者实际控制人对赌，即承担对赌失败时的补偿或回购义务的主体为目标公司股东或实际控制人。

第二类：投资方与目标公司对赌，即承担对赌失败时的补偿或回购义务的主体为目标公司。

（二）对赌协议的效力

就对赌协议的效力问题，应依据《合同法》第52条，《民法总则》（《民法典》）第153条、第154条予以认定。

投资方与目标公司的股东或者实际控制人"对赌"，只要不存在法定无效事由，协议应为有效，一般不存在争论。

投资方与目标公司"对赌"的效力问题，之前曾存在不同观点。目前，《九民纪要》已就该问题给出权威结论，"投资方与目标公司订立的'对赌协议'在不存在法定无效事由的情况下，目标公司仅以存在股权回购或者金钱补偿约定为由，主张'对赌协议'无效的，人民法院不予支持"。

因此，无论对赌主体如何，只要不存在法定无效事由，对赌协议均为有效。

（三）对赌协议的可履行性

投资方与目标公司的股东或者实际控制人"对赌"，由于不违反公司资本维持及债权人保护原则，通常均具备实际可履行性。

投资方与目标公司对赌，因涉及资本维持及债权人保护原则，可履行性需要区分对赌的内容加以认定，具体包括以下两种：

一是股权回购型对赌。

对于股权回购型对赌，人民法院应当依据《公司法》第 35 条关于“股东不得抽逃出资”或者第 142 条关于股份回购的强制性规定进行审查。经审查，目标公司未完成减资程序的，人民法院应当驳回其诉讼请求。

二是现金补偿型对赌。

人民法院应当依据《公司法》第 35 条关于“股东不得抽逃出资”和第 166 条关于利润分配的强制性规定进行审查。经审查，目标公司没有利润或者虽有利润但不足以补偿投资方的，人民法院应当驳回或者部分支持其诉讼请求。今后目标公司有利润时，投资方还可以依据该事实另行提起诉讼。

七、对赌交易的常见文件

（一）保密协议

1. 保密协议的定义及分类

（1）保密协议的定义

保密协议，通常是指双方约定一方当事人就所知悉或获取的另一方当事人技术信息、经营信息等商业秘密，未经信息披露人同意，不得披露、不当使用或者允许他人使用的协议。

（2）保密协议的分类

根据签订保密协议的对象不同，保密协议一般分为三大类：第一类是企业与员工（含在职、离职和退休）之间的保密协议，这类保密协议通常还会包含竞业禁止或限制条款；第二类是企业与专业顾问或服务机构（包括律师事务所、会计师事务所）之间的保密协议；第三类是合同交易各方之间的保密协议。对赌中所涉及的保密协议主要是第二类、第三类，故本章节仅针对该两类协议的内容展开讨论。

在前述三类保密协议中，“保密”的对象都指商业秘密，《反不正当竞争法》（2019 年修正）第 9 条规定，本法所称的商业秘密，是指不为公众所知悉、具有商业价值并经权利人采取相应保密措施的技术信息、经营信息等商业信息。在民商事交易中，我们可以借用该概念来界定商业秘密。

2. 保密协议的签约主体

如前所述，在对赌投融资交易中，签署保密协议的主体一般包括：投资方、目标公司原股东、目标公司实际控制人、目标公司董事及高管等；外聘的会计师事务所、律师事务所、审计机构及其相关工作人员；为该次交易提供技术性服务的其他机构及工作人员。

3. 保密协议的对象及其特征

保密的对象为商业秘密，常见的商业秘密包括技术信息、经营信息。

技术信息通常包括图纸、产品规格说明、研究报告或软件代码等载体上载明的生产技术机密、试验测试数据、研究发明成果、研究调查结果等；经营信息通常包括公司内部财务数据、市场推广策划、销售回款、客户名单等。

某一商业信息构成法律意义上的商业秘密需具备三要素，一是不为公众知悉；二是具有商业价值；三是经权利人采取相应保密措施。

（1）不为公众知悉

不为公众知悉，是指商业信息处于非公开、非公知状态，不为其所属领域的相关人员普遍知悉和容易获得。具有如下特征的信息就属于公众所知悉、不应该被列为商业秘密的信息：所属技术或者经济领域的一般常识或者行业惯例；仅涉及产品的尺寸、结构、材料、部件的简单组合等内容，进入市场后相关公众通过观察产品即可直接获得；已经在公开出版物或者其他媒体上公开披露；已通过公开的报告会、展览等方式公开；从其他公开渠道可以获得；无须付出一定的代价而容易获得。

（2）具有商业价值

具有商业价值，是指该商业信息具备实用性，能够为持有者带来经济利益、获得竞争优势。以客户名单这一商业信息为例，如仅列明客户名称，则一般不认定为具备商业价值。具有商业价值的客户名单除应该包括客户名称外，还应该包括客户地址、联系方式以及交易的习惯、意向、内容等构成的区别于相关公知信息的特殊客户信息。

最高人民法院〔（2007）民三终字第 1 号〕判决认为，客户名单具有商业价值的前提是具有深度信息或属于保持长期稳定交易的特定客户，这些深度信息及特定客户意味着交易机会、销售渠道以及销售利润的增加，能够让信息拥有者直接在联系销售业务中获得时间优势，提高竞争能力，创造经济价值，具有现实及潜在的竞争优势，从而具有商业价值。如果仅有客户名称，也很难让拥有者获得现实或潜在的竞争优势，从而也就不具备商业价值。

(3)经权利人采取相应保密措施

关于经权利人采取相应保密措施,根据最高人民法院《关于审理不正当竞争民事案件应用法律若干问题的解释》(法释〔2007〕2号)第11条之规定,保密措施应是权利人出于防止泄密的目的而积极主动采取的,外观上应当具有一定的可识别性。具体包括:限定涉密信息的知悉范围,只对必须知悉的相关人员告知其内容;对于涉密信息载体采取加锁等防范措施;在涉密信息的载体上标有保密标志;对于涉密信息采用密码或者代码等;签订保密协议;对于涉密的机器、厂房、车间等场所限制来访者或者提出保密要求等。

4. 保密协议的主要内容

(1)保密义务

商业秘密的接受方因签署保密协议而负有保密义务,既包含消极义务内容也包含积极义务内容。其中消极义务,是指未经信息披露人同意,不得披露、不当使用或者允许他人使用其所获取的商业秘密。

不得披露商业秘密,是指义务人不得将其所掌握的商业秘密向任何第三方透露;不得不当使用或允许他人使用其所掌握的商业秘密,是指除将商业秘密用于约定用途外,不得以其他方式将商业秘密用于其他用途,应采取一系列保密措施避免他人获取、使用商业秘密。

积极义务,是指义务人为保障商业秘密的秘密性,应主动采取相应保密措施等作为义务。

(2)保密义务的例外

尽管有保密义务的限制,但双方通常会约定例外情况,即在一定条件下,信息接受方不承担保密义务。

例如,在得到保密协议相关方的书面同意之后,义务人可以向第三人披露特定保密信息;在获悉信息的个人或者机构已经同意承担保密义务后,交易各方可以将特定商业秘密披露给在先投资者、潜在投资者、投资银行、贷款人、会计师、律师、业务伙伴;行政主管机关或司法机关等依法要求义务人提供或披露保密信息的,义务人应立即书面通知信息提供方,并仅提供行政主管机关或司法机关等要求提供的必要信息;该保密信息已经被信息提供方及其子公司、分公司、关联公司或保密义务人之外的第三方公开;该保密信息为义务人于信息提供方披露前已经合法知悉或由第三方处获得,且该第三方并未违反其保密义务或其保密义务已经解除。

(3)保密期限

关于保密期限,一般分为两种,一是约定固定期限,例如约定保密期限为2年、5年、10年;二是不具体约定时间,约定保密期限直至该信息被公开为止。

约定固定年限的保密期限不利于持续保密,因期限届满后,可能该信息对信息提供方来说仍具有商业价值,仍属不能被外界所知之范围,但此时义务人泄露商业秘密不承担任何责任。

故可以作如下约定:"本协议在相关交易文件(如股权转让协议、增资协议)终止或解除后继续有效,保密义务直至保密信息成为公开信息时止。"

同时需要注意的是,由于信息更替的速度不断提高,很多信息在成为公开信息前可能就不再具有商业价值,将保密期限约定为"成为公开信息时止",对信息提供方而言没有必要,对保密义务人也有过苛之嫌。因此,各方应根据实际情况理性选择保密期限。

5. 保密协议的作用

首先,签署保密协议可以保障商业秘密持有人的权利。交易之前的尽职调查、交易过程中商业谈判,交易文件的实际履行,交易双方都可能主动或被动获取对方的商业秘密。为避免商业秘密被泄露、滥用、盗用,可签署保密协议。如一方当事人违反协议内容,则权利人有权追究其责任以获得损害赔偿。

其次,签署保密协议可以促进交易。保密协议可以解决秘密持有人的后顾之忧,保障各方当事人获知商业秘密的权利,进而保障商业秘密的充分共享,从而防止权利人因过度保护己方商业秘密而影响到整个交易,甚至滥用保密权利损害到其他主体的合法权益。

(二)意向书

1. 意向书的定义

对赌所涉的投融资交易结构复杂,签约周期长,交易双方从初步接触、尽职调查、反复磋商直至最终签约,往往经年累月。为锁定交易机会、掌握交易主动权、固定谈判成果,双方往往采用签订意向书的方式对已达成的共识以书面方式进行确认。此类文本名称不一,有意向书、框架协议、备忘录、初步协议、TermSheet、会议纪要等。为行文便利,本文统一称之为"意向书"。

2. 意向书的签约主体

多数情况下,意向书的协议主体与最终正式签订投融资协议主体相一致,即投资方、目标公司、目标公司原股东或实际控制人。少数情况下,投资方与目标公司、目标公司股东或实际控制人签订意向书后,投资方基于投资布局规划等商业考量,其作为母公司也可能指定其子公司或者其他关联第三方与目标公司、目标公司股东或实际控制人签订正式的投资协议。

3. 意向书的主要内容

协议内容决定协议性质,协议效力往往与协议性质密切相关。鉴于意向书在效力认定方面的特殊之处,即并非所有的意向书均无法律约束力,也不能一概而论认为有同一法律效力,故当事人应该根据签约意图及需求确定协议内容,最终确定意向书对各方的约束力度。

如果意图锁定交易机会,则意向书的内容会更为详尽,各方倾向于其具有较强的法律约束力;如果希望保持交易的灵活性并控制违约成本,则意向书的内容相对简略,各方会适度削减其法律约束力。

通常情况下,结合意向书的不同功用,意向书内容可以分为三大部分:一是已达成合意的实体性条款;二是已经历的程序性事项及未来应启动的程序性事项条款;三是排除协议效力条款(根据需求选择约定)。

实体性条款内容通常包括:目标公司估值,投资方拟采取的投资方式,拟投资金额及其对应的持股比例,拟转让股权的股东范围,目标公司财务现状及未来发展预期,违反本意向书的违约责任,争议解决方式等。

程序性条款内容通常包括:已经进行的工作进度,尽职调查中介机构的选聘、独家谈判权、未来签订正式协议的承诺与安排等。

排除协议效力条款内容通常包括:在磋商阶段,如果当事人仅有磋商之意图,没有受意向书约束之意愿,可以约定排除协议效力条款,诸如约定"除本协议另有约定外,本协议对各方均不构成强制的法律约束力或使任何一方产生任何法律责任。本协议的签订不代表任何一方有义务与另一方签订任何有约束力的正式协议"。

4. 意向书的作用

如前所述,意向书的协议价值根据其不同的协议内容可能会有不同体现,根据不同协议内容,意向书可能存在如下价值:固定已达成的共识,减少磋商成本;筹划后续步骤,推进交易进程;锁定交易机会,防范对方违约;明确条款效力,确定意向书的拘束效力。

(三)增资协议

1. 增资协议的定义

增资协议,是指为吸收目标公司股东之外的投资方投资入股,投资方与目标公司、目标公司原股东等主体约定,由投资方以现金或非货币财产等认缴目标公司新增注册资本,持有目标公司股权从而成为目标公司股东的协议。

2. 增资协议的签约主体

通常情况下,增资协议的签约主体包括:投资方、目标公司、目标公司原股东、目标公司实际控制人等。

3. 增资协议的主要内容

在投融资交易中签订增资协议,协议目的主要是引入投资方。投资方支付增资对价以获取目标公司股权,协议标的为目标公司股权。

(1)投资方溢价增资

投资方的出资方式有两种,可以用货币出资,也可以用实物、知识产权、土地使用权等可以用货币估价并可以依法转让的非货币财产作价出资。对作为出资的非货币财产应当评估作价,核实财产,不得高估或者低估作价。

以货币出资的,按照约定的出资时间,将货币出资足额存入目标公司在银行开设的账户,在银行单据"用途款项来源摘要备注"一栏中注明"投资款";以非货币财产出资的,应当依法办理其财产权的转移手续。

通常情况下,投资方在增资扩股时对目标公司未来发展持乐观态度,目标公司高管任职情况、经营业绩、研发专利、所处行业等,都可能成为目标公司估值的重要考量因素,故投资方通常溢价增资。溢价增资的增资款分为两个部分:注册资本、资本公积,且增资款绝大部分进入目标公司资本公积,少部分进入目标公司注册资本。

(2)投资方通常不参与目标公司经营管理

增资完成后,虽然投资方股东与创始人股东都属于目标公司的股东,同样享有股东权利,但投资方多为财务投资人,更注重获取投资收益而非经营控制目标公司,所以在保障投资方分红权同时,目标公司的控制权和经营管理权通常仍由创始人股东享有。

(3)其他特殊条款的约定

在投融资交易中的增资协议,为了保障前述投资方投资收益以及创始人对目标公司的控制权,通常会约定如下条款:对赌条款(估值调整)、股权回购条款、领售权条款、反稀释条款、清算优先条款等。鉴于相关条款内容在本书中将进行专章节介绍,此处不予赘述。

4. 增资协议的作用

(1)为目标公司提供股权融资途径

增资扩股作为目标公司最为重要的融资途径之一,可以增加公司净资产、扩充公司现金流、促进公司业务发展,尤其是得到一些知名投资机构的青睐后,可以为目标公司起到很强的背书作用,降低后续融资的成本。

(2)满足投资人的权益诉求

根据投资方期望获得的投资回报内容不同,可以将投资方分为财务投资人和战略投资人。

财务投资人主要是专门的财务投资机构,为了获得投资收益而从事投资行为的投资人;根据《发行监管问答——关于上市公司非公开发行股票引入战略投资者有关事项的监管要求》(2020 年 3 月 20 日)关于上市公司引入战略投资人相关规定,战略投资人是具有同行业或相关行业较强的重要战略性资源,与目标公司谋求双方协调互补的长期共同战略利益,愿意长期持有目标公司较大比例股权,愿意并且有能力认真履行相应职责,实际参与公司治理的投资人。

无论财务投资人抑或战略投资人,都可以在增资协议中通过设计特殊条款内容、约定持股比例等方式实现权益诉求。

(四)股权转让协议

1. 股权转让协议的定义

在对赌投融资交易中的股权转让协议,是指各方约定,由目标公司原股东向受让方转让其所持有的目标公司股权,受让方支付股权转让款并据此取得目标公司股权的协议。

对赌融资交易中,为助力目标公司发展,股权转让与增资扩股两种方式往往结合使用。

2. 股权转让协议的内容

股权转让协议的内容通常包括股权转让份额/数量、股权转让对价、对价支付方式与时间、税费承担、变更登记手续办理、审批手续(如有)、转让方与受让方的承诺与保证、违约责任、争议解决方式等。其中股权转让份额/数量、股权转让对价的确定依据、对价的支付方式为股权转让协议的核心条款。

(1)股权转让份额

股权转让分为转让方转让所持全部股权或部分股权,如转让方转让其所持全部股权,则完成股权转让后,转让方彻底退出目标公司,不再具有目标公司股东身份;如果转让其所持部分股权,则完成股权转让后,转让方仍然是目标公司股东,仍然依法享有资产收益、参与重大决策和选择管理者等权利。

是否转让全部股权,协议双方考虑的因素主要包括两个方面:

一是股权结构设计。在股权控制层面,股权的受让方作为新进投资方,多为财务投资人,目标公司原股东为了保证目标公司按照自己的设想继续发展,通常要求保留对目标公司的实际控制权并负责公司的日常经营管理。在公司的股权结构中,重要的股权临界点包括:享有绝对控制权的67%、享有相对控制权的51%、享有重大事项一票否决权的34%、提议召开临时股东会、召集和主持股东会、申请公司解散的10%,那么协议双方必然就前述临界点及其对应的目标公司控制权利内容展开谈判,以确定转让股权份额。

二是对赌义务的承担。在原股东与投资方约定对赌条款且对赌期限尚未届满的情况下,原股东通常保留部分股权以参与目标公司经营管理,避免因已经退出目标公司仍需承担对赌责任导致实质不公平。

(2)股权转让对价的确定依据

股权转让对价的确定依据通常如下:

一是双方当事人协商一致确定,双方综合考虑目标公司经营现状及未来发展确定股权转让对价,但应注意的是,该协商一致价格过分低于公司实际价值的,有通过约定低价股转款进行避税的嫌疑,市场监管部门可能会对股权转让价格重新核定,要求交易双方进行补税。

二是按照目标公司审计的净资产值或以该净资产值为基础的适当溢价,确定股权转让对价。为确保审计结论的公信力,通常约定由双方共同选定审计机构。

三是依据目标公司公示的注册资本及转让股东所持股权对应的出资额确定股权转让对价,主要适用于目标公司设立时间较短且尚未实际经营的情况。

四是结合目标公司未来3~5年内的经营业绩(净利润、扣非净利润、营业收入等指标)确定股权转让对价。双方通常约定如签约后一定期限内净利润达到某一数值后，则受让方继续支付股权转让款若干；如未达到，则无须支付。

（3）股权对价支付方式

股权转让对价的支付方式作为股权转让协议的核心条款，是双方重点博弈条款之一，通常分为一次性支付、确定性对价分期支付或有对价分期支付。

第一，对于标的股权对价较低、投资方筹资能力较强、转让方占据谈判优势的股权转让交易中，双方可约定一次性支付全部股权转让款，投资方确定性地完成支付义务。

第二，为有效控制交易风险和交易节奏，在确定股权转让对价后，投资方通常要求在股权转让协议生效、完成工商变更登记、委派的董事及监事履职等事件发生后，才支付相应比例的对价，即分期支付股权转让款。

需要说明的是，股权转让交易中的分期支付与分期付款买卖合同并不相同，2016 年 9 月 19 日，最高人民法院发布指导案例第 67 号《汤长龙诉周士海股权转让纠纷案》。该案例的裁判要点确认：有限责任公司的股权分期支付转让款中发生股权受让人延迟或者拒付等违约情形，股权转让人要求解除双方签订的股权转让合同的，不适用《合同法》第 167 条关于分期付款买卖中出卖人在买受人未支付到期价款的金额达到合同全部价款的五分之一时即可解除合同的规定。

前述两种支付方式项下，双方通常签订对赌协议，通过设置里程碑事件实现公司估值的动态调整。

第三，当交易双方对目标公司估值无法达成一致时，可采取或以对价分期支付的方式，目标公司完成业绩目标或完成其他既定目标，受让方再向转让方追加支付交易对价，即 Earn-out。

3. 股权转让协议的作用

目标公司可能经过“种子期、初创期、成长期、扩张期、成熟期、上市前准备期、最终上市”中的几个或全部阶段，每一个阶段都会有创业者和投资方作为目标公司的股东进入或离开，股权转让协议为资本的流动提供了可能。

看重短期财务收益或不看好目标公司未来发展的股东出让股权，由看好目标公司的投资方受让股权进入目标公司，目标公司原股东与投资方各取所需，亦通过股东的迭代更新为目标公司寻找最适合的所有者，促进各方的多赢局面。

第四章　对赌争议中最重要的法律问题

导　读

在对赌纠纷中，理论及实务界一直存在争论的主要集中在如下两个最重要的法律问题：投资方与目标公司对赌及相关担保安排的效力问题，以及投资方要求目标公司履行现金补偿及股权回购义务的实现问题。

直至最高人民法院于 2019 年 11 月正式发布《九民纪要》，从裁判标准角度看，上述争论才得以暂时告一段落。但可以预见，随着司法实践的不断深入，《九民纪要》所确立的裁判标准依然将经受考验甚至是挑战。

在本章中，就对赌争议中最重要的两个法律问题，我们首先结合不同时期的典型案例，回顾一下法院及仲裁机构的主要裁判观点及其演变过程，然后再对《九民纪要》中对赌争议的裁判标准进行评析。

第一节 投资方与目标公司对赌及相关担保安排的效力之争——对赌争议解决的历史沿革

对赌一旦失败,难免形成法律纠纷。作为纠纷的裁判者,法院、仲裁机构对于对赌协议及其纠纷的裁判思路就很关键。尤其是仲裁文书不公开,对法院相关对赌案例的解读就尤为重要。

自2012年海富案[(2012)民提字第11号]落锤定音到新近热议的华工案[(2019)苏民再62号],法院已公布的对赌类纠纷判决书逾千件。但真正值得研究的,还是最高人民法院的海富案、久远案、瀚霖案,以及江苏省高级人民法院的华工案。

关于对赌协议效力、股权回购及现金补偿的实现问题,在这四起案件里,我们能清晰地看到法院在审理对赌纠纷时严谨、一以贯之的底层法律逻辑。

为了行文论证方便,我们将案例分成两组,在对比中展开分析。

一、海富案 vs. 华工案——投资方与目标公司对赌之效力及可履行性问题

投资方与目标公司对赌的效力问题,以及随之而来的现金补偿、股权回购的可履行性问题,历来最为受人关注,争议也最多。在讨论这个问题时,海富案与华工案作为典型案例,总是被提及并作为对比讨论的对象。

(一)海富案的基本案情及法院裁判观点

【基本案情】

2007年11月1日前,甘肃众星锌业有限公司(以下简称众星公司)、苏州工业园区海富投资有限公司(以下简称海富公司)、香港迪亚有限公司(以下简称迪亚公司)、陆波共同签订一份《甘肃众星锌业有限公司增资协议书》(以下简称《增资协议书》)。该协议签订前,迪亚公司为众星公司的唯一股东,陆波为迪亚公司、众星公司的法定代表人。

该《增资协议书》约定,海富公司以现金2000万元人民币对众星公司进行增资(占众星公司增资后注册资本的3.85%),并与迪亚公司共同签订合营企业合同、修订公司章程,同时约定成立"公司改制上市工作小组",将公司改组成规范的股份有限公司,并争取在境内证券交易所发行上市。

该《增资协议书》同时约定了业绩补偿与股权回购条款:(1)众星公司2008年净利润不低于3000万元人民币。如果众星公司2008年实际净利润未达到3000万元,海富公司有权要求众星公司予以补偿,如果众星公司未能履行补偿义务,海富公司有权要求迪亚公司履行补偿义务;(2)如果至2010年10月20日,由于众星公司的原因无法完成上市,则海富公司有权在任一时刻要求迪亚公司回购届时海富公司持有之众星公司的全部股权,迪亚公司应自收到海富公司书面通知之日起180日内按约定回购金额向海富公司一次性支付全部价款。协议未作约定或约定不详之事宜,应参照修改后的众星公司章程及股东间的投资合同(若有)办理。

2007年11月1日,海富公司、迪亚公司签订《中外合资经营甘肃众星锌业有限公司合同》(以下简称《合资经营合同》)。《合资经营合同》约定,海富公司出资15.38万美元,占注册资本的3.85%,海富公司应于合同生效后10日内一次性向众星公司缴付人民币2000万元,超过其认缴的合资公司注册资本的部分,计入公司资本公积金。合资公司依法缴纳所得税和提取各项基金后的利润,按合资方各持股比例进行分配。

《中外合资经营甘肃众星锌业有限公司章程》(以下简称《公司章程》)亦约定,合资公司依法缴纳所得税和提取各项基金后的利润,按合资方各持股比例进行分配。合资公司上一个会计年度亏损未弥补前不得分配利润。上一个会计年度未分配的利润,可并入本会计年度利润分配。

2007年11月2日,海富公司依上述约定缴存众星公司银行账户人民币2000万元,其中新增注册资本114.7717万元,资本公积金1885.2283万元,并办理了相应工商登记变更。

2009年6月,众星公司经甘肃省商务厅批准,到工商部门办理了名称及经营范围变更登记手续,名称变更为甘肃世恒有色资源再利用有限公司(以下简称世恒公司)。

据工商年检报告登记记载,众星公司2008年度生产经营利润总额26,858.13元,净利润26,858.13元,未实现《增资协议书》中约定的"2008年净利润不低于3000万元人民币"之业绩承诺。

2009年12月30日,海富公司向兰州市中级人民法院提起诉讼,诉请:世恒公司、迪亚公司和陆波向其支付协议补偿款1998.2095万元并承担本案诉讼费及其他费用。

【交易结构图】(如图 4-1 所示)

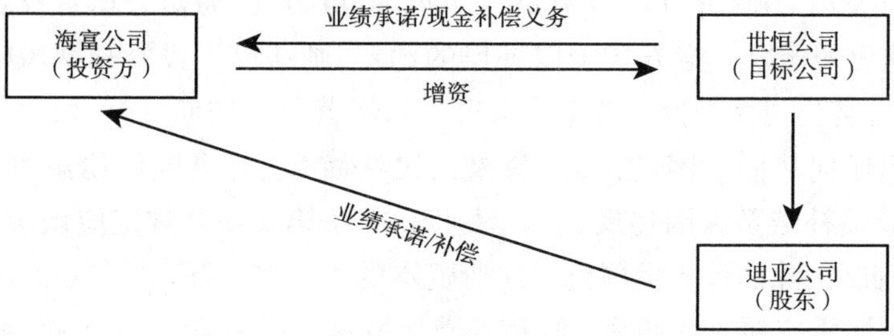

图 4-1　交易结构

【案件争议焦点】

1.《增资协议书》约定的业绩补偿条款是否具有法律效力;

2. 若该条款有效,世恒公司、迪亚公司、陆波应否承担补偿责任。

【法院裁判观点及理由】

1. 一审法院(甘肃省兰州市中级人民法院)裁判观点及理由

(1)业绩补偿条款不符合《中外合资企业法》第 8 条关于企业利润根据合营各方注册资本的比例进行分配的规定,与《公司章程》规定不一致,不符合《公司法》第 20 条第 1 款的规定,损害世恒公司及其债权人的利益。因此,根据《合同法》第 52 条第 5 项的规定,该业绩补偿条款因违反法律、行政法规的强制性规定而无效。

(2)业绩补偿条款无效,故世恒公司不承担补偿责任。

(3)业绩补偿条款与《合资经营合同》中相关约定内容不一致,依据《中外合资企业法实施条例》第 10 条第 2 款的规定,应以《合资经营合同》内容为准,故海富公司要求迪亚公司承担补偿责任的依据不足,迪亚公司不承担补偿责任。

(4)陆波虽为世恒公司的法定代表人,但其在世恒公司的行为代表的是公司行为利益,且业绩补偿条款中未约定陆波个人承担补偿义务,故陆波亦不应承担相应补偿责任。

一审法院判决驳回海富公司全部诉讼请求,海富公司不服一审判决,遂向甘肃省高级人民法院提起上诉。

2. 二审法院(甘肃省高级人民法院)裁判观点及理由

(1)《增资协议书》所约定的"世恒公司 2008 年净利润不低于 3000 万元

人民币”,仅是对目标企业盈利能力的要求,不违反法律规定。但四方当事人就世恒公司2008年实际净利润完不成3000万元,海富公司有权要求世恒公司及迪亚公司以一定方式予以补偿的约定,则违反了投资领域风险共担的原则,使海富公司作为投资者不论世恒公司经营业绩如何,均可取得约定收益而不承担任何风险。因此,参照最高人民法院《联营合同纠纷解答》有关规定,①该业绩补偿条款因违反《合同法》第52条第5项之规定应认定无效。

(2)此外,除已计入世恒公司注册资本的114.771万元外,其余1885.2283万元资金性质应属名为投资,实为借贷。虽该业绩补偿条款无效,但海富公司基于对迪亚公司与世恒公司的信赖而缔约,迪亚公司与世恒公司对无效法律后果负主要过错责任,海富公司亦承担相应过错责任,故依据《合同法》第58条之规定,世恒公司与迪亚公司应共同返还海富公司1885.2283万元及占用期间的利息,利息按照同期银行定期存款利率计付。

(3)业绩补偿条款无效,世恒公司、迪亚公司不承担补偿责任;陆波个人未就业绩补偿条款向海富公司作出过承诺,故陆波个人亦不承担补偿责任。

二审法院判决撤销一审判决,并判令世恒公司、迪亚公司共同返还海富公司1885.2283万元及利息,世恒公司、迪亚公司不服二审判决,向最高人民法院申请再审。

3. 再审法院(最高人民法院)裁判观点及理由

(1)海富公司于一审时并未提出返还投资款请求,二审法院认定海富公司1885.2283万元的投资名为联营实为借贷,并判决世恒公司和迪亚公司向海富公司返还该笔投资款,已超出海富公司之诉讼请求,没有法律依据。

(2)《增资协议书》约定的世恒公司应给予相应补偿,令海富公司的投资可以取得相对固定的收益,该收益脱离了世恒公司的经营业绩,损害了世恒公司及其债权人利益,故依据《公司法》第20条和《中外合资企业法》第8条之规定,应当认定无效,故世恒公司不承担相应补偿责任。

(3)《增资协议书》约定的迪亚公司对于海富公司的补偿承诺,并不损害世恒公司及其债权人的利益,不违反法律法规的禁止性规定,是当事人的真实意思表示,是有效的,故迪亚公司应向海富公司履行相应补偿责任。

---

① 最高人民法院《关于审理联营合同纠纷案件若干问题的解答》第4条第2项规定:“企业法人、事业法人作为联营一方向联营体投资,但不参加共同经营,也不承担联营的风险责任,不论盈亏均按期收回本息,或者按期收取固定利润的,是明为联营,实为借贷,违反了有关金融法规,应当确认合同无效。”

(4)陆波个人不承担责任。

最终,最高人民法院判决撤销二审判决,判令迪亚公司向海富公司支付协议补偿款 19982095 元,由迪亚公司支付相关诉讼费用,并驳回海富公司其他诉讼请求。

(二)华工案的基本案情及法院裁判观点

【基本案情】

2011 年 7 月 6 日,江苏华工创业投资有限公司(以下简称华工公司)与扬州锻压机床集团有限公司(以下简称扬锻公司)、招商湘江产业投资有限公司、扬州淮左投资中心(有限合伙)、潘云虎(扬锻公司董事长)等共计 20 个主体,共同签订《扬州锻压机床集团有限公司增资扩股协议》(以下简称《增资扩股协议》)。协议约定,以扬锻公司 2011 年预测净利润 9350 万元为基础,按 10.12 倍 PE 估值,以增资后注册资本 8600 万元计算,确定本次增资的价格为人民币 11 元/股注册资本,华工公司以现金 2200 万元对扬锻公司溢价增资,其中 200 万元为注册资本,2000 万元计入资本公积金。

同日,华工公司(丙方)与扬锻公司(乙方)以及潘云虎在内的共计 11 位股东(甲方)就增资事宜达成《补充协议》,约定股权回购条款:若乙方在 2014 年 12 月 31 日前未能在境内资本市场上市或乙方主营业务、实际控制人、董事会成员发生重大变化,丙方有权要求乙方回购丙方所持有的全部乙方的股份,乙方应以现金形式收购;并约定相应价款与罚息计算方式。此外,该协议约定,乙方的违约行为导致丙方发生任何损失,甲方、乙方承担连带责任。

2011 年 11 月 20 日,扬锻公司召开创立大会,股东一致表决通过新的《公司章程》,扬锻公司变更为股份有限公司,并规定公司在下列情况下可以依照法律、行政法规、部门规章和本章程的规定回购本公司的股份:(1)减少公司注册资本;(2)与持有本公司股份的其他公司合并;(3)将股份奖励给本公司职工;(4)股东因对股东会作出的公司分立、合并决议持异议,要求公司回购其股份。除上述情形外,公司不进行买卖本公司股份的活动。

2012 年 11 月至 2014 年 4 月,因证监会暂停 18 个月 IPO 申报,扬锻公司于 2014 年 10 月 16 日召开临时股东大会通过申报新三板的议案,并于 2014 年 10 月 22 日致函华工公司要求其明确是否支持公司申报新三板。

2014 年 11 月 25 日,华工公司致函扬锻公司,鉴于扬锻公司在 2014 年 12 月 31 日前不能在境内资本市场上市,现要求扬锻公司以现金形式回购华工公司持有的全部公司股份，回购股权价格同《补充协议》的约定。

华工公司向江苏省扬州市邗江区人民法院提起诉讼，诉请：

1. 扬锻公司及潘云虎在内的 11 位股东共同回购华工公司持有的扬锻公司股份，并共同支付股权回购款本金 2200 万元及利息；

2. 扬锻公司及潘云虎在内的 11 位股东连带向华工公司支付股权回购款罚息。

【交易结构图】（如图 4-2 所示）

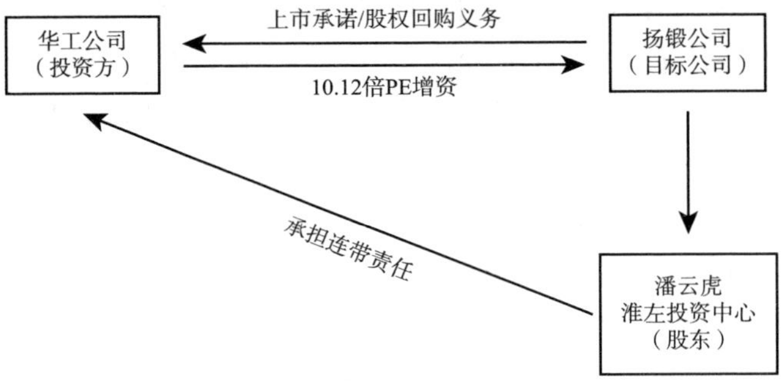

图 4-2　交易结构

【案件争议焦点】

1.《补充协议》约定的股权回购主体除扬锻公司外，是否包含原扬锻公司股东；

2. 案涉股权回购约定的效力应当如何认定。

【法院裁判观点及理由】

1. 一审法院（江苏省扬州市邗江区人民法院）裁判观点及理由

（1）股权回购主体仅限于扬锻公司，而非公司股东。根据《补充协议》约定，股权回购条款已明确约定回购主体、回购价款、罚金给付主体等，而连带责任条款仅是不完全概括性罗列，在其他有明确条款规定下，不能作出公司股东也对股权回购承担连带的推定与解释。

（2）华工公司与扬锻公司间的股权回购约定无效。理由如下：①《公司法》第 142 条明确规定四种法定情形外公司不得收购本公司股份，而案涉股权回购约定不符合上述法定情形，违反上述禁止性规定；②该回购约定使股东脱离公司经营业绩、不承担公司经营风险而即当然获得约定收益，损害了公司、公司其他股东和公司债权人的权益，与《公司法》第 20 条资本维持、法人独立财产原则相悖；③新的《公司章程》约定了公司回购股份的情形，符合《公司法》之规定，系各股东对股权回购等内容的真实意思表示，亦是对《补充协议》中股权回购约定的变更与否定，对作为股东的华工公司具有约束力。

一审法院判决驳回华工公司的诉讼请求，华工公司不服一审判决，遂向江苏省扬州市中级人民法院提起上诉。

2. 二审法院（江苏省扬州市中级人民法院）裁判观点及理由

（1）股权回购主体仅限于扬锻公司，而非公司股东。理由如下：①《补充协议》非格式合同，未明确约定由11名扬锻公司原股东作为回购主体，且本案所涉回购义务标的额巨大，不能轻易以推理、解释的方式认定巨额义务的负担；②《补充协议》约定连带责任，“乙方（扬锻公司）的违约行为导致丙方（华工公司）发生任何损失，甲方、乙方承担连带责任”，亦说明扬锻公司才是约定回购股权的主体；③若将股东亦理解为回购义务的主体，则会造成《补充协议》之条款解释存在明显矛盾，难以自圆其说。

（2）股权回购约定无效。原因在于，该股权回购条款约定的回购主体仅为扬锻公司，对此，相关法律和扬锻公司章程均明确公司不能从事该回购事宜，否则明显违背公司资本维持这一基本原则和法律有关规定。

二审法院判决驳回上诉，维持原判，华工公司不服二审判决，遂向江苏省高级人民法院申请再审。

3. 再审法院（江苏省高级人民法院）裁判观点及理由

（1）案涉协议约定的股权回购主体应认定为扬锻公司。《补充协议》未对股东是否应当承担支付回购款的义务作出明确约定，且从合同条款文义及合同条款体系的合理性、整体性及逻辑性上看，公司股东不应作为股权回购的责任主体。

（2）扬锻公司新的《公司章程》未对对赌协议作出变更。新《公司章程》约定，公司减少注册资本可回购股权，与《补充协议》约定的股份回购并不存在冲突，扬锻公司可在不违反《公司法》及《公司章程》关于股份回购强制性规定的情形下，通过履行法定手续和法定程序的方式合法回购华工公司持有的股份。

（3）该股权回购条款（对赌协议）有效，扬锻公司应履行股份回购义务，且公司股东承担连带责任。理由如下：①我国《公司法》并不禁止有限责任公司、股份有限公司回购本公司股份，公司回购本公司股份不当然违反我国《公司法》的强制性规定。有限责任公司在履行法定程序后回购本公司股份,亦不会损害公司股东及债权人利益,亦不会构成对公司资本维持原则的违反;②股份回购的条款内容,是当事人特别设立的保护投资人利益的条款,属于缔约过程中当事人对投资合作商业风险的安排,系各方当事人的真实意思表示,虽然约定了相对固定的收益,但该收益与同期企业融资成本相比并不明显过高,不存在脱离目标公司正常经营下所应负担的经营成本及所能获得的经营业绩的企业正常经营规律,不违反国家法律、行政法规的禁止性规定,不存在《合同法》第52条规定的合同无效的情形,亦不属于合同法所规定的格式合同或者格式条款,不存在显失公平的问题;③根据股权回购条款之约定,可表明扬锻公司及其股东清楚股权回购应当履行的法律程序及法律后果,在案涉对赌条款激活后,扬锻公司应当履行股份回购义务,公司股东亦负有履行过程中的协助义务及履行结果上的保证责任。

(4)案涉对赌协议具备履行可能性。理由如下:①扬锻公司虽由有限责任公司改制为股份有限公司,股份回购义务应由改制后公司继续履行,扬锻公司尚合法存续,其履行法定程序,支付股份回购款项,并不违反《公司法》的强制性规定,亦不会损害公司股东及债权人的利益;②华工公司对扬锻公司进行增资,部分列入注册资本、部分列入资本公积,其取得公司股东地位,同时也是扬锻公司的债权人,《公司法》亦未禁止公司回购股东对资本公积享有的份额,若拒绝履行回购义务,将损害华工公司作为债权人享有的合法权益,有违诚实信用与公平原则;③扬锻公司经营状况良好,参考华工公司在扬锻公司所占股权比例及扬锻公司历年分红情况,支付股份回购款不会减损公司资产,亦不损害扬锻公司对其他债权人的清偿能力。

(5)扬锻公司及其股东应当依约定及时回购相应股份、支付罚息并履行工商登记变更等相应法定程序。

最终,江苏省高级人民法院判决撤销一审、二审判决,判令扬锻公司支付华工公司股份回购款及相应的逾期付款利息,潘云虎等股东承担连带清偿责任;由扬锻公司及其股东共同负担相关诉讼费用,并驳回华工公司其他诉讼请求。

(三)法院裁判之底层逻辑并未改变——海富案与华工案的对比分析

通过对比可以发现,关于对赌协议的效力问题,法院始终以《合同法》第52条作为裁判依据,其中第5项属引致条款,是影响对赌协议效力的特殊规范;现金补偿、股权回购的诉请能否获得支持,首先取决于是否具备法律和事实上的履行可能,法院在作出判断时通常会以《合同法》第110条作为法律依据,并以不违反《公司法》所确立的“资本维持”与“债权人保护”原则为前提。

底层法律逻辑之一:对赌协议是否有效,《合同法》第52条是最终判断依据,其中第5项属于引致条款。

作为最高人民法院对赌第一案,海富案在投资界几乎无人不知,主要原因在于,大家普遍认为,最高人民法院在该案中为对赌协议效力的判断确定了原则——“与目标公司对赌无效,与目标公司股东或者实际控制人对赌有效”。

该案二审法院认为,参照最高人民法院《联营合同纠纷解答》第4条第2项关于联营合同中保底条款无效之规定,与目标公司对赌无效。

在该案再审判决中,最高人民法院进一步认定:“这一约定使得海富公司的投资可以取得相对固定的收益,该收益脱离了世恒公司的经营业绩,损害了公司利益和公司债权人利益,一审法院、二审法院根据《公司法》第20条和《中外合资企业法》第8条的规定认定《增资协议书》中的这部分条款无效是正确的……但是,在《增资协议书》中,迪亚公司对于海富公司的补偿承诺并不损害公司及公司债权人的利益,不违反法律法规的禁止性规定,是当事人的真实意思表示,是有效的。”

但在华工案判决中,江苏省高级人民法院认为,如案涉对赌协议不存在《合同法》第52条规定之无效情形,则与目标公司对赌有效。

华工案是否构成对最高人民法院在海富案确立的对赌原则的反转?

如果仔细分析这两个案件的条文援引和判决行文,我们会看到,判决背后法院的审判思路其实是延续如一的。

江苏省高级人民法院在判决中分析认为,一方面,回购约定是交易双方确立的保护投资人利益条款,是对商业风险的安排,系各方真实的意思表示;《公司法》不禁止有限责任公司回购本公司股份,扬锻集团公司履行法定程序回购不损害资本维持原则和债权人利益;另一方面,约定的投资人收益虽相对固定,但与企业融资成本相比并不明显过高,不存在脱离目标公司正常经营下所负担的经营成本及所能获得的经营业绩的企业正常经营规律。

关于《合同法》第52条的法律性质及适用问题,王利明教授在《合同法研究》表明其观点,即《合同法》第52条第5项“违反法律、行政法规的强制性规定”之规定属于引致条款,“其本身不能对法律行为的效力产生影响,必须结合法律、行政法规的具体规定予以判断”。

综上所述,在海富案与华工案中,就对赌协议的法律效力问题,法院的审判依据都是《合同法》第52条。

所以,在《九民纪要》发布之前,法院眼中并无对赌,只是依据《合同法》第52条的规定作出判断,法院也没有通过个案判决为投资界确立投资原则。法院审查对赌协议有效性时,核心不在于“和谁赌”,只在于“怎么赌”。对赌方式以及对赌协议的内容如不属于《合同法》第52条规定之无效情形,即有效。《合同法》第52条之规定,包括属于引致条款的第5项,就是终极判断标准。

底层法律逻辑之二:现金补偿、股权回购的诉请能否获得支持,首先取决于是否具备法律和事实上的履行可能。

华工案中,江苏省高级人民法院在确认对赌协议效力后,针对投资人的诉请,继续分析认为:一方面,华工公司入资后,目标公司资产增长,持续对股东分红,股权回购款的支付未损害扬锻公司偿债能力,本案具备事实上的履行可能;另一方面,本案具备法律上的履行可能:

(1)列入注册资本的注资部分,只要履行法定减资程序,支付回购价款,既未违反《公司法》强制性规定,亦未损害公司及债权人利益。

(2)列入资本公积的注资部分属于债权,同时作为债权人的华工公司有权主张该投资款的本息。

综上所述,依据《合同法》第110条第1项,非金钱债务的强制履行具有例外情形,当例外情形出现时,法院判令支持权利人诉请的,将导致判决结果最终的执行不能。

因此,投资方诉请如要获得支持,仍需具备法律和事实上的履行可能。

底层法律逻辑之三:现金补偿、股权回购的诉请,应以不违反《公司法》所确立的“资本维持”与“债权人保护”原则为前提。

投资方投资时需符合《公司法》关于增资或股权转让的条件并遵守相应程序,其退出时亦应以满足《公司法》相关条件及程序为必要。江苏省高级人民法院认为:《公司法》第37条、第46条、第177条、第179条,已明确规定了股份有限公司可减少注册资本回购本公司股份的合法途径。

可见,法院始终遵循公司“资本维持”与“债权人保护”原则。

最高人民法院《九民纪要》已经明确了支持现金补偿、股权回购诉请的条件,即现金补偿须以目标公司符合利润分配条件为前提,股权回购以目标公司完成减资程序为前提,且现金补偿与股权回购都不构成股东抽逃出资。我们认为,在具体案件中,上述原则的遵守有赖于对目标公司的资产、负债、回购或补偿对公司净资产及偿债能力的具体影响的查明与核实。

因此,就对赌条件触发导致目标公司回购股权或对投资方进行现金补偿的约定有效,但支持现金补偿、股权回购的诉请,仍以不违反《公司法》所确立的"资本维持"与"债权人保护"原则为前提。

二、久远案 vs. 瀚霖案——目标公司为股东提供担保问题之分析

在目标公司股东或实际控制人作为对赌义务人的情况下,为保证现金补偿、股权回购的顺利实现,投资方往往会要求目标公司为股东或实际控制人履行补偿或回购义务提供担保。久远案与瀚霖案就是对赌交易中担保纠纷的典型案例。

(一)久远案的基本案情及法院裁判观点

【基本案情】

2010年6月,通联资本管理有限公司(以下简称通联公司,甲方)、四川久远新方向智能科技有限公司(以下简称久远公司,乙方)与成都新方向科技发展有限公司(以下简称新方向公司,丙方)签署《关于四川久远新方向智能科技有限公司之增资扩股协议》(以下简称《增资扩股协议》)。其中,新方向公司为久远公司股东。

该《增资扩股协议》约定,乙方同意向甲方增发1500万股,每股认购价格2元,甲方共需出资人民币3000万元,增资完成后,通联公司便成为久远公司新股东,按其持股比例享有公司权益及承担相应风险。

该《增资扩股协议》约定如下股权回购条款:"当出现以下情况之一时,甲方有权要求乙方或丙方回购甲方所持有的全部乙方股份:①甲方在2012年6月30日对乙方能否IPO上市进行独立判断,并在2012年7月30日前决定是否要求乙方回购甲方所持有的全部乙方股份;②如果乙方不能在2013年12月31日前获得中国证监会关于乙方首次公开发行股票并上市的核准文件,该等原因包括乙方经营业绩方面不具备上市条件,或由于乙方历史沿革方面的不规范未能实现上市目标,或由于参与乙方经营的丙方存在重大过错、经营失误原因造成乙方无法上市;③在2013年12月31日之前的任何时间,丙方或乙方发生股权变更而导致乙方的实际控制人发生变化;④在2013年12月31日之间的任何时间,丙方或乙方明示放弃本协议项下

的乙方上市安排或工作;⑤甲方在 2014 年 3 月 30 日对乙方能否 IPO 上市再次进行独立判断,并在 2014 年 4 月 30 日前决定是否要求乙方或丙方回购甲方所持有的全部乙方股份”。此外,该协议亦对股权回购价格进行了相应的约定。

该《增资扩股协议》同时约定连带责任条款:“乙方及丙方承诺并保证,若由于乙方及丙方的保证和承诺未全面履行而对甲方造成损失,乙方及丙方一并承诺履行赔偿义务。如乙方不能保证赔偿或无赔偿之履行能力,则由丙方对乙方一并承担连带责任,赔偿资金按以下途径执行:①丙方在乙方取得的分红或从其他合法渠道筹措资金的权益(现金);②丙方资产;③丙方和乙方实际控制人‘向生建’个人资产……”

2014 年 12 月 12 日,通联公司向久远公司发出《律师函》,要求久远公司、新方向公司回购通联公司持有的久远公司的股份。

2015 年 6 月 23 日,通联公司向四川省成都市中级人民法院提起诉讼,诉请:

(1)新方向公司向通联公司支付股权转让款 3000 万元,并从 2010 年 6 月 9 日起按照年利率 15%计算利息至实际支付回购价款之日止(暂计算至 2015 年 6 月 9 日为 2250 万元);

(2)本次股权回购涉及的税款由新方向公司承担(起诉之日暂无该项费用);

(3)久远公司在诉讼请求第一项和第二项的范围之内与新方向公司承担连带责任;

(4)新方向公司和久远公司承担本案所有诉讼费用。

【交易结构图】(如图 4-3 所示)

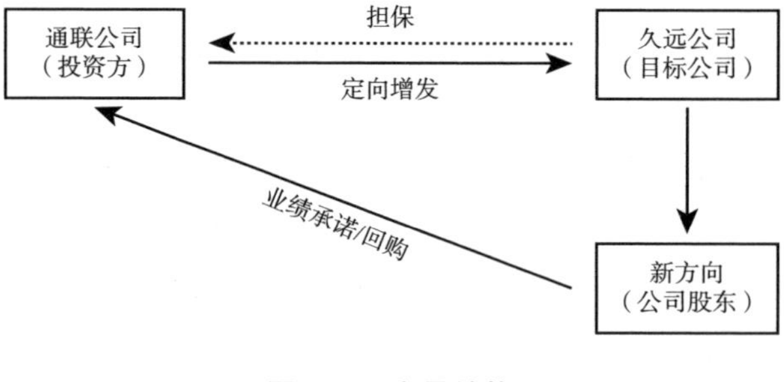

图 4-3　交易结构

【案件争议焦点】

1.《增资扩股协议》中的股权回购条款是否具有法律效力；

2. 股权回购条件是否已经成就；

3. 久远公司对其股东新方向公司的担保行为是否具有法律效力；

4. 若“连带责任条款”无效，久远公司是否应当承担过错赔偿责任。

【法院裁判观点及理由】

1. 一审法院（四川省成都市中级人民法院）裁判观点及理由

（1）股权回购条款合法有效。理由如下：①《增资扩股协议》约定的股权回购条款系各方当事人的真实意思表示，未违反国家法律、行政法规的禁止性规范，应为合法有效，对各方当事人均具有约束力；②通联公司作为久远公司的股东，要求公司另一股东新方向股东回购股权，并未违反《公司法》的禁止性规定，也不构成抽逃出资。

（2）股权回购条件已成就。根据股权回购条款之约定，久远公司工商登记显示，久远公司至今尚未完成上市公司的股份制改造，无法实现 IPO 上市。虽然回购条款的第 1、3、4、5 项约定了回购时间限制，但依据第 2 项，只要新方向公司与久远公司不能在 2013 年 12 月 31 日前获得中国证监会关于久远公司首次公开发行股票并上市的核准文件，通联公司即有权要求新方向公司回购股权。

（3）根据《增资扩股协议》连带责任之约定，久远公司应当对新方向公司支付股权回购价款的义务承担连带责任。

一审法院判决新方向公司向通联公司支付相应股权回购款及利息，并由久远公司承担连带支付责任，新方向公司与久远公司不服一审判决，遂向四川省高级人民法院提起上诉。

2. 二审法院（四川省高级人民法院）裁判观点及理由

（1）通联公司与新方向公司约定的股权回购条款合法有效，但通联公司与久远公司约定的股权回购无效。理由如下：①通联公司与新方向公司约定的股权回购条款与股东之间就特定条件下的股权转让达成的合意具有相同的法律效果，该约定系当事人的真实、自愿的意思表示，不违反公司法的规定，不涉及公司资产的减少，不构成抽逃公司资本，不影响公司债权人的利益，应属合法有效；②通联公司与久远公司约定的股权回购条款，不属于我国《公司法》关于公司收购本公司股份的法定情形，其实质将导致公司资本不当减少，股东缴纳的股本被抽回，有损目标公司及其债权人合法利益,应属无效。

(2)股权回购条件已成就。久远公司至今尚未完成上市公司的股份制改造,无法实现 IPO 上市,通联公司的预期投资目的未能实现,应有权要求新方向公司依约进行股权回购。

(3)久远公司不应当为新方向公司承担连带责任。理由如下:①我国《公司法》第 16 条明确规定,[①]合同相对人在接受公司为其股东或者实际控制人提供的担保时,理应对该事宜是否经过股东会或者股东大会决议尽到基本的形式审查义务;②久远公司承诺对新方向公司进行股权回购承担连带责任,虽然有其法定代表人签章,但该事项未经过股东会审核,亦未提供相关的股东会决议;③通联公司未对久远公司法定代表人作出的该项意思表示是否经过股东会决议尽到基本的形式审查义务,不属于善意的相对人,因此,久远公司法定代表人的该代表行为,对通联公司不发生法律效力。

二审法院判决新方向公司向通联公司支付相应股权回购款及利息,但针对上述款项,久远公司不承担连带支付责任,同时驳回通联公司其他诉讼请求,通联公司不服二审判决,遂向最高人民法院申请再审。

3. 再审法院(最高人民法院)裁判观点及理由

(1)股权回购条款有效,回购条件已成就,新方向公司应当承担回购义务。

(2)久远公司不应当为新方向公司承担连带责任。理由如下:①久远公司不是股权回购的义务主体,不产生久远公司回购本公司股份的法律后果;②连带担保责任属于连带责任的情形之一,且担保责任系从债务,将该处“连带责任”理解为“连带担保责任”并未加重久远公司的责任负担;③依据《公司法》第 16 条之规定,通联公司未能尽到基本的形式审查义务,从而认定久远公司法定代表人向生建代表公司在《增资扩股协议》上签字、盖章行为,对通联公司不发生法律效力。

(3)久远公司需承担“连带责任条款”无效后的过错赔偿责任,并就新方向公司不能清偿部分承担二分之一的赔偿责任。理由如下:①《增资扩股协议》签订时,久远公司的《公司章程》中并未规定公司对外担保议事程序,通联公司有合理理由相信向生建有权代表公司对外签订有担保意思表示内容

① 《公司法》第 16 条第 2 款规定:“公司为公司股东或者实际控制人提供担保的,必须经股东会或者股东大会决议。”

的《增资扩股协议》；②通联公司未尽到足够的形式审查义务，导致担保条款无效，其自身存在过错；③《增资扩股协议》签订前，久远公司《公司章程》未规定担保议事程序，导致公司法定代表人使用公章的权限不明，法定代表人向生建，未经股东会决议授权，越权代表公司承认对新方向公司的股权回购义务承担履约连带责任，其对该担保条款无效也应承担相应的过错责任；④依据《担保法解释》，[①]通联公司、久远公司对《增资扩股协议》中约定的"连带责任"条款无效，双方均存在过错，久远公司对新方向公司承担的股权回购款及利息，就不能清偿部分承担二分之一的赔偿责任。

最终，最高人民法院判决撤销一审、二审判决，判令新方向公司向通联公司支付相应股权回购款及利息，由久远公司对新方向公司付款本息不能清偿的部分承担二分之一的赔偿责任，并驳回通联公司其他诉讼请求。

（二）瀚霖案的基本案情及法院裁判观点

【基本案情】

2011 年 4 月 26 日，山东瀚霖生物技术有限公司（以下简称瀚霖公司）作为甲方，北京冷杉投资中心（有限合伙）、福建国耀投资有限公司、强静延、孙博、许欣欣作为乙方，曹务波（瀚霖公司股东与法定代表人）作为丙方，三方共同签订《增资协议书》及《补充协议书》。

《增资协议书》约定，强静延向瀚霖公司增资 3000 万元，其中 400 万元作为瀚霖公司的新增注册资本，其余 2600 万元作为瀚霖公司的资本公积金，强静延持有瀚霖公司 0.86%的股权。

《补充协议书》约定了股权回购条款，即曹务波承诺，争取瀚霖公司于 2013 年 6 月 30 日前获准首次公开发行股票并在国内主板或创业板证券交易所上市（以下简称合格 IPO），若瀚霖公司未能在 2013 年 6 月 30 日前完成合格 IPO，强静延有权要求曹务波以现金方式购回强静延所持的瀚霖公司股权，并明确约定了回购价格。此外，《补充协议书》亦约定，瀚霖公司为曹务波的回购提供连带责任担保。

2012 年 5 月 31 日，强静延与曹务波签订了《股权转让协议》，约定强静延将持有的瀚霖公司股权转让给曹务波，按《补充协议书》约定的价格计算

---

① 最高人民法院《关于适用〈中华人民共和国担保法〉若干问题的解释》第 8 条规定："主合同有效而担保合同无效，债权人无过错的，担保人与债务人对主合同债权人的经济损失，承担连带赔偿责任；债权人、担保人有过错的，担保人承担民事责任的部分，不应超过债务人不能清偿部分的二分之一。"

方式回购,并约定了支付方式以及相应的违约责任。

2014年4月2日,强静延书面通知曹务波以及瀚霖公司支付股权转让款并承担违约责任,但曹务波与瀚霖公司未履行付款义务,强静延遂向四川省成都市中级人民法院起诉,诉请:

(1)曹务波支付股权转让款3779.136万元,并从起诉之日起按银行逾期付款违约金的计算标准承担违约金;

(2)瀚霖公司对曹务波的付款承担连带清偿责任;

(3)案件诉讼费由曹务波与瀚霖公司承担。

【交易结构图】(如图4-4所示)

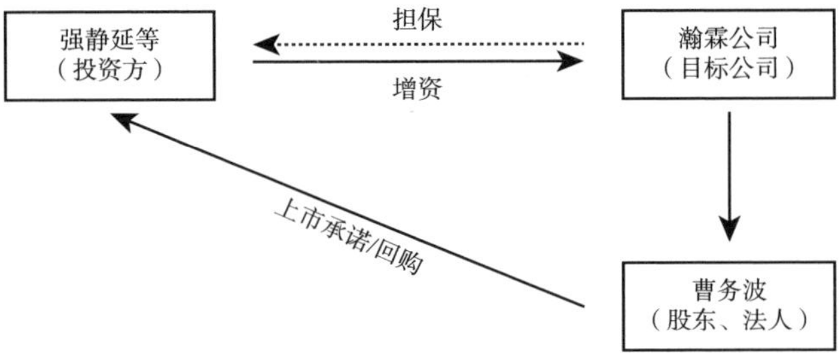

图4-4　交易结构

【案件争议焦点】

1.《补充协议书》约定的股权回购条款是否具有法律效力;

2.瀚霖公司对其股东曹务波的担保行为是否具有法律效力。

【法院裁判观点及理由】

1.一审法院(四川省成都市中级人民法院)裁判观点及理由

(1)《增资协议书》系股权投资合同,是对强静延出资入股的相关约定;《股权转让协议》系对股权转让价款、支付方式等的约定。《增资协议书》《股权转让协议》未违反法律、行政法规的强制性规定,应属合法有效。

(2)《补充协议书》约定股权回购条款有效,曹务波应支付股权转让款及相应违约金。理由如下:①股权回购条款系强静延与曹务波的真实意思表示,不损害公司及公司债权人的利益,不违反法律、行政法规的强制性规定,合法有效,协议各方均应按约履行义务;②强静延按约出资后,瀚霖公司未在约定预期获准首次公开发行股票并在国内主板或创业板证券交易所上市的情况下,回购条件已成就,曹务波应在收到回购通知函后按约定价格回购股权。

(3)《补充协议书》约定的瀚霖公司为回购提供担保之约定无效,瀚霖公司不承担责任。原因如下:①强静延与曹务波均系瀚霖公司股东,公司为股东担保需提供相应股东会决议,但本案中未提供;②瀚霖公司并非为经营发展向公司以外的第三人提供担保,该约定损害了公司、公司其他股东以及公司债权人的利益。

一审法院判决曹务波向强静延支付股权转让款及相应的违约金,并驳回强静延其他诉讼请求,强静延不服一审判决,向四川省高级人民法院提起上诉。

2. 二审法院(四川省高级人民法院)裁判观点及理由

(1)强静延、曹务波关于股权回购的约定是其真实意思表示,亦不违反法律、行政法规的禁止性规定,属合法有效。

(2)瀚霖公司担保行为无效。因为股权回购条款,其实质是无论瀚霖公司经营业绩如何,股东强静延均可以从瀚霖公司获取收益,而不依据瀚霖公司之经营业绩进行分红,规避了经营风险,悖离了公司法法理,严重损害瀚霖公司其他股东和债权人的合法利益,应当被认定为无效。而强静延是否为公司股东、瀚霖公司提供担保的行为是否经过股东会决议,不影响该担保行为的效力认定。

二审法院判决驳回上诉,维持原判,强静延不服二审法院判决,遂向最高人民法院申请再审。

最高人民法院再审补充查明事实:

(1)《增资协议书》载明"甲方(瀚霖公司)已通过股东会决议,原股东同意接受新股东本次增资,并放弃优先购买权;各方已采取一切必要行动、履行一切必要的内部程序确保其具有签订本协议并履行其在本协议下义务的全部权力、权利、授权以及必要的政府批准和第三方同意;各方授权代表已获得本方正式授权,有权代表各方签署本协议及其他相关交易文件。"

(2)《补充协议书》载明"甲方(瀚霖公司)通过股东会决议同意本次增资扩股事项"。

3. 再审法院(最高人民法院)裁判观点及理由

(1)强静延、曹务波关于股权回购的约定是其真实意思表示,亦不违反法律、行政法规的禁止性规定,属合法有效。

(2)《补充协议书》约定担保条款合法有效,瀚霖公司应当依法承担担保责任,对曹务波所付股权转让款及违约金承担连带清偿责任。理由如下:①根据再审补充查明的事项之内容,且两份协议书均由瀚霖公司盖章及其法定代表人签名,强静延有理由相信瀚霖公司已对包括提供担保在内的增资扩股一揽子事项通过股东会决议,曹务波已取得瀚霖公司授权代表公司对外签订担保条款。因此,应当认定强静延对担保事项经过股东会决议已尽到审慎注意和形式审查义务,《补充协议书》所约定担保条款对瀚霖公司已发生法律效力。②《公司法》第16条之规定在于防止公司大股东滥用控制地位,出于个人需要、为其个人债务而由公司提供担保,从而损害公司及公司中小股东权益的情形,而本案强静延投资全部用于公司经营发展,该担保行为有利于瀚霖公司的自身经营发展需要,并未损害公司及公司中小股东权益,不违反《公司法》之立法目的,因此,公司承担担保责任符合公平原则。

最终,最高人民法院判定曹务波向强静延支付股份转让款、逾期付款违约金,并由瀚霖公司对曹务波所承担股权转让款及逾期付款违约金债务承担连带清偿责任,相关诉讼费用由曹务波、瀚霖公司共同负担。

(三)担保在对赌中的重要性——久远案与瀚霖案的对比分析

根据对久远案与瀚霖案的对比分析,我们可以发现,各方如因目标公司提供担保问题发生纠纷,法院将依据《公司法》第16条的规定对担保效力进行判断。

底层法律逻辑之四:《公司法》第16条规定的担保规则,系确认增资扩股—股权回购—公司担保类链条型对赌效力的基础法律依据。

在久远案[(2017)最高法民再258号]中,最高人民法院认为,本案的争议焦点是股权回购的履约担保责任,依据"久远公司并未向通联公司提供相关的股东会决议,亦未得到股东会决议追认,而通联公司未能尽到基本的形式审查义务,久远公司法定代表人向生建代表公司在《增资扩股协议》上签字、盖章行为,对通联公司不发生法律效力"。

在瀚霖案[(2016)最高法民再128号]中,最高人民法院认为,本案焦点为公司担保条款效力。"增资扩股、股权回购、公司担保本身属于链条型的整体投资模式……强静延已对瀚霖公司提供担保经过股东会决议尽到审慎注意和形式审查义务,瀚霖公司提供担保有利于自身经营发展需要,并不损害公司及公司中小股东权益,应当认定案涉担保条款合法有效。"

因此,对于此类链条型对赌纠纷,法院审理的重点是担保。结合《公司法》、《担保法》、最高人民法院民二庭第五次法官会会议纪要、最高人民法院专委刘贵祥大法官 2019 年 7 月 3 日《在全国民商事审判工作会议上的讲话》以及最高人民法院《九民纪要》的内容，关于担保，法院依照如下的规则予以裁判：

1. 链条型对赌交易中的担保属《公司法》第 16 条规定的对内担保，即为公司股东或者实际控制人提供担保，应遵循一条原则（意思自治），两个选择（董事会和股东会），两层决策（经营层和所有者）。

2. 投资方对担保相关文件有形式审查义务。审查的内容主要包括同意担保的决议是否由公司有权决议机构作出，是否经法定或章程规定的多数通过，参与决议的股东或董事是否违反了《公司法》第 16 条第 3 款或者第 124 条关于回避表决的规定，参与决议的人员是否符合公司章程、营业执照的记载等。

3. 目标公司的法定代表人或授权代表越权提供担保未经公司追认且不构成表见代表，应根据《合同法》第 50 条（《民法典》第 504 条）关于法定代表人越权代表的规定，区分订立合同时债权人是否善意分别认定合同效力：债权人善意的，合同有效；反之，合同无效。因此，投资方在订立合同时明知或者与目标公司法定代表人或授权代表利用担保合同向目标公司转嫁商业风险的，由投资方自行承担相应的损失。

4. 在对赌过程中，投资方通过股权受让、增资等方式从公司外部主体最终变为公司股东，此种身份转变对投资方是否善意、审查义务内涵的判断产生影响。

（1）目标公司何时提供担保影响决议程序。对赌中，目标公司可能在投资方与股东签订对赌协议但尚未成为目标公司股东时，即约定承担担保义务。此时，目标公司提供担保的决议往往在签订对赌协议前已经作出，目标公司担保遵循一般担保的决议程序即可。有时，目标公司在未签订对赌协议之初即提供担保，而是在对赌协议履行过程中，将担保作为增信措施。此时，投资方已经成为目标公司股东，目标公司此时作出的担保决议则需遵循关联担保的程序要求。

（2）目标公司章程对担保事项的规定是否成为审查的内容。一般而言，相对人为目标公司外部主体时，目标公司章程对担保事项的规定不影响相对人审查义务的内涵，除非目标公司能够证明相对人明知目标公司章程有明确规定。然而，作为对赌协议主体的投资方，在进行投资决策时，必然会对目标公司进行尽职调查和风险评估，章程亦为投资决策中必备的材料。因此，投资方应当知道目标公司章程是否存在对担保事项的规定，并应在审查中注意章程的限制。

（3）《九民纪要》第19条的例外规定。《公司法》第16条的内涵在于以公司意思作为法定代表人授权的基础和来源。但在某些情况下，如果案件事实能够表明担保是为了公司利益或者实质上能够代表公司意思，即使相对人知道或者应当知道没有公司机关决议，也应当认定公司担保的效力。在对赌实践中，由于投资方往往选择与目标公司大股东或者实际控制人对赌，经常出现的无需机关决议的情形为"担保合同系由单独或者共同持有公司三分之二以上有表决权的股东签字同意"。此时，即使投资方未审查目标公司担保决议，担保依然有效。

5. 在对担保进行裁判时，法院均秉持具体问题具体分析的态度和实质重于形式的思路，关注担保义务履行的实质影响。例如，是否会减损目标公司净资产、是否会损害目标公司其他股东或者债权人的利益等。如担保义务的履行不会对目标公司净资产带来不利影响，法院则倾向于肯定目标公司承担担保义务的交易结构，不会因此认定损害债权人利益并要求相关主体承担其他责任。

另外，对于由目标公司承担担保义务，或许会存在这样的疑问：当目标公司承担担保义务时，尤其是在目标公司承担连带责任保证时，投资方既可以向对赌股东请求履行义务，亦可以向目标公司请求履行义务。如若投资方仅向目标公司请求义务履行，此时的履行后果和直接与目标公司进行对赌的履行后果是否存在区别，是否是以担保义务为名，实在摆脱资本维持原则的限制呢？

对此，笔者认为，由目标公司提供担保，与目标公司直接作为对赌主体而言，其产生的法律后果是截然不同的。以对赌中的股权回购为例。当目标公司作为回购义务人时，其应支付的回购价款在会计上计入非经常性损益，所回购的股权可能需要注销，从而可能会涉及目标公司减资的问题，此时对赌的履行就会受到"股东不得抽逃出资"及股份回购等有关资本维持原则和债权人保护原则的强制性规定的约束。并且，目标公司履行回购义务而支付的价款一经支付便无从追讨。

但是，当目标公司并非为对赌主体，仅为对赌承担担保义务时，目标公司所支出的回购价款是为对赌股东代偿的，在会计上计入"其他应收款"，所回购的股权也归属于对赌股东而非目标公司。这就表明，目标公司在支付回购价款后，即拥有了针对对赌股东的一项债权，目标公司有权向该股东追偿。此时，目标公司的账面上不存在损失，同时也存在将资金追回的可能。实际上，公司对外担保是公司经营中经常遇到的经营决策事项。无论担保是否出于对赌之因，均存在无法追偿的可能，并不能仅因为目标公司提供担保、履行过程相似，就认定目标公司提供担保与目标公司直接作为对赌主体实质相同，进而认定目标公司提供担保义务是在规避《公司法》强制性规定，损害了其他股东和债权人合法利益。

【小结】

认清法院固有审判思维。

无论面对的是对赌纠纷，还是其他新的商业交易模式，法院都会在谨慎、保守的法律思维与不断变化的新时代之间，努力保持其特有的动态平衡。

法院审判思维包括以下三方面：

1. 宏观上，法律逻辑、专业判断与商业价值、基本常识相一致。

2. 微观上，法律关系思维的线性延展，同时兼顾请求权基础思维。

3. 内核上，探究当事人真实交易目的的穿透式审判思维。

无论交易各方设计的交易结构多么复杂，法院审判的核心永远在于交易底层的法律关系，锁定争议焦点，然后依据以上的思维模型作出司法判断。

三、银海通案——目标公司未减资，投资方请求第三方履行股权回购的担保义务之分析

司法实践从来不会停下脚步，北京银海通投资中心、新疆西龙土工新材料股份有限公司股权转让纠纷案[①]（以下简称银海通案）是《九民纪要》发布后作出的全新判例。此案一经裁判便引起了广泛关注，原因在于最高人民法院不仅确认了投资方与目标公司之间的对赌协议有效，而且就对赌协议的实际履行问题以及第三方担保的问题也作出了相应裁判。

最高人民法院的分析说理遵循了《九民纪要》有关“与目标公司对赌”的

① 参见最高人民法院（2020）最高法民申2957号民事裁定书。

规定。[①] 目标公司进行股权回购必先减资,此规则在银海通案中再次得到确认。与此同时,因目标公司未减资以及第三方担保合同的从属性,最高人民法院直接认定“投资方请求判令为目标公司股权回购担保的第三方承担股权回购责任”的理由不成立。这说明,在股权回购中,第三方为投资方与目标公司对赌承担担保责任的,目标公司未减资会阻断投资方要求第三方履行担保义务。

然而,银海通案中将“目标公司未减资”作为投资方不得请求担保第三方回购股权的裁判理由是否合理,目标公司未减资,投资方请求第三方履行股权回购的担保义务是否具备实现可能,都是值得思考与探究的问题。

需要说明的是,由于上市公司重大资产重组交易通常以定向增发的方式收购目标公司的全部股权,在目标公司业绩承诺未能兑现时,上市公司的“退出”往往涉及如何顺利地将增发的股票收回,与银海通案的情形有所不同,因此,此处以银海通案作为讨论对象,将讨论的情形限定在 PE/VC 以参股方式对目标公司进行投资的对赌交易中。

(一)银海通案的案情与裁判释理

1. 案件事实

2011 年 8 月 11 日,北京银海通投资中心(以下简称银海通)与新疆西龙土工新材料股份有限公司(以下简称新疆西龙公司)签订《增资扩股协议》,约定银海通以增资扩股的方式对新疆西龙公司进行投资。同日,银海通与新疆西龙公司及奎屯西龙无纺土工制品有限公司(新疆西龙公司全资子公司,以下简称奎屯西龙公司)签订《补充协议》,约定若 2012 年 9 月 30 日前新疆西龙公司仍未公开发行股票并上市,则银海通有权要求新疆西龙公司回购其持有的股份,且新疆西龙公司应在银海通提出回购要求后 3 个月内完成回购;如新疆西龙公司不能履行回购义务,则奎屯西龙公司应按照约定收购股份,以保障银海通的投资退出。2011 年 8 月 16 日,银海通将投资款 900 万元支付给新疆西龙公司,但新疆西龙公司未在约定期限内公开发行股票并上市。就此,银海通请求法院判决新疆西龙公司支付其股权回购价款,同时请求奎屯西龙公司承担连带保证责任。

该案中,一审法院支持了银海通的诉求,判决新疆西龙公司支付银海通股权回购价款,同时奎屯西龙公司对股权回购款项承担连带责任。新疆西

① 参见《九民纪要》第 5 条。

龙公司不服,提出上诉;二审法院撤销了一审判决,驳回银海通的诉讼请求。银海通向最高人民法院申请再审,最终最高人民法院驳回了银海通的再审申请,维持二审判决。

2. 法院释理

(1)二审法院释理

二审法院认为,关于新疆西龙公司或奎屯西龙公司是否应向银海通支付股权回购价款 13275000 元的问题。《补充协议》约定"如果截至 2012 年 9 月 30 日新疆西龙公司仍未实现在国内证券交易所公开发行股股票并上市,则银海通投资中心有权要求新疆西龙公司回购其持有的股份(亦有权不要求回购而继续持有股份)",根据已查明的事实,新疆西龙公司至今未实现在国内证券交易所公开发行股票并上市,银海通的预期投资目的未能实现,有权依照《补充协议》约定要求新疆西龙公司进行股权回购。但《公司法》第 35 条规定"公司成立后,股东不得抽逃出资",第 142 条规定"公司不得收购本公司股份。但是,有下列情形之一的除外:(一)减少公司注册资本;……",第 177 条规定"公司需要减少注册资本时,必须编制资产负债表及财产清单。公司应当自作出减少注册资本决议之日起十日内通知债权人,并于三十日内在报纸上公告。债权人自接到通知书之日起三十日内,未接到通知书的自公告之日起四十五日内,有权要求公司清偿债务或者提供相应的担保"。根据上述法律规定,为保护公司债权人利益,如履行股权回购约定,新疆西龙公司应按照《公司法》第 177 条的规定,履行法定减资程序后方可履行回购约定。银海通并无证据证明新疆西龙公司相应减资程序已经完成,新疆西龙公司亦确认其减资程序尚未启动,故二审法院对银海通要求新疆西龙公司履行股权回购义务的诉讼请求不予支持。

奎屯西龙公司系新疆西龙公司的全资子公司,其对母公司股份的持有,在实质效果上与母公司持有自己的股份相同。因此,银海通在新疆西龙公司未完成减资程序的情况下,要求奎屯西龙公司在新疆西龙公司不能履行上述回购义务的情况下承担支付股权回购款的责任于法无据,对银海通的该项诉讼请求二审法院亦不予支持。

(2)最高人民法院释理

最高人民法院认为,在处理"对赌协议"纠纷案件时,不仅应适用《合同法》的相关规定,还应适用《公司法》的相关规定,依法平衡投资方、公司股东、公司债权人、公司之间的利益。

新疆西龙公司与银海通签订《增资扩股协议》,通过增资的方式向银海通融资 900 万元,并与奎屯西龙公司三方共同签订具有股权回购、担保内容的《补充协议》,均系各方当事人的真实意思表示,不违反法律、行政法规的强制性规定,不存在《合同法》第 52 条所规定的合同无效的情形,应属合法有效,原判决对此认定准确。

根据《公司法》第 35 条、第 142 条的规定,投资方银海通与目标公司新疆西龙公司"对赌"失败,请求新疆西龙公司回购股份,不得违反"股东抽逃出资"的强制性规定。新疆西龙公司为股份有限公司,其回购股份属减少公司注册资本的情形,须经股东大会决议,并依据《公司法》第 177 条的规定完成减资程序。现新疆西龙公司未完成前述程序,故原判决驳回银海通投资中心的诉讼请求并无不当,银海通的该再审申请理由不成立,法院不予支持。

关于原判决未判令奎屯西龙承担责任有无不当的问题。银海通针对奎屯西龙公司的诉讼请求为"在新疆西龙公司不能履行回购义务时向银海通投资中心支付股权回购价款 13275000 元",其诉求的该义务属于担保合同义务,而担保合同义务具有从属性,即履行担保合同义务的前提条件是主合同义务履行条件已成就。现新疆西龙公司的减资程序尚未完成,股份回购的主合同义务尚未成就,故奎屯西龙公司的担保义务未成就,银海通要求判令奎屯西龙公司承担责任的再审申请理由不成立。

3. 两法院裁判要旨:担保方不承担责任

为保护公司债权人利益,两法院裁判奎屯西龙公司不承担担保责任的原因有两个:其一,二审法院认为,奎屯西龙公司是新疆西龙公司 100%控股子公司,其作为担保方与目标公司(新疆西龙公司,下同)具有特殊的股权关系。若目标公司因未减资而无法履行股权回购义务,根据担保合同的约定,奎屯西龙公司履行股权回购义务,将导致目标公司间接持有自己的股权,也就是说,目标公司未经减资程序变相进行了股权回购,这不符合《公司法》与《九民纪要》有关资本维持的规定,损害了目标公司债权人利益。其二,最高人民法院认为,从担保合同的法律性质来看,担保合同为从合同,若主合同中股权回购的履行条件尚未成就,则担保合同的履行条件也未成就。综上,目标公司未减资,虽然担保合同成立,但担保方不承担担保责任。

(二)从银海通案看第三方担保责任的履行问题

1. 以减资作为目标公司股权回购前提不利于保护投资方利益

银海通案的裁判理由遵循了《九民纪要》的相关规定,具有一定积极意义。对于投资方与目标公司对赌，有学者认为，《九民纪要》的突破在于，不再直接否定“对赌协议”的效力，而是在尊重商事交易中当事人平等协商、意思自治所缔结的合同关系的基础上，根据目标公司的具体情况考察“对赌协议”履行的可能性。[①]

然而，从这一规定本身来看，对于投资方与目标公司对赌，若目标公司进行股权回购的前置条件为减资，则投资方很可能面临难以退出的困境。因为通常情况下，根据《公司法》的规定，目标公司要完成减资程序，须经股东(大)会决议，还须编制资产负债表和财产清单，及时通知债权人，有可能还要因此清偿公司相关债务或者提供担保。

在实践中，投资方能否顺利完成减资程序，存在诸多不确定性。通常作为目标公司股东的投资方持股比例较小，目标公司一旦对赌失败，投资方无法实质影响决议。若股东(大)会有关减资的决议未通过则投资方退出陷入僵局，退出变得遥遥无期，投资方权益难以保护。

在《九民纪要》确定的规则之下，为了规避投资方与目标公司对赌时难以退出的风险，业界已经为投资方在对赌主体的选择(转而选择“与目标公司的股东对赌”或“同时与目标公司的股东和目标公司对赌”)以及在对赌条款的设计上提供了有效建议，在实务操作中确实能为投资方规避可能无法请求担保方履行回购义务的风险。

2. 如担保方为目标公司子公司，目标公司未减资可能阻断投资方要求担保方履行回购义务

不得不说，实务中仍存在投资方与目标公司对赌的情形。囿于当前规则致使投资方处于难以退出的处境，当投资方仅选择与目标公司对赌时，为了能够协调债权人与股东、公司之间的利益冲突，由第三方作为目标公司股权回购的担保方，能够对投资方债权的实现起到补充保障作用，同时可以使目标公司得到投资方的充分信赖，加快融资进度，可谓双向共赢。

既然由第三方提供担保对双方都有利，且银海通案中当事人约定的对赌协议以及担保条款合法有效，那么为何案中投资方请求第三方履行担保义务没有得到二审法院以及最高人民法院的支持？最高人民法院的最终裁判是否昭示只要目标公司未减资就会造成阻断投资方要求第三方承担担保

---

① 参见刘燕：《对赌协议的裁判路径及政策选择——基于 PE/VC 与公司对赌场景的分析》，载《法学研究》2020 年第 2 期。

义务的后果?

笔者认为,在公司股权回购必先减资的规定下,对第三方应否承担担保责任进行判断时,应着重关注第三方履行股权回购义务对目标公司资本的影响,即第三方履行股权回购是否会造成目标公司的资本减损。换言之,应当考虑的是第三方与目标公司之间的关系。若第三方与目标公司在股权上毫无关联,受让投资方股权不会导致目标公司资本减损,则法院应当支持投资方请求第三方履行股权回购义务的诉求。

在银海通案中,担保方是目标公司的全资子公司,具有一定特殊性。该案中,虽然担保方具有独立的法人地位,在财产责任上以自身财产为限承担责任,与目标公司互不连带,但其受目标公司的实际控制,同时其履行股权回购义务必然会导致目标公司股权结构发生变化,目标公司间接持有自己的股权,未减资就变相履行了回购义务造成资本减损。

因此,若为投资方与目标公司对赌提供担保的第三方之性质如银海通案,即担保方为目标公司的子公司。那么,在股权回购必先减资的规则下,目标公司不履行义务,投资方请求第三方履行担保义务的诉求很可能无法得到支持。

若担保方不是目标公司的子公司,目标公司不能履行债务时,担保方代为履行股权回购义务的行为并不会给目标公司带来资本减损,不会损害目标公司债权人的利益。此时,投资方可以顺利完成退出。

此外,还需注意的是,并非担保方与目标公司之间存在母子公司关系就必然会影响到担保的实质履行。若担保方为目标公司的母公司,则作为目标公司股东履行担保义务也不会造成目标公司资本减损,投资方请求其履行担保义务不会被阻断。

3. 担保合同的履行,应充分考虑和尊重当事人意思自治与商业安排

银海通案中,二审法院重点阐释了股权回购必先减资以及担保方与目标公司的母子关系对目标公司股权结构的影响的裁判理由,最高人民法院则认为担保义务对应的主从合同关系是担保方不承担担保责任的原因。

然而,笔者认为,银海通案中法院对于是否支持投资方主张第三方履行担保义务的考量应充分尊重合同当事人的意思自治。根据《合同法》的相关

规定[①],依法成立的合同,对当事人具有法律约束力。当事人应当按照约定履行自己的义务。

在投资方与目标公司于对赌中设立第三方担保并约定“目标公司不能履行股权回购义务时,第三方应按照约定收购股份”的担保条款时,此担保合同对当事人具有法律约束力。从保护投资方利益角度出发,设立担保合同就是为了降低投资风险,担保人与投资方就其承担股权回购义务达成了合法有效的协议,当目标公司无法履行回购义务时,应由第三方进行股权回购。

如果法院仅以担保合同的从属性为由,限制投资方主张第三方的担保责任,则会使投融资双方与第三方订立的担保合同变得毫无意义。因为即使在对赌中约定了第三方的担保,当面对目标公司因为未进行减资而无法履行回购义务时,投资方也无法主张第三方在目标公司“不能履行合同义务时”应当承担担保责任。

目标公司如若能够成功完成减资,则其履行股权回购义务也不存在程序上的障碍,设立担保的目的恰恰是为了保障目标公司不能履行股权回购时投资方的权益。此时法院作出驳回投资方请求第三方履行担保义务的裁判显然有违常理,违背了对赌中当事人订立担保合同的目的,对保护投资方权益十分不利。

4. 最高人民法院不应以“主合同义务未成就”作为否定投资方请求担保方履行股权回购义务的依据

此外,在银海通案中,最高人民法院给出的判决理由仍有值得商榷之处。

最高人民法院认为,主合同中股权回购义务的履行条件尚未成就,因此,从合同的履行义务亦未成就。这一表述从根本上否定了投资方请求第三方履行担保责任的可能。

股权回购义务的履行也就是对赌协议中债务的履行。尽管在对赌协议中,股权回购债务的履行在对赌协议签订时属于或有债务,即只有目标公司未按约定完成业绩或上市目标时才会触发股权回购,但是,在股权回购条件

① 第8条规定:“依法成立的合同,对当事人具有法律约束力。当事人应当按照约定履行自己的义务,不得擅自变更或者解除合同。”第60条规定:“当事人应当按照约定全面履行自己的义务。当事人应当遵循诚实信用原则,根据合同的性质、目的和交易习惯履行通知、协助、保密等义务。”

实际触发时,双方的债权债务关系便已经实际产生。

投资方与目标公司基于合同所产生的债为约定之债,在约定的股权回购条件触发时,作为债权人的投资方即有权按照合同约定,请求目标公司履行合同义务;此时,目标公司回购股权的义务(债务)也同时产生。至于目标公司能否履行回购义务,则属于债务的可履行性问题,即目标公司因未完成减资程序而无法实际回购股权,系履行债务遭遇法律障碍而履行不能,但并不会影响投资方与目标公司之间债权债务关系的产生和存续。

根据《担保法》的相关规定,担保人承担担保责任的前提为债务人"不履行债务"、"不能履行债务"或"没有履行债务",即仅强调担保人承担担保责任的前提为:从结果上看,债务未得到履行,债权未得到满足。

因此,在目标公司无法履行股权回购义务时,无论原因如何,投资方的债权未得到满足,担保人即应当按照约定承担保证责任。

反过来看,在担保方(非目标公司子公司)承担股权回购义务不会对目标公司及其债权人的利益产生不利影响的情况下,如果认为目标公司因未完成减资程序而无法回购股权构成担保人拒绝承担担保责任的依据,将极大地提高交易中的道德风险,即对于担保方是否承担担保责任,决定权完全掌握在目标公司手中。在回购条件触发时,目标公司不仅会恶意拒绝作出减资决议从而"逃避"回购义务,甚至同时也将担保方一并"解救"出来,毕竟,我们都知道,与目标公司毫无利益关系的担保方实属少数。这样一来,投资方在对赌协议签订时即已落入"圈套",在对赌失败时吞下退出无门的苦果,在签约时便已注定。

因此,作为债务人的目标公司到底因何不能履行回购义务、其是否在履行回购义务中存在法律程序上的阻碍等问题都不能成为阻断投资方请求第三方履行担保义务的理由。说到底,目标公司是否完成减资程序影响的是其本身能否履行股权回购义务,而不是担保责任的承担。

综上,笔者认为,银海通案中最高人民法院关于"二审判决未判令奎屯西龙公司承担责任有无不当的问题"之释理部分有所不当。最高人民法院至少不应以"主合同的履行条件尚未成就"为由全盘否定投资方请求担保方履行股权回购义务的可能。

(三)投资方风险规避的建议

1. 担保方的选择

当投资方与目标公司对赌时,首先应当关注担保方与目标公司的股权关系。若担保方是目标公司的子公司,则投资方请求担保方履行股权回购的担保义务不仅可能受到目标公司本身对担保方控制的影响,还可能受担保方与目标公司具有股权关系的影响,导致无法请求担保方履行回购义务,退出受阻。所以,投资方应当尽量选择目标公司子公司以外的第三方作为担保方,以便在目标公司不履行股权回购义务时能够请求第三方履行股权回购的担保责任,从而顺利退出。

2. 事先预设退出途径

考虑到《九民纪要》对于公司股权回购必先减资的规定,在投资方与目标公司对赌并约定由目标公司承担回购义务的情形下,投资方或可考虑事先要求目标公司及其股东事先作出承诺,当回购条件触发时,在满足减资的法定条件下,及时作出减资决议。

但是,减资是公司内部决议事项,从法律上无法强制目标公司作出减资决议,股东仍然可以对减资的议案投反对票,因此,在协议中事先约定目标公司及其股东在触发股权回购条件作出减资决议,并不能根本解决投资方的退出困境。对此,笔者建议,投资方可以要求在协议中就该减资义务约定违约责任,如此可以在一定程度上督促目标公司股东在减资表决时谨慎作出决定,即股东若不按照约定就减资决议投赞成票,该股东可能向投资方承担违约责任,同时也可以起到为投资方适当减损的作用。

四、对华工案的进一步思考

在最高人民法院《九民纪要》正式出台前,华工案再审判决再度引发广泛讨论,从提出问题的角度,有必要对该案的裁判思路和具体依据进行重新"审视",就《对赌协议》在交易安排中的角色及其与公司章程的关系,《对赌协议》原则有效的原因,《公司法》第 142 条的理解与适用,投资方在交易中的身份转变及法律地位,投资方、公司股东与债权人利益的保护顺序,《对赌协议》可履行性的判断标准,公司回购股份与股东抽逃出资的区分,判决的公平等问题进行进一步讨论。

(一)华工案之审判思路

在华工案中,江苏省高级人民法院的审判思路如下:确定与投资方华工公司对赌的主体→判断对赌协议是否被扬锻股份公司的新章程所变更→判定对赌协议是否有效→论述对赌协议能否履行→确定扬锻公司责任承担的范围,并将上述 5 个问题作为争议焦点逐一进行了判断和认定。

在上述5个问题中,第一个问题"确定与投资方华工公司对赌的主体"与第五个问题"扬锻公司应承担责任的范围"争议不大,不再作为讨论的重点。

(二)华工案再审判决三大焦点问题之分析

【争议焦点一】扬锻股份公司新章程是否构成对《对赌协议》的变更?

【江苏省高级人民法院观点】扬锻股份公司新章程未对《对赌协议》作出变更

【本书观点】赞同法院的裁判结果,但对裁判理由有不同看法

1. 扬锻公司改制后的新章程与《对赌协议》的关系

根据《公司法》第11条规定,公司章程对公司、股东、董事、监事、高级管理人员具有约束力,其效力范围明显大于对赌交易中投资方与目标公司及/或股东之间签订的《对赌协议》,章程中的部分内容也因在市场监督管理部门登记而具有较高的公示效力。因此,原则上,在公司经营管理过程中,除非公司章程本身存在违法情形,否则股东之间的"私下"约定(如股权代持)不能对抗公司章程。

从法律性质上看,《对赌协议》仍然属于《合同法》第2条规定的"平等主体的自然人、法人、其他组织之间设立、变更、终止民事权利义务关系的协议",内容通常主要是投资方与目标公司及/或股东之间就投资估值及投资方退出机制的商业安排,仅对签约各方具有约束力。如公司经过内部决策程序,也作为《对赌协议》的签约主体,在此情形下,《对赌协议》亦应约束公司。

华工案属于典型的目标公司作为签约主体并承担回购义务的对赌案件,公司章程与《对赌协议》的作用和意义不尽相同,二者并不存在效力高低之分,只是由于《对赌协议》的内容涉及股东收回投资的问题,在受到《合同法》规制的同时,其也必须遵守《公司法》的相关规定。

2. 扬锻公司改制为股份公司属于包括对赌在内整体交易的一个部分,即使新章程与《对赌协议》内容存在不一致,亦不应仅以此为由认定新章程对《对赌协议》进行了变更

华工案中《对赌协议》约定并实际触发了回购条款的条件是"上市",具有相当的代表性,在这种交易中,为满足证监会提出的"清理对赌安排"监管要求,投资方与目标公司及/或股东通常都会签订所谓的"抽屉协议",约定:若上市未能通过证监会的审核,《对赌协议》中的对赌安排仍需执行。这种"抽屉协议"与某些领域中的"阴阳合同"有所不同,可以将其视为附生效条件的合同,应当得到法律的尊重和保护。

同时，扬锻公司改制为股份公司，也是整个对赌交易安排的重要内容，包括华工公司在内的股东认可新章程，完全属于正常的推进交易安排的行为，实无其他深意，也看不到各方意图修改《对赌协议》的动机。

本案《对赌协议》签订于2011年7月6日，虽然后来扬锻公司由有限公司改制为股份公司并通过了新章程，投资方华工公司也认可新章程的内容，但从尊重当事人真实交易意思表示角度出发，除非《对赌协议》的签约主体就《对赌协议》的修改或终止等作出明确的表示，如签订补充协议，否则不应轻易否定《对赌协议》的效力。

从法院审理查明的如下事实中，我们可以看到，在华工公司要求扬锻公司回购股份之前，双方并未就交易安排进行变更：

“2012年11月至2014年4月，因证监会暂停18个月IPO申报，扬锻公司于2014年10月16日召开临时股东大会通过申报新三板的议案，并于2014年10月22日致函华工公司要求其明确是否支持公司申报新三板。2014年11月25日，华工公司致函扬锻公司，述称华工公司除口头提出请求外，亦以书面提出回购请求如下：根据《补充协议》，鉴于扬锻公司在2014年12月31日前不能在境内资本市场上市，现要求扬锻公司以现金形式回购华工公司持有的全部公司股份，回购股权价格同《补充协议》的约定。”

3. 2013年《公司法》第142条的理解与适用

江苏省高级人民法院并未明确肯定一审法院“扬锻公司2011年新公司章程对公司回购股份情形的重新约定系各股东真实意思表示，构成对《补充协议》约定的否定，对华工公司具有约束力”的观点，其判决理由如下：

“新章程虽对公司回购股份作出原则性限制，但同时亦载明因符合该章程规定的事由，扬锻公司可以回购本公司股份。该章程第二十一条第一款第一项规定公司可回购本公司股份的事由为‘减少公司注册资本’。该规定与《补充协议》约定的股份回购并不存在冲突，即扬锻公司可在不违反《公司法》及公司章程关于股份回购强制性规定的情形下，通过履行法定手续和法定程序的方式合法回购华工公司持有的股份。”

我们认为，江苏省高级人民法院对《公司法》第142条可能存在误读。

（1）华工案审理应适用2013年《公司法》

扬锻公司改制发生于2011年底，当时正在施行的是2005年修订的《公司法》，而后《公司法》又分别于2013年、2018年进行过两次修正。

同时，本案二审判决于2017年11月27日作出，本案再审不应以2018

年《公司法》作为法律依据。

因此,华工案的审理应适用2013年《公司法》。同时,我们可以看到,关于股份公司收购本公司股份问题,2013年《公司法》与2005年《公司法》的规定一致,而2018年《公司法》新增加的两种收购情况也不适用于"华工案"。

(2)2013年《公司法》第142条的理解与适用

关于股份公司收购本公司股份,2013年《公司法》第142条规定如下:

"公司不得收购本公司股份。但是,有下列情形之一的除外:

(一)减少公司注册资本;

(二)与持有本公司股份的其他公司合并;

(三)将股份奖励给本公司职工;

(四)股东因对股东大会作出的公司合并、分立决议持异议,要求公司收购其股份的。

公司因前款第(一)项至第(三)项的原因收购本公司股份的,应当经股东大会决议。公司依照前款规定收购本公司股份后,属于第(一)项情形的,应当自收购之日起十日内注销;属于第(二)项、第(四)项情形的,应当在六个月内转让或者注销。

……"

从规定内容可以看出,对于股份公司收购本公司的股份,从公司资本维持原则角度出发,2013年《公司法》的态度是"原则禁止",且无兜底条款,仅有四种情况可以作为例外。

同时,该条第2款明确规定,上述四种情况为"原因",即公司出现以上四种情形或产生如上四种需要时,才可以收购自己的股份。

而江苏省高级人民法院的逻辑明显与前述规定相反,即公司先有回购股份的需求,然后再从《公司法》第142条中的四种情形中寻找可能适合本公司的处理方案。

(3)江苏省高级人民法院对2013年《公司法》第142条的适用可能引发的问题

江苏省高级人民法院对2013年《公司法》第142条中规定例外情形与收购股份之间因果关系的解读及处理方式,未能真正解决回购股份的处理问题,还可能引发一系列其他问题。

①华工公司的股东身份问题可能无法顺利解决

审理过程中,扬锻公司及其他签订《对赌协议》的股东明确表示不同意公司回购股份，虽然华工公司可以通过扬锻公司主动履行或申请法院强制执行而收回投资并交还股份，但就华工公司的股东身份问题，如扬锻公司及其他股东因对判决不满而在股东名册及工商变更登记问题上有意设置障碍，华工公司可能还需要通过另行起诉来解决。

②扬锻公司减资未必能够顺利实现

减资决议必须经出席会议的股东所持表决权的三分之二以上通过。而扬锻公司及其他股东恐怕很难主动依据《公司法》和章程作出减资决议。

在法院判决扬锻公司向华工公司支付股份回购款的情况下，华工公司没有资格和动力督促扬锻公司履行减资程序。而减资属于公司内部决策，在扬锻公司不主动作出减资决议且无人启动诉讼程序的情况下，法院不可能直接作出要求扬锻公司减资的判决。同样地，市场监督管理部门也很难发现扬锻公司实际注册资本减少并通过处罚等手段督促其履行减资手续。

③减资程序中的债权人保护制度可能被“架空”，增加债权人维权难度和成本

即使扬锻公司及其他股东接受再审判决结果并主动按照再审法院的“要求”作出减资决议，但由于减资不仅涉及公司内部决策，还应当按照《公司法》第 177 条的规定履行债权人保护程序：

“公司应当自作出减少注册资本决议之日起十日内通知债权人，并于三十日内在报纸上公告。债权人自接到通知书之日起三十日内，未接到通知书的自公告之日起四十五日内，有权要求公司清偿债务或者提供相应的担保。”

首先，如果出现扬锻公司无法清偿债务或提供相应担保的情况，减资如何完成？

其次，公司注册资本减少而未办理变更登记公示手续，至少将引发如下风险或问题：

第一，可能损害公司现有债权人的利益，违反债权人保护原则。

第二，对公司潜在的交易对象造成误导，埋下新的隐患，进而引发更多的纠纷。

第三，本案再审判决已经生效，华工公司可以向法院申请强制执行，扬锻公司的其他债权人如何保护自己的权利，是否还需要启动再审程序撤销本案再审判决。

④股份回购可能被滥用

更为令人担心的是,将来可能会出现规避《公司法》第 142 条规定,滥用股份回购的情形。因为按照再审法院的观点,即使不符合《公司法》第 142 条规定的条件,依然可以将公司将来减资或其他几种法定情形作为股份回购的理由。

另外,按照再审判决书的内容,至少还有一个问题无法解决,即如果扬锻公司最终没有减资,而是将回购的股权转让给其他主体或采取其他不违反法律规定的处理措施,是否需要承担法律责任?

由此看来,再审判决的思路,可能引发的问题颇多。

我们认为,就本案而言,2013 年《公司法》第 142 条规定的四种回购情形,只有第一项"减少公司注册资本"可以考虑,但具体的做法应当是,扬锻公司先就"减少公司注册资本"作出决议,之后再由公司回购股份并办理减资手续。

相信很多人都会说,上述建议不可能实现,如果扬锻公司能够主动作出减资决议,就不会出现华工案了。但即使如此,本案并非没有妥善解决的方案,后文"判决结果的公平问题及投资人的退出路径"将对此进行探讨。

【争议焦点二】案涉《对赌协议》是否有效?

【江苏省高级人民法院观点】案涉《对赌协议》效力应认定有效

【本书观点】赞同法院的裁判结果,但对裁判理由有不同观点

1. 目标公司承担对赌回购股权(份)义务的约定,原则上均应有效

目标公司承担对赌回购股权(份)义务的约定,原则上均应有效。

《公司法》没有禁止公司回购股权(份)的根本出发点应为保护"投资自由",即在符合条件的前提下,既要保证股东向公司进行投资的自由,也要保护股东在一定条件下减少或收回投资的自由,允许公司在符合规定条件的情况下出现净资产的减少。具体理由如下:

(1)《公司法》第 1 条在强调"保护公司、股东和债权人的合法权益,维护社会经济秩序"的同时,将"促进社会主义市场经济的发展"作为立法目的之一,足以说明,现代《公司法》是市场经济发展的产物,鼓励投资原则应贯穿于《公司法》的具体制度设计之中,必然要考虑到"投资自由"的保护问题。

(2)公司是企业法人,以盈利为目标,但公司并不负有保证盈利、净资产不减少的"义务",正常经营中的公司净资产总是处于变动状态,减少就是状态之一。

因此,与公司正常经营可能导致净资产减少一样,公司减资、分红、回购股权(份)都会导致公司净资产的减少,只是后者是公司净资产以无偿的方式从公司转向股东,而由于股东可能滥用股东权利,利用公司法人独立地位和股东有限责任损害公司或其他股东、债权人的利益,因此,《公司法》对减资、分红、回购股权(份)设置了比较严格的限制条件,从而实现各方利益的平衡。

(3)《公司法》第74条、第142条分别规定了有限公司与股份公司回购股权(份)的条件,说明《公司法》并未禁止公司回购股权(份),公司回购股权(份)没有直接的法律障碍;《公司法》第166条规定了公司向股东分配利润的条件和程序,说明公司的现金可以通过合法的方式进入股东的腰包。

(4)《公司法》第16条规定,公司可以为他人、股东或实际控制人提供担保,同样也说明《公司法》不禁止公司净资产的减少。

信用是商业得以发展的基础,而担保又是非常重要的增信手段,允许公司为他人、股东或实际控制人提供担保,最终还是为了促进交易,实现社会资源的优化配置。实务中,尤其是创业公司,融资方可能没有其他用于担保的财产,所以,往往仍然会约定,由公司承担担保责任。

此外,考虑公司担保责任属于或然债务,即使实际承担担保责任,依然可以向主债务人追偿,其净资产未必会减少,因此,《公司法》并未禁止公司承担担保责任,也在一定程度上“容忍”了公司净资产可能减少的“风险”。

(5)我国《合同法解释(二)》第14条规定,《合同法》第52条第5项规定的“强制性规定”,是指效力性强制性规定。其体现了对合同无效的审慎态度。

综上所述,投资方与目标公司进行对赌并不当然违反“强制性规定”,也并非必然伤及公司资本维持原则及债权人保护原则,《对赌协议》原则上有效,公司资本维持原则、债权人保护原则不是判断《对赌协议》效力的依据,而是最终判定目标公司应否履行回购义务的依据。

2. 目标公司承担回购义务与股东抽逃出资

认为目标公司承担回购义务原则上有效,一个质疑则不可避免,即目标公司承担回购义务是否可能构成股东抽逃出资?

要解决这个问题,就要明确对赌回购与股东抽逃出资之间的区别。

关于股东抽逃出资,《公司法解释(三)》第12条作了列举,主要包括:制作虚假财务会计报表虚增利润进行分配;通过虚构债权债务关系将其出资转出;利用关联交易将出资转出;其他未经法定程序将出资抽回的行为。

从对赌交易的实际情况来看,并结合《公司法解释(三)》第12条列举的情形,不难发现,对赌回购与股东抽逃出资之间在表现形式上还是存在明显不同的。

对赌交易中的投融资双方往往没有关联关系(否则实控人可以通过其他方式进行融资安排),业绩目标及估值调整的计算方式也体现了商业合理性,业绩考核的时间跨度一般较长;而抽逃出资往往表现出一种股东与股东或公司之间的"通谋"或"合意",通常以虚增利润、虚构债权债务、关联交易等方式实现,抽逃行为与出资行为之间的时间跨度通常也比较短。

3. 对再审判决《对赌协议》效力问题中部分观点的一点思考

本案《对赌协议》签订于2011年7月6日,同年12月29日,扬锻公司即完成改制,变更为股份公司。华工公司要求扬锻公司回购股份是在2014年11月25日,此时改制完成已近3年,江苏省高级人民法院为何仍然强调扬锻公司签约时的有限公司身份?为何强调《公司法》并不禁止有限公司回购本公司股权?

社会生活不断丰富变化,法律的适时修改已成为常态,法院在审理案件时,不得不考虑法律的溯及力问题。但本案似乎不存在该问题,因为溯及力解决的是客观事实没有变化而仅仅是法律条文自身发生变化的适用问题,即原则上,新法不适用于之前的交易或行为,而在本案中,案件客观事实已发生变化,扬锻公司的组织形式出现变更,虽然《公司法》于2013年再次修正,但相较于2005年《公司法》,股份公司回购股份的规定并没有变化。

再审判决在论述《对赌协议》效力时,始终强调扬锻公司的有限公司身份,仅在最后提及,扬锻集团公司的义务应由扬锻股份公司承担。在法律依据未发生变化的情况下,再审法院似乎有必要对其判决逻辑进行适当的解释。

【争议焦点三】案涉《对赌协议》是否具备履行可能性?

【江苏省高级人民法院观点】案涉《对赌协议》具备履行可能性

【本书观点】就目前掌握的材料,无法就履行可能性作出判断

如前所述,《公司法》虽然要尊重股东的"投资自由",但由于股东可能滥用股东权利,利用公司法人独立人格和股东有限责任损害公司或其他股东、债权人的利益,所以,虽然《对赌协议》原则上应有效,但目标公司履行回购义务,应以不违反公司资本维持原则和债权人保护原则为前提。

1. 公司资本维持原则及债权人保护原则简述

(1)公司资本维持原则

公司资本维持原则,又称公司资本充实原则,是指公司在其存续过程中应维持与其资本总额相当的财产。资本维持原则具有两个主要功能:

第一,保证公司经营活动的正常开展,维护股东、员工利益和社会稳定。公司要经营,就必须投入一定的资本;如果资本不足,就会影响到公司的生存与发展,不仅危及股东的利益,同时也涉及公司员工的利益保障和社会稳定。

第二,保护公司债权人的利益。根据《公司法》规定,公司以其全部财产对公司的债务承担责任。公司在其存续过程中维持与其资本总额相当的财产,才能为公司的债权人提供切实的保护。

(2)债权人保护原则

债权人保护原则,又称债权人优先保护原则,是债权优先于股权的具体体现。该原则在《公司法》中多有体现,最突出的要数公司减资的债权人保护程序,以及公司清算时的财产分配顺序。

2. 华工公司在对赌交易中的身份问题

江苏省高级人民法院认为,"在投资方投入资金后,成为目标公司的股东,但并不能因此否认其仍是公司债权人的地位";"华工公司在向扬锻集团公司注资后,同时具备该公司股东及该公司债权人的双重身份"。这个观点引发的争议也比较大。

(1)对赌交易中,债股能否并存?

"关于名股实债协议的性质与效力"问题,最高人民法院民二庭《法官会议纪要》(2018 年 12 月第 1 版)表明观点,即"同一当事人在同一合同中不能同时既是债权人又是股权人,但在不同的阶段,其可以从债权人转变为股权人(债转股),也可以从股权人转化成为债权人(股转债)"。

最高人民法院民二庭强调的是在"同一合同中",债股不能并存;但在同一整体交易过程中,就投资人在不同交易阶段的身份来看,"债股不能并存"并非绝对。

在《公司法》语境下,债股并存的情况也的确存在,比如《公司法》第 186 条第 2 款规定:"公司财产在分别支付清算费用、职工的工资、社会保险费用和法定补偿金,缴纳所欠税款,清偿公司债务后的剩余财产,有限责任公司按照股东的出资比例分配,股份有限公司按照股东持有的股份比例分配。"

在公司解散清算时,公司财产支付了必要的费用和税款、偿还债务后的剩余部分,股东有权按照出资或持股比例进行分配,其主张财产分配请求权正是基于其公司股东的身份,即以公司股东身份向公司主张债权,此时,债股并存。

(2)华工公司在对赌中的身份转化

从"华工公司在向扬锻集团公司注资后,同时具备该公司股东及该公司债权人的双重身份"的表述来看,江苏省高级人民法院似乎认为华工公司在注资后至退出前的整个阶段,同时具有公司股东及债权人的双重身份,对此,我们并不赞同。

单纯认为华工公司既是股东又是债权人,明显不够准确。对赌交易通常都有较长的时间跨度,我们应将整个对赌交易全过程划分为不同的阶段,在对赌交易的过程中,投资方的地位不是确定不变的,不仅在不同阶段,而且在不同条件下,其身份地位也存在不同的可能性。笔者在此对投资方在对赌交易各阶段的身份进行简单梳理,具体如下:

①在签订《对赌协议》时,投资方应为债权人,依据《对赌协议》要求融资方履行合同义务。

②在注资完成后,投资方即转变为公司股东,在对赌回购条款尚未触发前的时间内,一直作为目标公司股东行使权利,此时对对赌条款是否触发的判断时间尚未届至或判断的条件尚未满足,《对赌协议》处于"休眠"或等待状态。

③《对赌协议》约定的对赌条款是否触发的判断时间届至或判断条件满足,如对赌条款没有被触发,则投资方通常继续保持公司股东身份,回购条款不再履行;如对赌条款触发,投资方此时可以行使选择权,如其看好公司未来发展,可以选择放弃要求公司回购股份而继续保持股东身份,如否,其可以要求公司按照《对赌协议》的约定回购股份。

在对赌条款触发,投资方按照《对赌协议》的约定要求公司回购股份的情形下,投资方的身份即出现了"债股并存"的现象,其基于《对赌协议》的约定行使债权,但在完成退出之前,其依然具有公司股东的身份。

需要特别说明的是,股权估值调整(主要指现金或股权补偿)条款,只是对股权对价的调整,并不影响投资方的身份。

3. 投资方、公司股东、债权人的保护顺序

在整个对赌交易过程中,投资方的身份在目标公司股东及债权人之间

变化游走。

在对赌条款触发时，投资方拥有选择权（继续做股东还是收回投资）；在对赌目标实现时，投资方还可能获得比固定收益更高的回报。

与一般股东相比，投资方理论上不承担公司经营的风险，可以获得“保底”的固定投资回报，即所谓的“保底不封顶”；而与一般债权人相比，在获得“保底”固定投资回报的同时，投资方还享有分享公司经营高额收益的机会。

投资方既不同于一般的股东，也不同于一般的债权人。

一般股东自愿承担公司的经营风险而将部分利益让渡给投资方，在不影响公司正常经营、债权人利益的情况下，即使约定的回报率高于一般融资成本，也应当得到尊重，这属于公司内部股东与投资方之间利益的安排，与他人无涉。

同时，投资方明显获得了比一般债权人更多的盈利机会，在注资完成后也登记为公司股东，也应当承担比一般债权人更多的风险。

因此，对投资方的保护，应介于公司一般债权人与一般股东之间，高于一般股东，低于一般债权人，从而实现权责利的统一。在对赌目标未能实现，且投资方要收回投资时，应优先考虑公司一般债权人的利益保护，不能仅仅强调投资方的双重身份。

4. 关于“名股实债”的一点想法

由于对赌交易中投资方身份的特殊性，经常会有人认为，对赌就是“名股实债”。

我们认为，简单地说，“名股实债”的根本特点是投资方确定为债权人，即使具有股东的身份，其在任何条件下均取得固定的收益。

对赌则赋予投资方选择权，在对赌回购条款触发时，其可以选择成为债权人，也可以选择继续作为公司股东；而对赌回购条款未触发时，其将继续作为股东。在对赌交易中，对赌条款是否触发无法提前预知，投资方的身份具有不确定性。

5. 以“合法可用之资金”作为判断目标公司是否应当回购股份的依据

虽然《对赌协议》约定本身并不当然违反强制性规定而无效，也并非必然有损公司资本维持、债权人保护原则，但在实际案件中，应否支持投资方向目标公司提出的回购请求，要根据具体情况判断。

“海富案”备受争议的主要原因是，法院认为，“海富公司的投资可以取得相对固定的收益，该收益脱离了世恒公司的经营业绩，损害了公司利益和公司债权人利益”。海富公司取得固定收益的确脱离了世恒公司的经营业绩,但却无法必然得出“损害了公司利益和公司债权人利益”的结论。在未就回购对世恒公司及其债权人的影响作出具体认定的情况下,该案判决难以摆脱在该问题认定上“一刀切”的嫌疑。

我们认为,目标公司应否履行回购股份义务,最重要的还是要根据目标公司的具体情况进行判断。从公司资本维持、债权人保护原则角度出发,应根据目标公司的资产情况,尤其是回购股份对目标公司的正常经营、目标公司债权人利益保护的具体影响进行判断。又因为目标公司回购股份通常需要向投资方支付大量现金,所以,在进行判断时,不仅要看目标公司的资产负债表和净资产,还要看目标公司资产的构成情况和目标公司对现金流的依赖程度,在确保回购不会影响到目标公司的正常经营和债权人利益保护的前提下,支持投资人提出的回购请求。在必要时,法院可能需要借助中介机构的专业能力来作出判断。

关于具体如何判断目标公司应否履行股份回购义务,美国的“合法可用之资金”制度可以作为借鉴,北京大学法学院刘燕教授在《对赌协议与公司法资本管制》一文中有较为详细的介绍。

华工案中,在未对扬锻公司的经营及债权人情况进行查明的情况下,江苏省高级人民法院仅依据“扬锻集团公司在投资方注资后,其资产得以增长,而且在事实上持续对股东分红,其债务承担能力相较于投资方注资之前得到明显提高。扬锻公司在持续正常经营,参考华工公司在扬锻公司所占股权比例及扬锻公司历年分红情况”,便得出“案涉对赌协议约定的股份回购款项的支付不会导致扬锻公司资产的减损,亦不会损害扬锻公司对其他债务人的清偿能力,不会因该义务的履行构成对其他债权人债权实现的障碍”的结论,难以令人信服,也可能会产生误导,即只要目标公司有分红,就可以回购股份。

对于股权回购的可履行性问题,最高人民法院民二庭在《九民纪要》中确立了更加严格的判断标准,即“投资方请求目标公司回购股权的,人民法院应当依据《公司法》第35条关于‘股东不得抽逃出资’或者第142条关于股份回购的强制性规定进行审查。经审查,目标公司未完成减资程序的,人民法院应当驳回其诉讼请求”。

《九民纪要》确立的上述判断标准——目标公司完成减资程序为履行股权回购义务的前提条件,使公司资本维持与债权人保护原则得以贯彻,但也同样带来了新的问题,使投资方与目标公司进行对赌的交易模式几乎被彻底“封杀”。

本书将在第四章第二节对《九民纪要》的裁判标准进行详细评析。

(三)判决结果的公平问题及投资方的退出路径

1. 判决结果的公平问题

有必要说明的是,法院在审理案件时,无论如何认定事实和适用法律,都必须要考虑最终的判决结果是否公平。

基于我们对《公司法》第 142 条的理解,该条款应为“效力性强制性规定”,在判决扬锻公司回购股份前,扬锻公司应当先就减资作出股东大会决议。如否,则华工公司仅以《对赌协议》的约定作为要求扬锻公司回购股份的依据,并不符合《公司法》第 142 条规定的条件,法院也有理由驳回华工公司的诉讼请求。

就华工案本身而言,在对赌目标没有实现的情况下,驳回华工公司诉请,从而使华工公司无法收回投资,似有不公。

从公平角度出发,对赌目标没有实现,如果回购股份不会侵害目标公司其他债权人利益,还是应当支持回购的,只是可能需要有合理的依据。

我们推测,江苏省高级人民法院可能也认为,“减少注册资本”本身并不构成公司回购股份的法律依据,其最终以“减少注册资本”作为支持回购的法律和章程依据,也许只是无奈之举,在对赌条款已经触发且投资方与目标公司及其他股东矛盾升级的情况下,为投资方实现从目标公司的退出找到一个合适的“出口”。

2. 投资人的退出路径

就华工案本身情况来看,扬锻公司已经改制为股份公司,华工公司完全可以通过股份转让方式实现退出目的,如果股份转让价格较低,可能使华工公司不能实现预期收益,则属于华工公司应当承担的风险,鉴于《公司法》第 142 条所体现出对回购股份的“原则禁止”,其应当预见到将来可能发生的不利后果。

如法院未支持华工公司的诉讼请求,投资方在之后的对赌中会更加慎重地选择对赌对象,如果投资方选择与目标公司股东对赌,并要求目标公司股东将其持有的股份质押给自己或由目标公司承担担保责任,就可以避免触及公司资本维持原则及债权人保护原则,减少不必要的麻烦。

同时,为投资方退出设置必要的“障碍”,让其认识到退出不易,也有利于投资方在持股过程中真心为目标公司着想,减少与原股东之间的矛盾,更好地融入目标公司并与老股东成为利益共同体;其在投资前也会更加谨慎,与目标公司原股东就经营理念进行充分沟通,而不是仅仅做个“旁观者”,随时准备行权走人。

(四)写在华工案的最后

海富案与华工案,在裁判的根本原则上没有区别,均遵循公司资本维持和债权人保护原则,区别主要体现在上述原则在具体案件的适用和认定上。海富案武断地认为,目标公司对赌并承担责任就必然导致违反资本维持和债权人保护原则;华工案则更进一步,从目标公司的具体情况出发进行判断,但我们没有看到判断的具体依据,说理似乎不够充分,略有遗憾。

裁判规则和尺度的统一一直是法院追求的终极目标之一,也是社会对同案同判的期待,但不得不说,社会生活丰富多彩又千变万化,理想中的“一刀切”总是在某些场景中显示出不合理,甚至导致荒谬的结果出现。

一方面,为了尽可能统一尺度,减少法官自由裁量的空间,裁判细则不断被发展和充实;但另一方面,我们也会看到,对裁判细则的过分执拗往往会使结果与最初的原则南辕北辙。

具体问题具体分析,似乎是放之四海而皆准的原则,司法实践中其仍然适用。

可以预见,类似于对赌协议效力问题的争议还会不断上演,在给法官提出挑战的同时,也考验着商人和律师们的智慧。

五、仲裁对投资方与目标公司对赌效力的态度

《仲裁法》第40条规定,仲裁不公开进行。当事人协议公开的,可以公开进行,但涉及国家秘密的除外。

因此,无论是仲裁机构还是代理律师,都需要对仲裁案件的案情、审理情况及结果承担保密义务,从公开渠道可以获取的仲裁裁决非常之少。

就投资方与目标公司约定对赌的仲裁案件,目前公开渠道可以了解到的案件主要就是中国国际经济贸易仲裁委员会作出的[2014]中国贸仲京裁字第0056号仲裁裁决。

该案的基本情况如下:投资方与目标公司签署的投资协议中约定了业绩补偿对赌条款,若目标公司利润在承诺期限内没有达到承诺指标,则其需按照约定的计算方式向投资方给予现金补偿;同时,投资方也作出了相对应

的承诺,若目标公司利润在承诺期限内超过业绩承诺指标,则投资方将按照约定的计算方式对目标公司进行现金补偿。

因目标公司未能实现利润承诺指标,投资方申请仲裁,要求目标公司按照约定支付现金补偿。

仲裁庭经过审理认为,投资方与目标公司之间的对赌条款有效,主要理由如下:

1. 投资补偿款具有独立性。投资款与溢价投资款财产属性不同,产生的合同依据也不同。溢价投资款在账务上列为公司负债还是计入公司资本公积金并不影响投资补偿款的产生、计算和法律上的成立。投资方取得投资补偿款并不构成对目标公司法人独立财产权的侵犯,也不违反《公司法》有关资本维持、资本减少限制的原则。

2. 对赌过程中并不存在需要法律特殊保护的利益方。协议当事方、利益关联方的法律地位平等,对赌协议不涉及国家或公共利益,不存在需要法律特殊保护的利益方。投资方依据协议的约定,要求目标公司支付投资补偿款,是其享有的正当合法权利。

3. 业绩补偿并非当然显失公平。投资补偿是投资方出资后对投资进行估值调整的结果,是基于估值调整的补偿行为,属于或有债务;同时,根据目标公司的利润实现情况,补偿义务人并不当然是目标公司,投资方同样也可能承担补偿义务,投资方和目标公司均承担了投资风险。

4. 业绩补偿计算标准相对合理。参照《证券法》所规定的,关于公司公开发行债券时"最近三年平均可分配利润足以支付公司债券一年的利息"条件的标准,仲裁庭认为各方约定的业绩补偿计算标准相对合理。

基于上述理由,仲裁庭最终认定,该案投资补偿协议是投资市场常见的估值调整安排,不仅具有经济上的正当性、公平性与合理性,而且该约定本身及其履行均不违反我国法律和行政法规的强制性规定,合法有效。

该案仲裁裁决作出于"海富案"之后,最高人民法院《九民纪要》发布之前,与当时的法院相比,仲裁机构对于投资方与目标公司之间对赌的态度更为开放、灵活。只要协议基于平等自愿、公平合理、诚实信用等基本原则而签订,对赌条款本身并不违反法律、行政法规的强制性规定,即为有效。

第二节　投资方与目标公司对赌相关问题研究——兼评最高人民法院《九民纪要》之对赌裁判规则

2019 年 11 月,最高人民法院发布《九民纪要》,引起社会广泛讨论,其中对于“对赌协议”的首次发声,尤其令人瞩目。

《九民纪要》确立了投资方与目标公司之间“对赌协议”效力与履行的裁判规则,为司法审判实践乃至投资并购交易的设计提供了指引,体现了司法在满足社会经济活动需要方面的重大进步。

本书尝试对《九民纪要》中投资方与目标公司之间“对赌协议”效力与履行的裁判规则进行评析,并对可能出现的对赌僵局的解决提供思路和方案。

需要说明的是,“对赌协议”所涉目标公司通常均为有限责任公司,且在讨论“对赌协议”裁判规则时,区分有限责任公司与股份有限公司,并无太大实际意义。因此,为表述方便,本书用“股权”指代回购标的,“股权”包括有限责任公司的股权和股份有限公司的股份。

一、《九民纪要》“对赌协议”的裁判规则整体上应予肯定

《九民纪要》确立的“对赌协议”裁判规则,至少在如下三方面值得肯定。

(一)审理“对赌协议”,既要适用《合同法》,也要适用《公司法》

《九民纪要》强调:“人民法院在审理‘对赌协议’纠纷案件时,不仅应当适用《合同法》的相关规定,还应当适用《公司法》的相关规定。”

司法实务中,由于适用频率高,裁判者最为熟悉的法律非《合同法》莫属;而对于《公司法》,多数裁判者的熟悉程度则远低于《合同法》。

必须说明的是,《合同法》主要规范的是合同的订立、生效、履行及违约救济,解决的是合同主体的意思表示如何外化,是交易形式和载体的问题,而签订合同本身并不是目的,根本目的总是为了达成特定的交易。因此,《合同法》中的部分规定属于引致性规范,需要结合相关交易领域的具体规定才能得以正确实施,并发挥应有的作用。

《公司法》是公司的组织法和行为法,同时也涉及公司与其他主体之间的交易关系。除董事会决议、股东(大)会决议等决议性文件外,各相关主体间的权利义务安排,通常都要通过签订合同的方式予以确定。而“对赌协

议”就是一个典型的代表。

所以,在审理“对赌协议”所引发的纠纷时,应当将《公司法》与《合同法》结合起来予以整体评判。各相关主体之间的交易安排,如欲实现为法律所保护的效果,须首先以遵守《公司法》的实质性规范为前提,同时还需要满足《合同法》规定的形式要件等强制性要求。

(二)区分“对赌协议”的效力与可履行性,终结了投资方与目标公司对赌的效力之争

“对赌协议”中,承担股权回购或现金补偿义务的主体,通常分为两类,一类主体是目标公司的股东或实际控制人,也包括目标公司的董事和高管(为表述方便,以下统称目标公司股东);另一类主体则是目标公司。

在目标公司股东作为股权回购、现金补偿义务主体的情况,投资方所持目标公司的股权、目标公司股东支付的现金补偿款均在股东之间移转,不会导致目标公司注册资本和净资产的减少,因而不危及公司资本维持和债权人保护原则,“对赌协议”只要不存在法定无效事由,通常即为有效,且不存在履行障碍。

1. 原则上,投资方与目标公司对赌应为有效

如果目标公司作为股权回购、现金补偿的义务主体,则可能会导致目标公司注册资本和净资产的减少,进而可能威胁公司资本维持原则并伤及公司债权人利益,因此,《九民纪要》公布之前,对于投资方与目标公司签订的“对赌协议”的效力问题,一直存在争议。

就此问题,《九民纪要》明确表态:“投资方与目标公司订立的‘对赌协议’在不存在法定无效事由的情况下,目标公司仅以存在股权回购或者金钱补偿约定为由,主张‘对赌协议’无效的,人民法院不予支持。”

《九民纪要》的上述裁判规则,明确将“对赌协议”的效力问题与可履行性问题进行了区分,不再将合同能否实际履行以及实际履行是否会损害其他利害关系人的利益,作为判断合同效力的标准,是裁判规则的一大进步,值得肯定。

2. 投资方与目标公司对赌有效的理由分析

《合同法》第52条规定:“有下列情形之一的,合同无效:

(一)一方以欺诈、胁迫的手段订立合同,损害国家利益;

(二)恶意串通,损害国家、集体或者第三人利益;

(三)以合法形式掩盖非法目的;

（四）损害社会公共利益；

（五）违反法律、行政法规的强制性规定。”

《合同法解释（一）》第10条规定：“当事人超越经营范围订立合同，人民法院不因此认定合同无效。但违反国家限制经营、特许经营以及法律、行政法规禁止经营规定的除外。”

《合同法解释（二）》第14条规定：“合同法第五十二条第（五）项规定的‘强制性规定’，是指效力性强制性规定。”

关于合同无效问题，2021年1月1日起施行的《民法典》对《合同法》的原有规定进行了完善，但基本的判断原则与标准并未改变。

《民法典》第153条规定：“违反法律、行政法规的强制性规定的民事法律行为无效。但是，该强制性规定不导致该民事法律行为无效的除外。违背公序良俗的民事法律行为无效。”

《民法典》第154条规定：“行为人与相对人恶意串通，损害他人合法权益的民事法律行为无效。”

（1）投资方与目标公司对赌，不符合合同无效的认定标准

从上述《合同法》及其司法解释、《民法典》规定内容看，合同无效主要有两种情况：第一，因违反法律、行政法规的效力性强制性规定，构成对社会公共利益或公序良俗的损害，合同所约定的交易行为本身为法律所严格禁止，而无论签订合同者为何人，典型示例为贩卖毒品；第二，法律、行政法规对签订合同从事特定经营活动的主体有严格的资格要求，违反国家限制经营、特许经营以及禁止经营规定，将导致合同无效。

因此，从维护交易安全、保护和促进交易的角度出发，应尽量控制合同无效的适用范围，避免滥用。

就投资方与目标公司对赌而言，目标公司承担股权回购和现金补偿义务，虽然可能导致公司资本和净资产的减少，进而威胁公司资本维持原则并伤及公司债权人利益，但《公司法》并不禁止公司回购股权和向股东分配利润（客观效果与对股东进行现金补偿相同），其根本出发点应为保护“投资自由”，即在符合条件的前提下，既要保证股东向公司进行投资的自由，也要保护股东在一定条件下减少或收回投资的自由，允许公司在符合规定条件的情况下出现注册资本及净资产的减少，具体理由已在本书第四章第一节中关于“华工案”的分析中提及。

因此，目标公司承担股权回购和现金补偿义务，仅涉及部分特定主体

(主要是目标公司的债权人)的利益保护问题,并不损害社会公共利益和公序良俗,未被《公司法》明确禁止,不符合前述认定合同无效的第一种情形,即合同所约定的交易行为本身为法律所严格禁止。

同时,关于合同无效的第二种情形,即法律、行政法规对签订合同从事特定经营活动的主体有严格的资格要求,主要涉及公司对外从事经营活动的资格问题,与投资方股东、目标公司之间的对赌无关,也不构成认定"对赌协议"无效的理由。

(2)认定投资方与目标公司对赌有效,更有利于当事人主张权利

如前所述,《公司法》虽然并不禁止公司回购股权和向股东分配利润(客观效果与对股东进行现金补偿相同),但并非没有限制条件。如出现因此而危及公司资本维持和债权人保护原则的情况,则有必要加以规制,使投资方与目标公司所追求的法律效果无法实现。

从技术角度看,实现上述规制效果主要有两种方式,一是从合同效力入手,使"对赌协议"无效或可撤销;二是在承认合同效力的同时,在合同的具体履行上设置约束条件,根据个案情况对能否履行进行判断。

如将投资方与目标公司的"对赌协议"一律按照无效处理,按照《合同法》第 58 条、《民法典》第 157 条的规定,双方应当返还原物或折价补偿,并根据过错情况承担缔约过失责任。缔约过失责任具有法定性的特点,系基于法律规定而产生的一种民事责任,受损方请求对方承担缔约过失责任,须以证明其利益受损为前提,即受损方须就损失的产生及其与合同无效的因果关系承担举证责任。缔约过失赔偿责任的范围包括固有利益和信赖利益,而信赖利益又有直接损失与间接损失之分,受损方举证证明全部损失,难度较大。

《合同法》第 58 条规定:"合同无效或者被撤销后,因该合同取得的财产,应当予以返还;不能返还或者没有必要返还的,应当折价补偿。有过错的一方应当赔偿对方因此所受到的损失,双方都有过错的,应当各自承担相应的责任。"

《民法典》第 157 条规定:"民事法律行为无效、被撤销或者确定不发生效力后,行为人因该行为取得的财产,应当予以返还;不能返还或者没有必要返还的,应当折价补偿。有过错的一方应当赔偿对方由此所受到的损失;各方都有过错的,应当各自承担相应的责任。法律另有规定的,依照其规定。"

与缔约过失责任不同，违约责任的承担以合同生效为前提，虽然《合同法》第107条、《民法典》第577条明确规定了承担违约责任的主要方式为继续履行、采取补救措施和赔偿损失，但实务中，承担违约责任最主要的方式为支付违约金。

《合同法》第107条规定："当事人一方不履行合同义务或者履行合同义务不符合约定的，应当承担继续履行、采取补救措施或者赔偿损失等违约责任。"

《民法典》第577条规定："当事人一方不履行合同义务或者履行合同义务不符合约定的，应当承担继续履行、采取补救措施或者赔偿损失等违约责任。"

《合同法》第114条规定："当事人可以约定一方违约时应当根据违约情况向对方支付一定数额的违约金，也可以约定因违约产生的损失赔偿额的计算方法。

约定的违约金低于造成的损失的，当事人可以请求人民法院或者仲裁机构予以增加；约定的违约金过分高于造成的损失的，当事人可以请求人民法院或者仲裁机构予以适当减少。

当事人就迟延履行约定违约金的，违约方支付违约金后，还应当履行债务。"

《民法典》第585条规定："当事人可以约定一方违约时应当根据违约情况向对方支付一定数额的违约金，也可以约定因违约产生的损失赔偿额的计算方法。

约定的违约金低于造成的损失的，人民法院或者仲裁机构可以根据当事人的请求予以增加；约定的违约金过分高于造成的损失的，人民法院或者仲裁机构可以根据当事人的请求予以适当减少。

当事人就迟延履行约定违约金的，违约方支付违约金后，还应当履行债务。"

违约金具有预估损失的作用，约定违约金可以在很大程度上免除或减轻守约方关于损失的举证责任，只有在约定的违约金低于或过分高于实际损失时，人民法院或仲裁机构才会予以调整。

因此，从有利于当事人主张权利角度看，认定投资方与目标公司的"对赌协议"有效，将权利保护问题放入履行阶段予以处理，就举证责任而言，较"对赌协议"无效时主张缔约过失责任，对当事人更为便利。

综上所述,《九民纪要》明确将“对赌协议”的效力问题与可履行性问题进行了区分,不再将合同能否实际履行以及实际履行是否会损害其他利害关系人的利益,作为判断合同效力的标准,是裁判规则的一大进步,值得肯定。

(三)目标公司现金补偿的裁判规则,较好地平衡了投资方与目标公司股东及债权人之间的利益

关于投资方的身份及其在对赌中不同阶段和条件的转化、投资方与目标公司股东及债权人之间利益的保护顺序等问题,本书在第四章第二节中关于华工案分析部分已经进行了比较详细地分析,此处仅将主要结论简要归纳如下。

1. 投资方的身份问题

在分析目标公司现金补偿裁判规则前,必须先解决投资方的身份问题。本书认为,投资方的身份,在投资交易中存在一个变化的过程。

(1)对赌交易中,“股债不能并存”并非绝对

在讨论投资方身份时,首先需要考虑的就是股权人与债权人身份能否兼容的问题。

本书认为,在对赌整体交易过程中,就投资方在不同交易阶段的身份来看,“债股不能并存”并非绝对。

如在公司解散清算时,公司财产支付了必要的费用和税款、偿还债务后的剩余部分,股东有权按照出资或持股比例进行分配,其主张财产分配请求权正是基于其公司股东的身份,即以公司股东身份向公司主张债权,此时,债股并存。

(2)投资方在对赌交易不同阶段中的身份转化

在对赌交易的过程中,投资方的地位不是确定不变的,不仅在不同阶段,而且在不同条件下,其身份地位也存在不同的可能性。

首先,在签订“对赌协议”时,投资方应为债权人,依据“对赌协议”要求相对方履行合同义务。

其次,在注资完成后,投资方即转变为目标公司股东。

最后,如对赌条款没有被触发,则投资方通常继续保持股东身份;如对赌条款触发,投资方此时可以行使选择权,可以选择继续保持股东身份,也可以要求目标公司回购股权。

在股权回购条款触发,投资方要求目标公司回购股权的情形下,投资方

的身份即出现了“债股并存”的现象,其基于“对赌协议”的约定行使债权,但在完成退出之前,其依然具有目标公司股东的身份。

需要补充说明的是,股权估值调整(主要是指现金或股权补偿)条款,只是对股权对价的调整,并不影响投资方的身份。

(3)投资方、目标公司股东及债权人的保护顺序

在股权回购条款触发时,投资方拥有选择权(继续做股东还是收回投资);在对赌目标实现时,投资方还可能获得比固定收益更高的回报。

投资方既不同于一般的股东,也不同于一般的债权人。与一般股东相比,投资方理论上不承担公司经营的风险,可以获得“保底”的固定投资回报,即所谓的“保底不封顶”;而与一般债权人相比,在获得“保底”固定投资回报的同时,投资方还保留有分享公司经营收益的机会。

因此,对投资方的保护,应优先于一般股东,劣后于一般债权人,从而实现权责利的统一。

2.《九民纪要》目标公司现金补偿裁判规则之分析

《九民纪要》认为:“投资方请求目标公司承担金钱补偿义务的,人民法院应当依据《公司法》第 35 条关于‘股东不得抽逃出资’和第 166 条关于利润分配的强制性规定进行审查。经审查,目标公司没有利润或者虽有利润但不足以补偿投资方的,人民法院应当驳回或者部分支持其诉讼请求。今后目标公司有利润时,投资方还可以依据该事实另行提起诉讼。”

由此可见,在判断现金补偿能否实际履行时,《九民纪要》确定的核心原则有两个:第一,目标公司对投资方进行现金补偿,不得构成股东“抽逃出资”;第二,目标公司对投资方进行现金补偿,须符合《公司法》关于分配利润的规定。

(1)目标公司对投资方进行现金补偿,不得构成股东“抽逃出资”

目标公司对投资方进行现金补偿,客观结果是目标公司的现金资产移转至股东,有可能构成股东“抽逃出资”。

实务中,股东“抽逃出资”的手段较为多样,《公司法解释(三)》对常见的形式进行了列举。

《公司法解释(三)》第 12 条规定:“公司成立后,公司、股东或者公司债权人以相关股东的行为符合下列情形之一且损害公司权益为由,请求认定该股东抽逃出资的,人民法院应予支持:(一)制作虚假财务会计报表虚增利润进行分配;(二)通过虚构债权债务关系将其出资转出;(三)利用关联交易

将出资转出；（四）其他未经法定程序将出资抽回的行为。”

在列举的三种典型“抽逃出资”行为中，就客观表现而言，“虚增利润进行分配”与目标公司对投资方进行现金补偿最为接近。因此，为避免目标公司与投资方串通，以现金补偿进行股权估值调整为由，行“抽逃出资”之实，损害债权人利益，确有必要从是否构成股东“抽逃出资”的角度对现金补偿进行审查。

（2）目标公司对投资方进行现金补偿，须符合《公司法》关于分配利润的规定

目标公司因股权估值调整需要而向投资方进行现金补偿，与目标公司分配利润，两者形成的原因、行为性质并不相同，集中体现在资金的性质与来源、财务记载科目有所不同。

现金补偿——股权估值调整。投资方与目标公司对赌，以增资方式成为目标公司股东，在向目标公司增资时，通常以目标公司的既往业绩及发展潜力为基础，按照一定的市盈率（P/E）计算股权价值，其实际投资分为两部分，一小部分计入目标公司注册资本，剩余“溢价”部分计入资本公积金。如未能完成业绩目标，目标公司按照约定对投资方进行现金补偿，是对投资方增资时获取股权“价格”的调整，应当“退还”投资方之前多支付的股权对价，该部分需要“退还”的股权对价应当从目标公司资本公积金中支出和扣除。

利润分配——目标公司经营成果的分配。在符合《公司法》规定的条件下，在弥补亏损（如有）、提取公积金、缴纳税款后，经股东（大）会决议，目标公司可以向股东分配利润。利润分配会导致目标公司利润、所有者权益减少。

与此同时，两者也有相同之处，客观表现均为：现金从目标公司移转至股东，目标公司净资产减少，使目标公司责任财产减少，从而可能影响公司债权人利益。与尚未分配给股东的利润一样，资本公积金也属于目标公司财产，同其他财产一样共同作为目标公司对外债务的担保；《公司法》关于公司责任财产范围以及解散清算部分的规定，也没有对资本公积金作出与公司其他财产不同的特殊处理。

《公司法》第 3 条第 1 款规定：“公司是企业法人，有独立的法人财产，享有法人财产权。公司以其全部财产对公司的债务承担责任。”

《公司法》第 186 条规定：“清算组在清理公司财产、编制资产负债表和

财产清单后，应当制定清算方案，并报股东会、股东大会或者人民法院确认。

公司财产在分别支付清算费用、职工的工资、社会保险费用和法定补偿金，缴纳所欠税款，清偿公司债务后的剩余财产，有限责任公司按照股东的出资比例分配，股份有限公司按照股东持有的股份比例分配。

清算期间，公司存续，但不得开展与清算无关的经营活动。公司财产在未依照前款规定清偿前，不得分配给股东。”

另外，根据《公司法》第 168 条的规定，资本公积金可以用于扩大公司生产经营或转为增加公司资本。如果在投资方增资后，目标公司未能完成业绩目标而需要按照约定向投资方进行现金补偿，而在此之前，资本公积金已经用于目标公司扩大生产经营或转增资本，导致剩余资本公积金不足以向投资方进行现金补偿，此时若目标公司有利润且满足分配利润的条件，鉴于资本公积金与利润都属于目标公司资产，将可分配利润用于对投资方进行现金补偿，并无不可。

《公司法》第 168 条规定：“公司的公积金用于弥补公司的亏损、扩大公司生产经营或者转为增加公司资本。但是，资本公积金不得用于弥补公司的亏损。”

因此，从目标公司债权人保护角度出发，将目标公司对投资方的现金补偿，比照公司利润进行规制，具有合理性。

最后，有必要补充说明一下，对赌所涉常见业绩目标为营收或净利润，而目标公司出现需要现金补偿的情况通常是经营不善，盈利不足甚至出现亏损，难以满足利润分配的条件。所以，投资方与目标公司对赌，目标公司承担现金补偿义务，投资方能否实际得到现金补偿，关键仍在于可履行性，而非“对赌协议”效力问题。

二、《九民纪要》目标公司股权回购裁判规则存在的问题——实际适用空间狭小

《九民纪要》认为：“投资方请求目标公司回购股权的，人民法院应当依据《公司法》第 35 条关于‘股东不得抽逃出资’或者第 142 条关于股份回购的强制性规定进行审查。经审查，目标公司未完成减资程序的，人民法院应当驳回其诉讼请求。”

（一）股权回购以完成减资程序为前提——操作性低

根据上述观点，目标公司回购股权，应以其完成减资程序为前提，导致

缺乏实际操作性。原因如下：

1. 目标公司召开股东(大)会的难度较大

在与目标公司对赌的情况下，投资方以增资方式成为目标公司股东。目标公司作出减资决议，应以召开股东(大)会为前提。根据《公司法》第39条、第100条的规定，代表十分之一以上表决权或持有百分之十以上股份的股东、三分之一以上的董事等才有权提议召开临时股东(大)会。如投资方为PE或VC，其持股比例通常较低，董事席位不足，提议召开股东(大)会可能会遇到障碍。

《公司法》第39条规定："股东会会议分为定期会议和临时会议。

定期会议应当依照公司章程的规定按时召开。代表十分之一以上表决权的股东，三分之一以上的董事，监事会或者不设监事会的公司的监事提议召开临时会议的，应当召开临时会议。"

《公司法》第100条规定："股东大会应当每年召开一次年会。有下列情形之一的，应当在两个月内召开临时股东大会：

(一)董事人数不足本法规定人数或者公司章程所定人数的三分之二时；(二)公司未弥补的亏损达实收股本总额三分之一时；(三)单独或者合计持有公司百分之十以上股份的股东请求时；(四)董事会认为必要时；(五)监事会提议召开时；(六)公司章程规定的其他情形。"

2. 目标公司作出减资决议并完成减资程序的可能性不大

(1)目标公司作出减资决议的可能性不大

根据《公司法》第43条、第103条的规定，只有经代表三分之二以上表决权的股东或出席会议的股东所持表决权的三分之二以上通过，目标公司才能作出减资决议。

《公司法》第43条规定："股东会的议事方式和表决程序，除本法有规定的外，由公司章程规定。股东会会议作出修改公司章程、增加或者减少注册资本的决议，以及公司合并、分立、解散或者变更公司形式的决议，必须经代表三分之二以上表决权的股东通过。"

《公司法》第103条规定："股东出席股东大会会议，所持每一股份有一表决权。但是，公司持有的本公司股份没有表决权。股东大会作出决议，必须经出席会议的股东所持表决权过半数通过。但是，股东大会作出修改公司章程、增加或者减少注册资本的决议，以及公司合并、分立、解散或者变更公司形式的决议，必须经出席会议的股东所持表决权的三分之二以上通过。”

在投资方以增资方式对目标公司进行投资的情形下，即使投资方持有目标公司十分之一以上表决权或百分之十以上股份，拥有三分之一以上的董事席位，有权提议召开股东(大)会，但目标公司股东通常仍为控股股东，只要其不同意减资，目标公司就无法作出减资决议。

实务中，确实存在投资方增资并成为目标公司控股股东的情况，主要是特定的投资方(多为国有企业或上市公司)为了实现财务并表而实施，即使如此，投资方通常持股51%即可，无须达到三分之二以上。因此，即使投资方成为目标公司控股股东，如果持股比例达不到三分之二，作出减资决议也决非易事。

(2)目标公司减资须履行债权人保护程序

公司减资，不仅涉及公司内部决策，还必须履行《公司法》规定的债权人保护程序。如目标公司不能按照债权人的要求清偿债务或提供相应的担保，目标公司仍无法完成减资程序。

《公司法》第177条规定：“公司需要减少注册资本时，必须编制资产负债表及财产清单。

公司应当自作出减少注册资本决议之日起十日内通知债权人，并于三十日内在报纸上公告。债权人自接到通知书之日起三十日内，未接到通知书的自公告之日起四十五日内，有权要求公司清偿债务或者提供相应的担保。”

3. 目标公司如果能够作出减资决议，通常就不会发生法律纠纷

按照正常逻辑，目标公司如果能够按照《公司法》及章程的规定顺利作出减资决议，说明投资方与目标公司已经就股权回购达成了一致，也就不会发生法律纠纷，而《九民纪要》针对的是“民商事审判中的前沿疑难争议问题”，要解决的自然是诉至法院的法律纠纷案件中的问题。

《九民纪要》要求目标公司股权回购以完成减资程序为前提，在投资方与目标公司就股权回购产生纠纷的情况下，客观上将使得投资方几乎无法通过诉讼实现股权回购的目的。

因此，目标公司回购股权以完成减资程序为前提，事实上几乎把目标公司承诺回购股权的对赌模式之路给“堵死”了。

(二)是否存在更优解决方案？

如上所述，《九民纪要》确立的目标公司回购股权以完成减资程序为前

提的裁判标准,使目标公司承担回购股权义务的对赌模式基本失去了生存空间。那么,对于这种对赌模式,是否还有更优的解决方案呢?

1.《公司法》及其司法解释允许公司在特定条件下收购自己的股权

《公司法》第3条第1款规定:“公司是企业法人,有独立的法人财产,享有法人财产权。公司以其全部财产对公司的债务承担责任。”

资本是公司财产的重要组成部分,是公司从事生产经营活动、承担债务的经济基础,为保证公司资本充实,对于公司收购自己的股权,《公司法》始终遵循“原则禁止,例外允许”的原则,理论与实务界对此没有太大争议。

《公司法》第74条规定:“有下列情形之一的,对股东会该项决议投反对票的股东可以请求公司按照合理的价格收购其股权:(一)公司连续五年不向股东分配利润,而公司该五年连续盈利,并且符合本法规定的分配利润条件的;(二)公司合并、分立、转让主要财产的;(三)公司章程规定的营业期限届满或者章程规定的其他解散事由出现,股东会会议通过决议修改章程使公司存续的。自股东会会议决议通过之日起六十日内,股东与公司不能达成股权收购协议的,股东可以自股东会会议决议通过之日起九十日内向人民法院提起诉讼。”

《公司法》第142条规定:“公司不得收购本公司股份。但是,有下列情形之一的除外:(一)减少公司注册资本;(二)与持有本公司股份的其他公司合并;(三)将股份用于员工持股计划或者股权激励;(四)股东因对股东大会作出的公司合并、分立决议持异议,要求公司收购其股份;(五)将股份用于转换上市公司发行的可转换为股票的公司债券;(六)上市公司为维护公司价值及股东权益所必需。公司因前款第(一)项、第(二)项规定的情形收购本公司股份的,应当经股东大会决议;公司因前款第(三)项、第(五)项、第(六)项规定的情形收购本公司股份的,可以依照公司章程的规定或者股东大会的授权,经三分之二以上董事出席的董事会会议决议。公司依照本条第一款规定收购本公司股份后,属于第(一)项情形的,应当自收购之日起十日内注销;属于第(二)项、第(四)项情形的,应当在六个月内转让或者注销;属于第(三)项、第(五)项、第(六)项情形的,公司合计持有的本公司股份数不得超过本公司已发行股份总额的百分之十,并应当在三年内转让或者注销。上市公司收购本公司股份的,应当依照《证券法》的规定履行信息披露义务。上市公司因本条第一款第(三)项、第(五)项、第(六)项规定的情形收购本公司股份的,应当通过公开的集中交易方式进行。公司不得接受本公司的股票作为质押权的标的。”

《公司法解释(五)》第5条规定:“人民法院审理涉及有限责任公司股东重大分歧案件时,应当注重调解。当事人协商一致以下列方式解决分歧,且不违反法律、行政法规的强制性规定的,人民法院应予支持:(一)公司回购部分股东股份;(二)其他股东受让部分股东股份;(三)他人受让部分股东股份;(四)公司减资;(五)公司分立;(六)其他能够解决分歧,恢复公司正常经营,避免公司解散的方式。”

2. 公司收购股权后的处理方式分析

公司回购股权后的处理方式通常只有两种——转让、注销。

根据《公司法》第142条第1款以及《公司法解释(二)》第5条第1款的规定,《公司法》并未绝对禁止公司持有自己的股份;同时,根据《公司法》第142条第3款以及《公司法解释(二)》第5条第2款的规定,公司持有自己的股份属于非常或过渡状态,最终仍要作出选择并进行处分,即转让或者注销。

《公司法解释(二)》第5条规定:“人民法院审理解散公司诉讼案件,应当注重调解。当事人协商同意由公司或者股东收购股份,或者以减资等方式使公司存续,且不违反法律、行政法规强制性规定的,人民法院应予支持。当事人不能协商一致使公司存续的,人民法院应当及时判决。

经人民法院调解公司收购原告股份的,公司应当自调解书生效之日起六个月内将股份转让或者注销。股份转让或者注销之前,原告不得以公司收购其股份为由对抗公司债权人。”

同时,虽然《公司法》第74条并未规定有限责任公司收购自己的股权后应如何处理,但鉴于有限责任公司与股份有限公司都应当遵守同样的资本制度,都要受到资本维持与债权人保护原则的限制,应当参照股份有限公司处理,可以转让或注销所收购的股权。

(1)转让

目标公司向投资方支付对价回购股权后再将该股权转让给他人,收取股权转让价款,不必减少目标公司的注册资本,可以使目标公司股权结构恢复到正常状态,并不构成对资本维持与债权人保护原则的违反。

前述效果的达成,有赖于目标公司能够将所回购的股权顺利地转让给他人。但实际上,目标公司回购股权后再行转让,会遇到一系列难以解决的

风险和问题,包括但不限于:

第一,股权转让的实现需要买方,而能否找到合适的买方,是目标公司无法预见和控制的。

第二,即使找到潜在的买方,股权转让价格如何确定?如何保证价格公允?价格不公,将可能损害目标公司及其债权人利益。回购股权再行转让,在效果上相当于目标公司减资后再定向增发,就转让股权事项,是否应当按照目标公司增资处理?如果经代表三分之二以上表决权的股东或出席会议的股东所持表决权的三分之二以上通过,而其他股东认为转让价格过低,能否及如何寻求救济?

同样地,如果有限公司回购股权再行转让,而受让人为股东以外的其他人,应当按照《公司法》第 71 条的规定,由过半数的股东同意,股东也应当享有优先购买权。在与前面提到的定向增发问题之间,应当如何选择并执行?

第三,如何保证目标公司在合理期限内完成股权转让?

合理期限应当如何确定?目标公司在较长期限内持有自己的股权,而注册资本却并未减少,可能会向交易相对方传递不实信息;就目标公司已经回购的股权,其对应的注册资本在回购前应为"实缴"状态,在回购后完成转让前是否应改为"认缴"?

第四,如目标公司拟转让回购的股权却最终未能完成股权转让,届时将如何处理?

第五,目标公司转让股权,属于公司内部自治问题,其他人通常无权越俎代庖进行干预。如目标公司怠于转让股权,而相关利害关系人并未提出异议或发生纠纷,除市场监督管理部门可以采取行政处罚措施外,人民法院很难主动采取措施纠正不当行为,从而危及资本维持及债权人保护原则。

虽然上述风险及问题并非全部无法解决,但要保证目标公司在回购股权后完成转让,由于涉及更多的交易安排,需要比较复杂的制度设计;而为避免出现目标公司资本不当减少的风险,还要以合理的方式进行监督,并赋予利害关系人救济手段,很可能会导致履行及监督成本过高,难以落地。

由此可见,允许目标公司回购股权并另行转让,理论上不会危及资本维持及债权人保护原则,但实际履行中可能存在较多的不确定因素,一旦出现无法顺利转让的情况,在现有法律框架内,难以找到解决问题的完美方案。

(2)注销——减资

注销股权的实质为目标公司减资。从技术角度看,有两种处理方式,一种是《九民纪要》规定的目标公司先行完成减资程序;另一种方式是,人民法院依据"对赌协议"约定判决目标公司回购股权,然后由目标公司自行履行减资程序。

第一种方式即为《九民纪要》确定的方式,很难实现,前文已经讨论,不再赘述。

按照第二种方式,判决生效后,目标公司如不履行回购义务,投资方可申请人民法院强制执行生效判决,即人民法院将目标公司资金划转给投资方,并通知市场监督管理部门协助将标的股权变更登记于目标公司名下。

与转让相类似,这种处理方式面临的障碍或风险也主要在于股权回购与减资的衔接问题:即使股权回购可以实现,但其后目标公司能否顺利完成减资程序,同样存在不确定性。

首先,投资方的诉请通常只是要求目标公司回购股权,而不会包括要求目标公司减资,减资不会出现在生效判决的主文之中,也就不会被人民法院强制执行。

其次,减资必须履行《公司法》及章程规定的公司内部决策程序,属于公司内部治理和决策的范围,由股东通过行使表决权的方式来实现,人民法院只能就股权回购作出判决,即使投资方诉请目标公司减资,人民法院仍无法直接判决目标公司减资。在股权回购完成后,如目标公司不主动履行减资义务,工商行政登记管理部门虽然可以采取行政处罚措施,但可能仍无法有效解决减资问题。

再次,即使目标公司主动履行减资程序,也必须满足《公司法》及章程规定的减资条件,目标公司需要由股东(大)会作出决议,编制资产负债表及财产清单,通知债权人并根据其要求清偿债务或提供担保。能否完成减资,并非完全由目标公司自身决定。

最后,目标公司回购股权后完成减资前,如股权被质押、司法冻结甚至被强制执行,将导致目标公司客观上无法完成减资。

因此,与股权回购后再行转让一样,法院判决股权回购而由目标公司自行履行减资程序,在目标公司已经完成股权回购的情况下,后续能否实际完成减资,存在相当的不确定性。在目标公司资本确已减少的情况下,如不能及时完成减资并变更工商登记,可能损害目标公司债权人的利益。同时,存在实缴资本与工商登记不一致的风险,同样也会向潜在交易方传递错误信息,交易风险被不当放大,进而使得交易的时间和信用成本提高,最终导致交易市场受到不利影响。

综上所述,虽然《九民纪要》确定的目标公司回购股权以完成减资程序为前提的裁判标准,导致投资方几乎无法实现退出,但不得不说,这很可能是权衡利弊后的无奈之举。

3. 与目标公司对赌实现回购之困境与启示

《九民纪要》第 5 条首次提出专门针对投资方与目标公司对赌纠纷的裁判原则,其一,明确不存在其他影响合同效力事由的,对赌条款应认定有效。其二,投资方与目标公司对赌、回购及现金补偿的诉讼请求既要考虑协议效力,同时也要关注诉请协议是否具有可履行性。上述纪要内容对比自"海富案"以来所确立的一些裁判原则及标准均有较大改变,在某种程度上认可了"华工案"中的部分裁判观点。尤其是关于目标公司回购股权这一争点,江苏省高级人民法院的判决究竟是基于特殊的案件事实,还是具有普遍的裁判意义,以及投资方如何在对赌纠纷中通过目标公司回购股权以实现退出的目的。对以上问题的讨论,都将在对赌实务领域产生一定启示和影响。

(1)对赌纠纷中目标公司股权回购之实务梳理

①对赌纠纷中判定目标公司股权回购的标准

第一,"海富案"确立与目标公司对赌无效的裁判立场。

在对赌纠纷的裁判案例中,法院对投资方要求目标公司进行股权回购的诉求,其裁判立场是逐渐转变的。2012 年最高院就"海富案"①作出再审判决,认定目标公司股东对投资方作出的补偿承诺并不损害公司及公司债权人的利益,不违反法律、法规的禁止性规定,是有效的。但是,投资方与目标公司对赌,又可以因此取得相对固定的收益,该收益脱离了目标公司的经营业绩,损害了公司及债权人利益,因而是无效的。

该判决被解读为初步确立了与股东对赌有效,而与目标公司对赌无效的裁判标准。其判定与目标公司对赌无效的主要规范依据是《公司法》第 20

① 最高人民法院(2012)民提字第 11 号民事判决书。

条[①]与《合同法》第 52 条第 5 项,认为苏州海富公司作为目标公司的股东,其要求目标公司回购的约定损害了公司与债权人的利益,已属于违反法律、行政法规等强行性规定的情形,故该回购条款为无效。

在其后的若干判例当中,法院也多保持此类观点,但在说理上却略有不同。如在潘忠伟与梁林宝、江阴市长兴钒氮新材料有限公司股权转让纠纷一案[②]中,法院认为,在《补充协议》中有关回购的约定属于公司回购股权,有违公司法中公司股本不变的原则。公司仅能在特定情形下才能回购本公司的股权,而不能仅凭股东与公司之间的约定回购股权,如出现有关公司回购股东股权的条款亦对公司无约束力。

同样,在天津达晨创世股权投资基金合伙企业(有限合伙)诉蒋小林等股权转让纠纷案[③]与南京誉达创业投资企业(有限合伙)诉上海超硅半导体有限公司股权转让纠纷案[④]中,法院认为投资方作为股东要求公司回购其股权有违我国公司法的基本原则,因公司财产与其股东财产相互独立,股东出资后除法定情形外,不能将其持有的股份返还公司并取得公司财产,否则就侵害了公司的财产权以及债权人利益。

通过梳理上述判例的说理,不难看出法院在"海富案"后处理投资方要求目标公司回购股权的诉请时有以下特点:其一,认为投资方作为股东却要求公司支付回购款是在实际上取得了类似于债权人的身份,可以获得固定收益,有损公司及债权人利益;其二,认为公司回购应依法定情形而不可凭协议约定。即在"海富案"后,在处理投资方与目标公司对赌的情况时,法院更侧重于坚持"资本维持"原则以保护债权人利益,同时依据无法定情形不可启动回购为由不支持该类诉请。

第二,"华工案"对既往对赌纠纷裁判思路的突破。

但在"华工案"中,[⑤]江苏省高级人民法院的判决却在一定程度上试图扭转该裁判立场。江苏省高级人民法院再审判决认为,我国《公司法》并不禁

① 2005 年《公司法》第 20 条规定:"公司股东应当遵守法律、行政法规和公司章程,依法行使股东权利,不得滥用股东权利损害公司或者其他股东的利益;不得滥用公司法人独立地位和股东有限责任损害公司债权人的利益。"

② 江苏省苏州市中级人民法院(2016)苏 05 民终 6374 号民事判决书。

③ 北京市海淀区人民法院(2015)海民(商)初字第 34475 号民事判决书。

④ 上海市第一中级人民法院(2016)沪 01 民终 6314 号民事判决书。

⑤ 江苏省高级人民法院(2019)苏民再 62 号民事判决书。

止公司回购本公司股份,且各方约定的年回报率为8%,与同期融资成本相比并不明显过高,不存在脱离公司经营业绩、损害公司、公司其他股东和公司债权人的权益的情况,而且回购具备法律上及事实上的履行可能。因此,回购约定有效,并据此判决目标公司向投资方支付回购款。

回溯该案,为突破公司回购应依法定事项而非约定的限制时,江苏高级人民法院选择从协议约定、公司章程以及回购款支付的可履行性等方面加以论证。

目标公司章程中关于公司回购股份的规定采取了原则禁止加例外回购的情形,虽然例外情形中并没有"依对赌协议回购"的情形,但江苏省高级人民法院以"章程约定减资即属于对赌协议中的回购方式",论证了《公司章程》既未变更对赌协议,对赌协议也不违反公司章程,同时该约定也属于启动回购的法定事由。

在协议可履行性方面,"华工案"中《补充协议》第1条第3款对与公司回购有关的程序性事项约定细致,包括完成股东大会决议,签署股权转让合同以及其他相关法律文件,支付有关股权收购的全部款项,完成工商变更登记等。江苏省高级人民法院认定该约定较为细化,使目标公司及股东对应当履行的法律程序及法律后果是清楚的,属于各方真实的意思表示。

同时,江苏省高级人民法院也注意到,目标公司的财务情况对回购可履行性的影响,但其并未就回购的资金来源,以及回购款支付后会对公司的偿债能力及持续经营能力产生何种影响作出细致分析;只是笼统以目标公司存在资产增长以及分红的情况,直接得出不会影响公司的日常经营和债权人权益的结论。但以现金方式对回购款进行支付,必然会对公司的现金流产生一定影响。若想得出一个兼顾投资方与债权人利益的处理方案,则需要依赖多项财务指标的综合考虑,甚至需要参考专业人士意见,而非由法院单纯依据两项因素便可直接判断。

综上所述,"华工案"可对以往判例有所突破在很大程度上是因其案件事实的特殊性。虽然在《九民纪要》中肯定了投资方与目标公司对赌条款的合法性,但在实际履行时,《九民纪要》及后续相关案例均要求公司回购股权应先履行减资程序,否则,将驳回投资方的相关诉请。

第三,《九民纪要》。

《九民纪要》明确了在无法定无效事由的情况下,投资方与目标公司就股权回购或金钱补偿达成的约定，应为有效。为此，股权回购条款的合法性已得到承认。但在投资方请求目标公司履行回购义务的问题上，最高人民法院提出应当依据《公司法》第35条关于“股东不得抽逃出资”或第142条关于股份回购的强制性规定进行审查。经审查，目标公司未完成减资程序的，法院应当驳回其诉讼请求。即进行减资，成为在对赌纠纷中目标公司进行回购的必备前置条件。

②对赌纠纷中关于目标公司回购股权之争议

如上所述，在与目标公司对赌回购股权的问题上，法院的裁判立场由原本对该类条款直接做无效认定，到目前转变为认定与目标公司对赌有效，但在实际履行时则要求符合“减资程序”的要求。在这一演变过程中，江苏省高级人民法院在“华工案”中的判决说理以及《九民纪要》的裁判规则都引起了一定的争议。

一是在“华工案”中，江苏省高级人民法院为突破公司回购股份受法定事项约束的这一限制而寻找了减资这一“出口”，同时《九民纪要》中亦要求目标公司在回购前履行减资程序。首要的问题便是为何回购前要履行减资程序，是否还有其他途径启动回购？

二是如果依目前《九民纪要》的要求，目标公司先减资再回购，如目标公司无法作出减资决议，则投资方的权益如何保障与实现？

(2)回购与减资关系之探讨

①回购并不等同于减资

从“华工案”到《九民纪要》之所以要求公司在履行回购义务前进行减资程序，其主要目的是维护“资本维持”原则的底线，同时保护债权人的利益。

在此种裁判立场下，受限于《公司法》对回购事由的列举模式，法院无法针对个案中股份回购的合同义务应否履行以及如何履行进行判断，为此便将股份回购与减资相关联，同时借《公司法》中减资的相关规定来填补股份回购中资本规制的漏洞，进而在保护债权人的前提下满足投资方对股份回购的诉求。毕竟从公司资本运作的角度看，减资和股份回购均存在公司资产向股东的流出，从而导致公司的净资产因非交易行为而减少，两者在实际效果上存在一致性。

但上述处理方式在一定程度上混淆了减资与回购之间的关系，使减资成为回购的前置条件，颠倒了回购与减资间手段与目的的关系。[①] 此外，为了实现回购而必须减资，造成了两者间不必要的直接联系。

导致上述现象的原因是多方面的，其中有历史的因素，在 1993 年《公司法》中允许回购的事由有限，仅有减资与合并两种情形，这导致两者在作用上极为相似。同时“减资不仅是目的，也可能是在法定资本制下的一个结果，毕竟理论上所有的股份回购都可能导致注册资本减少的结果”。[②]

但在概念上，减资可以理解为公司减少注册资本数额而将其意思表示于外的法律行为[③]。而股份回购，是指公司依照法律的规定从公司股东手中买回自己股份的行为。[④] 而进行回购的动因多样，减资只是其中之一。公司回购股份后，不一定要将股份注销而可以选择进行股权激励或者再次将其转让。由此可见，在国内现行制度下减资是公司回购股份的动因之一，回购不是减资的下位概念，相反两者是彼此交融的关系。

②现行制度下减资是实现回购的唯一途径

虽然“华工案”判决与《九民纪要》因“资本维持”原则的限制而选择借用减资程序来达到平衡债权人与投资方利益的目的，但毕竟回购不一定必然导致减少注册资本的结果，公司似乎还可以利用回购的股份进行其他操作，如进行股权激励或转让给他方。

在 2019 年最高人民法院《关于适用〈中华人民共和国公司法〉若干问题的规定（五）》（以下简称《公司法解释五》）第 5 条[⑤]当中已经明确，在有限责任公司股东分歧案件中，在当事人协商一致的情况下可以通过由公司回购或转让股权给其他股东及外部第三人等方式解决股东分歧。但就公司回购方式而言，可能会存在公司回购股权后一直自行持有而未转让，同时也未予

---

① 参见清澄君：《从“海富”到“华工”：对赌的边界在哪里?》，载 https://www.sohu.com/a/327924278_667897。

② 邓峰：《普通公司法》，中国人民大学出版社 2009 年版，第 335 页。

③ 高春乾：《有限责任公司减资违反通知义务与股东责任承担》，载《人民司法》2011 年第 16 期。

④ 施天涛：《公司法论》（第四版），法律出版社 2018 年版，第 287 页。

⑤ 最高人民法院《关于适用〈中华人民共和国公司法〉若干问题的规定（五）》第 5 条，“人民法院审理涉及有限责任公司股东重大分歧案件时，应当注重调解。当事人协商一致以下列方式解决分歧，且不违反法律、行政法规的强制性规定的，人民法院应予支持：（一）公司回购部分股东股份；（二）其他股东受让部分股东股份；（三）他人受让部分股东股份；（四）公司减资；（五）公司分立；（六）其他能够解决分歧，恢复公司正常经营，避免公司解散的方式。”

减资的情形。因现行立法并未对有限责任公司回购股权的数量、价格、持有期限以及披露程序作出如《公司法》第 142 条一样的强制性规定,为此上述处理方式仍有可能损害债权人的利益。

同时,对回购后的股份如果不选择进行减资注销,而由公司暂时持有,那么在会计核算上该部分股份会被列示为“库存股”。从财报上看,库存股会被列示为所有权者权益的减少项,即减少所有者权益的总额,但并不会变动股本科目的数额。

但库存股并非普通股,不可用来清偿债务,同时因回购股权公司实际上减少了部分资产,这在一定程度上也不利于保障债权人的利益。为此针对此种情形,一般需要从立法上进行特别规制。一方面针对库存股的权利进行限制,如无表决权与分红权等;另一方面则是在数额上进行限制,如回购的股份不得超过注册资本的一定比例以及不得超过未分配利润等。通过以上两种方式,来保证回购不会影响公司的偿债能力和持续经营能力,此种限制也被称为回购的“财源限制”①。但在我国的现行制度规范中是缺乏类似机制的,现行《公司法》第 103 条与第 166 条仅限制公司持有自身股份不得行使表决权与分红权;但对所谓的“财源限制”却缺乏相应的规定。

虽然在 2005 年、2013 年《公司法》中,曾短暂出现过类似的限制性规定,但随后在 2018 年修法时又被删去。② 尽管如证券监管部门已经意识到在回购问题上应该给予上市公司更大的操作自由,深交所和上交所也分别出台了有关《上市公司回购股份实施细则》,其中均明确要求回购股份的数量和资金规模应与财务情况相匹配并要求确保债权人的利益不受损。但上述规定仅适用于证券市场的操作,不具备普遍的适用性。

此外,从实际操作角度来看,无论是回购后进行股权激励或再由公司将股权转让给他方,都存在无法实际履行的风险,毕竟由于上述两种处理方案均涉及诸多因素,例如:公司是否具备股权激励的条件、股权激励的具体方案(激励范围、股权价格、数量等);公司能否找到股权的受让人、股权转让的交易条件(包括但不限于价格、数量等)。一旦出现公司长期持有回购股权

---

① 刘燕:《对赌协议的裁判路径及政策选择——基于 PE/VC 与公司对赌场景的分析》,载《法学研究》2020 年第 2 期。

② 2005 年《公司法》第 143 条第 3 款针对将股份奖励给职工的回购情形,限制了三项条件,分别是不得超过本公司已发行股份总额的百分之五;用于收购的资金应当从公司的税后利润中支出;所收购的股份应当在一年内转让给职工。同样的表述还保留在 2013 年《公司法》第 142 条中。

的情形，仍可能损害债权人的利益。

为此，在现行《公司法》回购制度不完善的情况下，又囿于"资本维持"与"保护债权人利益"两大原则，针对股权回购型对赌纠纷通过减资来进行回购似乎是目前唯一的选择。

(3)现行裁判规则下先减资再回购的难点剖析

①先减资再回购的一般情形

最为理想的情况是目标公司依据《公司法》第142条之规定，由董事会启动减资程序，并召集股东大会审议减资议案，在股东大会通过议案后，由目标公司按照《公司法》第177条之规定通知债权人并进行公告。若在法定期限内，没有债权人提出请求，或者有债权人提出请求而目标公司清偿了债务或提供了相应的担保，则目标公司便可以依据回购条款向投资方支付回购款项。

②履行过程中可能中断回购的情况

以上为现行规范下最为顺利的回购情形，但由于投资方在目标公司的持股比例往往不高，且目标公司处于初创阶段会存在一定的负债，这将导致上述法定的减资回购进程可能在多个环节上中断。

其一，在股东大会上，由于投资方的持股比例较低，股东大会很可能会否决减资议案。其二，即便股东大会通过了减资决议，但债权人提出了清偿债务的要求而目标公司无力清偿，或者不接受目标公司提供的担保，那么整个减资程序便会中止。即便在满足了债权人要求后，目标公司也可能因财力受限而无法提供足够的资金进行股份回购。同时在极端情况下，债权人亦可能向法院提出申请目标公司破产清算，减资程序也同样会被迫中止。

《九民纪要》提出在处理对赌纠纷时应贯彻的两个基本原则是"资本维持"与"保护债权人利益"，要求目标公司在回购前完成减资程序目的便是保护债权人利益。另一方面，在现行规范下可启动回购的诸法定事由中，目标公司只能以减资的方式启动回购，别无他途。

这便是为何在"华工案"的判决中，江苏省高级人民法院一方面为支持投资方的诉求而寻求减资这一途径，另一方面又在最终判决中以不会影响偿债能力为由，使目标公司先行支付回购款，实际上避免了减资程序可能导致的各种不确定性，使股份回购真正具备了"履行可行性"。但最高人民法院在纪要中选择纠正这一顺序，以保障审判实践符合现行的立法规范，并确保债权人的利益得到维护。

但这也导致在后续的审判实践中，投资方根本无法如愿获取回购款。如在2020年6月判决的北京银海通投资中心、新疆西龙土工新材料股份有限公司股权转让纠纷一案[①]中，最高人民法院虽认可与目标公司对赌回购条款的效力，但仍依据目标公司未完成回购前的减资程序，驳回投资方的诉请。

（4）现行对赌纠纷裁判规则下实现股份回购的启示

从《九民纪要》确定的裁判规则来看，完成减资程序成为投资方退出公司的前提，而如果公司能够完成减资，往往不存在法律纠纷，也无需寻求司法救济，由此可见，在投资方与目标公司对赌的交易模式中，《九民纪要》所确定的裁判规则基本上将投资方退出的后路堵死。

因此，在选择对赌模式以及具体操作时，至少应注意以下几个问题：

①谨慎选择对赌协议的主体

从目前主流裁判规则来看，公司仍不是最佳的对赌协议主体。投资方应当谨慎选择将目标公司列为第一顺位的对赌义务人。在最高人民法院作出类似裁判或将其纳入裁判指导案例之前，“华工案”仍然只是个例。另一方面，从最高人民法院作出的“瀚霖案”裁判来看，公司可以以担保人身份参与对赌协议[②]。

②细化对赌协议的履行方式

从“华工案”来看，目标公司或股东如何配合回购，或者如何配合补偿，对案件结果将产生重大影响。建议相关交易主体在签订对赌协议时，对目标公司的决议方式与内容、投资方退出时内外部公示的履行方式、对赌义务人完成协助义务的时间等因素加以周全考虑与稳妥安排。

③合理约定回购款计算中的投资收益

法院倾向将投资收益与合同签订时市场上企业的融资成本（一般为市场借贷利率）相比较。投资收益比例的设定关乎法院对于对赌协议真实意思表示及有效性的认定。分红是否计入收益计算方式，对案件最终走向会产生一定的影响。法院对于收益比例的审查，很可能与“约定条件是否会脱

① 最高人民法院（2020）最高法民申2957号民事裁定书。

② 公司担保股东间股权转让并非当然有效。瀚霖案所确立的裁判规则的前提是投资方先对公司进行增资，后向公司主张担保责任。如果没有先前的增资行为，而仅有股东间平行转让协议，再由公司担保，此种担保可能被认定违反资本维持原则而无效。相关案例参见郭丽华、山西邦奥房地产开发有限公司股权转让纠纷［最高人民法院（2017）最高法民申3671号民事裁定书］。

离公司目标正常经营下所应负担的经营成本及所能获得的经营业绩的企业正常经营规律”相挂钩。建议交易各方在设置对赌条款时将此作为重要的考量因素。

④持续关注目标公司经营及资产状况

从公司资本维持、债权人保护原则角度考虑,回购股份或现金补偿等诉请能否被支持亦需要结合目标公司经营情况综合判断。建议投资方要求目标公司定期报告财务情况,并提交相关审计报告、财务报表等文件,以便投资方随时掌握目标公司资产状况,并持续追踪变化情况。

三、投资方与目标公司对赌可能出现的“僵局”能否破解?

根据《九民纪要》确定的投资方与目标公司对赌的裁判规则,如目标公司无法满足减资或分配利润的条件,或目标公司虽然满足条件,但因投资方与目标公司股东之间存在分歧而无法作出减资或分配利润的决议,投资方将面临无法退出或取得现金补偿的窘境。

对此,投资方是否还有其他救济途径可以选择?比如:投资方能否转而以违约为由要求解除“对赌协议”并进而收回投资呢?投资方能否请求目标公司支付违约金或承担损失赔偿责任从而实现估值调整或减少损失的目的?

(一)投资方主张解除“对赌协议”能否收回投资?

“对赌协议”通常会约定,股权回购或现金补偿条件成就后,承诺方应按照约定的方式在约定的期限内完成股权回购或现金补偿;如未能如约履行则构成违约,违约达到一定程度时,投资方可以解除“对赌协议”并要求返还投资款本金及利息。

但是,即使约定的解除条件已经成就,但解除“对赌协议”仍然无法达到收回投资的目的,原因如下:

1. 主张解除“对赌协议”并收回投资,必须以遵守《公司法》实质性规范为前提。

如本节第一部分所述,签订合同本身并不是目的,根本目的总是为了达成特定的交易。《合同法》中的部分规定都是引致性规范,需要结合相关交易领域的具体规定才能得以正确实施,并发挥应有的作用;《公司法》是公司的组织法和行为法,同时也涉及公司与其他主体之间的交易关系。

在审理“对赌协议”所引发的纠纷时,应当将《公司法》与《合同法》结合起来予以整体评判。各相关主体之间的交易安排,如欲实现为法律所保护的效果,须首先以遵守《公司法》的实质性规范为前提,同时还需要满足《合同法》规定的形式要件等强制性要求。

所以,虽然投资方以"对赌协议"的约定以及《合同法》的规定作为主张解除的依据,但仍要遵守《公司法》的相关规定。

2.《合同法》及《民法典》关于合同解除后果的规定并不必然导致"恢复原状"。

《合同法》第97条规定:"合同解除后,尚未履行的,终止履行;已经履行的,根据履行情况和合同性质,当事人可以要求恢复原状、采取其他补救措施、并有权要求赔偿损失。"

《民法典》第566条第1款规定:"合同解除后,尚未履行的,终止履行;已经履行的,根据履行情况和合同性质,当事人可以请求恢复原状或者采取其他补救措施,并有权请求赔偿损失。"

根据《合同法》第97条及《民法典》第566条第1款的规定,即使投资方有权解除"对赌协议",但对于已经履行的部分,投资方并不必然可以要求"恢复原状"。如"对赌协议"解除,而投资方主张"恢复原状",即意味着其欲从目标公司中收回投资,仍需要根据"履行情况"和"合同性质"进行判断。

3.投资方已成为目标公司股东,即应受到《公司法》的约束。

在以增资方式成为目标公司股东后,投资方即应受到《公司法》的约束。

投资方主张解除"对赌协议"的实质诉求仍然是收回投资并归还股权,还是要受到《公司法》资本维持与债权人保护原则的限制,《九民纪要》所确定的先行履行减资程序的规则,就是为了贯彻资本维持与债权人保护原则,依然无法逾越。如果目标公司未完成减资程序,而投资方以《合同法》《民法典》中的相关规定作为依据主张解除"对赌协议"并收回投资,则构成对《公司法》资本维持与债权人保护原则的"规避",无法得到认可。

综上所述,如目标公司未履行减资程序,而投资方以目标公司未能如约履行股权回购或现金补偿义务构成违约为由,主张解除"对赌协议",即使解除条件已经成就,但投资方仍无法要求目标公司回购股权从而收回投资。

(二)投资方能否请求目标公司支付违约金或承担损失赔偿责任?

如目标公司虽然承诺回购股权或对投资方进行现金补偿,但其并不满足减资或分配利润的条件,因而无法履行回购股权或现金补偿义务,投资方能否就此请求其承担违约责任?

"对赌协议"约定的违约责任形式,最常见的当属支付违约金和赔偿损失。通常情况下,违约方承担违约责任的前提条件为,其应当且可以履行合同义务而没有履行或履行不符合约定。目标公司回购股权或对投资方进行现金补偿必须符合法定的减资或分配利润条件,因此,在前述条件不满足的情况下,目标公司无法履行股权回购或现金补偿的义务,其行为难以构成违约。

此外,目标公司向投资方支付违约金或损失赔偿金,依据为"对赌协议",而"对赌协议"的根本性质为投资协议,投资方因投资而遭受的损失,很可能被认定为投资行为固有风险带来的损失,不在《合同法》《民法典》规定的损失赔偿保护范围之内;同时,目标公司向投资方支付违约金或损失赔偿金,客观上也构成目标公司向股东支付现金,实际效果与目标公司向股东分配利润相同,仍要符合《公司法》关于分配利润的规定。

综上所述,投资方主张解除"对赌协议"、要求目标公司支付违约金或赔偿损失,无法规避《九民纪要》确定的裁判规则,难以实现"曲线救国"的目标。

(三)建议

从前面的分析可以看到,资本维持与债权人保护是《公司法》规定的重要基本原则,《九民纪要》所确定的裁判规则也是在司法实践中对上述原则的贯彻。投资方与目标公司签订"对赌协议",由目标公司承担股权回购或现金补偿义务,可能构成股东"抽逃出资"或向股东违规分配利润,进而危及目标公司及债权人利益,构成对资本维持与债权人保护原则的违反。

因此,对于投资方来说,为避免无法实现股权回购或现金补偿的风险,在设计对赌交易结构时,应当:

1. 与目标公司股东或实际控制人对赌,由目标公司股东或实际控制人承担股权回购、现金补偿义务。

2. 同时可以要求目标公司或其他第三方承担担保责任,作为增信措施,并注意按照《公司法》第 16 条的规定,履行对目标公司章程及董事会决议、股东(大)会决议进行审慎审查的义务。

《公司法》第 16 条规定:"公司向其他企业投资或者为他人提供担保,依照公司章程的规定,由董事会或者股东会、股东大会决议;公司章程对投资或者担保的总额及单项投资或者担保的数额有限额规定的,不得超过规定的限额。

公司为公司股东或者实际控制人提供担保的,必须经股东会或者股东大会决议。

前款规定的股东或者受前款规定的实际控制人支配的股东,不得参加前款规定事项的表决。该项表决由出席会议的其他股东所持表决权的过半数通过。”

第五章　对赌争议解决涉及的其他法律问题（上）

导　读

我们可以看到,在包含“对赌”内容的股权投融资交易中,“对赌”几乎贯穿整个交易的各个阶段,而从司法实践中的案例来看,涉及“对赌”的法律纠纷也似乎无所不包,因此,除需要特别注意“对赌”效力以及投资方退出可行性之外,其他问题依然值得关注。

本章以时间顺序入手,从“对赌”协议的签订、履行,直至法律纠纷的裁判和执行,就“对赌”可能涉及的其他主要法律问题进行一一列举与分析,内容主要包括:股权结构设计、创业者夫妻共同债务的认定;“对赌”协议的主要条款;不可抗力、情势变更与商业风险的关系,“对赌”交易中的抽屉协议,股东知情权,股权回购权;诉讼、仲裁程序的介绍及证据的运用;生效法律文书的执行与救济(执行异议与执行异议之诉、第三人申请再审、第三人撤销之诉);法人人格否认;“对赌”涉及刑事犯罪问题。

第一节　对赌协议签订前的法律问题

一、股权结构设计

企业的股权架构设计是企业在创业阶段及后续发展阶段[①]都应该关注的重点问题,一个符合企业治理需求的股权架构是企业赖以生存并持续发展的重要保障,可以最大程度上减少或避免股东冲突,提高决策效率,降低企业内耗,进而实现企业价值最大化。

鉴于股权架构设计通常表现为企业股权在创始人、核心员工及投资人之间的分配比例,那么实践中有哪些重要的股权临界点需要创始人及投资人等重点关注?这些股权临界点背后又有着怎样的法律及商业价值?企业在不同生命周期中又应该如何相机抉择确定最优股权分配方案?对于前述在股权架构设计的核心问题,本文将一一予以回应。

(一)重要股权临界点及其法律规定

在企业股权架构设计的实务操作中,存在"企业股权 9 条生命线"的说法,具体是指"67%、51%、34%、30%、20%、10%、5%、3%、1%"这 9 个股权临界点,本文针对其中 6 个股权临界点进行阐述,具体如表 5-1 所示。

其中并未包括 30%、20%、5%,原因如下:

第一,鉴于本文所指企业股权架构设计包括有限责任公司以及非上市股份公司的股权架构设计,不涉及上市公司的股权架构设计。

首先,30%股权临界点主要适用于上市公司股份收购,收购人持有一家上市公司的股份达到该公司已发行股份的 30%时,继续增持股份的,应当采取要约方式进行,向该上市公司所有股东发出收购上市公司全部或者部分股份的要约,不适用于有限责任公司和未上市的股份有限公司,故不予列举。

其次,5%股权临界点主要适用于上市公司股东权益变动公告,持有上市公司 5%以上股份的股东或者实际控制人,其持有股份或者控制公司的情况发生较大变化的(如其所持该上市公司已发行的有表决权股份比例每增加或者减少 5%),上市公司应当立即将有关该重大事件的情况向证监会和证券交易所报送临时报告,并予公告,说明事件的起因、目前的状态和可能产

---

① 如无特别说明,本文所指企业股权架构设计包括有限责任公司以及非上市股份公司的股权架构设计,为行文统一,统称为企业股权架构设计。

生的法律后果;其所持该上市公司已发行的有表决权股份比例每增加或者减少1%,应当在该事实发生的次日通知该上市公司,并予公告。该情形并不适用于有限责任公司和未上市的股份有限公司,故不予列举。

第二,20%股权临界点是认定关联企业从而判定同业竞争的警示线,因为仅是学者理论观点,法律未予明确规定,故不予列举。

表5-1　重要股权临界点

序号	股权临界点	法律规定	权利内容
1	67%	《公司法》第43条规定:"股东会的议事方式和表决程序,除本法有规定的外,由公司章程规定。股东会会议作出修改公司章程、增加或者减少注册资本的决议,以及公司合并、分立、解散或者变更公司形式的决议,必须经代表三分之二以上表决权的股东通过。"	绝对控制权:决定修改公司章程、增资、减资、公司合并、分立、解散或变更公司形式
2	51%	《公司法》第37条规定:"股东会行使下列职权:(一)决定公司的经营方针和投资计划;(二)选举和更换非由职工代表担任的董事、监事,决定有关董事、监事的报酬事项;(三)审议批准董事会的报告;(四)审议批准监事会或者监事的报告;(五)审议批准公司的年度财务预算方案、决算方案;(六)审议批准公司的利润分配方案和弥补亏损方案;(七)对公司增加或者减少注册资本作出决议;(八)对发行公司债券作出决议;(九)对公司合并、分立、解散、清算或者变更公司形式作出决议;(十)修改公司章程;(十一)公司章程规定的其他职权。" "对前款所列事项股东以书面形式一致表示同意的,可以不召开股东会会议,直接作出决定,并由全体股东在决定文件上签名、盖章。" 《公司法》第99条规定:"本法第三十七条第一款关于有限责任公司股东会职权的规定,适用于股份有限公司股东大会。"	相对控制权:决定普通事项,包括决定公司经营方针、投资计划、董事及监事的选任与更换、批准董事会及监事会报告、批准财务预算及利润分配方案①

① 《公司法》仅规定股份公司中的过半数表决条款,未规定有限责任公司的过半数表决条款,规定由有限责任公司股东自行通过章程约定,根据我们的实践经验,有限公司章程通常对普通事项采用过半数表决。

续表

序号	股权临界点	法律规定	权利内容
3	34%	同第1项“67%”相关法律规定	重大事项一票否决权：否决修改公司章程、增资、减资、公司合并、分立、解散或变更公司形式
4	10%	《公司法》第39条规定：“股东会会议分为定期会议和临时会议。定期会议应当依照公司章程的规定按时召开。代表十分之一以上表决权的股东，三分之一以上的董事，监事会或者不设监事会的公司的监事提议召开临时会议的，应当召开临时会议。” 《公司法》第40条第3款规定：“董事会或者执行董事不能履行或者不履行召集股东会会议职责的，由监事会或者不设监事会的公司的监事召集和主持；监事会或者监事不召集和主持的，代表十分之一以上表决权的股东可以自行召集和主持。” 《公司法》第182条规定：“公司经营管理发生严重困难，继续存续会使股东利益受到重大损失，通过其他途径不能解决的，持有公司全部股东表决权百分之十以上的股东，可以请求人民法院解散公司。”	提议召开临时股东会；特定条件下召集和主持股东会； 请求法院解散公司
5	3%	《公司法》第102条第2款规定：“单独或者合计持有公司百分之三以上股份的股东，可以在股东大会召开十日前提出临时提案并书面提交董事会；董事会应当在收到提案后二日内通知其他股东，并将该临时提案提交股东大会审议。临时提案的内容应当属于股东大会职权范围，并有明确议题和具体决议事项。”	股份公司临时提案权

续表

序号	股权临界点	法律规定	权利内容
6	1%	《公司法》第151条规定:“董事、高级管理人员有本法第一百四十九条规定的情形的,有限责任公司的股东、股份有限公司连续一百八十日以上单独或者合计持有公司百分之一以上股份的股东,可以书面请求监事会或者不设监事会的有限责任公司的监事向人民法院提起诉讼;监事有本法第一百四十九条规定的情形的,前述股东可以书面请求董事会或者不设董事会的有限责任公司的执行董事向人民法院提起诉讼。” “监事会、不设监事会的有限责任公司的监事,或者董事会、执行董事收到前款规定的股东书面请求后拒绝提起诉讼,或者自收到请求之日起三十日内未提起诉讼,或者情况紧急、不立即提起诉讼将会使公司利益受到难以弥补的损害的,前款规定的股东有权为了公司的利益以自己的名义直接向人民法院提起诉讼。” “他人侵犯公司合法权益,给公司造成损失的,本条第一款规定的股东可以依照前两款的规定向人民法院提起诉讼。”	派生诉讼权:董监高及他人损害公司利益的,替代公司提起诉讼①

(二)企业初创期股权架构设计应考虑的因素

1.创始人享有企业控制权

在企业初创期,项目通常只是创始人的一个想法或是简单的商业计划,如何将这一商业想法或计划孵化成形,完全依赖于创始人的能力、创意、信誉等个人因素,此时,创始人是企业的灵魂。创投界常说的“投资即投人”说的就是这个道理。

为了使企业能够完全按照创始人的创业规划开展业务经营、招聘管理

① 注:有权提起股东派生诉讼的,股份公司股东要求连续一百八十日以上单独或者合计持有公司百分之一以上股份,有限责任公司仅要求其具有股东资格,没有持股时间及持股比例的限制。

团队、启动融资渠道,创始人在企业初创期应当尽量将其自身持股比例控制在51%甚至67%以上,以取得对企业的相对或绝对控制权,并通过股东会层面的控制来委任过半数的董事,以取得对董事会经营决策的控制。此外,创始人在初创期持有较高份额的股权,亦可一定程度地避免在后期A轮、B轮乃至Pre-IPO轮的融资过程中因股权稀释过快而丧失企业实际控制权的情况。

此外,保障创始人绝对控制权,可以激发、维持创业人责任感,提升企业治理效率与经营管理效率。

2. 企业初创期股东构成

(1)夫妻共同创业

夫妻共同创业在企业家的圈子里并不少见,同时,因为夫妻婚姻关系破裂对企业发展造成不利影响的案例也屡见报端。

比如,创办土豆网的王微、杨蕾夫妇,2010年11月,杨蕾在土豆网向美国证券交易委员会提交上市申请的次日向王微提起诉讼,要求分割夫妻共同财产,法院根据其申请采取保全措施,包括上海全土豆网络科技有限公司在内的三家王微持有的公司的股权因此被冻结,导致土豆网上市申请被迫中止,也为土豆网后续遭遇被优酷收购的命运埋下伏笔。

再比如创办当当网的李国庆、俞渝夫妇,2020年4月,当当网公告称2020年4月26日上午9:34,李国庆伙同5人闯入当当网办公区,抢走几十枚公章、财务章。而李国庆方面在《告当当全体员工书》中称自己于2020年4月24日召开临时股东会,并作出决议,当选当当网董事长与总经理。

实际上,夫妻共同创业的优势在于夫妻二人亲密的人身关系及共同的利益追求促使双方高效合作,二人所持资源和自身能力能够高效整合,齐心协力像"育儿"一般共同呵护企业成长;另外,夫妻创业劣势明显,一旦双方感情破裂,这种破裂状态必然会影响企业股权稳定性,引发一连串的负面效应。

为避免夫妻创业可能引发的不利影响,在创业初期应避免双方股权比例"五五开"、引入投资方后双方股权比例相等之情形,应保障其中一方享有对企业绝对控股权。

(2)合作伙伴创业

除夫妻共同创业外,常见的创始人成员组合还包括朋友、同学等合作伙伴共同创业,这种情形与夫妻创业存在相似之处,都是创始人之间的情感因素促进创业进程和增加创业成功的概率,而后期一旦发生利益纷争,会引发创始人内部矛盾进而祸及企业自身。

因此,创始人之间应当提前就企业未来发展方向以及发展过程中可能遇到的问题进行充分的讨论并交换意见,争取始终保持意见的一致性;同时,也要考虑想法出现分歧时的处理方式,尽可能确定创始人团队的核心人员,股权分配比例(尤其是表决权比重)如能避免"五五开"或绝对平均等情形,将有利于提高决策效率。

(3)创始人+天使投资人

在企业初创时期引入天使投资人可在一定程度上满足企业资金需求,从天使投资人角度说,其对企业进行投资,相应地应当取得企业的部分股权;从创始人角度说,企业后续可能存在 A 轮、B 轮、C 轮等融资环节,若前期释放给天使投资人过高比例的股权,后期可能危及创始人的实际控制权。

因此,创始人应对企业未来发展抱有明确的预期,把控好各个轮次的融资下预计释放股权的比例,切忌着眼于短期融资规模,将企业大部分股权以较低估值分配给天使投资人。创始人应根据初创企业的当前业绩、融资金额、政策支持等方面尽量掌握与天使投资人谈判的话语权,根据天使投资人的投资规模合理分配其享有的股权。通常情况下,天使投资人所享有的股权比例一般不应超过 20%。

3. 核心团队的股权激励

从员工薪酬的角度讲,企业初创期可能无法与大型成熟企业相比,因此为吸引、留住优秀人才,创始人可以考虑取出一部分股权用于设置合理有效且符合企业实际情况的股权激励计划。但通常情况下,用来作股权激励的股权总比例一般不高于企业全部股权的 15%。

(1)股权激励的类型

纵观有限责任公司、未上市股份公司实行的股权激励模式,虽然现存激励模式较多,如股票期权模式、虚拟股票模式、股票增值权模式、限制性股票模式等,但究其根本,股权激励模式可分为两大类,一类为员工持有企业实有股权,如员工直接持股目标企业,或者设立员工持股平台,员工通过持股平台间接持股目标企业;另一类为员工仅持有企业的虚拟股权,而不持有企业实有股权,企业可以通过与员工签订内部协议的方式令员工"虚拟"地持有企业股权以享有企业分红收益权与增值收益权。

上述分类可能并未涵盖所有股权激励模式，本文如此分类仅是为了方便从企业股权结构及经营治理角度进行分析，持有企业实有股权是指能够真实地被记载于股东名册，导致企业股权结构变动的模式，而持有虚拟股权则是指对企业股权结构不产生影响的模式。

以期权为例，虽然在期权未行权前，该员工不享有目标企业股权，但在行权后，该员工则享有了企业股权，因此，我们将其暂划入持有企业实有股权的范围；而对于虚拟股票、股票增值权等模式，其多是通过协议约定的方式令员工享有股权的分红权，但并不真实登记为企业股东、持有企业股权，故而暂划分至持有企业虚拟股权的范围，以此类推。

从创始人的角度，从企业股权结构、企业经营治理两个方面对两者的优势和劣势进行对比分析，如表5-2所示：

表5-2　员工持有企业实有股权与虚拟股权对比

激励模式	持有企业实有股权	持有企业虚拟股权
优势	员工真正持股，激励效果强； 对企业现金流、利润分配要求相对较低	员工仅享有收益权，不享有实有股权的所有权与表决权，不影响企业资本总额与股东结构，不影响创始人对企业的实际控制权； 不涉及企业取得股权的来源问题，可采取签订内部协议的方式； 退出方式简单，员工离开企业时所持虚拟股权自动丧失
劣势	员工真正持股，影响企业资本总额与股东结构，影响创始人股东对企业的实际控制权； 企业需考虑股权的来源问题； 退出方式复杂，如员工离开企业后不愿放弃股东身份而依旧持有企业股权，可能产生纠纷，对企业经营决策等产生不利影响	员工不是真正意义上的股东，激励效果较持有实有股权为弱； 持有虚拟股权的员工股东需要企业兑现分红权益，对企业现金流造成压力； 对于拟IPO的企业，采取虚拟股权对企业利润要求较高

（2）股权激励平台的设立

对于初创期的企业，通常存在人员流动较大、核心团队不稳定的情况，且鉴于《公司法》对有限责任公司股东人数存在50人以下的限制，因此,较多企业选择设立一个或多个持股平台的模式,由持股平台持有企业股权,而员工通过持股平台间接持股目标公司。

通常情况下,持股平台的组织形式为有限责任公司和有限合伙企业,从创始人对持股平台的控制、实行股权激励员工的数量、员工入/离职后的股权处置等角度,对两者进行区别分析,如表5-3所示。

表5-3　有限责任公司与有限合伙企业持股平台对比

组织形式	有限责任公司	有限合伙企业
股东/合伙人数量	50人以下	2~50人,至少1名GP
加入方式	员工通过增资加入的,原则上须经股东会2/3以上表决权通过;员工通过受让股权加入的,原则上须经转让方以外其他股东过半数同意	原则上须经全体合伙人一致同意,但可以在合伙协议中作出其他约定
退出方式	员工通过减资退出的,原则上须经股东会2/3以上表决权通过,且需符合减资条件;员工通过转让股权退出的,向企业其他股东转让不受限制;向股东以外的人转让,原则上须经转让方以外其他股东过半数同意	经全体合伙人一致同意,或合伙协议约定的其他事由发生
控制权	原则上创始人至少须享有51%的表决权	创始人可直接或间接做GP,以控制合伙企业

(三)企业发展期股权架构设计应考虑的因素

企业在初创期取得天使轮投资之后,往往已经经过市场检验并达到一个相对稳定的阶段,为加快项目发展、解决企业资金短缺的问题,创始人则会结合企业实际情况进行后续融资,具体包括A轮、B轮、C轮、D轮、E轮中的部分或全部轮次。在此阶段,不同轮次的投资人进入企业后会提出不同需求,其中最为重要的就是取得的股权比例。

需要说明的是,鉴于创始人将100%股权转让投资人的这种交易中,股权变动单一且不涉及股权架构设计,故此处我们不予讨论。

1. 投资人的角色

根据不同的分类标准，可以把投资人分为不同类别：财务投资人、战略投资人、PE、VC、IVC、上市公司投资人、国企投资人、民营企业投资人。

（1）VC 呈现 PE 化

通常情况下，VC 主要投资成长期的企业，是企业成长的孵化器，待企业发育相对成熟后，将所投入的资本以股权形态转卖于 PE 或者通过企业上市进行退出。PE 多是通过私募的形式对非上市企业进行权益性投资，并通过上市、并购或创始人回购等方式，出售持股获利，其投资的企业多是已经形成一定规模，并产生稳定现金流的成熟企业，对赌也通常发生在 PE 进入的股权性投资阶段。

随着企业发展阶段的模糊化，VC 已开始呈现 PE 化的趋势，且对于被投企业来讲，投资人具体为 VC 机构还是 PE 机构，差异影响并不明显。

值得注意的是，在这个问题的框架下，我们提醒创始人在引入投资人时应进行背景调查，研究投资机构过去已经投资的项目，明确其投资偏好。比如有投资机构倾向于投资短期内能够上市的企业，便于快速取得投资收益，而拒绝投资处于发展阶段的企业，如此时处于发展阶段的企业寻求该类投资机构投资，拒绝后可能招致对企业本身的负面评价，得不偿失。

（2）区分战略投资人与财务投资人

根据投资目的不同，可将投资人分为战略投资人与财务投资人。战略投资人通常是以 BAT 为代表的以扩张产业链、追求产业协同为目标的投资人，财务投资人通常是以基金管理机构管理的基金产品为代表的追求高净值回报、3 年至 5 年退出为目标的投资人。

投资的目的不同，自然对应的需求也不同，其中最明显的差异体现在投资人的持股比例上。战略投资人因为要参与被投企业生产经营活动，纳入其整体战略规划，所以通常要求持股 51%及以上，财务投资人通常不参与被投企业日常管理经营，多在财务、资本运作方面提建议并进行监督，持股比例通常在 10%以下。

目标公司在引入投资人后，尤其是引入了对持股比例要求相对较高的战略投资人后，创始人是否应坚持拒绝稀释或转让其所持股权以保障其对企业的实际控制权，应考虑多方因素，或者利用其他方式保障其对企业的控股权。

值得注意的是，如果创始人未能在与投资人签订投融资协议时保证自身对目标公司的控制权,我们建议应谨慎签订对赌协议。因为对赌周期内,如创始人丧失控股股东身份,亦无法通过占有董事会席位以任命总经理等高级管理人员,那么实际上创始人是在无法经营管理企业的前提下依旧承担相应的对赌义务,将会使创始人利益处于极大风险之中。

(3)国企投资人的特殊性

接受国企投资人的投资对于被投企业来说优势明显,一是可以为被投企业增加国资背书,拓展后续的融资渠道;二是国企资金背景雄厚,除通过股权投资外,还可以通过向被投企业提供委托贷款等方式缓解被投企业资金压力;三是国企具备渠道资源等,如被投企业在有国企参股的情形下,更容易取得建筑施工、房地产开发、设计院等资质。

但需要注意的是,国企内部体制机制可能与被投企业管理运营模式存在冲突,加之双方在企业文化、人才任命、管理体系等方面存在天然差异性,需要长期磨合过程。此外,国企投资人通常保障其在被投企业的控股地位,即通常要求持股比例在 51% 以上。因此,创始人在引入国企投资人时,要充分考虑引入投资后对企业控制权带来的影响,以及是否能够接受国企对被投企业的管理模式,统筹设计股权比例,为投后管理打下基础。否则,不仅无法发挥国企投资后的诸多优势,甚至可能会出现重大分歧或矛盾,最终导致合作失败。

2. 股权架构的动态平衡

(1)整个融资过程的动态平衡

企业的股权架构设计不能仅关注某一轮的具体融资情形,同时应兼顾后续融资甚至上市前股权结构清理。作为创始人,应把控股权稀释、股权激励、股权转让等方面的份额和节奏,适时调整或改进股权架构设计,建立一个相对平衡、稳定的利益分配机制,以实现创始股东享有控股地位、投资人获取投资收益、核心员工实现激励作用等多赢的局面。

(2)前序投资人与后轮次投资人之间的平衡

为避免投资人之间的信息不对称,后轮次投资人通常会要求同时享有前轮次投资人的权利,甚至要求企业给予后轮次投资人更优惠的条件。

因为通常情况下由创始人与后轮次投资人进行谈判协商,如给予后轮次投资人更多的优惠条件,可能导致前序投资人拒绝在增资协议上签字,且创始人需承担更多特殊义务;如拒绝后轮次投资人享有前轮次投资人的权利,则可能产生融资困境。

如何在成功获得融资与风险防控之间取得平衡，是一门谈判艺术，更取决于被投企业自身标的质量优劣以及投资人的具体需求。

在被投企业作为标的的质量短时间内无法改变的情况下，投资人可能会有哪些利益诉求呢？具体包括：股权不被后轮次投资人稀释、股权价值不减损、参与企业重要决策、获得足够的信息，创始人应该在明确前述投资人需求的情形下进行各方的利益平衡。

（四）企业拟上市阶段股权架构设计应考虑的因素

在企业经历了多轮投融资之后的预备上市阶段，针对企业股权结构设计需考量的则是不要为企业上市“埋雷”。

首先，创始人需考量现存股权结构是否存在股权代持、出资瑕疵、股权质押、股权冻结；是否存在令企业陷入实际控制人/控股股东变动、股权架构不稳定、股权结构不明晰等上市负面情形。

其次，如果企业实行前述股权激励方案，或者采用下文的股权架构设计方案等，则需对此类安排进行合理地调整，以提前“排雷”。

（五）其他可运用于股权架构设计的方法

1. 创始人控制持股平台表决权

结合上文所述，大部分企业会对核心团队进行股权激励，且在进行股权激励时会设立持股平台，具体操作在此不再赘述。

因此，若创始人可通过控股持股平台，以取得持股平台所持目标公司相应的表决权，提高自身在目标公司的表决权占比，则有利于实现自身对目标公司的实际控制。

2. 设置 AB 股

AB 股，又称“双层股权结构”，即我们常说的“同股不同权”。根据《公司法》第 42 条之规定：“股东会会议由股东按照出资比例行使表决权；但是，公司章程另有规定的除外。”因此，在有限责任公司中，《公司法》允许股东通过公司章程对表决权的行使进行特殊约定。

比如，在创始人持股比例不足 50% 时，在同股同权的结构设计下，其很难得到企业的相对控制与经营管理权。通过设置 AB 股，分离股权所代表的表决权与分红权：在分红权方面，A 股与 B 股享有相同权利；但在表决权方面，B 类股表决权数量为 A 类股的 X 倍，通过由创始人持有 B 股、投资人持有 A 股的模式，令创始人以较低的持股比例享有一个较高的表决权数，来保障自身对目标公司的实际控制权。

3. 签署一致行动人协议

除核心团队持股平台外,如果企业还存在创始人与各轮投资人之外的其他小股东,为取得企业的控制权,创始人可联合企业的其他小股东签署一致行动人协议,明确在行使表决权时,其他小股东的意见应与创始人保持一致,从而保证企业始终在创始人的决策意愿下发展,同时也可以在一定程度上满足其他小股东对企业内部决策施加影响的需求。

综上所述,一家企业可能经历创业阶段至拟上市阶段中某个或某几个阶段,这期间,合理的股权架构是企业前进的重要保障。平衡好创始人、核心员工及投资人之间的股权分配比例,动态优化股权结构,才能促进企业持续向好发展,促成多方共赢的美好局面。

二、对赌中的股权代持

(一)投资方与目标公司股东/实际控制人进行对赌成为主要交易模式

最高人民法院于 2019 年 11 月公布的《九民纪要》就对赌协议的效力给出明确结论:承担对赌补偿责任及回购义务的主体不再成为判断对赌协议效力的依据,在不存在法定无效事由的情况下,投资方与目标公司股东或实际控制人、投资方与目标公司之间的对赌协议均为有效。结束了长期以来关于"投资方与目标公司对赌是否有效"的争论。

在《九民纪要》中,最高人民法院也为目标公司承担对赌补偿责任及回购义务的实际履行规定了前提条件,即股东不得抽逃出资;(回购)须符合《公司法》股份回购的强制性规定并以完成减资程序为前提;(现金补偿)须符合《公司法》利润分配的强制性规定。这一规定使目标公司实际承担现金补偿责任及回购义务的难度大大增加。

同时,鉴于此前"海富案"所确立的"与目标公司对赌无效"的观点在对赌司法实践中长期的重大影响,不难发现,在《九民纪要》出台之前,投资方已经更多地选择了与目标公司股东或实际控制人进行对赌的交易模式,同时将目标公司作为担保人。可以预见,在《九民纪要》公布之后,投资方会更加坚定地选择将目标公司股东或实际控制人作为对赌责任的承担主体。

(二)目标公司可能存在股权代持现象

在投资方进行投资时,目标公司往往处于初创或发展阶段,为便于决策和经营管理,其组织形式通常均为有限公司,待未来发展成熟基本符合上市条件时再择机变更为股份公司。

实务中,有限公司的股东可能出于不同的考虑,采取股权代持的方式进行投资,主要包括以下几种情况:

1. 规避我国法律、行政法规关于禁止或限制投资的相关强制性规定,如:

(1)外国投资者为规避我国的行业准入或持股比例限制或监管,而委托境内主体代持股权。

(2)公务员为规避《公务员法》第 59 条关于公务员"违反有关规定从事或参与营利性活动"的禁止性规定,委托他人代持股权。

2. 规避《公司法》关于有限责任公司股东人数或资格等规定,如:

(1)《公司法》第 58 条规定:"一个自然人只能投资设立一个一人有限责任公司。该一人有限责任公司不能投资设立新的一人有限责任公司。"同一自然人股东为实现设立多个公司之目的,委托他人代持股权。

(2)《公司法》第 24 条规定:"有限责任公司由五十个以下股东出资设立。"为将有限责任公司股东人数控制在 50 人以下,部分实际出资人委托他人代持股权。

3. 以隐瞒资产、逃避债务等为目的而委托他人代持股权,如:

(1)实际出资人基于不愿"露富"等原因,为隐瞒资产而委托他人代持股权。

(2)实际出资人因面临债务追索、离婚纠纷,以委托他人代持股权方式逃避债务。

4. 其他情况,如:

(1)出于商业安排等考虑委托他人代持股权。

(2)为简化公司股权结构而委托他人代持股权。

(3)亲友熟人之间基于一般信赖关系而产生的股权代持等。

因此,作为有限公司的目标公司,其登记股东有可能并不是实际出资人,而仅仅是名义股东。

(三)问题的提出

在对赌交易中,投资方多为 PE(私募股权投资)、VC(风险投资)、IVC(独立风险投资)及上市公司,进行股权投资、并购,原本就是投资方的主要业务,或基于监管要求,投资方通常不能或没有必要采用股权代持方式进行投资。

然而,如果目标公司存在股权代持,投资方将不可避免地面临一些问题,例如,面对股权代持,投资方都享有哪些权利?投资方的权利应向谁主张?股权代持是否会构成投资方主张权利的障碍?事先是否知晓股权代持,对投资方主张权利是否有影响?等等。

(四)股权代持

1. 股权代持的法律特征、成立与生效

(1)股权代持的法律特征

股权代持并非法律术语,其法律特征主要由法院在审判实践中总结而来。

《公司法解释(三)》第24条规定:“有限责任公司的实际出资人与名义出资人订立合同,约定由实际出资人出资并享有投资权益,以名义出资人为名义股东,实际出资人与名义股东对该合同效力发生争议的,如无合同法第五十二条规定的情形,人民法院应当认定该合同有效。前款规定的实际出资人与名义股东因投资权益的归属发生争议,实际出资人以其实际履行了出资义务为由向名义股东主张权利的,人民法院应予支持。名义股东以公司股东名册记载、公司登记机关登记为由否认实际出资人权利的,人民法院不予支持。……”

由此,股权代持的主要法律特征如下:

①实际出资人为实际履行出资义务的一方,但其出资记载于名义股东名下

根据《公司法》,股东负有向公司认缴并实缴注册资本的义务,履行出资义务也是投资人取得股东资格的必要条件。在股权代持中,实际承担并履行出资义务的人是实际出资人;但是,实际出资人的出资以名义股东的名义投入公司,即公司股东名册、章程及公司登记机关登记中对应该出资的股东为名义股东,而非实际出资人。

②实际出资人实际享有公司股权的投资权益

虽然实际出资人并未登记在公司股东名册、章程及公司登记材料中,但其实际享有股权的“投资权益”。

关于“投资权益”的具体含义,最高人民法院认为:“实际出资人与名义股东可以约定实际出资人享有之投资权益可以包含股权之全部权能,即双方可以约定实际出资人间接行使全部股权,包括股权之自益权与共益权。当然,由于实际出资人享有之投资权益并不等同于名义股东享有的股东权益,此两种权益可以进行分割,如双方当事人可以约定实际出资人只享有收

益权,而不享有其他权利,由名义股东按照自由意志行使股权其他权能。"①

③股权代持的安排往往由双方以合同方式进行明确约定

在实际操作中,股权代持主要通过两种方式实现:①实际出资人先履行出资义务然后通过"股权转让"等方式将股东变更为名义股东;②实际出资人将出资交付名义股东,由名义股东向公司履行出资义务。

鉴于以上两种股权代持的实际操作方式均存在多种解读的可能性,因此,司法解释和审判实践中通常以实际出资人与名义股东签订书面代持协议,作为认定存在股权代持的重要依据。

(2)股权代持的成立要件

结合《公司法解释(三)》规定的内容以及股权代持的法律特征,股权代持属于双方民事法律行为,并通过"订立合同"方式得以确立。

《合同法》第13条规定:"当事人订立合同,采取要约、承诺方式。"

《合同法》第10条规定:"当事人订立合同,有书面形式、口头形式和其他形式。

法律、行政法规规定采用书面形式的,应当采用书面形式。当事人约定采用书面形式的,应当采用书面形式。"

《民法典》第471条规定:"当事人订立合同,可以采取要约、承诺方式或者其他方式。"《民法典》第469条规定:"当事人订立合同,可以采用书面形式、口头形式或者其他形式。书面形式是合同书、信件、电报、电传、传真等可以有形地表现所载内容的形式。以电子数据交换、电子邮件等方式能够有形地表现所载内容,并可以随时调取查用的数据电文,视为书面形式。"

因此,与其他合同一样,经过要约与承诺,实际出资人与名义股东就股权代持的意思表示达成一致,无论书面抑或口头形式,股权代持合同即可成立。

(3)股权代持的生效要件

合同的成立主要关注当事人意思表示的外在表现,达成一致即可认定合同成立,判断标准的偏重点在于事实问题;而合同的生效则主要体现了法律对当事人意思表示的价值判断,即当事人的意思表示能否产生其预期的

---

① 最高人民法院民事审判第二庭编著:《最高人民法院关于公司法解释(三)、清算纪要理解与适用【注释版】》,人民法院出版社2014年版,第379页。

法律效果,受到法律保护,应以立法和司法的价值取向作为评判依据。

股权代持属于双方民事法律行为,以“订立合同”方式加以约定,对其法律效力的评价,在《民法典》正式施行前,应当依据《合同法》的相关规定,《公司法解释(三)》第 24 条中“如无合同法第五十二条规定的情形,人民法院应当认定该合同有效”也对此予以明确。自 2021 年 1 月 1 日起,认定合同无效的判断依据应为《民法典》第 153 条及第 154 条。

因此,除存在《合同法》第 44 条、[①]第 45 条、[②]第 46 条;[③]《民法典》第 502 条、[④]第 158 条、[⑤]第 160 条规定的应当办理批准、[⑥]登记等手续、附生效条件或生效期限等特殊情况外,若要确定地发生法律效力,股权代持应符合民事法律行为的一般生效要件。

《民法通则》(2009 年修正)第 55 条规定:“民事法律行为应当具备下列条件:(一)行为人具有相应的民事行为能力;(二)意思表示真实;(三)不违反法律或者社会公共利益。”

《民法典》第 143 条规定:“具备下列条件的民事法律行为有效:(一)行为人具有相应的民事行为能力;(二)意思表示真实;(三)不违反法律、行政法规的强制性规定,不违背公序良俗。”

因此,股权代持的生效要件如下:

---

① 《合同法》第 44 条规定:“依法成立的合同,自成立时生效。法律、行政法规规定应当办理批准、登记等手续生效的,依照其规定。”

② 《合同法》第 45 条规定:“当事人对合同的效力可以约定附条件。附生效条件的合同,自条件成就时生效。附解除条件的合同,自条件成就时失效。当事人为自己的利益不正当地阻止条件成就的,视为条件已成就;不正当地促成条件成就的,视为条件不成就。”

③ 《合同法》第 46 条规定:“当事人对合同的效力可以约定附期限。附生效期限的合同,自期限届至时生效。附终止期限的合同,自期限届满时失效。”

④ 《民法典》第 502 条规定:“依法成立的合同,自成立时生效,但是法律另有规定或者当事人另有约定的除外。依照法律、行政法规的规定,合同应当办理批准等手续的,依照其规定。未办理批准等手续影响合同生效的,不影响合同中履行报批等义务条款以及相关条款的效力。应当办理申请批准等手续的当事人未履行义务的,对方可以请求其承担违反该义务的责任。依照法律、行政法规的规定,合同的变更、转让、解除等情形应当办理批准等手续的,适用前款规定。”

⑤ 《民法典》第 158 条规定:“民事法律行为可以附条件,但是根据其性质不得附条件的除外。附生效条件的民事法律行为,自条件成就时生效。附解除条件的民事法律行为,自条件成就时失效。”

⑥ 《民法典》第 160 条规定:“民事法律行为可以附期限,但是根据其性质不得附期限的除外。附生效期限的民事法律行为,自期限届至时生效。附终止期限的民事法律行为,自期限届满时失效。”

①当事人具有相应的缔约能力

《合同法》第 9 条规定："当事人订立合同,应当具有相应的民事权利能力和民事行为能力。"

当事人的缔约能力,因自然人、法人或其他组织而有所不同。

②当事人意思表示真实

当事人订立合同时意思表示须真实,不存在意思表示瑕疵,既不存在因欺诈、胁迫等导致的意思表示不自由,也不存在因重大误解等导致的意思与表示不一致的情况。

③合同目的和内容均不违反法律、行政法规的强制性规定,不损害国家或社会公共利益,不违背公序良俗。

该要件为合同生效的消极要件,合同目的或内容违反法律、行政法规的强制性规定,或损害国家或社会公共利益,或违背公序良俗,必然不能得到法律的认可,无法实现当事人期待的法律效果。

(4)股权代持无效的判断标准

如上所述,股权代持产生于实际出资人与名义股东之间的合同约定,因此,股权代持无效的判断标准应为《合同法》关于合同无效的规定以及《民法典》关于民事法律行为无效的规定。

《合同法》第 52 条规定:"有下列情形之一的,合同无效:(一)一方以欺诈、胁迫的手段订立合同,损害国家利益;(二)恶意串通,损害国家、集体或者第三人利益;(三)以合法形式掩盖非法目的;(四)损害社会公共利益;(五)违反法律、行政法规的强制性规定。"

《民法典》第 153 条规定:"违反法律、行政法规的强制性规定的民事法律行为无效。但是,该强制性规定不导致该民事法律行为无效的除外。违背公序良俗的民事法律行为无效。"

《民法典》第 154 条规定:"行为人与相对人恶意串通,损害他人合法权益的民事法律行为无效。"

鉴于《民法典》于 2021 年 1 月 1 日起正式实施,现有案例均以《合同法》第 52 条作为裁判依据。从目前实际发生的案例情况看,以规避我国法律、行政法规关于禁止或限制投资相关强制性规定的股权代持、以逃避债务为目的的股权代持,因明显违背立法目的及价值取向,通常会被认定为无效,法律依据主要是《合同法》第 52 条中第 3 项和第 5 项。

股权代持被认定无效后,实际出资人应将股权转让给他人,转让则应当符合《公司法》关于有限公司股权转让的规定。

2. 股权代持中实际出资人与名义股东之间的法律关系——委托

《公司法》(2018 年修正)第 4 条规定:“公司股东依法享有资产收益、参与重大决策和选择管理者等权利。”

实际出资人享有的“投资权益”既可以包含股权的全部权能;也可以仅指部分权能,如收益权,其他权利则由名义股东按照自己的意志行使。

因此,股权代持的安排可能出现如下三种情况:

(1)挂名代持

挂名代持系指名义股东持有股权,但所有股东权利、义务均由实际出资人享有并承担,即实际出资人间接行使全部权能,名义股东仅起挂名作用。

《合同法》第 396 条规定:“委托合同是委托人和受托人约定,由受托人处理委托人事务的合同。”

《民法典》第 919 条规定:“委托合同是委托人和受托人约定,由受托人处理委托人事务的合同。”

同时结合《合同法》《民法典》中委托合同的其他相关规定可以看出,委托合同的标的是劳务,有偿或无偿均可,且为非要式(无特殊形式要求),受托人亦可以自己的名义处理委托人的事务(隐名代理或间接代理),因此,委托合同具有广阔的适用空间。

在挂名代持情形下,名义股东的角色仅为“提线木偶”,向实际出资人提供的是“代为”进行意思表示并转交相应结果的服务,实际出资人与名义股东之间的关系应为委托。

(2)完全代持

完全代持系指实际出资人仅享有股权投资的资产收益,股权的其他权能均由名义股东按照自由意志行使。

《信托法》第 2 条规定:“本法所称信托,是指委托人基于对受托人的信任,将其财产权委托给受托人,由受托人按委托人的意愿以自己的名义,为受益人的利益或者特定目的,进行管理或者处分的行为。”

信托最早起源于英国,体现出了明显不同于大陆法系既有财产制度的特点,我国于 2001 年对信托进行了单独立法。信托独特性的重要体现之一即信托财产的独立性。《信托法》第 52 条规定:“信托不因委托人或者受托人的死亡、丧失民事行为能力、依法解散、被依法撤销或者被宣告破产而终止,也不因受托人的辞任而终止。但本法或者信托文件另有规定的除外。”

如完全代持符合《信托法》关于信托,尤其是信托财产独立性的规定,实际出资人与名义股东按照《信托法》的规定签订了信托书面文件,则二者之间的关系应属于信托法律关系。

如实际出资人与名义股东并无形成信托法律关系的意愿,通常也不会就代持股权的管理和处分按照信托特有的方式进行约定,此时,完全代持并不符合《信托法》关于信托(尤其是信托财产独立性)的规定,实际出资人与名义股东之间的关系应为委托。

(3)不完全代持

不完全代持系指处于挂名代持与完全代持之间的状态,即实际出资人除享有投资收益外,还间接行使股权的部分其他权能,如参与重大决策,其余的权能由名义股东行使。

基于对挂名代持和完全代持法律关系的讨论结果,不完全代持中,实际出资人与名义股东之间的关系应为委托。

由此可见,股权代持中实际出资人与名义股东之间的法律关系,除个别以信托方式安排外,绝大多数都属于委托关系。

3. 股权代持纠纷中常见的主体及其司法保护顺序

(1)股权代持纠纷中常见的主体

在有限公司股权代持纠纷中,通常会涉及的主体有:①公司;②实际出资人、名义股东;③公司其他股东;④前述主体以外的第三人(主要包括代持股权的受让人/权利人、公司的债权人,以下简称第三人)。

(2)确定司法保护顺序的原则

股权代持纠纷中,最为核心和多见的争议焦点集中在代持股权的权利归属及相应的责任承担问题。

关于股权的权利归属问题,理论与实务界多数专家认为,股东取得公司股权,须满足实质要件及形式要件,实质要件主要指股东认缴或实缴注册资本,形式要件主要指完成公司内部的登记手续,而公司外部的工商登记应当作为对抗要件。

因交易主体的内心意思无法探究,且存在随时变化的可能性,而其内心意思几乎无一例外都需要通过外在行为予以表达;同时,从保证商事交易安全性及效率的角度出发,商事行为遵循外观主义。

外观主义指交易行为的效果以交易当事人行为的外观为准。即使外在的显示与内在的事实不一致,商事主体仍须受此外观显示的拘束,外观的显示优越于内在的事实。法定事项一经登记,即产生公信力,登记事项被推定为真实、准确、有效。①

法律应当保护基于公信力产生的信赖利益。因此,公示产生公信力。权利的发生、变更、消灭在多大范围内为人所知,即在该范围内具有公示意义,亦在该范围内产生公信力。

(3)股权代持纠纷中常见主体的司法保护顺序

就股权代持中常见主体的司法保护顺序问题,《公司法解释(三)》主要用三个条文(第 24 条、第 25 条、第 26 条)进行了规定。

①善意第三人应当得到优先保护

第一,关于代持股权的受让人/权利人的保护。

《公司法解释(三)》第 25 条第 1 款规定:

"名义股东将登记于其名下的股权转让、质押或者以其他方式处分,实际出资人以其对于股权享有实际权利为由,请求认定处分股权行为无效的,人民法院可以参照物权法第一百零六条的规定处理。"

《物权法》第 106 条(物权的"善意取得")规定:"无处分权人将不动产或者动产转让给受让人的,所有权人有权追回;除法律另有规定外,符合下列情形的,受让人取得该不动产或者动产的所有权:(一)受让人受让该不动产或者动产时是善意的;(二)以合理的价格转让;(三)转让的不动产或者动产依照法律规定应当登记的已经登记,不需要登记的已经交付给受让人。受让人依照前款规定取得不动产或者动产的所有权的,原所有权人有权向无处分权人请求赔偿损失。当事人善意取得其他物权的,参照前两款规定。"

《民法典》第 311 条规定:"无处分权人将不动产或者动产转让给受让人的,所有权人有权追回;除法律另有规定外,符合下列情形的,受让人取得该不动产或者动产的所有权:(一)受让人受让该不动产或者动产时是善意;(二)以合理的价格转让;(三)转让的不动产或者动产依照法律规定应当登记的已经登记,不需要登记的已经交付给受让人。受让人依据前款规定取

① 最高人民法院民事审判第二庭编著:《最高人民法院关于公司法解释(三)、清算纪要理解与适用【注释版】》,人民法院出版社 2014 年版,第 405 页。

得不动产或者动产的所有权的，原所有权人有权向无处分权人请求损害赔偿。当事人善意取得其他物权的，参照适用前两款规定。”

第二，关于公司债权人的保护。

《公司法解释（三）》第 26 条第 1 款规定：“公司债权人以登记于公司登记机关的股东未履行出资义务为由，请求其对公司债务不能清偿的部分在未出资本息范围内承担补充赔偿责任，股东以其仅为名义股东而非实际出资人为由进行抗辩的，人民法院不予支持。”

从保证交易安全性及效率的角度出发，商事行为遵循外观主义，法律应当保护基于公信力产生的信赖利益；权利的发生、变更、消灭登记的公示范围，决定了公信力的适用范围。

因此，出于同样的考虑，在股权代持纠纷中，《公司法解释（三）》对善意第三人的利益保护，作出了适用《物权法》善意取得制度的安排，即只要第三人为善意，实际出资人与名义股东之间就股权代持的合同约定，对善意第三人不产生约束力，善意第三人可以取得股权或质权等权利。

②对公司以及公司其他股东的保护应优于实际出资人

《公司法解释（三）》第 24 条第 3 款规定：“实际出资人未经公司其他股东半数以上同意，请求公司变更股东、签发出资证明书、记载于股东名册、记载于公司章程并办理公司登记机关登记的，人民法院不予支持。”

如上所述，公示产生公信力，公示的范围决定了公信力的范围。同样，实际出资人与名义股东之间关于股权代持的协议，效力范围仅限于二者之间，不能产生直接约束公司以及公司其他股东的法律效果。

若公司及公司其他股东对股权代持并不知情，实际出资人提出“显名”诉求，在公司及公司其他股东看来，效果与《公司法》第 71 条规定的“股东向股东以外的人转让股权”并无二致，因此，实际出资人实现“显名”，必须取得公司其他股东半数以上同意。只是，在实际出资人提出“显名”诉求时，公司其他股东对代持股权并无优先购买权。

针对实际出资人的“显名”条件问题，《九民纪要》第 28 条又从司法实践角度作了补充规定：“实际出资人能够提供证据证明有限责任公司过半数的其他股东知道其实际出资的事实，且对其实际行使股东权利未曾提出异议的，对实际出资人提出的登记为公司股东的请求，人民法院依法予以支持。公司以实际出资人的请求不符合公司法司法解释（三）第 24 条的规定为由抗辩的，人民法院不予支持。”

③实际出资人与名义股东之间的合法约定应得到尊重，投资权益应由实际出资人享有

《公司法解释(三)》第24条第1款规定："有限责任公司的实际出资人与名义出资人订立合同，约定由实际出资人出资并享有投资权益，以名义出资人为名义股东，实际出资人与名义股东对该合同效力发生争议的，如无合同法第五十二条规定的情形，人民法院应当认定该合同有效。"

股权代持属于双方民事法律行为，并通过实际出资人与名义股东"订立合同"方式得以确立。

除信托型股权代持外，股权代持中的实际出资人与名义股东之间的关系应为委托关系，与其他合同一样，经过要约与承诺，实际出资人与名义股东就股权代持的意思表示达成一致，无论书面抑或口头形式，股权代持合同即可成立。

如不存在应当办理批准、登记等手续、附生效条件或生效期限等特殊情况，只要符合一般生效要件，且不存在《合同法》第52条、《民法典》第153条及第154条所规定的情形，股权代持合同即可在实际出资人与名义股东之间产生约束力。

《公司法解释(三)》第24条第2款规定："前款规定的实际出资人与名义股东因投资权益的归属发生争议，实际出资人以其实际履行了出资义务为由向名义股东主张权利的，人民法院应予支持。名义股东以公司股东名册记载、公司登记机关登记为由否认实际出资人权利的，人民法院不予支持。"

等价有偿、公平及诚实信用等原则应贯穿于全部民商事活动之中，除赠与等特殊情况外，民商事主体享有权利通常均以承担或履行相应义务为前提。具体到股权代持，享有"投资权益"必然以向公司履行出资义务为前提。

股权代持的重要特点为公司股东的"名实不副"，即实际出资人为实际履行出资义务的一方，但其出资记载于名义股东名下；名义股东并不实际履行出资义务(将原本属于自己的财产权利让渡给公司)，最终也当然不应取得"投资权益"。

另外，股东名册、公司章程、工商登记均属证权文件，而非设权文件，解决的是股东资格的公示和效力范围问题，并不能成为判断投资权益归属的最终标准，名义股东不得以上述文件的记载对抗实际出资人。

（五）对赌中的股权代持

在进行股权投资之前，投资方通常会委托专业机构及人员对目标公司进行尽职调查，尽可能了解目标公司的基本情况和可能存在的风险，一方面为是否进行投资提供决策依据，另一方面也会对目标公司的价值进行初步评估。

在尽调过程中，投资方会非常关注目标公司的股东及实际控制人情况，通常也会要求融资方在投资协议中对股东及实际控制人情况作出承诺，从而锁定合作伙伴。对目标公司股东及实际控制人的尽调，通常追溯至个人即可，但如果目标公司股东为个人，对于该股东与其他主体之间可能存在的股权代持安排，尽调依然很难发现。

另外，目标公司股东的股权代持安排，往往有其商业考虑，投资方同样也可能会对该安排表示尊重，并与名义股东签订对赌协议。

如对赌义务人为目标公司股东，且该股东仅为名义股东而非实际出资人，因签订对赌协议时是否知晓股权代持而异，投资方享有不同的权利。

1. 投资方在签订对赌协议时知晓股权代持

《合同法》第402条规定："受托人以自己的名义，在委托人的授权范围内与第三人订立的合同，第三人在订立合同时知道受托人与委托人之间的代理关系的，该合同直接约束委托人和第三人，但有确切证据证明该合同只约束受托人和第三人的除外。"

《民法典》第925条规定："受托人以自己的名义，在委托人的授权范围内与第三人订立的合同，第三人在订立合同时知道受托人与委托人之间的代理关系的，该合同直接约束委托人和第三人；但是，有确切证据证明该合同只约束受托人和第三人的除外。"

一般情况下，实际出资人与名义股东之间构成委托关系，名义股东为实际出资人的代理人。如名义股东签订对赌协议系依据实际出资人的指示，或者符合其与实际出资人之间的约定，且投资方在签订对赌协议时知晓股权代持，根据《合同法》《民法典》的上述规定，对赌协议直接约束投资方与实际出资人，除非各方明确约定对赌协议仅约束投资方与名义股东。

因此，在对赌补偿条款或回购条款触发时，投资方应要求实际出资人承担补偿责任或回购义务。

需要说明的是，就现金补偿义务，实际出资人履行并不存在障碍；但对于股权补偿及回购义务，由于并未登记为目标公司股东，根据《公司法》第71

条以及《公司法解释(三)》第24条第3款的规定,实际出资人只能通过名义股东实际履行,或与目标公司的其他股东协商通过其他交易安排来履行,或者在其完成“显名”后自行履行股权补偿及回购义务。若前述方案均无法实施,投资方最终只能以实际出资人不能履行股权补偿及回购义务为由,转而要求其承担违约责任,赔偿损失。

2. 投资方在签订对赌协议时不知晓股权代持

(1)投资方可以违约为由要求融资方承担违约责任

《合同法》第107条规定:“当事人一方不履行合同义务或者履行合同义务不符合约定的,应当承担继续履行、采取补救措施或者赔偿损失等违约责任。”

《合同法》第114条第1款规定:“当事人可以约定一方违约时应当根据违约情况向对方支付一定数额的违约金,也可以约定因违约产生的损失赔偿额的计算方法。”

《民法典》第577条规定:“当事人一方不履行合同义务或者履行合同义务不符合约定的,应当承担继续履行、采取补救措施或者赔偿损失等违约责任。”

《民法典》第585条第1款规定:“当事人可以约定一方违约时应当根据违约情况向对方支付一定数额的违约金,也可以约定因违约产生的损失赔偿额的计算方法。”

投资协议通常会对目标公司的现状进行描述,融资方也要对此作出承诺,保证目标公司情况真实。而股权不存在代持、托管、冻结或其他权利负担,通常作为投资方提出的基本要求,会被写入融资方承诺之中。为使融资方的承诺对其产生实际约束力,协议通常会就融资方的承诺约定违约责任,即融资方的承诺如有不属实,则要承担相应责任,最为常见的方式为支付一定数额的违约金。

(2)投资方可以欺诈为由要求撤销对赌协议

①欺诈的含义及构成要件

《民法总则》第148条(《民法典》第148条)规定:“一方以欺诈手段,使对方在违背真实意思的情况下实施的民事法律行为,受欺诈方有权请求人民法院或者仲裁机构予以撤销。”

关于欺诈行为的定义,最高人民法院《关于贯彻执行〈中华人民共和国民法通则〉若干问题的意见(试行)》第68条规定:“一方当事人故意告知对方虚假情况,或者故意隐瞒真实情况,诱使对方当事人作出错误意思表示的,可以认定为欺诈行为。"

欺诈的构成要件一般包括四项:一是行为人须有欺诈的故意,意图使对方陷入错误判断,并诱使对方基于此错误判断而作出意思表示;二是行为人须有欺诈的行为,既包括故意虚构事实,也包括故意隐瞒应当告知的真实情况;三是欺诈行为与错误判断之间存在因果关系;四是受欺诈人基于错误判断作出意思表示。

一般地,只要融资方故意隐瞒股权代持的事实,即可以认定存在欺诈的故意和欺诈行为,如融资方既不能提供证据证明其将股权代持情况如实告知投资方,也不能证明投资方已经知晓股权代持事实,那么,欺诈行为与错误判断之间因果关系、投资方基于错误判断作出投资意思表示,这两个构成要件也得以满足。

②投资方行使撤销权的期限

《民法总则》第 152 条(《民法典》第 152 条)规定:"有下列情形之一的,撤销权消灭:(一)当事人自知道或者应当知道撤销事由之日起一年内、重大误解的当事人自知道或者应当知道撤销事由之日起三个月内没有行使撤销权;(二)当事人受胁迫,自胁迫行为终止之日起一年内没有行使撤销权;(三)当事人知道撤销事由后明确表示或者以自己的行为表明放弃撤销权。当事人自民事法律行为发生之日起五年内没有行使撤销权的,撤销权消灭。"

根据上述规定,在融资方未如实告知投资方目标公司存在股权代持的情况下,投资方应当在知晓股权代持之日起一年内行使撤销权;如对赌协议签订之日起五年内,投资方未能知晓股权代持事实或未能行使撤销权,其基于融资方欺诈所取得的撤销权将归于消灭。

需要说明的是,投资方请求融资方承担违约责任的权利并不受撤销权消灭的影响。

③撤销对赌协议的法律后果

《民法总则》第 157 条(《民法典》第 157 条)规定:"民事法律行为无效、被撤销或者确定不发生效力后,行为人因该行为取得的财产,应当予以返还;不能返还或者没有必要返还的,应当折价补偿。有过错的一方应当赔偿对方由此所受到的损失;各方都有过错的,应当各自承担相应的责任。法律另有规定的,依照其规定。"

根据上述规定,民事法律行为被撤销后,意味着民事法律行为的目的无法实现,应当恢复到民事法律行为成立或实施之前的状态,就如同这一行为未曾发生一样。

但是就对赌协议而言,能否完全恢复到协议签订之前的状态,首先取决于投资方的投资方式。投资方如以认购目标公司增资的方式进行投资,收回投资涉及目标公司的资本维持及债权人保护问题,须以目标公司完成法定减资程序为前提,难度较大;投资方如以受让目标公司股东持有的股权的方式进行投资,收回投资仅涉及投资方与目标公司股东,双方互相返还股权及相应对价,可行性较高。

鉴于撤销对赌协议系由于融资方隐瞒股权代持所导致,除申请撤销对赌协议外,投资方还可以要求融资方承担违约责任或赔偿责任。

(3)投资方可以根据实际情况选择实际出资人或名义股东承担补偿责任或回购义务

《合同法》第 403 条规定:“受托人以自己的名义与第三人订立合同时,第三人不知道受托人与委托人之间的代理关系的,受托人因第三人的原因对委托人不履行义务,受托人应当向委托人披露第三人,委托人因此可以行使受托人对第三人的权利,但第三人与受托人订立合同时如果知道该委托人就不会订立合同的除外。

受托人因委托人的原因对第三人不履行义务,受托人应当向第三人披露委托人,第三人因此可以选择受托人或者委托人作为相对人主张其权利,但第三人不得变更选定的相对人。

委托人行使受托人对第三人的权利的,第三人可以向委托人主张其对受托人的抗辩。第三人选定委托人作为其相对人的,委托人可以向第三人主张其对受托人的抗辩以及受托人对第三人的抗辩。”

《民法典》第 926 条规定:“受托人以自己的名义与第三人订立合同时,第三人不知道受托人与委托人之间的代理关系的,受托人因第三人的原因对委托人不履行义务,受托人应当向委托人披露第三人,委托人因此可以行使受托人对第三人的权利。但是,第三人与受托人订立合同时如果知道该委托人就不会订立合同的除外。

受托人因委托人的原因对第三人不履行义务,受托人应当向第三人披露委托人,第三人因此可以选择受托人或者委托人作为相对人主张其权利,但是第三人不得变更选定的相对人。

委托人行使受托人对第三人的权利的，第三人可以向委托人主张其对受托人的抗辩。第三人选定委托人作为其相对人的，委托人可以向第三人主张其对受托人的抗辩以及受托人对第三人的抗辩。”

根据上述规定，如投资方并不知晓承诺承担对赌义务的目标公司股东为名义股东，在补偿责任或回购义务条款触发时，就实际承担补偿责任或回购义务的主体，投资方享有选择权，可以要求名义股东承担补偿责任或回购义务，也可以要求实际出资人承担补偿责任或回购义务，但只能择一而定，而不能主张名义股东与实际出资人共同承担。并且，一旦投资方作出了选择，就不得再变更责任承担的主体。

另外，根据《合同法》第403条第3款、《民法典》第926条第3款的规定，如果投资方选择实际出资人承担补偿责任或回购义务，实际出资人可以主张其对名义股东的抗辩以及名义股东对投资方的抗辩。也就是说，针对投资方提出的承担补偿责任或回购义务的要求，实际出资人可以名义股东违反股权代持协议的约定、投资方违反了对赌协议的约定为由提出抗辩。

投资方在作出选择前，应当根据实际情况充分比较和评估，权衡利弊。选择名义股东作为相对人，举证责任相对较轻，胜诉难度有所降低，但名义股东通常只是“傀儡”，并不具备履行能力；选择实际出资人作为相对人，履行能力通常更强，但投资方要承担更重的举证责任，为查明事实，法院通常也会通知名义股东参加诉讼程序，不确定因素也会更多。

此外，如选择实际出资人为相对人，虽然现金补偿的履行不会有特殊障碍，但是如前所述（详见“投资方在签订对赌协议时知晓股权代持”部分），对于股权补偿和回购义务，实际出资人能否实际履行，仍存在不确定因素。

综上所述，投资方在进行决策时，应综合考虑举证责任、履行能力、时间成本、目标公司股权结构、实际出资人与名义股东及目标公司其他股东的关系等，最终应以取得胜诉且裁判文书得以实际执行为根本出发点。

3. 给投资方的几点建议

对赌实务中，目标公司可能存在股权代持现象，作为后来者的投资方，应对时可以重点做好以下几个方面的准备：

（1）对目标公司做好前期尽职调查，尽可能全面准确掌握目标公司各方面的情况，包括治理结构和股权归属问题，减少风险。

（2）如在正式签订对赌协议前即知晓目标公司存在股权代持情况，要充分了解股权代持安排的动机和必要性、对投资的具体影响等，以便就是否接受股权代持作出最终决策。如可以接受股权代持,务必要尽可能多地了解并取得实际出资人的资料,为将来主张权利做好准备;如不能接受股权代持,应与融资方协商调整方案。

(3)在签订对赌协议时,确保协议内容完整,就可能存在的股权代持风险,建议由融资方作出特别承诺,就该承诺单独约定违约责任,也可以就该问题要求融资方提供更多的担保和增信措施。

(4)即使是财务投资者,仍应密切关注目标公司及其股东的情况,尽早发现股权代持情况,注意搜集和保留证据,从自身利益最大化角度出发,及时根据实际情况并依据法律就解决方案进行全面分析,作出决策后采取行动,避免或减少损失。例如,在投资期限即将届满时方才发现融资方隐瞒了股权代持,投资方主张撤销对赌协议的实际意义已然不大。

(5)被迫面对股权代持时,在对赌补偿责任或回购义务条款触发的情况下,综合考虑举证责任、履行能力等因素,充分利用《合同法》第 403 条、《民法典》第 926 条赋予的权利,慎重选择相对人。

三、夫妻财产及债务认定

(一)夫妻财产及债务认定相关的法律规定

1. 夫妻共同财产与个人财产划分标准

在对赌投资中,所涉交易标的通常为目标公司股权,从夫妻财产认定的角度讲,第一个需要考虑的问题通常为该股权是创始人夫妻共同财产还是创始人个人财产。明确这一问题可以帮助厘清目标公司的股权权属、保护投资方权益、排除目标公司潜在上市障碍。

鉴于此,应首先明确夫妻共同财产与个人财产的划分标准,根据我国法律规定,夫妻财产的认定包括约定财产制及法定财产制,其中如夫妻双方约定财产划分,依其约定;如未进行约定或约定的内容及形式不符合法律规定的,按照法律规定划分。

(1)夫妻双方可自行约定

随着婚姻观念的改变及夫妻双方权利意识的提高,部分准夫妻或夫妻在结婚前或婚姻关系存续期间,对双方现存财产及/或未来可能产生财产权利归属进行约定,即约定财产制。

在约定财产制下,夫妻财产权益形态分为三种:一是夫妻各自所有;二是夫妻共同所有;三是夫妻部分共同所有,也即部分各自所有。具体规定如下：

《婚姻法》(2001年修正)第19条规定："夫妻可以约定婚姻关系存续期间所得的财产以及婚前财产归各自所有、共同所有或部分各自所有、部分共同所有。约定应当采用书面形式。没有约定或约定不明确的,适用本法第十七条、第十八条的规定。

夫妻对婚姻关系存续期间所得的财产以及婚前财产的约定,对双方具有约束力。

夫妻对婚姻关系存续期间所得的财产约定归各自所有的,夫或妻一方对外所负的债务,第三人知道该约定的,以夫或妻一方所有的财产清偿。"

《民法典》第1065条规定："男女双方可以约定婚姻关系存续期间所得的财产以及婚前财产归各自所有、共同所有或者部分各自所有、部分共同所有。约定应当采用书面形式。没有约定或者约定不明确的,适用本法第一千零六十二条、第一千零六十三条的规定。夫妻对婚姻关系存续期间所得的财产以及婚前财产的约定,对双方具有法律约束力。夫妻对婚姻关系存续期间所得的财产约定归各自所有,夫或者妻一方对外所负的债务,相对人知道该约定的,以夫或者妻一方的个人财产清偿。"

(2)夫妻双方未进行约定的则按照法律规定划分

在法定财产制下,除婚前财产及特定类型的财产被认定为夫妻一方财产之外,夫妻在婚姻关系存续期间所得的财产一般归夫妻共同所有,具体规定如下：

①关于被认定为夫妻共同财产的情形

《婚姻法》(2001年修正)第17条规定："夫妻在婚姻关系存续期间所得的下列财产,归夫妻共同所有：(一)工资、奖金;(二)生产、经营的收益;(三)知识产权的收益;(四)继承或赠与所得的财产,但本法第十八条第三项规定的除外;(五)其他应当归共同所有的财产。夫妻对共同所有的财产,有平等的处理权。"

《民法典》第1062条规定："夫妻在婚姻关系存续期间所得的下列财产,为夫妻的共同财产,归夫妻共同所有：(一)工资、奖金、劳务报酬;(二)生产、经营、投资的收益;(三)知识产权的收益;(四)继承或者受赠的财产,但是本法第一千零六十三条第三项规定的除外;(五)其他应当归共同所有的财产。夫妻对共同财产,有平等的处理权。"

②关于被认定为夫妻一方财产的情形

《婚姻法》(2001年修正)第18条规定:“有下列情形之一的,为夫妻一方的财产:(一)一方的婚前财产;(二)一方因身体受到伤害获得的医疗费、残疾人生活补助费等费用;(三)遗嘱或赠与合同中确定只归夫或妻一方的财产;(四)一方专用的生活用品;(五)其他应当归一方的财产。”

《民法典》第1063条规定:“下列财产为夫妻一方的个人财产:(一)一方的婚前财产;(二)一方因受到人身损害获得的赔偿或者补偿;(三)遗嘱或者赠与合同中确定只归一方的财产;(四)一方专用的生活用品;(五)其他应当归一方的财产。”

2. 夫妻共同债务与个人债务划分标准

(1)夫妻债务认定的相关法律规定

在对赌投资协议履行过程中,创始人通常因对赌失败而需承担巨额回购义务。随着此类交易产生回购义务的风险不断扩大,投资方及创始人作为利益冲突方都开始注意到:在各方未事先明确约定的情况下,投资方主张回购债务应由创始人夫妻共同承担;创始人及其配偶则往往认为该笔回购债务仅属于创始人个人债务,与配偶无关。

为回应此类争议,即对于一笔债务究竟属于夫妻共同债务还是个人债务,首先应该明确法律是如何规定的。结合《夫妻债务解释》及《民法典》的相关规定,构成夫妻共同债务的实质性前提是该债务系“为家庭利益”。

具体而言,以下三种情形下的债务可被认定为夫妻共同债务:一是夫妻共债共签(包含事后追认)的债务;二是夫妻一方以个人名义为家庭日常生活需要所负债务;三是夫妻一方以个人名义所负虽超出家庭日常生活所需,但债权人证明用于夫妻共同生活、共同生产经营或者基于夫妻双方共同意思表示的债务。具体规定如下:

《夫妻债务解释》第1条规定:“夫妻双方共同签字或者夫妻一方事后追认等共同意思表示所负的债务,应当认定为夫妻共同债务。”

《夫妻债务解释》第2条规定:“夫妻一方在婚姻关系存续期间以个人名义为家庭日常生活需要所负的债务,债权人以属于夫妻共同债务为由主张权利的,人民法院应予支持。”

《夫妻债务解释》第3条规定:“夫妻一方在婚姻关系存续期间以个人名义超出家庭日常生活需要所负的债务,债权人以属于夫妻共同债务为由主张权利的,人民法院不予支持,但债权人能够证明该债务用于夫妻共同生活、共同生产经营或者基于夫妻双方共同意思表示的除外。”

《民法典》第 1064 条规定:“夫妻双方共同签名或者夫妻一方事后追认等共同意思表示所负的债务,以及夫妻一方在婚姻关系存续期间以个人名义为家庭日常生活需要所负的债务,属于夫妻共同债务。

夫妻一方在婚姻关系存续期间以个人名义超出家庭日常生活需要所负的债务,不属于夫妻共同债务;但是,债权人能够证明该债务用于夫妻共同生活、共同生产经营或者基于夫妻双方共同意思表示的除外。”

(2)夫妻债务认定的举证责任分配规则及其演变

鉴于《婚姻法》第 17 条规定,除特殊财产类型外,婚后所得财产为夫妻共同所有。故最高人民法院在出台《婚姻法解释(二)》时认为,夫妻一方在婚姻关系存续期间以个人名义所负的债务也应当按夫妻共同债务处理,[①]也就是我们常说的“共债推定原则”,如夫妻一方主张该笔债务属于另一方的个人债务的,应承担举证责任,并承担因举证不能引发的败诉风险。具体规定如下:

《婚姻法解释(二)》(2017 年修正)第 24 条第 1 款规定:“债权人就婚姻关系存续期间夫妻一方以个人名义所负债务主张权利的,应当按夫妻共同债务处理。但夫妻一方能够证明债权人与债务人明确约定为个人债务,或者能够证明属于婚姻法第十九条第三款规定情形的除外。”

前述规定出台后,立即受到社会各界的普遍关注与批评,夫妻一方被负债、夫妻一方与债权人串通虚构债务损害另一方合法权益的事件不断发生。有鉴于此,自 2018 年 1 月 18 日起实施的《夫妻债务解释》实际上废止了《婚姻法解释(二)》第 24 条第 1 款的规定。

《夫妻债务解释》首先将以个人名义所负债务区分为两类,一是因家庭日常生活需要所负的债务;二是超出家庭日常生活需要所负的债务。第一类被认定为夫妻共同债务,第二类债务则首先推定为个人债务,仅在债权人能够证明该债务用于夫妻共同生活、共同生产经营或者基于夫妻双方共同意思表示的情形下,被认定为夫妻共同债务,也即此种情形下,债权人应承担举证责任,并承担因举证不能引发的败诉风险。

---

① 参见最高人民法院民事审判第一庭编著:《最高人民法院婚姻法司法解释(二)的理解与适用》,人民法院出版社 2015 年版,第 256 页。

《民法典》第 1064 条对《夫妻债务解释》规定的内容予以确认。

至此,对于以个人名义所负的超出家庭日常生活需要所负的债务,从“共债推定原则”演变为“个债推定原则”,举证责任人也从夫妻一方转移至债权人。

(二)投资方的权益保障

1. 顺利投资的保障措施

通常情况下,投融资交易中,投资方以股权投资进入目标公司的方式有三种:向目标公司增资、目标公司创始人等转让原有股权、向目标公司增资+目标公司创始人等转让原有股权。

通过受让创始人原有股权方式进行投资时,投资方首先需要确认的问题是:转让方是否有权处分所持股权,交易所涉股权权属是否清晰,股权转让合同效力是否存在瑕疵。从夫妻财产认定的角度讲,投资方可以要求创始人的配偶承诺对所涉股权不享有任何权益,或者创始人配偶认可创始人通过股权转让进行融资。

(1)创始人配偶承诺所涉股权不属于夫妻共同财产

交易双方可以在投融资协议中增加创始人配偶承诺书作为协议附件,配偶承诺创始人所持的目标公司股权不属于夫妻共同财产,夫妻双方已经通过签署财产分割协议将所涉股权归属问题予以明确,并与该承诺书内容一致。

此种情形下,首先,从投资方的角度讲,实现了确保股权权属清晰的目的。在投融资交易之时,创始人配偶一方无权主张其对交易所涉股权享有任何权利。即使未来创始人夫妻双方发生婚变,创始人配偶一方亦无权要求分割股权,无权要求取得目标公司股东资格,从而提前为目标公司未来上市扫除障碍。

其次,从创始人配偶一方的角度讲,在签订财产分割协议时,鉴于创始人配偶放弃目标公司股权所涉财产权利,创始人可通过将现金或其他形式的财产约定为其配偶的个人财产,以此来平衡其配偶的利益,同时创始人配偶也可以避免股权价值波动带来的财产贬值风险,不失为一种更优选择。

(2)创始人配偶认可创始人对所涉股权的处置行为

李美兰与陈家荣、许荣华确认股权转让协议无效纠纷案,作为最高人民法院公布的人民法院依法再审的三起重大涉产权案件之一,曾广受关注。

该案中,许荣华(李美兰丈夫)于看守所中将其所持牧羊集团股权低价转让给陈家荣。其妻李美兰向扬州市中级人民法院起诉,以案涉股权为夫妻共有财产为由,主张丈夫未经过妻子同意单方转让股权行为属于无权处分,股权转让协议无效。

该案经两审终审后,由江苏省高级人民法院最终判决认定案涉股权属于夫妻共有财产,但驳回了李美兰关于认定"股权转让协议无效"的诉讼请求。后最高人民法院公布该案为依法再审的三起重大涉产权案件之一,由江苏省高级人民法院提起再审后裁定撤销原一审、二审判决并指定南京市中级人民法院重新审理。2020年6月1日,原告李美兰向法院申请撤回起诉,同日,南京市中级人民法院经审查,对李美兰撤回起诉申请裁定予以准许。

需要说明的是,该案中,存在许荣华可能受到胁迫、股权转让价格偏低、陈家荣不属于善意受让人等诸多影响案件判决结果的关键性事实,因与本章研究内容无关,故不予展开。

仅就案涉股权来说,李美兰作为许荣华妻子主张案涉股权为夫妻共有财产,丈夫未经过妻子同意单方转让股权行为属于无权处分。此种情形下,陈家荣作为股权受让方,其受让股权的行为因所涉股权可能属于夫妻共有财产存在效力瑕疵,实际上不利于保障交易安全。

那么,在投融资交易中,投资方应在缔约时主动核实创始人的婚姻状况及共有财产安排。对于创始人已经结婚,且创始人配偶不愿意放弃创始人所持股权共有部分的,应要求创始人配偶出具同意处分股权的书面承诺函,并进行公证。

2. 维护投资安全并实现投资收益的保障措施

(1)目标公司IPO前股权权属清晰

目标公司IPO是投资方退出路径之一,本身存在诸多不确定性,如创始人股权权属不清晰的,则可能导致目标公司延期上市甚至最终无法上市。比如前文中提及的土豆网案例,就是因为杨蕾起诉王微要求分割夫妻共同财产,王微持有上海全土豆网络科技有限公司等在内的三家公司股权因此被冻结,导致土豆网上市申请被迫中止。

要求创始人的配偶承诺对所涉股权不享有任何权益,可以在一定程度上保障目标公司IPO前股权结构清晰,消除创始人股权权属认定方面的潜在风险。

(2)创始人夫妻股权回购债务的"共债共签"

《夫妻债务解释》第1条规定明确了夫妻共同债务的"共债共签"原则。这一原则既是为实现事后债务争议的定分止争,也是为引导债权人加强事前风险防范。

《最高人民法院民一庭负责人就〈最高人民法院关于审理涉及夫妻债务纠纷案件适用法律有关问题的解释〉答记者问》(2018年1月17日)就举例称:"很多商业银行在办理贷款业务时,对已婚者一般都要求夫妻双方共同到场签字。一方确有特殊原因无法亲自到场,也必须提交经过公证的授权委托书,否则不予贷款,这种操作方式最大限度地降低了债务不能清偿的风险,保障了债权人的合法权益,也不会造成对夫妻一方权益的损害。"

此种做法同样适用于投融资交易,对赌失败后,实践中存在创始人以各种方式向配偶转移财产、以离婚方式使自己"净身出户",进而逃避对赌失败后所产生的股权回购债务;或者部分创始人因发生婚变导致个人财产减损,偿债能力受到影响。

为避免此类风险,对投资方来说,在约定创始人承担股权回购义务时,应尽可能要求创始人夫妻共同签字,或者由创始人配偶事后通过电话、短信、微信、邮件等方式体现共同举债意思表示进行追认。这样一来,股权回购债务的形成就属于夫妻双方的共同意思表示,投资方无须再举证证明该笔债务属于夫妻共同债务,亦无须承担因无法举证而产生的败诉风险,进一步保障投资人权益。

(三)创始人的权益保障

1. 创始人的底线思维

从创始人的角度讲,对赌失败后因需承担巨额股权回购义务,导致其个人财产甚至家庭财产(夫妻共同财产)都可能会被查封、冻结、扣划、抵债,创业成本如此之高,是部分创业者在创办目标公司或进行后续融资时始料未及的。

对于一家目标公司的创始人来说,应对此种情形的方法是首先应做好最坏的打算,即明确创业失败应承担的责任限度。如签订对赌协议,这一责任承担的表现形式就是回购投资方所持股权应支付的股权回购款。

实践中根据投融双方的谈判地位、目标公司发展现状及前景、创始人夫妻的婚姻及感情状况不同,通常存在三种支付股权回购款的上限约定,具体如下:

一是创始人以所持目标公司股权价值为限承担股权回购义务，各方可约定："创始人履行股权回购义务的金额上限为：创始人在收到回购通知之日其所持有的目标公司股权的市场价值，即届时：(1)该创始人持有目标公司全部股权的可变现价值；(2)或经董事会决议选定的具有资质的评估/审计机构对该创始人持有目标公司全部股权所对应所有者权益的评估/审计金额。最终市场价值的确定以(1)、(2)中的最高数额为准。创始人最终承担的股权回购价格不超过该数额上限。"

二是创始人以个人财产价值为限承担股权回购义务，通常发生在创始人直至投资方退出之时尚未结婚，或夫妻双方依据《婚姻法》第19条、《民法典》第1065条约定婚姻关系存续期间所得的财产约定归各自所有，投资方对此明知且表示同意或默示同意。

三是创始人以夫妻共同财产价值为限承担回购义务，如前所述，创始人夫妻可能按照投资方要求共同签署相关协议，导致该笔债务被认定为夫妻共同债务。

前述三种情形的相关约定，从创始人及家庭的财产权益保护来说，第一种最优、第二种次之、第三种最弱。但在实际谈判中，几乎少有投资方接受第一种约定方案，而多数投资方会提出第三种约定方案。

创始人面对此种方案要约时应如何抉择，我们认为，创始人应具备底线思维，明确其可以舍弃的是以目标公司股权价值计算为限的财产、个人财产、家庭财产中的哪一类，进而选择接受对应的约定方案，切忌为实现融资目的而盲目接受投资方的全部要求。

2. 目标公司股权权属清晰

首先，如前所述，要求创始人配偶承诺对创始人所持目标公司股权不享有任何权益，可以在一定程度上保障目标公司IPO前股权结构清晰，清除目标公司上市的潜在障碍，这种处理方式不仅对投资方有利，对创始人来说，同样也是一种"保护"。

其次，创始人配偶承诺对创始人所持股权不享有任何权益，也在一定程度上避免夫妻双方感情破裂后，创始人配偶要求分割目标公司股权导致对目标公司发展经营产生不利后果，这也是土豆网案例给我们的启示。

(四)小马奔腾案——创始人个人名义所负股权回购债务的认定

前文中提到，夫妻共同债务存在三种类型：一是共债共签；二是以个人名义为家庭日常生活需要所负债务；三是以个人名义所负虽超出家庭日常生活所需,但债权人证明用于夫妻共同生活、共同生产经营或者基于夫妻双方共同意思表示的债务。

在小马奔腾案件中,李明去世后,李明所负股权回购债务最终被认定为李明与金燕的夫妻共同债务,就属于前述的第三种情形。值得关注的是,在该案审理过程中,最高人民法院出台了《夫妻债务解释》,将举证责任人由金燕变更为该案投资方建银文化,但这一"有利反转"也未能将金燕从"对赌泥潭"中拯救出来,原因为何,我们来进一步了解:

2011 年 3 月,小马奔腾实控人李明与建银文化签署对赌协议,对赌失败后李明不幸离世,建银文化提起诉讼,要求金燕作为李明的夫妻共同债务人承担对赌责任。金燕认为自己对对赌协议不知情,该债务不应视为夫妻共同债务。一审法院在判决中依据《婚姻法解释(二)》第 24 条,认定这笔债务为李明与金燕的夫妻共同债务。

金燕不服一审判决,提起上诉。此时,最高人民法院出台《夫妻债务解释》并规定,对于夫妻一方以个人名义超出家庭日常生活需要所负的债务,不视为夫妻共同债务,但债权人证明用于夫妻共同生活、共同生产经营或者基于夫妻双方共同意思表示的债务应认定为夫妻共同债务。

后二审法院根据建银文化提供的相关证据材料,认定金燕对于对赌协议约定的股权回购义务是明知的,其为小马奔腾董事长,参与了公司的共同经营。李明去世后,金燕的一系列行为证实李明、金燕夫妻共同经营公司,案涉债务属于二人的夫妻共同债务。

综上所述,在投融资交易中,夫妻财产及债务认定是关乎创始人、创始人配偶、投资方三方利益的重要问题,围绕相关财产及债务的合理安排对于保障交易安全和夫妻双方合法权益,具有积极意义。投资方及创始人都应该在充分了解相关法律规定的前提下进行交易方案构建,尽可能实现投资方合法权益保护和创始人夫妻合法权益保护的双赢。

第二节　对赌协议的主要条款

一、背景性条款

背景性条款又称鉴于条款,是对合同所涉交易的背景、现状、目的等内容的描述,对合同主体的权利义务不产生直接影响。通常被置于签约主体信息后,合同正文之前。

从重要性来说,因为背景性条款对主体的权利义务不产生直接影响,所以其并非所有合同的必备条款,尤其是交易及法律关系比较简单的买卖合同、租赁合同等。但对于投融资协议等相对复杂的协议,背景性条款为交易搭建了基本的事实基础,明确了交易目的,在合同目的解释、当事人权利义务内容、争议解决几个方面都有很重要的意义,应引起重视。

通常情况下,背景性条款会包括以下几点内容:交易各方基本信息(法人/非法人组织包括成立日期、住所、法定代表人/负责人、统一社会信用代码、经营范围等;自然人包括国籍、身份证号、住所地等)、交易标的、交易背景、交易方式、交易目的。具体可作如下约定:

鉴于:

甲方:某公司,成立于……住所位于……法定代表人……统一社会信用代码……经营范围……

乙方:某自然人,中国国籍,身份证号为……住所为……

目标公司:某公司,成立于……住所位于……法定代表人……统一社会信用代码……经营范围……

目标公司各股东出资额、持股比例为……甲方拟受让乙方持有的目标公司N%股权,乙方同意按照本协议约定条件将其持有的目标公司N%股权转让给甲方。

本次交易中,对目标公司的估值以双方共同选定的审计机构审核备案的评估报告为基础,经双方确定后为A元。

各方经充分友好平等协商,就本次股权转让事宜约定如下:……

二、商务核心条款

(一)业绩承诺条款

业绩承诺条款是投融资对赌协议中的核心条款,通常为目标公司/目标公司原股东/目标公司实际控制人向投资方作出业绩承诺,约定在目标公司未实现业绩承诺时进行现金或股权补偿,以现金补偿为例,列举"业绩承诺条款"如下:

乙方(指目标公司/目标公司原股东/目标公司实际控制人)承诺,目标公司未来3年的扣非净利润分别不低于B、C、D元。

各方同意,由目标公司聘请、协议各方书面认可的具有证券从业资格的会计师事务所,对目标公司未来3年的每年1月1日起12月31日止的实现扣非净利润进行审计,并向协议各方提供相应的审计报告。

如果目标公司未来3年内,任一年度经审计的扣非净利润低于前述业绩目标,则乙方应以现金对甲方进行补偿,自该年度审计报告出具之日起30日内办理完成补偿手续。

补偿金额的计算方式如下:

补偿金额=(当年业绩指标-当年实际实现的业绩)÷当年业绩指标×目标公司估值×投资方持股比例×当年业绩目标÷对赌期限内业绩目标之和-投资方当年累计分得的红利(如有)。

(二)回购条款

通常情况下,投资方的退出方式有3种,在目标公司上市后通过二级市场交易退出、向目标公司原股东之外的第三方转让股权退出、由目标公司/目标公司原股东/目标公司实际控制人等回购股权退出。就前两种退出方式而言,首先,目标公司能否上市受到目标公司自身经营状况、资本市场波动、监管部门监管标准变化等许多因素影响,不确定性较大;其次,第三方受让股权的意愿及对价会因为目标公司经营状况而发生变动,投资方在短时间内找到理想的第三方受让股权的难度较大。同时,由于目标公司回购股权通常涉及公司减资程序,所以投资方一般会通过约定目标公司原股东或目标公司实际控制人等的回购义务,预先设定退出路径,故协议各方可约定"回购条款"如下:

当出现以下情况之一时,甲方(投资方)有权要求乙方回购甲方所持有的全部或部分公司股权:

1. 目标公司未来3年内,任一年度经审计的扣非净利润低于前述业绩目标B、C、D元;

2. 目标公司截至×年×月×日未能实现在境内(包括上海或者深圳证券交易所所在的主板、中小板、科创板以及创业板)或境外(纽交所、纳斯达克、香港主板或创业板)公开发行股票及将股票在投资人认可的证券交易所上市交易。

股权回购均应以现金方式进行,全部股权回购款应在甲方发出书面回购要求之日起30日内全额支付给甲方,甲方收到全部股权回购款后,协助乙方办理工商变更登记手续。

股权回购价格计算方式如下:

回购价格＝投资本金×(1+年固定收益率)×投资之日起至实际支付回购价款之日历经的自然天数÷365天－甲方历年累计分得的红利(如有)。

(三)领售条款

领售条款，又称拖售条款、强制随售条款，其意义在于当目标公司原股东/目标公司实际控制人等主体无法履行回购义务时，增加投资方成功向第三方转让所持股权的交易机会，确保投资方顺利退出。

在涉目标公司的股权交易中，第三方仅受让投资方的所持股权，往往不能实现全面控制目标公司、整合公司业务资源、通盘设计公司发展规划之目的，故第三方通常倾向于整体收购目标公司股权。在领售条款项下，当投资方向第三方转让股权时，目标公司原股东也必须以同等条件向第三方转让其所持股权，这样可以满足第三方的前述需求，增加其购买意愿，从而保证投资方的顺利退出。协议各方可约定"领售条款"如下：

触发回购条款后，乙方(目标公司原股东)在甲方(投资方)发出书面回购要求之日起30日内未履行回购义务，甲方有权要求乙方按照甲方与第三方商定的价格和交易条件转让其持有的目标公司全部股权，目标公司应予配合。

甲方与第三方达成目标公司股权出售意向后，向乙方出具书面股权出售通知书，乙方在收到出售通知书的15日内按通知书所约定的价格和交易条件向甲方指定的第三方出售所持有的全部股权。

(四)反稀释条款

如目标公司存在多轮融资，则目标公司原股东、在先投资方所持股权比例可能存在被后续投资方稀释的情况。

例如，目标公司原股东A和B分别持有目标公司50%股权，此时引入投资方甲，目标公司增资后甲方持有目标公司20%股权，那么目标公司原股东A和B由分别持有50%股权变更为40%；如下一轮融资中，引入投资方丁，目标公司增资后丁方持有目标公司20%股权，则在先投资方甲方由持有20%股权变更为16%，目标公司原股东A和B持股比例由分别持有40%股权变更为32%……此即目标公司原股东及在先投资方的股权比例被后续投资方稀释。

为了避免因股权比例被稀释导致的对赌协议项下投资方股权价值利益被摊薄，从拒绝目标公司后续通过降低估值融资的角度，协议各方可约定"反稀释条款"如下：

本协议项下增资完成后,如果目标公司再次增加注册资本,认缴目标公司新增注册资本的后续投资方认缴新增注册资本之前对目标公司的估值不应低于本次投资完成后目标公司的投资后估值,以确保甲方在目标公司的股权价值不被稀释。

如果目标公司再次增加注册资本,认缴目标公司新增注册资本的后续投资方认缴新增注册资本之前对目标公司的估值低于本次投资完成后目标公司投资后估值的,甲方有权调整其在目标公司的股权比例,以保证其在目标公司的股权价值不被稀释。

甲方为此所支付的股权调整(甲方基于后续融资估值应获得股权-甲方基于本协议已取得股权)对价,由乙方(指目标公司原股东/目标公司实际控制人)自再次增加注册资本完成之日起 **N** 日内,向甲方补偿对应的等值现金。

(五)最优惠待遇条款

最优惠待遇条款是从最优惠国待遇演变而来,后者是国际法上被广泛采用的制度,是指在国际贸易中,各国作为协议签署主体相互达成的合意条件应不低于现在或将来给予任何第三国的优惠、特权或豁免待遇。

后来,该项制度逐渐被运用于投资方与目标公司等签订的投融资协议中,投资方为保障其权利在目标公司已经进行的、或未来可能进行的融资中均处于优先地位,往往会在投融资对赌协议中约定最优惠待遇条款。所谓"优先地位",是指如果目标公司在先或后续的投资方享受比本轮投资方更优惠的一项或多项权利,那么该轮投资方应自动享有该等权利。

协议各方通常约定"最优惠待遇条款"如下:

未经甲方(指本协议项下投资方)书面同意,目标公司不得给予任何目标公司原股东、在先投资方、后续投资方任何优先于甲方的权利、利益或任何其他待遇(本协议已明确约定的除外),如目标公司违反前述约定,导致任何目标公司原股东、在先投资方、后续投资方享有任何优先于甲方的权利、利益或任何其他待遇(本协议已明确约定的除外),则视为甲方自本协议签订之日起确定性自动享有该等权利、利益或任何其他待遇(本协议已明确约定的除外)。

(六)清算优先条款

根据持有优先股的投资方在获取清算中优先份额后,对剩余财产分配的参与程度不同,美国风险投资协会在《美国风险投资示范合同》中,在清算优先权条款下设置了完全不参与剩余分配、部分参与剩余分配、完全参与剩余分配三种情形，通过约定对于清算财产中除优先份额外的剩余财产的分配方式，来进一步保障投资方的投资收益。

目标公司发生清算事件，触发清算优先条款，协议各方按照条款约定对目标公司进行"清算"。但需强调的是，此处的"清算事件"与《公司法》第180条第1项、第2项、第3项、第4项规定的解散事由及第190条规定破产清算事由含义不完全一致，通常情况下，"清算事件"的范围大于上述《公司法》规定的解散事由。"清算事件"通常包括三类：一是目标公司解散、破产；二是目标公司股东转让股权导致公司控制权发生变更；三是目标公司全部或实质性全部资产的出售、出租、抵押或其他处置。

在目标公司解散或破产清算中，如约定"完全参与剩余分配"的方案，协议各方可约定"清算优先条款"如下：

清算事件发生后，在分别支付清算费用、职工工资、社会保险费用和法定补偿金，缴纳所欠税款，清偿公司债务后，如剩余财产按照届时各股东（包括投资方）的实缴出资比例分配，投资方分得财产高于其累计实际投资本金及对应年化N%利息，则按照各股东的实缴出资比例分配；如按前述分配方式，投资方分得财产低于其累计实际投资本金及对应年化N%利息，则按照下述方式分配：

1. 目标公司以其全部剩余财产支付投资方实际投资本金及对应年化N%利息；

2. 投资方按照其持股比例继续参与目标公司其他剩余财产分配。

如果设置"完全不参与剩余分配"方案，则直接删除前述条文2即可，如果设置"部分参与剩余分配"则将条文2替换为投资方按照其持股比例继续参与目标公司其他剩余财产分配，直至投资方所得财产达到N元。

需说明的是，除目标公司解散及破产清算，双方可直接约定清算顺序外，其他两类实际上并不是导致目标公司解散的"清算事件"，而是被视为"清算事件"。所以该两种情形下，投资方并没有法定优先财产分配权利，协议各方应具体约定实现清算优先权的操作方式。例如，投资方行使领售权或股东自行转让股权导致公司控制权发生变更的，股权受让方应将股权转让价款支付至投资方指定的监管账户，优先支付投资方的投资本金及利息；目标公司出售全部资产等情形的，应约定全体股东需一致同意进行分红或减资以分配该资产对价，并优先支付投资方的投资本金及利息。

三、程序性条款

合同的程序性条款与实体性条款相对,与实体性条款不同,程序性条款对交易项下的各方实体权利义务不直接产生影响,而是通过约定通知送达、争议解决、合同签署等程序性事项,对合同成立、生效、履行、变更、解除等作出约定。

(一)通知送达条款

在合同约定通知送达条款,目的有三:

一是为了合同各方的有效沟通,避免出现因为未及时送达交易所涉文件、标的、重大信息影响合同顺利履行。

二是便于当事人履行特定事项下的通知义务,实现特定权利内容。以“通知解除”为例,《合同法》第93条第2款规定:“当事人可以约定一方解除合同的条件。解除合同的条件成就时,解除权人可以解除合同。”《民法典》第562条规定:“当事人协商一致,可以解除合同。当事人可以约定一方解除合同的事由。解除合同的事由发生时,解除权人可以解除合同。”故解除条件成就后,解除权人通过向对方指定的送达地址发送解除合同的通知,合同自通知到达对方时解除。

三是发生争议后,法院可依据该送达地址送达各种函件通知或诉讼文书。最高人民法院《关于进一步推进案件繁简分流优化司法资源配置的若干意见》第3条规定,当事人在纠纷发生之前约定送达地址的,人民法院可以将该地址作为送达诉讼文书的确认地址。

为此,可约定“通知送达条款”如下:

本合同项下或与本合同有关的通知、资料寄送、通信往来,应由发出一方指定联系人签字或盖章后,通过邮件、传真、快递或其他方式按下述地址发送至对方当事人,通知等发出及收到后,双方联系人均应予以电话确定。通知等在以下时间被视为正式送达:

1. 以邮件发送,在发送完毕即视为收到

2. 以传真传送,在传送完成并显示发送成功时视为收到

3. 以快递寄送,在发出后第5日视为收到

各方的联系人、联系方式如下:

甲方:某公司,联系地址……联系人……电话……邮箱……传真……

乙方:某自然人,联系地址……联系人……电话……邮箱……传真……

任何一方在变更联系人及联系方式后,应尽快(至迟不晚于变更后2日内)将变更的联系人及联系方式通知另一方,如因未及时将变更信息通知另一方而导致不利后果和损失,应由该方自行承担,与另一方无关。

(二)争议解决条款

在各方当事人就合同的成立、生效及履行等事项发生争议后,通常有四种解决方式:双方协商解决、专业机构及第三人调解、仲裁、诉讼。由于自行协商为当事人固有的权利,只要尚存谈判余地,当事人随时得以进行协商;专业机构调解尚未真正普及,而专业机构外的第三人居中斡旋调解又无拘束力,使得协商与调解一般无须在合同中提前约定,因此,合同中的争议解决条款通常是用来约定合同是通过"仲裁"还是"诉讼"来解决相关争议,以及解决争议的具体仲裁机构和法院,即前述后两种解决方式中择其一。

1. 约定仲裁

以选择中国国际经济贸易委员会作为解决合同所涉争议的仲裁机构为例,根据该会官网示范条款(一),可约定"争议解决条款"如下:

凡因本合同引起的或与本合同有关的任何争议,均应提交中国国际经济贸易仲裁委员会,按照申请仲裁时该会现行有效的仲裁规则进行仲裁。仲裁裁决是终局的,对双方均有约束力。

如选择北京仲裁委员会/北京国际仲裁中心作为解决合同所涉争议的仲裁机构,根据该会官网示范条款,可以约定"争议解决条款"如下:

因本合同引起的或与本合同有关的任何争议,均提请北京仲裁委员会/北京国际仲裁中心按照其仲裁规则进行仲裁。仲裁裁决是终局的,对双方均有约束力。

2. 约定诉讼

《民事诉讼法》(2017年修正)第34条规定:"合同或者其他财产权益纠纷的当事人可以书面协议选择被告住所地、合同履行地、合同签订地、原告住所地、标的物所在地等与争议有实际联系的地点的人民法院管辖,但不得违反本法对级别管辖和专属管辖的规定。"故合同当事人可以根据双方的谈判地位,结合己方的实际情况选择有利于己方的管辖法院。

以选择甲方住所地法院管辖为例,可约定"争议解决条款"如下:

凡因本合同引起的或与本合同关的任何争议,双方应先行协商,不能协商解决的,则任何一方有权向甲方住所地有管辖权的人民法院提起诉讼。

(三)合同签署条款

《合同法》第 32 条规定:“当事人采用合同书形式订立合同的,自双方当事人签字或者盖章时合同成立。”《民法典》第 490 条第 1 款规定:“当事人采用合同书形式订立合同的,自当事人均签名、盖章或者按指印时合同成立。在签名、盖章或者按指印之前,当事人一方已经履行主要义务,对方接受时,该合同成立。”

故合同签署关乎合同成立及生效,代表了当事人确定性地享有权利并履行合同项下义务,协议各方应确认合同签署主体与合同前述的主体名称相一致,谨慎审查相关人员是否有权签署、是否规范签署合同。

各方可约定“合同签署条款”如下:

本合同自各方当事人签字、盖章或者按指印完毕之日起生效。

甲方:某公司(盖章)

法定代表人(或授权代表):某自然人(签字)

乙方(或授权代表):某自然人(签字)

四、保障性条款

(一)违约责任条款

约定违约责任条款的意义有两个:一是保障合同目的的实现,协议明确违约可能承担的责任后,会督促各方严格履行合同义务;二是在违约方一旦出现违约行为时,违约方依据违约条款承担违约责任,尽量避免或者减少守约方的损失。

《合同法》第 107 条规定:“当事人一方不履行合同义务或者履行合同义务不符合约定的,应当承担继续履行、采取补救措施或者赔偿损失等违约责任。”《民法典》第 577 条内容与《合同法》第 107 条内容相一致。

《合同法》第 114 条第 1 款规定:“当事人可以约定一方违约时应当根据违约情况向对方支付一定数额的违约金,也可以约定因违约产生的损失赔偿额的计算方法。”《民法典》第 585 条第 1 款内容与《合同法》第 114 条内容相一致。

1. 违约事件

发生违约事件是承担违约责任的前提,违约事件通常包括:一方不履行合同义务、一方履行合同义务不符合合同约定、一方所作的声明和保证不真实或不准确的。

需说明的是,发生不可抗力或情势变更事件后,即使一方当事人未按照约定履行合同义务在外观上构成"违约事件",但由于不可抗力或情势变更构成承担违约责任的阻却事由,该方当事人不承担相应的违约责任。

2. 责任形式

违约责任是违约方向守约方承担的一种民事责任,依据《合同法》《民法典》的相关规定,其内容通常包括继续履行、采取补救措施、赔偿损失。实务中,最常见的违约责任方式为支付违约金,违约金可以视为当事人对违约所造成损失数额的预估。

针对不同的违约情形及守约方的诉求,违约方可能同时承担两种或两种以上的违约责任,例如,在继续履行合同义务的同时,赔偿守约方所遭受的损失。

关于赔偿损失的数额,通常包括实际造成的损失及预期利益损失。《合同法》第 113 条规定:"当事人一方不履行合同义务或者履行合同义务不符合约定,给对方造成损失的,损失赔偿额应当相当于因违约所造成的损失,包括合同履行后可以获得的利益,但不得超过违反合同一方订立合同时预见到或者应当预见到的因违反合同可能造成的损失。"

关于支付违约金的数额,通常以双方约定为准,法院或仲裁机构将根据法律规定对约定违约金低于损失及过分高于损失之情形进行调整。《合同法》第 114 条第 2 款规定:"约定的违约金低于造成的损失的,当事人可以请求人民法院或者仲裁机构予以增加;约定的违约金过分高于造成的损失的,当事人可以请求人民法院或者仲裁机构予以适当减少。"《民法典》第 585 条第 2 款亦作出类似规定。

关于"过分高于造成的损失"的认定标准,《合同法解释(二)》第 29 条规定:"当事人主张约定的违约金过高请求予以适当减少的,人民法院应当以实际损失为基础,兼顾合同的履行情况、当事人的过错程度以及预期利益等综合因素,根据公平原则和诚实信用原则予以衡量,并作出裁决。当事人约定的违约金超过造成损失的百分之三十的,一般可以认定为合同法第一百一十四条第二款规定的'过分高于造成的损失'。"

双方可约定违约责任条款如下:

本协议生效后,任何一方未履行或中止履行或未依照协议履行其在本协议项下的实质性义务,而且在收到其他方就此发出的书面通知后 5 个工作日内未能对其违约行为作出充分的补救、弥补的;或者如果该方作出的任何陈述与保证、承诺是不真实、不准确或具备误导性的,而且在收到其他方就此发出的书面通知后5个工作日未能对其违约行为作出充分的补救、弥补的,则该方即构成违约。

前述违约行为发生后,守约方有权采取如下一种或多种救济措施以维护其权利:(1)要求违约方实际继续履行;(2)暂时停止履行义务,待违约方违约情形消除后恢复履行,守约方根据本条款约定暂时停止履行义务不构成守约方不履行或迟延履行义务的情形;(3)要求违约方赔偿守约方的损失;(4)要求违约方支付N元的违约金;(5)依照法律、法规的规定或本协议的约定解除本协议;(6)法律法规或本协议规定的其他救济方式。

(二)担保条款

1. 担保方式

根据《担保法》第2条之规定,担保方式主要包括保证、抵押、质押、留置和定金共计5种。《民法典》分别在第388条、第681条,也规定了抵押合同、质押合同、保证合同等具备担保功能的合同内容。

在对赌协议中,协议主体通常会采用保证、抵押、质押作为担保方式,其中最常见的是,在由目标公司股东/目标公司实际控制人承担股权回购义务、现金补偿义务的情形下,目标公司为股东/实际控制人等提供保证担保。

2. 目标公司为股东等提供保证条款

实际上,不论是签订对赌协议还是日常经营,目标公司都具有对外为他人提供担保的需要,《公司法》明确肯定了公司具备对外提供担保的权利能力和行为能力。

《公司法》第16条规定:"公司向其他企业投资或者为他人提供担保,依照公司章程的规定,由董事会或者股东会、股东大会决议;公司章程对投资或者担保的总额及单项投资或者担保的数额有限额规定的,不得超过规定的限额。

公司为公司股东或者实际控制人提供担保的,必须经股东会或者股东大会决议。

前款规定的股东或者受前款规定的实际控制人支配的股东,不得参加前款规定事项的表决。该项表决由出席会议的其他股东所持表决权的过半数通过。"

结合《公司法》以及《九民纪要》中的相关规定,可以看出,在对赌协议中,如约定由目标公司承担股权回购或现金补偿义务,可能构成股东"抽逃出资”或向股东违规分配利润，进而危及目标公司及债权人利益，构成对资本维持与债权人保护原则的违反。

因此，在设计对赌交易结构时，可以采用：(1)投资方与目标公司股东或实际控制人对赌，由目标公司股东或实际控制人承担股权回购、现金补偿义务；(2)同时可以要求目标公司或其他第三方承担担保责任(如保证、抵押或质押)，作为增信措施，投资方应注意按照《公司法》第16条的规定，履行对目标公司章程及董事会决议、股东(大)会决议进行审慎审查的义务。

例如，在约定“回购条款”相关内容后，协议各方可约定目标公司为股东提供保证条款如下：

目标公司于××年×月×日召开股东会，经由出席会议的目标公司其他股东(不包含本协议项下承担回购义务的股东或实际控制人支配的股东)所持表决权的过半数通过，承诺为乙方(目标公司股东/目标公司实际控制人)承担本协议项下的回购债务提供连带责任保证，保证范围包括回购本金、利息、违约金、损害赔偿金以及实现债权和担保权利的费用，保证期间为自回购债务履行期届满之日起六个月。

第三节　对赌协议履行中的法律问题

一、商业风险 vs. 不可抗力 vs. 情势变更

对赌中，在投资方与融资方就股权投资的交易条件达成一致并签署协议后，双方最关心的就是约定的业绩目标是否实现、股权回购条件是否触发。

目标公司未能实现业绩目标或未能成功上市，通常基于以下两方面原因：第一，各方对目标公司所处行业以及目标公司本身未来发展的前景过于乐观，“冒进”确定了过高的业绩目标或过短的上市期限；第二，在对赌期内，目标公司的经营遇到了严重的困难甚至是阻碍，使原本可以实现的目标无法兑现。

第一种情况主要因商业判断的失误所导致，虽然部分案例中融资方迫于投资方施加的压力而作出了脱离目标公司经营实际的承诺，但是，是否接受投资方提出的对赌条件的决定权毕竟还是在融资方手中，因此，商业判断失误导致对赌条件触发，融资方只能承担相应的后果。

第二种情况则明显要复杂得多,目标公司的经营离不开其所处的环境,在某种程度上,环境因素会成为目标公司能否实现对赌承诺的决定性因素。环境本身就包括丰富的内容,如自然环境、政策环境、人文环境等。在对赌协议普遍约定不可抗力等免责条款的情况下,分析对赌失诺的原因已经成为融资方和投资方无法回避的问题。

2019 年 12 月 31 日,武汉市卫健委发布《关于当前我市肺炎疫情的情况通报》,称发现多例肺炎病例与华南海鲜市场有关联……

短短一个月后,世界卫生组织发布通报:中国本次新型冠状病毒肺炎疫情构成国际关注的突发公共卫生事件。

随着"新冠肺炎"疫情的暴发,全国各地陆续开展一系列防护措施:封城、中断部分交通运输系统、强制隔离、强制外来人口居家留观、关闭娱乐场所、延长春节法定假期、推迟非医用物资企业的复工时间……

无论是突然暴发的疫情本身,还是各地政府出台的针对性管控措施,都将对部分合同的履行产生不同程度的影响,疫情之下,企业生存压力进一步加大,对赌失诺风险显著提高。

2020 年,"新冠肺炎"席卷全球。对融资方而言,厘清不可抗力、情势变更与商业风险的区别,具有重大意义。

(一)疫情既可能构成不可抗力又可能构成情势变更

结合疫情的突发性、传染性、危害性和严重性,以及中央及各地政府的处置方式,本次疫情应属于《突发公共卫生事件应急条例》第 2 条规定的"突发公共卫生事件"。[①]

如果疫情导致之前签订的合同出现履行障碍、合同目的不能实现、合同继续履行显失公平等情况,企业可以疫情构成不可抗力或构成情势变更为由要求减免责任、变更或者解除合同,尽早采取有效措施,避免或减少疫情可能带来的损失和风险。

那么,疫情究竟构成不可抗力还是情势变更?关于这个问题,可以参照 2003 年"非典"期间的有关法律规定及司法判例来进行回答。法院对于"非典"的法律定性,存在两种情况,即在部分合同中被认定为不可抗力,部分合

① 《突发公共卫生事件应急条例》(国务院令第 588 号 2003 年 5 月 9 日发布 2011 年修订)第 2 条规定:"本条例所称突发公共卫生事件(以下简称突发事件),是指突然发生,造成或者可能造成社会公众健康严重损害的重大传染病疫情、群体性不明原因疾病、重大食物和职业中毒以及其他严重影响公众健康的事件。"

同中被认定为情势变更。

1. “非典”构成不可抗力之案例

2008 年 12 月 19 日，浙江省高级人民法院针对一起建设工程分包合同纠纷作出了终审判决[(2008)浙民一终字第 255 号]，①本案争议焦点之一在于：因“非典”疫情导致工程的实际施工天数超出合同约定工期，施工方可否适用不可抗力免除责任？

本案中，温岭建筑公司作为承包人将部分工程分包给陈子兵。陈子兵承包该工程后，于 2003 年 2 月 9 日开工，工程于 2005 年 1 月 18 日经竣工验收合格，实际工期 709 天，超出合同约定的工期。

后陈子兵提起诉讼，要求温岭建筑公司支付剩余工程款，温岭建筑公司以“工程实际工期超过双方合同约定的工期”为由进行抗辩，并要求陈子兵承担工期违约金 107 万元，称该款项应在工程款中扣除。

浙江省高级人民法院审理后认为，建设工程施工期间发生“非典”，构成不可抗力事由，认定陈子兵并未延误工期。温岭建筑公司要求陈子兵承担工期违约金之抗辩理由，缺乏依据。

2. “非典”适用情势变更之案例

同样是“非典”导致合同的履行受到不利影响，山东省烟台市中级人民法院在其审理的一起租赁合同纠纷[(2018)鲁 06 民终 268 号]②中认为“非典”构成情势变更。

本案中，西关居委会与李某某签订租赁合同，约定将莱州市客运宾馆的房屋、设备及低值易耗品租赁给李某某经营，租赁期限为 3 年，自 2002 年 1 月 1 日至 2004 年 12 月 31 日，每年租金 14.5 万元。

后租赁期限内发生“非典”疫情，李某某因宾馆被迫停业而提出应当免除 2 个月的租赁费，但西关居委会予以拒绝。

烟台市中级人民法院审理后认为，“非典”疫情，是突发的、不可预知的灾害。在“非典”期间，李某某租赁的宾馆根据政府的相关政策要求，被迫停止营业，造成经济损失是现实存在的，该损失是双方订立租赁合同时无法预计的，超出了“市场风险”的范围。因此，应适用情势变更原则适当减免租赁费。

① 《陈子兵与温岭市第一建筑工程有限公司建设工程分包合同纠纷案》[浙江省高级人民法院(2008)浙民一终字第 255 号]。

② 《李培艳、莱州市永安路街道西关居民委员会追偿权纠纷案》[山东省烟台市中级人民法院(2018)鲁 06 民终 268 号]。

3. 最高人民法院:"非典"既可能构成不可抗力又可能构成情势变更

最高人民法院于2003年6月11日发布《关于在防治传染性非典型肺炎期间依法做好人民法院相关审判、执行工作的通知》,已于2013年2月26日被最高人民法院《关于废止1997年7月1日至2011年12月31日期间发布的部分司法解释和司法解释性质文件(第十批)》的决定废止。①

从上述规定来看,最高人民法院亦认为"非典"既可能构成不可抗力又可能构成情势变更。

上述规定中第一段的相关表述,与《合同法解释(二)》关于情势变更的表述相类似,表明最高人民法院认为可以将非典认定为情势变更,只是此前情势变更仅仅作为法学理论研究的概念,《合同法》及相关司法解释并未就情势变更作出明确规定,而《合同法解释(二)》于2009年才公布实施,使《关于在防治传染性非典型肺炎期间依法做好人民法院相关审判、执行工作的通知》并未提出情势变更的概念。

在上述《关于在防治传染性非典型肺炎期间依法做好人民法院相关审判、执行工作的通知》第3条第3项规定中的第二段,最高人民法院要求,对于"非典"疫情导致合同不能履行的,相关纠纷要按照《合同法》第117条和第118条规定妥善处理,这表明在某些情况下,亦可以将"非典"认定为不可抗力。

(二)不可抗力与情势变更的制度价值

如上所述,2003年"非典"疫情期间,最高人民法院及全国各级法院都认为"非典"或构成不可抗力或构成情势变更。

虽然,适用不可抗力还是情势变更会给企业带来不同的法律后果,但是从制度价值上来讲,不可抗力与情势变更追求和体现的价值是共同的——实质公平。

1. "严守合同原则"的例外

无论是英美法系还是大陆法系,"严守合同原则"都是合同法律制度的

① 《关于在防治传染性非典型肺炎期间依法做好人民法院相关审判、执行工作的通知》第3条规定:"……(三)由于'非典'疫情原因,按原合同履行对一方当事人的权益有重大影响的合同纠纷案件,可以根据具体情况,适用公平原则处理。因政府及有关部门为防治'非典'疫情而采取行政措施直接导致合同不能履行,或者由于'非典'疫情的影响致使合同当事人根本不能履行而引起的纠纷,按照《中华人民共和国合同法》第一百一十七条和第一百一十八条的规定妥善处理。"

重要原则,是保障市场交易能够顺利进行的基础。①

每个人都应对其作出的承诺和签订的契约严格遵守,一旦发生违约行为,人们不仅会从道德层面对当事人进行负面评价,而且会要求其承担违约责任,且违约责任可能远远大于其依约履行的成本。

但履行过程中,可能突然发生自然灾害、政策措施变化等当事人无法预测但对合同履行产生严重不利影响的客观情形,即不可抗力或情势变更。这时,要求当事人严守合同是不可能或者明显不公平的。

此时,不可抗力及情势变更作为突破严守合同原则的例外情形,修正了在任何条件下都必须严格恪守合同的观念。当合同赖以存在的客观情况确实发生巨大变化,致使合同无法履行或继续履行导致明显不公平,适用不可抗力或情势变更进行调整,以实现实质公平。

2. 风险的再分配

不可抗力或情势变更情形出现后,应该依据公平原则对由此带来的商业风险以外的合同风险进行再分配。

对于一份成立且生效的合同,从履行的角度来讲,可能存在三种情形,一是合同得到完全的履行;二是合同因为一方或双方当事人违约而不能履行;三是合同因为不可抗力而不能履行,或因情势变更导致合同继续履行显失公平、合同目的无法实现。

根据《合同法》及《民法典》的相关规定,在第二种情形下,当事人应承担违约责任。而第三种情形下,当事人则应免除或部分免除责任、有权要求变更或解除合同。进一步讲,由不可抗力或情势变更所导致的风险,需要在合同主体之间进行再分配,以期实现新的公平。

(三)不可抗力、情势变更及商业风险的共性与区别

实务中,不可抗力、情势变更及商业风险在某种程度上可能存在概念难以界定,关系难以划清的情形。② 尤其情势变更与商业风险,更容易混淆。因此,在就具体情况进行判定时,必须要牢牢把握概念的实质与作用。

根据《合同法解释(二)》第 26 条规定,情势变更是指"合同成立以后客观情况发生了当事人在订立合同时无法预见的、非不可抗力造成的不属于商业风险的重大变化……";根据《民法典》第 533 条规定,情势变更是指"合

① 参见叶林:《论不可抗力制度》,载《北方法学》2007 年第 5 期,第 38~46 页。

② 参见韩世远:《不可抗力、情势变更与合同解除》,载《法律适用》2014 年第 11 期,第 61~65 页。

同成立后,合同的基础条件发生了当事人在订立合同时无法预见的、不属于商业风险的重大变化……”其中“非不可抗力”“不属于商业风险”就明确三者应该严格区分。

严格区分的意义就在于适用不同情形后,受影响的一方应当履行的义务与承担的法律后果有所不同,合同的“归宿”也不一样。如果一种突发的客观情况被认定为商业风险,按照风险自负的原则,遭受损失的一方当事人应当自行承担;而被认定为不可抗力或情势变更后,则意味着根据当事人的选择和裁判结果,由双方分担风险;合同应当继续履行还是解除,也要面临考问。

1. 不可抗力

(1)相关法律规定

《民法总则》第 180 条规定:“因不可抗力不能履行民事义务的,不承担民事责任。法律另有规定的,依照其规定。不可抗力是指不能预见、不能避免且不能克服的客观情况。”

《合同法》第 117 条规定:“因不可抗力不能履行合同的,根据不可抗力的影响,部分或者全部免除责任,但法律另有规定的除外。当事人迟延履行后发生不可抗力的,不能免除责任。本法所称不可抗力,是指不能预见、不能避免并不能克服的客观情况。”

(2)含义释明

根据《民法总则》第 180 条第 2 款、《合同法》第 117 条第 2 款之规定,不可抗力是指不能预见、不能避免且不能克服的客观情况。

需要提示的是,在本书中,不可抗力既指一种突发的客观情况,亦指不可抗力制度。

2. 情势变更

(1)相关法律规定

《合同法解释(二)》第 26 条规定:“合同成立以后客观情况发生了当事人在订立合同时无法预见的、非不可抗力造成的不属于商业风险的重大变化,继续履行合同对于一方当事人明显不公平或者不能实现合同目的,当事人请求人民法院变更或者解除合同的,人民法院应当根据公平原则,并结合案件的实际情况确定是否变更或者解除。”

《民法典》第 533 条规定:“合同成立后,合同的基础条件发生了当事人在订立合同时无法预见的、不属于商业风险的重大变化,继续履行合同对于当事人一方明显不公平的，受不利影响的当事人可以与对方重新协商；在合理期限内协商不成的，当事人可以请求人民法院或者仲裁机构变更或者解除合同。人民法院或者仲裁机构应当结合案件的实际情况，根据公平原则变更或者解除合同。”

关于情势变更，从规定的内容来看，立法价值取向并没有发生变化，《民法典》第533条只是对《合同法解释(二)》第26条进行了完善：

①强调客观变化的根本特征（无法预见、非商业风险），更加关注客观变化对于合同履行的实际影响。

②对于可能构成不可抗力或情势变更的事件的性质，不再强调从外观表现上予以严格划分，有利于更加科学准确地判断和适用。

③强调当事人可以协商的方式解决问题。

(2)含义释明

情势变更，是指因不可归责于当事人的原因，使合同赖以成立和履行的基础条件或外部环境发生了当事人预料不到的重大变化，若继续履行合同则显失公平或对一方当事人毫无意义，受不利影响的一方当事人有权请求变更或解除合同的法律制度。

需要说明的是，同不可抗力一样，情势变更既指法律制度，也用来指代该制度中的“客观变化”。

3. 商业风险

商业风险，是指在商业活动中，由于各种不确定因素引起的、能够给商业主体带来损失的机会或可能性的一种客观经济现象。比如市场价格的波动、市场供需关系的变化等。

最高人民法院《关于当前形势下审理民商事合同纠纷案件若干问题的指导意见》认为：“商业风险属于从事商业活动的固有风险，诸如尚未达到异常变动程度的供求关系变化、价格涨跌等。”

4. 不可抗力与情势变更的共性与区别

(1)不可抗力与情势变更的共性

①客观变化发生在合同成立后、履行完毕前

不可抗力事件和引发适用情势变更的客观变化，都必须发生在合同成立以后，合同履行完毕以前。

②客观变化系独立于合同当事人行为之外的客观情形

不可抗力事件和引发适用情势变更的客观变化,都属于一种客观情形,所谓"客观",是指独立于合同当事人行为之外的事件,且该事件的发生不可归责于合同当事人的任何一方。

③客观变化的发生,均为合同当事人所不能预见

在判断当事人是否可以预见时,通常情况下以一般理性人的预见能力及现有的科学技术水平作为能否预见的参照标准。

④客观变化对合同的履行产生重大影响,都可能导致合同目的无法实现

不可抗力事件发生后,合同从根本上不具备履行可能性,可能导致合同目的无法实现。

情势变更事件发生后,客观上合同目的赖以实现的基础发生根本性的动摇,如继续履行原合同,可能导致不能实现合同目的,使履行合同对一方当事人毫无意义。

(2)不可抗力与情势变更的区别

同一突发情况,在不同案件中有被认定为不可抗力、情势变更、商业风险的多种可能性,法官或仲裁员在进行认定时所考虑的因素几乎无法穷尽:合同的签署时间、当事人的在先约定、合同目的、合同的履行期限及方式、合同的履行障碍、当事人之前的利益平衡、案件的社会影响等。

所以,我们尝试概括出不可抗力与情势变更的一般性区别,并给出一种倾向性意见,以期在具体案件的判定中提供参考。

①适用范围

在本节中,研究不可抗力与情势变更适用范围不同之问题,仅针对于实体方面。原因在于:程序方面,不可抗力确定能够引起诉讼时效的中止,而情势变更则不能。法律对此有明确规定且实践中几乎不存在争议。

两者适用范围不同。根据法律规定,不可抗力可适用于合同及侵权,情势变更只适用于合同。

《侵权责任法》第 29 条规定:"因不可抗力造成他人损害的,不承担责任。法律另有规定的,依照其规定。"

《民法典》第 1239 条规定:"占有或者使用易燃、易爆、剧毒、高放射性、强腐蚀性、高致病性等高度危险物造成他人损害的,占有人或者使用人应当承担侵权责任;但是,能够证明损害是因受害人故意或者不可抗力造成

的,不承担责任。被侵权人对损害的发生有重大过失的,可以减轻占有人或者使用人的责任。”

《民法典》第1240条规定:“从事高空、高压、地下挖掘活动或者使用高速轨道运输工具造成他人损害的,经营者应当承担侵权责任;但是,能够证明损害是因受害人故意或者不可抗力造成的,不承担责任。被侵权人对损害的发生有重大过失的,可以减轻经营者的责任。”

②表现形式

王利明教授认为,不可抗力的具体情形可以分为三大类。通常情况下,不可抗力包含三种事由:一是自然灾害,如地震、台风、洪水、海啸等;二是政府行为,如政府当局颁布新政策、法规或行政措施;三是社会异常现象,如战争、罢工、骚乱等。[①]

情势变更的具体情形通常情况下表现为意外社会事件。具体包括:社会经济形势的急剧变化、物价飞涨、货币严重贬值、金融危机和国家政策的转变等。

③对合同履行的实际影响——根本区别

关于不可抗力,在疫情影响下,合同无法履行,在同时满足不可抗力的其他认定条件后,受不可抗力影响的一方可以疫情构成不可抗力为由要求免除责任;在合同目的不能实现的情况下,双方均可以要求解除合同。

例如,买方甲(北京市企业)和卖方乙(湖北省武汉市企业),在2019年12月1日签订了一份买卖合同,合同标的物为5万张印有“2020,爱你爱你”的情人节贺卡,甲方购买该贺卡用于2020年情人节售卖,约定乙方将于2020年春节后开始生产,并于2020年2月10日交付贺卡。

2019年12月末,湖北省出现疫情并在全省范围内暴发,乙方的大部分员工因患新冠肺炎、疑似新冠肺炎住院或被隔离,导致乙企业根本无法如期复工。加之,根据政府针对疫情采取“武汉封城”的行政措施,导致武汉市的交通运输系统被中断,即使乙企业已经完成了贺卡的生产工作,也无法履行交付义务。

在这种情况下,疫情导致甲乙双方的买卖合同无法履行,合同目的亦无法实现,双方可以不可抗力为由要求解除合同,同时乙方也可以要求免责。

关于情势变更,其适用前提是合同本身不存在履行上的根本障碍。合

① 参见王利明、杨立新、王轶、程啸:《民法学》,法律出版社2017年版,第241页。

同基础发生重大变化后,继续依照原合同履行将对一方明显不公平或使合同目的落空,适用情势变更来变更或解除合同,从而避免一方当事人付出额外的不合理的代价履行合同。

例如,在一起关于商铺店面的租赁合同纠纷中,承租人以疫情暴发期间无法正常营业、客流量锐减等为由,要求出租人减免疫情期间的租金。

首先,商铺店面的租赁合同中,出租方履行交付并保障出租房屋处于适租状态的义务,享有收取租金的权利,承租方履行交纳房租的义务,换取商铺店面的使用权。

其次,合同履行并未遇到根本障碍。

鉴于承租人交纳房租的义务是一种金钱债务,根据《合同法》及《民法典》的相关规定,金钱债务不适用履行不能。在出租方已经将房屋交付承租方且房屋处于适租状态的情况下,即使租赁期限内因为疫情发生客流量锐减之情形,承租人交纳租金的合同义务也不存在履行障碍。

《合同法》第 109 条规定:“当事人一方未支付价款或者报酬的,对方可以要求其支付价款或者报酬。”

《合同法》第 110 条规定:“当事人一方不履行非金钱债务或者履行非金钱债务不符合约定的,对方可以要求履行,但有下列情形之一的除外:(一)法律上或者事实上不能履行;(二)债务的标的不适于强制履行或者履行费用过高;(三)债权人在合理期限内未要求履行。”

《民法典》第 579 条规定:“当事人一方未支付价款、报酬、租金、利息,或者不履行其他金钱债务的,对方可以请求其支付。”

《民法典》第 580 条规定:“当事人一方不履行非金钱债务或者履行非金钱债务不符合约定的,对方可以请求履行,但是有下列情形之一的除外:(一)法律上或者事实上不能履行;(二)债务的标的不适于强制履行或者履行费用过高;(三)债权人在合理期限内未请求履行。有前款规定的除外情形之一,致使不能实现合同目的的,人民法院或者仲裁机构可以根据当事人的请求终止合同权利义务关系,但是不影响违约责任的承担。”

最后,租赁合同继续履行对承租人明显不公平。疫情影响下,承租人商户不能正常经营,停业损失不同于正常价格涨跌所造成的市场风险,远超出了当事人可预见的范围,合同履行的基础发生了重大变更,导致继续履行合同对承租人明显不公平,承租方可以情势变更为由要求变更或解除合同。

④主张方式

未受影响一方提起诉讼要求受影响一方承担违约责任时,后者可以不可抗力为抗辩理由,要求免除责任;在合同目的无法实现时,双方均可以通过直接通知对方或者提起诉讼或仲裁的方式要求解除合同。

通常情况下,情势变更虽可能作为答辩理由,但主要是通过提起反诉或反请求的形式发挥作用,即以受影响一方提出独立的诉讼或仲裁请求的方式,要求变更或解除合同。

⑤法律后果

不可抗力的法律效果:部分或全部免除违约责任,因不可抗力致使不能实现合同目的时,解除合同;

情势变更的法律效果:变更或解除合同。

第一,疫情被认定为不可抗力的法律后果。

从免责法律效果来说,包括部分免责及全部免责。全部免责是指疫情影响所及的范围内不发生责任,在此范围内完全免责;如果不可抗力与受影响一方的原因共同导致履行障碍,则应本着行为与责任相对应的精神,判令受影响一方承担相应部分的责任,即部分免责。

另外,不可抗力免除的是违约责任,而非履行责任。理由:

首先,《民法总则》第 180 条位于"第一编总则"中"第八章民事责任",《合同法》第 117 条所处的章节为"第七章违约责任",此处的"责任"应指违约责任。

其次,免除责任的前提应当是:责任存在且可以履行。合同因不可抗力已经无法履行,对于无法履行的责任,自然也无法免除。

最后,如不可抗力消灭后,合同仍可以继续履行,在合同尚未解除的情况下,受影响一方仍然要继续履行,履行责任并未免除。

从解除合同的角度来说,"因不可抗力致使不能实现合同目的"时,可以解除合同,一个"因"字,体现出疫情作为不可抗力与合同目的不能实现之间应具备因果关系,疫情之不利影响使得合同目的不能实现,才可主张解除合同。

值得注意的是,在合同目的不能实现的情况下,合同双方当事人均享有合同解除权。

例如,上海高院在其审理的一起买卖合同纠纷[(2005)沪高民二(商)终字第159号]①中,就以“非典”构成不可抗力为由,判决受影响一方免于承担违约责任。

在本案中,海南万康与海南中和签订了买卖合同,标的物是一种用于提高人的免疫力的药品:“注射用胸腺五肽”。“非典”疫情暴发后,政府部门要求海南中和在“非典”期间备足库存,并且在3月、4月、5月,很多国家机关向海南中和针对该药品提出供货要求。这一客观情形实际上导致海南中和未能满足包括海南万康在内很多客户的要货需求。

后海南万康将海南中和诉至法院,其中一项诉讼请求为:要求海南中和承担2003年5月少供货的违约责任。

上海市高级人民法院经审理后认为:“非典”期间,政府部门要求海南中和向特定部门供货的行政临时措施属于不可抗力,海南中和未按海南万康要货数量供货并无不妥,对其在2003年5月少供货的行为可以不承担违约赔偿责任。

第二,关于适用情势变更后的法律后果。

仍以新冠疫情为例,受疫情不利影响的一方主张适用情势变更时,应明确其诉讼请求是要求变更合同还是解除合同。

从变更合同的角度说,变更合同可以使合同双方的权利义务重新回到平衡状态,使合同的履行变得公正合理。变更是对合同的主要条款进行调整,如数量的增减、标的物的变更、价格的调整、履行期限及方式变更等。

从解除合同的角度说,根据案件的具体情况,如果变更合同尚不能消除双方显失公平的结果,就应当考虑解除合同。解除合同的情形通常包括:在合同目的因情势变更而不能实现的;合同目的因重大变更而不可期待的;合同履行因重大变更而丧失意义的。

值得注意的是,鉴于情势变更认定标准的难以把握和适用所产生的巨大影响,情势变更的适用,应当由高级人民法院审核,必要时应报请最高人民法院审核。

《关于正确适用〈中华人民共和国合同法〉若干问题的解释(二)服务党和国家的工作大局的通知》第2条规定:“严格适用《中华人民共和国合同法》若干问题的解释(二)第二十六条……对于上述解释条文,各级人民法院务必正确理解、慎重适用。如果根据案件的特殊情况,确需在个案中适用的,应当由高级人民法院审核。必要时应报请最高人民法院审核。”

① 上海市高级人民法院(2005)沪高民二(商)终字第159号民事判决书。

如前文所述，不可抗力、情势变更及商业风险在某种程度上可能存在难以界定或划分的情况，因此，往往需要我们在个案中根据实际情况进行判断。

5. 情势变更与商业风险的共性与区别

(1)情势变更与商业风险的共性

①表现形式趋同

审判实践中，当事人之所以主张一般的商业风险构成情势变更，主要原因在于两者的表现形式大致相同，通常表现都为价格的涨跌，币值、汇率的涨落，市场的兴衰等。

②均对合同履行产生不利影响

当事人签订合同是对预期利益的约定，合同履行完毕后，实现或部分实现预期利益。情势变更和商业风险事件发生后，对合同目的实现、当事人(一方或双方)基于合同取得的利益都会产生不利影响，区别在于影响的程度不同。

(2)情势变更与商业风险的区别

①能否预见

情势变更要件之一是“订立合同时不能预见”。情势变更的发生，当事人签约时实际上未能预见，而且根据当事人能力和当时的具体条件，客观上也不可能预见。

而商业风险则是行为人能够预见或应当预见客观情况的发生，并应该在签订合同时予以充分考虑和安排，尽可能减少对合同履行性的影响。

②是否可以归责于当事人不同

如前所述，情势变更客观上无法预见，所以，当事人没有预见到，并不构成过错，所以，情势变更不具备可归责性。

但商业风险具备可预见性，以当事人的能力应该预见该风险。当事人如未在合同中约定或未考虑到可能发生的商业风险，可以推断出其自认为具备承担该风险之能力或者该风险不会发生，具备可归责性。

③对合同履行不利影响的程度不同

情势变更事件发生后，在客观上会使合同的基础发生根本性的动摇。如继续履行原合同，将导致对一方当事人明显不公平或者不能实现合同目的。

一般的商业风险发生后，合同的基础没有发生根本变化，继续履行合同不会对一方当事人明显不公平或者不能实现合同目的，只是造成一定程度的履行困难及履行合同费用的增加、利润的减少等后果。

④法律后果不同

某种客观情形发生后,如果法院或仲裁机构认定该情形构成情势变更,当事人可以依据情势变更原则要求变更、解除合同;如果法院或仲裁机构认定该情形构成商业风险,通常会驳回变更、解除合同的诉讼请求,判决受影响一方继续履行或承担相应的违约责任。

在华光小原公司与上海锗业公司申请再审一案中[(2015)民申字第2048号],华光小原公司以案涉货物氧化镧的价格大幅下跌为由,要求适用情势变更原则解除合同。

最高人民法院在驳回其再审申请的裁定中认为:本案不存在适用情势变更应解除合同的情形。案涉货物氧化镧的价格在合同签订后确实有较大幅度下跌,但氧化镧的市场价格本身波动较大,华光小原公司没有证据证明该市场价格波动超出市场因素的影响,该价格波动仍属于商业风险的范畴,不属于情势变更应解除合同的情形。华光小原公司有关履行合同显失公平应解除合同的再审申请理由不成立。

(四)何种情形下,法院将疫情认定为不可抗力?

1. 疫情构成不可抗力的要件

(1)现实性——疫情确实发生

本次疫情的暴发,几乎已经成为全国范围内公认的事实,但不同省市疫情的严重程度不同。

一是确诊人数悬殊。截至2020年2月21日24时,湖北省累计确诊新冠肺炎病例63,454例,西藏累计确诊病例1例,且已经治愈。

二是采取的行政措施内容、时间不同。浙江省第一个启动"一级响应",称将采取十项最严格措施。之后一段时间内,其他省市才纷纷启动"一级响应"。[1]

从2019年12月31日武汉市卫健委发布第一份官方通报文件开始,到未来全国范围内未新增一例确诊病例为止,可能是日常生活中人们认为的"疫情发生"并持续存在的期间,但就某个合同而言,作为不可抗力事件的"疫情发生"及其持续期间,应该结合不同省市疫情的严重程度、行政政策的内容和时间具体认定。

---

① 2020年1月23日,浙江省政府根据《浙江省突发公共卫生事件应急预案》,决定启动重大公共突发卫生事件一级响应。

(2)突发性——当事人无法预见

疫情作为一种突发性的公共卫生事件,不仅一般人无法预见,而且具有医学知识的医学专家也无法预见。从法律规定的“理性人”注意义务来说,未能预见疫情暴发是合理且正当的。

当事人主张未能预见疫情暴发的前提是:疫情应该发生在合同签订后、履行完毕前。如果当事人在疫情发生后签订合同,则对该合同来讲,疫情不能构成不可抗力。

(3)不可归责性——当事人对合同受疫情不利影响没有过错

如果因受影响一方原因导致合同受到疫情不利影响,不能认定疫情引发适用不可抗力。

比如说一方当事人违约,致使本应履行完毕的合同履行迟延,履行期限落入疫情暴发期间,合同陷入履行不能。此时,受影响一方就存在一定的过错,不可以不可抗力为由要求免责。

(4)不利影响的程度——合同履行不能

疫情导致合同无法继续履行,比如,因为疫情导致人身依附性合同的义务人去世或者永久失去行为能力。

疫情与合同不能履行存在因果关系时,才能认定疫情针对于该具体合同构成不可抗力。

需要说明的是在某种特定的合同类型中,通常很难认定疫情导致合同不能履行。

一是选择之债,合同约定多个履行地点或多种履行方式,比如约定合同可以在北京或湖北履行,因为疫情导致在湖北无法履行债务时,债务人可选择在北京履行。这时,就很难说疫情导致合同不能履行。

二是种类物之债,通常情况下,因为种类物能够从市场中随时取得,通常情况下不存在履行不能的情况。只有在市场上几乎不供应该种类物时,才能导致合同不能履行。如前所述,作为特殊种类物的金钱,也同样不适用履行不能。

2. 案例

在厦门奋发公司起诉杭州鸿艺文化传播公司一案中,因全国暴发“非典”疫情,杭州市政府发文要求暂停公共场所大型活动。杭州鸿艺文化传播公司原计划2003年4月在黄龙体育中心举办“2003龙禧之夜”演唱会因故取消。

厦门奋发公司因为花23万元买下演唱会的冠名权,付了3万元定金,因演唱会取消未能实现预期利益,将杭州鸿艺文化传播公司起诉至杭州市西湖区法院,要求退两倍定金。

西湖区法院认为,“非典”不能预见和避免,且“非典”疫情的发生与取消演唱会之间存在因果关系,这种情形下可以依据不可抗力认定杭州鸿艺文化传播公司不承担违约责任,仅返还一倍定金即可。

(五)何种情形下,法院将疫情认定情势变更?

1.疫情构成情势变更的要件

(1)现实性、突发性、无责性要件与不可抗力一致

在现实性、突发性、不可归责性方面,情势变更与不可抗力的构成要件基本相同,不再赘述。

(2)不利影响的程度——显失公平或合同目的无法实现

疫情使合同的履行基础发生根本性的动摇,但客观上合同仍可以继续履行,只是如继续履行原合同,将对一方当事人明显不公或者不能实现合同目的,会产生显失公平的效果,与诚实信用原则和公平原则相违背。

同时,疫情与显失公平、合同目的无法实现之间存在因果关系。如合同目的无法实现的后果是由于当事人一方的违约行为,而非因为情势变更的客观情形,也不能适用情势变更制度。

2.案例

在吴某某、王某某与三亚文豪公司的房屋租赁合同纠纷[(2017)最高法民申3380号][①]一案中,最高人民法院认为海南省房价持续上涨对于当事人之间的房屋租赁合同来说,仅属于商业风险,不构成情势变更。

本案中,吴某某、王某某与文豪公司在2006年签订案涉《铺面租赁合同》,后国务院出台将海南省建成国际旅游岛的政策,海南房价房租普遍上涨。

吴某某、王某某认为:海南房价房租普遍上涨的情况下,文豪公司转租赚取的房屋租金比向吴某某、王某某支付的租金高10倍之多,这种急剧扩大的租金差价已超越了正常的商业风险。案涉房屋还有将近10年的租期,如双方继续按原租金履行合同,会继续加大合同双方的权益失衡,致使吴某某、王某某遭受重大经济损失,对其明显不公平,也不能实现其订立合同时的目的。

① 《吴沛霖、王辰羽房屋租赁合同纠纷案》[最高人民法院(2017)最高法民申3380号]。

最高人民法院认为:《铺面租赁合同》在先约定了租金调整条款,这说明吴某某、王某某对房屋租赁市场的变化是有一定预期的,嗣后的价格涨跌都应视为在其合理预见范围之内,不存在无法预见之情形,不应认定为情势变更。

从上述案例可以得出的结论是,在房屋租赁合同中,继续履行合同是否显失公平并不能简单以合同签订时的价格与合同履行时的价格进行纵向比较,应该比较的是:合同的履行利益与维持房屋适租状态利益,即出租方继续履行合同所得将难以维持房屋适租状态及支付必要成本时,才有可能被认定为继续履行合同对出租方明显不公平,进而被认定为情势变更。

(六)疫情构成不可抗力后,当事人应采取何种对策?

1. 及时通知

根据《合同法》第118条、《民法典》第590条之规定,受不可抗力影响一方应及时履行通知义务,因为未受影响一方可能并不知道客观情形的发生,受影响方及时通知后,相对方可以及时作出应对措施,实现减少损失的目的。

关于通知的内容、方式、期限,如合同有在先约定,依据"有约定从约定"的原则,按照合同约定方式进行通知。如果没有约定,应注意以下几点:

(1)通知内容

通知不仅应包括客观事件本身的发生情况,还应包括受客观事件的影响,导致合同不能继续履行、合同目的无法实现(如有)的原因,受损情况等要素。

(2)通知方式

通知应当以书面等能够保存的形式作出:向指定联系邮箱发送邮件,向指定联系地址发送信函,也可以视情况通过微信、电话、短信、传真方式通知,并保留对方回复的证据。最后,建议同时以多种方式履行通知义务,确保对方可以接收到通知。

(3)通知期限

通知应当及时,即在合理期限内。判断期限是否合理,需要考量若干因素:受影响一方的处境;可以采取的通信手段;债权人是否接收到不可抗力通知。

2. 证据收集

(1)疫情发生一般性证据

各地政府发布的交通及公共场所封锁公告、"延长春节假期""迟延复工"通知、武汉封城公告、行业协会发布的疫情构成不可抗力的通知等。

(2)造成不利影响具体证据

根据法律规定,主张受影响的一方应对具体影响承担举证责任。疫情事件是有地域性、时间性的,并且疫情事件也是不断变化的。

例如,酒店在疫情期间按政府要求停业的证明,当事人作为密切接触者被采取隔离措施的证明、感染病毒后入院隔离治疗的证明、企业员工因为小区封闭等原因无法复工的统计情况汇总。对确有必要的,也可以到公证机关申请公证,证明其民事行为因疫情受阻的相关事实。

3. 采取合理措施避免损失扩大

除应当及时通知避免损失进一步扩大外,受影响一方还应该召开紧急会议、及时处理合同标的物、针对具体损害采取其他紧急措施等。

需要说明的是,即使合同中没有约定,根据《合同法》第 60 条、①《民法典》第 509 条的规定,②防止损失扩大也是当事人应当履行的随附义务。

4. 及时提出抗辩并积极取证

对方起诉或提起仲裁要求承担违约责任时,受影响一方可以不可抗力为由提出抗辩。根据"谁主张,谁举证"的原则,受影响一方应该就客观变化构成不可抗力、已及时通知对方且采取减少损失的必要措施等承担举证责任。

湖北省高级人民法院民二庭在《关于审理涉及新型冠状病毒肺炎疫情商事案件若干问题的解答》(2020 年 2 月 12 日发布)中,关于"新型冠状病毒肺炎疫情导致合同不能履行后,对于扩大的损失如何确定赔偿责任"的回答中明确:"首先由债务人举证证明其已经为减少损失而采取了相关措施,如及时通知、召开会议、采取紧急措施等。如果债务人不能证明,说明其对扩大损失存在过错,应当承担赔偿责任。……"

5. 主动行使合同解除权

当合同目的无法实现时,当事人可以主张解除合同,并通过直接通知对方、起诉或提起仲裁的方式解除合同。

解除权属于形成权,受影响一方的通知到达对方后就可以解除合同,如对方不同意解除,可以在 3 个月内请求人民法院或者仲裁机构确认解除合同的效力。因为合同解除权如不成立,解约主张还会被认定构成拒绝履约的违约行为,所以,应当审慎分析和行使。

---

① 《合同法》第 60 条规定:"当事人应当按照约定全面履行自己的义务。当事人应当遵循诚实信用原则,根据合同的性质、目的和交易习惯履行通知、协助、保密等义务。"

② 《民法典》第 509 条规定:"当事人应当按照约定全面履行自己的义务。当事人应当遵循诚信原则,根据合同的性质、目的和交易习惯履行通知、协助、保密等义务。当事人在履行合同过程中,应当避免浪费资源、污染环境和破坏生态。"

《合同法》第 96 条规定："当事人一方依照本法第九十三条第二款、第九十四条的规定主张解除合同的，应当通知对方。合同自通知到达对方时解除。对方有异议的，可以请求人民法院或者仲裁机构确认解除合同的效力。

法律、行政法规规定解除合同应当办理批准、登记等手续的，依照其规定。"

《民法典》第 565 条规定："当事人一方依法主张解除合同的，应当通知对方。合同自通知到达对方时解除；通知载明债务人在一定期限内不履行债务则合同自动解除，债务人在该期限内未履行债务的，合同自通知载明的期限届满时解除。对方对解除合同有异议的，任何一方当事人均可以请求人民法院或者仲裁机构确认解除行为的效力。

当事人一方未通知对方，直接以提起诉讼或者申请仲裁的方式依法主张解除合同，人民法院或者仲裁机构确认该主张的，合同自起诉状副本或者仲裁申请书副本送达对方时解除。"

《合同法解释（二）》第 24 条规定："当事人对合同法第九十六条、第九十九条规定的合同解除或者债务抵销虽有异议，但在约定的异议期限届满后才提出异议并向人民法院起诉的，人民法院不予支持；当事人没有约定异议期间，在解除合同或者债务抵销通知到达之日起三个月以后才向人民法院起诉的，人民法院不予支持。"

关于《合同法解释（二）》第 24 条的理解与适用问题，最高人民法院在《九民纪要》中予以明确：

审判实践中，部分人民法院对《合同法解释（二）》第 24 条的理解存在偏差，认为无论发出解除通知的一方有无解除权，只要另一方未在异议期限内以起诉方式提出异议，就判令解除合同，这不符合合同法关于合同解除权行使的有关规定。对该条的准确理解是，只有享有法定或者约定解除权的当事人才能以通知方式解除合同。不享有解除权的一方向另一方发出解除通知，另一方即便未在异议期限内提起诉讼，也不发生合同解除的效果。人民法院在审理案件时，应当审查发出解除通知的一方是否享有约定或者法定的解除权来决定合同应否解除，不能仅以受通知一方在约定或者法定的异议期限届满内未起诉这一事实就认定合同已经解除。

（七）疫情构成情势变更后，当事人应采取何种对策？

1. 及时通知对方并提出主张

及时通知对方并提出主张，告知对方客观变化构成情势变更，并阐述理由,包括但不限于客观变化产生的原因、继续履行合同对己方造成明显不公平的情况及依据、合同目的的落空等,为下一步应对作好铺垫。

2. 主动与对方协商并做好证据收集等准备工作

主动与对方就合同的变更或解除进行友好协商,了解对方态度,保留对方回复的证据,分析对方的态度并预测其可能采取的行动,同时,注意收集和保留可以证明客观变化构成情势变更的证据,如情势变更发生前后合同履行基础发生的变化对比,继续履行合同将需要付出额外的不合理代价,合同继续履行将严重违反公平原则和基本的商业逻辑,为可能启动的诉讼或仲裁程序做准备。

3. 及时就变更或解除合同提起诉讼或仲裁

受影响一方应及时起诉或提起仲裁,通过诉讼或仲裁程序来达到变更或解除合同的目的。在对方当事人首先提起诉讼或仲裁要求受影响一方承担违约责任时,受影响一方应当及时提出反诉或反请求,要求适用情势变更或解除合同。

二、对赌抽屉协议之效力研究

投融资及并购交易中,为解决交易双方对目标公司未来发展的不确定性、信息不对称以及代理成本等问题,进而降低投资风险,投资方通常会要求融资方作出承诺,即在约定的业绩目标未能实现时,融资方要给予投资方现金或股权补偿;上市目标不能实现时,融资方要承担股权回购义务。投融资双方就目标公司估值调整及投资方的退出安排签订的协议即"对赌协议"。

为实现投融资双方利益的最大化,大多数目标公司通常都以成功上市为最终目标。根据目前上市的监管要求,目标公司在上市申报前,须按照监管部门的要求清理"对赌协议"。

因此,为满足监管要求,绝大多数拟上市企业会清理对赌条款,但投资方为规避风险,仍有可能要求融资方与其私下另签协议对对赌条款作出其他安排,这类协议即我们常说的"抽屉协议"。由于"抽屉协议"早在企业申报上市,甚至投资方进入企业时就已经涉及,权利义务关系较为复杂且一般不会公开,因此,这类问题处理起来较为棘手。

对于有意实现上市目标的企业来说,有必要厘清"抽屉协议"的类型、效力,及其与"阴阳合同""通谋虚伪表示"之间的关系等系列问题,本书结合现行监管规定,并公开检索实践中的大量真实案例,帮助企业全面梳理、分析“抽屉协议”的相关法律问题。

(一)对赌抽屉协议之产生

1. 背景

《IPO管理办法》(2020年修正)第13条规定:“发行人的股权清晰,控股股东和受控股股东、实际控制人支配的股东持有的发行人股份不存在重大权属纠纷。”

《创业板首次公开发行股票注册管理办法(试行)》及《科创板首次公开发行股票注册管理办法(试行)》第二章“发行条件”的第12条均要求发行人“控制权”稳定;“不存在导致控制权可能变更的重大权属纠纷”。

2019年3月24日,上交所公布《上海证券交易所科创板股票发行上市审核问答(二)》;3月25日,证监会亦公布《首发业务若干问题解答(一)》,均要求投资机构在投资发行人时约定对赌协议等类似安排的,发行人原则上应在申报前清理,但同时满足以下要求的可以不清理:

(1)发行人不作为对赌协议当事人;

(2)对赌协议不存在可能导致公司控制权变化的约定;

(3)对赌协议不与市值挂钩;

(4)对赌协议不存在严重影响发行人持续经营能力或者其他严重影响投资者权益的情形。

此外,保荐人及发行人律师应当就对赌协议是否符合上述要求发表专项核查意见。发行人应当在招股说明书中披露对赌协议的具体内容、对发行人可能存在的影响等,并进行风险提示。

实践中,投资机构与拟上市企业会签订一系列协议,其中可能包括对赌安排,为保证该企业控制权稳定、持续经营能力不受影响,并保护投资者权益,协议中的对赌安排将成为审核重点内容之一。

因此,为顺利通过上市审核,在申报IPO时,拟上市企业需先行妥善处理相关协议中的对赌安排。需要说明的是,对赌安排既可能表现为单独约定估值调整等内容的协议,也可能表现为投资协议中处理相关问题的部分条款。下文中如无特殊说明,“对赌协议”与“对赌条款”含义相同,均指关于估值调整等内容的对赌安排。

2. IPO申报时对赌条款的三种主要处理方式

经公开检索并结合现行监管规定,拟上市企业在处理对赌条款时主要

采取以下三种处理方式:

方式1:对赌协议在上市前已履行完毕,拟上市公司就对赌协议履行过程的合法合规进行说明,如2017年过会的英科医疗科技股份有限公司。

方式2:对于现存有效的对赌协议,在符合证监会上述不清理的条件下,拟上市公司在招股说明书中披露对赌条款的具体内容、对发行人可能存在的影响,进行风险提示,并由保荐人及发行人律师发表专项核查意见,保留对赌条款递交申请,如2010年过会的大连电瓷集团股份有限公司。

方式3:若现存有效的对赌协议不符合规定的不清理条件,在递交上市申请前,拟上市公司需通过签署补充协议等方式就对赌条款重新进行约定,以符合上市标准,并将补充协议之内容在招股说明书中予以披露。

3. 对赌条款"清理"的两种主要模式

拟上市企业在招股说明书中披露的对赌条款的处理,主要分为以下两种模式:

模式1——对赌条款于申报时中止,且附条件恢复效力

对现存有效的对赌条款,部分拟上市公司采取签订"效力恢复"条款的方式,即拟上市公司向证监会提交申报材料,相关对赌条款效力中止;若发生撤回申请、未通过审核等未上市成功的情形,对赌条款恢复效力;若公司成功上市,则对赌条款永久失效,典型案例如表5-4所示。

表5-4　对赌协议中止典型案例

公司名称	过会时间	公告内容(节选)
拓斯达科技股份有限公司	2017年2月	根据发行人《补充法律意见(三)》,"2015年6月1日,为配合拓斯达向中国证监会申请首次公开发行股票并上市的工作,兴证创投同意中止《增资补充协议》中约定的与股东三人之间的对赌条款,并与股东三人签署《〈增资扩股之补充协议〉中止合同》,约定自拓斯达向中国证监会申报公开发行股票并上市材料并受理之日起,《增资补充协议》约定的业绩补偿条款及股份回购条款中止执行;自拓斯达公开发行股票并上市之日起,业绩补偿条款和股份回购条款终止执行;若拓斯达上市申请被有权部门不予核准/注册,或拓斯达自行撤回本次申请的,自不予核准/注册或撤回申请之日起,上述条款恢复效力。"

续表

公司名称	过会时间	公告内容(节选)
西安铂力特增材技术股份有限公司	2019 年 7 月	根据发行人《招股说明书》,2019 年 3 月,折生阳与发行人部分股东签署了《股东协议之补充协议》,约定各方一致同意,自本补充协议生效之日起,《股东协议》第 2. 2 款约定的“为引入外部投资者,甲方(折生阳)作为丙方(铂力特)第一大股东与投资者签订带有回购条款的相关协议,如果触发甲方相应的回购义务,则由乙方(发行人部分股东)各方共同按照本协议的约定向甲方承担补偿责任”及《股东协议》第 3 条股东回购和补偿义务条款均不再履行,各方不再享有或承担《股东协议》第 2. 2 款及第 3 条项下的任何权利、义务。 若丙方向中国证券监督管理委员会/上海证券交易所提交首次发行股票并上市申请材料后,申请材料未被受理、或申请材料被丙方撤回、或中止审查超过 12 个月、或申请被中国证券监督管理委员会/上海证券交易所终止审查或不予注册或否决,以及因其他原因导致丙方未能上市,则在甲方收到青岛金石灏汭投资有限公司、杭州沁朴股权投资基金合伙企业(有限合伙)、海宁国安精进股权投资合伙企业(有限合伙)任一方发出的书面通知之日起,本补充协议各方将按照《股东协议》第 2. 2 款和第 3 条约定的内容签署回购补偿协议,并按照《股东协议》的约定履行补偿义务;若乙方未按照上述要求与甲方签署回购补偿协议,则甲方和乙方之间立即成立股权回购补偿的权利义务法律关系和协议并立即生效。
中持水务股份有限公司	2017 年 1 月	根据发行人《招股说明书》,“根据公司股东与 2014 年 4 月 25 日签订的《关于终止中持(北京)水务运营有限公司合资经营合同、公司章程之协议》,终止了包含回购条款的合资经营合同。根据联新二期、联新行毅、联元投资、启明创富、纪源科星、红杉中国 2010、启明创智、北京光早期、启明亚洲、北极光创投、越超公司出具《声明》,同意自声明出具之日起终止在《股份认购及增资协议》中影响公司上市的特有权利,并在公司首次公开发行被撤回、失效、否决、未被受理时自动恢复。”

续表

公司名称	过会时间	公告内容(节选)
浙江康隆达特种防护科技股份有限公司	2017 年 1 月	根据发行人《招股说明书》,发行人对满博投资、满古投资、乐融投资对赌协议处理方式采用“效力恢复条款”:2013 年 9 月 17 日,满古投资、乐融投资与东大针织、东大控股及发行人签署了三方《关于浙江康隆达手套有限公司增资扩股协议的补充协议的补充协议书》,约定发行人确定上市计划,并聘请境内保荐机构及各方中介开展境内上市工作,自各方中介确定的上市申报基准日之日起,该协议自动解除;若发行人的上市申请未通过中国证监会审核,该协议自动恢复生效。

此外,也存在企业在拟上市过程中,首先签署协议将对赌条款效力彻底终止,后再次签订补充协议约定对赌条款附条件恢复效力,如湖南科美达电气股份有限公司。根据其实际发生效果,该种处理方式亦可纳入模式 1 中。

模式 2——彻底终止对赌条款

对现存有效的对赌协议,较为安全或保守的做法为签署补充协议,约定各方一致同意彻底终止对赌条款,具体包括补充协议生效时终止对赌条款或自公司向证监会提交 IPO 申请时终止两种方式。同时,发行人及其股东承诺该协议为最终协议且真实有效,各方不存在导致发行人股权变动的其他协议,典型案例如表 5-5 所示。

表 5-5 对赌协议终止典型案例

公司名称	过会时间	公告内容(节选)
浙江皇马科技股份有限公司	2017 年 7 月	根据发行人《招股说明书》,"针对上述业绩承诺、股份回购条款等约定,发行人原股东与投资方于 2016 年 5 月分别签订了《终止协议书》,约定如下:协议各方一致同意,自本协议签署之日起,终止《补充协议》。协议各方一致同意不存在触发《补充协议》的情形,对于《投资协议》《补充协议》等文件的履行及终止不存在任何纠纷或者潜在纠纷。本协议与《投资协议》《补充协议》有冲突的内容,以本协议约定为准,除本协议约定外,协议各方一致同意《投资协议》其他条款保持不变,继续有效。各方一致确认,各方之间以及与任何其他主体之间未签署或达成以公司经营业绩、发行上市等事项作为标准,以公司股权归属的变动、股东权利优先性的变动、股东权利内容的变动等作为实施内容的有效的或将生效的协议或类似的对赌安排。本协议自各方签署之日起生效。"
绍兴贝斯美化工股份有限公司	2019 年 9 月	根据发行人《招股说明书》,"嘉兴保航在其入股发行人时曾就业绩、上市时间等内容与发行人控股股东贝斯美投资、实际控制人陈峰签署《股份转让协议之补充协议》约定对赌安排。2017 年 10 月 13 日,前述各方已签署《合同终止协议》,相关对赌安排不再发生法律效力,发行人控股股东贝斯美投资、实际控制人陈峰无需按照《股份转让协议之补充协议》的约定承担相应义务,并且自该协议签订之日起,上述补充协议均终止,其约定的一切相关权利义务均全部解除,尚未履行的均终止履行,各方同意对上述补充协议的解除互不追究违约责任。"

续表

公司名称	过会时间	公告内容(节选)
广东金刚玻璃科技股份有限公司	2010 年 4 月	根据发行人《招股说明书》,“虽天堂硅谷、保腾创投股权投资机构在入股过程中曾与金刚实业存在相关对赌条款和一票否决权条款,但相关各方已分别于 2009 年 9 月 15 日和 2010 年 4 月 8 日签署协议终止了相关对赌条款和一票否决权条款,因对赌条款和一票否决权条款导致本公司股权发生变更的风险已消除。”
伊戈尔电气股份有限公司	2017 年 11 月	根据发行人《招股说明书》,“发行人、麦格斯、英威公司及凯诺特公司与邓某某、张某某及鹏峰创智分别签署了《关于伊戈尔电气股份有限公司之增资扩股协议书之补充协议》,协议约定终止邓某某、张某某及鹏峰创智与发行人、麦格斯、英威公司及凯诺特公司达成的股份回购的相关条款。同时,各方同意终止《关于伊戈尔电气股份有限公司之增资扩股协议书》中关于股份回购约定有条件终止的相关条款。 自此,发行人、麦格斯、英威公司及凯诺特公司与邓某某、张某某及鹏峰创智之间的对赌协议已经彻底解除,不存在有条件终止的情况。邓某某、张某某及鹏峰创智不再要求发行人、麦格斯、英威公司及凯诺特公司履行《关于伊戈尔电气股份有限公司之增资扩股协议书》中按照约定价格与条件进行股份回购的义务。”
苏州春秋电子科技股份有限公司	2017 年 11 月	根据发行人《招股说明书》,发行人为消除对赌条款对股权结构稳定性造成不利影响,春秋电子、薛革文于 2016 年 12 月分别与海宁春秋、东证昭德、杭州禾优、上海力鼎、浙富桐君、深圳布谷、上海泰豪、田记心、朱晓轶签署相关补充协议,解除共同出售权、锁定期与竞业禁止、反摊薄、业绩承诺与补偿、回购条款等内容,一致认可不存在潜在争议。同月,上述资本方均出具相关承诺,除《公司章程》规定外,不存在口头约定或签署补充书面协议等任何方式协商确定股东权利再分配或影响发行人股权结构稳定性的其他协议。

此外,在实践中,也存在部分拟上市企业虽已采用模式 1 中的"效力恢复"条款,但后来在递交申请材料时达成最终协议将对赌条款效力彻底终止的情形,如江苏鼎胜新能源材料股份有限公司、三只松鼠股份有限公司、武汉贝斯特通信集团股份有限公司。根据其实际发生效果,该种处理方式亦可纳入模式 2 中。

综上所述,申报 IPO 过程中对赌协议的可能路径和处理模式如图 5-1 所示。

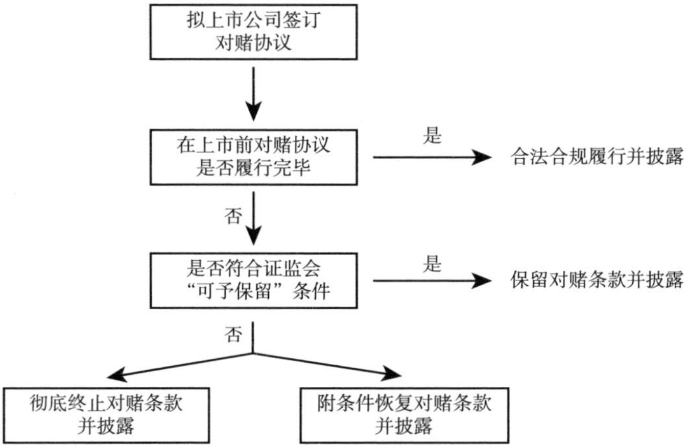

图 5-1　拟上市公司处理对赌协议流程图

虽然,为谋求上市成功,绝大多数拟上市企业已通过上述模式将对赌条款进行清理,并在招股说明书中披露,但为避免投资方丧失对赌利益、保障其自身投资权益,实践中存在各方私下另行签署协议就对赌条款作出其他安排的情况。

鉴于此种在申请材料之外签署的协议存在规避监管的嫌疑,对赌条款仅在表面上被清理;若将该种协议公开可能招致证监会的额外关注,甚至上市失败,故公司即便签署相应协议也不会进行披露。此类协议即为对赌交易中的"抽屉协议"。

(二)对赌抽屉协议之类型

为谋求自身长远发展或上市,从降低投资风险角度出发,企业在吸引外部投资时多与投资方签署包含对赌条款的投资协议。

基于目前证监会对拟上市企业清理对赌条款之要求,部分企业会在签署投资协议时即设定上市时的"对赌终止"条款或"附条件恢复效力"条款,由于此类条款业已满足证监会审核上市的清理要求,因此,在拟上市过程中签订补充协议或抽屉协议的可能性较小;而还有部分企业在签署投资协议时尚未明确以上市为最终目标,或欲视拟上市时相应监管规定再对对赌条款进行调整,从而未提前约定“对赌终止”条款或“附条件恢复效力”条款,其签署补充协议及抽屉协议的可能性较大。

因此,对于在签署对赌条款时未约定“对赌终止”条款或“附条件恢复效力”条款,且投资方不想放弃对赌利益,从而仅在表面上进行清理实则私下恢复对赌条款效力的,结合前文总结的清理对赌条款的两种模式,其签署抽屉协议的内容在理论上存在以下 3 种情况:

1. 表面上彻底终止,私下签署抽屉协议约定对赌条款附条件恢复效力。

2. 表面上彻底终止,私下签署抽屉协议约定对赌条款持续生效。

3. 表面上约定对赌条款附条件恢复效力,私下签署抽屉协议约定对赌条款持续生效。

因此,抽屉协议可被分为两类,即“附条件恢复效力”的抽屉协议与“持续生效”的抽屉协议。

“附条件恢复效力”抽屉协议是指在协议中约定有“效力恢复”条款的抽屉协议。“效力恢复”条款是指由各方协商一致,在协议生效日或向证监会递交材料时中止相关对赌条款之效力;在双方约定在发生上市重大负面事件时恢复对赌条款之效力;若公司上市成功,对赌条款则彻底终止的合意。“效力恢复”条款的设置模式多由“上市重大负面事件/客观状态+时限”构成,“上市重大负面事件/客观状态”包括但不限于申请材料未被受理、申请材料被公司撤回、终止(中止)审查、不予注册、证监会否决等。

“持续生效”抽屉协议则是指各方协商一致约定,虽表面上暂时中止或彻底终止对赌条款,但该对赌条款在各方当事人之间仍按原协议持续生效并履行的抽屉协议。

(三)对赌抽屉协议之法律效力分析

1.“附条件恢复效力”抽屉协议之法律效力

首先,从监管层面上看,证监会发布的《首发业务若干问题解答(一)》规定了符合要求而无须清理对赌协议的条件。其中,第 2 项、第 4 项条件分别为:“对赌协议不存在可能导致公司控制权变化的约定”;“对赌协议不存在严重影响发行人持续经营能力或者其他严重影响投资者权益的情形”。从中可以看出,证监会之所以严格监管对赌条款,旨在保障公司股权结构稳定和持续盈利能力等，进而保护投资者权益。

对赌协议中往往约定有股权回购、现金/股权补偿条款等内容。若对赌条款被触发，可能出现公司实际控制人或控股股东回购股权、给予投资方现金/股权补偿的状况，从而导致公司股权变动或者公司经营能力的下降，损害公众投资者利益，使国家对资本市场进行监管的初衷无法实现。

但"效力恢复"条款从理论上看是一个附生效条件的对赌条款，效力恢复条件满足，则意味着公司基本已丧失上市可能，即对赌条款恢复效力的前提条件是发行人上市不能，对赌条款恢复效力并不违反监管规定。依据最高人民法院《九民纪要》确定的裁判原则，对赌协议在不存在其他法定无效事由下是合法有效的。此外，经过对上文案例的分析，也存在披露"附条件恢复效力"协议的过会案例，因此在实践上，证监会亦认可此类协议的效力。

其次，从司法实践层面上看，我国司法实践中亦存在此类抽屉协议被法院判定有效的实例。如北京碧海舟腐蚀防护工业股份有限公司等与天津雷石信锐股权投资合伙企业（有限合伙）股权转让纠纷[（2015）二中民（商）终字第 12699 号]、郭丛军与北京普思投资有限公司与公司有关的纠纷[（2018）京 03 民终 3463 号]。

综上所述，在不存在其他法定无效事由的情况下，"附条件恢复效力"抽屉协议合法有效。

2."持续生效"抽屉协议之法律效力

【相关法条】

《IPO 管理办法》第 13 条规定："发行人的股权清晰，控股股东和受控股股东、实际控制人支配的股东持有的发行人股份不存在重大权属纠纷。"

《民法总则》第 153 条规定："违反法律、行政法规的强制性规定的民事法律行为无效，但是该强制性规定不导致该民事法律行为无效的除外。

违背公序良俗的民事法律行为无效。"

《民法总则》第 154 条规定："行为人与相对人恶意串通，损害他人合法权益的民事法律行为无效。"

《民法典》第一编总则中的相关规定与《民法总则》上述规定的内容一致。

《合同法》第 52 条规定："有下列情形之一的，合同无效：（一）一方以欺诈、胁迫的手段订立合同，损害国家利益；（二）恶意串通，损害国家、集体或者第三人利益；（三）以合法形式掩盖非法目的；（四）损害社会公共利益；

(五)违反法律、行政法规的强制性规定。”

根据新法优于旧法的法律适用规则,《合同法》“总则”规定与《民法总则》规定不一致的,应当适用《民法总则》的规定;《民法典》于 2021 年 1 月 1 日正式实施后,《民法总则》与《合同法》将同时废止。

经对比合同无效条款的内容,从形式上看,《民法总则》与《民法典》之规定相比《合同法》之规定似乎少了三项,即第 1 项、第 3 项、第 4 项。其中,第 4 项可被《民法总则》与《民法典》第 153 条第 2 款吸收,但其第 1 项、第 3 项是否完全被《民法总则》与《民法典》第 153 条、第 154 条所吸收暂无官方的权威解释。王轶教授认为,《民法总则》第 153 条第 1 款对应的是《合同法》第 52 条第 5 项,《民法总则》第 153 条第 2 款则对《合同法》第 52 条第 1 项、第 2 项、第 4 项作了价值判断的补充。

(1)《民法总则》与《民法典》第 153 条第 1 款不可作为认定“持续生效”抽屉协议无效的请求权基础。

《民法总则》与《民法典》第 153 条第 1 款之规定可解读出三层含义。第一,从民事法律行为角度,违反法律或者行政法规体现在民事法律行为的目的、内容及其形式上;第二,从违反的规范的性质角度,行为所违反的应当为国家立法机关通过并颁布的法律、中央政府即国务院制定并颁行的行政法规;[1]第三,从违反的法律、行政法规的内容角度,民事法律行为违反的应当是法律和行政法规中的强制性效力性规定。

“持续生效”的抽屉协议在内容上显然违反证监会的《IPO 管理办法》,但鉴于证监会发布的《IPO 管理办法》在效力层级上属于部门规章,不属于法律、行政法规,故《民法总则》与《民法典》第 153 条第 1 款不可作为认定“持续生效”抽屉协议无效的请求权基础。

(2)《民法总则》与《民法典》第 153 条第 2 款可以作为认定“持续生效”抽屉协议无效的请求权基础。

公序良俗原则作为民法的基本原则,规定于《民法总则》与《民法典》第 8 条。公序良俗即公共秩序和善良风俗,所谓“公共秩序”即“社会公共利益”,“善良风俗”即所谓的“社会公德”。[2]

---

① 最高人民法院(2000)民终字第 101 号判决书:“对违反法律、行政法规的强制性规定的,应只限于全国人大及其常委会颁布的法律和国务院颁布的行政法规中的强制性规定,而不能将违反国务院所属各行政部门就行业管理发布的行政管理规章、规定的内容也作为认定合同效力的条件。”

② 参见梁慧星:《民法总论》(第四版),法律出版社 2011 年版。

判断是否违反善良风俗应以一般道德为核心,它要求民事主体在为民事法律行为时,应当对社会道德给予基本的尊重,如不得侵犯他人的人格尊严、不得遗弃虐待老人等;判断是否违反公共秩序应以是否侵害社会利益为衡量标准,它要求民事主体在为民事法律行为时,不得损害全体社会成员共同利益,不得违反社会成员相互之间的共同行为准则,不得破坏社会的共同生活规则。①

"持续生效"的抽屉协议明显违背了证监会颁布的《IPO 管理办法》,《IPO 管理办法》第 13 条之目的便在于保障上市公司的股权结构稳定、保障公司持续盈利能力,若公司不符合上市要求而上市,不仅影响监管机构对金融市场的管理,也将损害众多社会不特定公众的利益甚至是社会公共利益。

因此,"持续生效"的抽屉协议一方面可能构成证券虚假陈述行为,另一方面违背了公共秩序,故《民法总则》与《民法典》第 153 条第 2 款可以作为认定"持续生效"抽屉协议无效的请求权基础。

(3)《民法总则》与《民法典》第 154 条可否作为认定"持续生效"抽屉协议无效的请求权基础?

该条款规定的恶意串通规则是对《民法通则》第 58 条第 1 款第 4 项与《合同法》第 52 条第 2 项恶意串通规则的延续。从主观要件上讲,构成恶意串通需表意双方达成合意、意欲使该意思表示发生相应的法律效果,且以损害他人合法权益为目的;从客观要件上讲,恶意串通的后果是损害他人合法权益。

《民法总则》与《民法典》第 154 条一改《民法通则》与《合同法》中"损害国家、集体或第三人的利益"的表述,而采取"损害他人合法权益"之表述。从文义解释上看,"他人"与"第三人"内涵相同;但从体系解释上看,既然该条款同为恶意串通规则,则该条款保护的对象应当与《民法通则》第 58 条第 1 款第 4 项以及《合同法》第 52 条第 2 项相同,不应当仅限于特定第三人之利益,其外延应大于"第三人"之范畴。

鉴于该条款规定的"他人合法权益"可被解读为"国家、集体等不特定第三人合法权益",因此,许多学者主张在 153 条第 2 款既已规定公序良俗规则的情况下废除恶意串通规则。② 但另有学者认为,当发生恶意串通损害不特

---

① 参见杨立新主编:《中华人民共和国民法总则要义与案例解读》,中国法制出版社 2017 年版。

② 参见冉克平:《民法典总则意思表示瑕疵的体系构造——兼评〈民法总则〉相关规定》,载《当代法学》2017 年第 5 期;王轶:《民法总则法律行为效力制度立法建议》,载《比较法研究》2016 年第 2 期;杨代雄:《恶意串通行为的立法取舍——以恶意串通、脱法行为与通谋虚伪表示的关系为视角》,载《比较法研究》2014 年第 4 期。

定第三人利益时,究竟是以该行为构成恶意串通而无效、抑或是违反公序良俗原则而无效,从产生的法律效果上看是一致的。在功能上,公序良俗原则作为兜底条款,通常用来填补法律漏洞,在第154条业已规定恶意串通规则的情况下,无须适用公序良俗原则。[①]

可以看出,问题的关键在于如何解读《民法总则》与《民法典》第154条"他人"的含义。"他人"究竟是否包括国家和集体,有待有权机构作出解释。

"持续生效"的抽屉协议存在侵害不特定第三人(国家、集体)之利益的可能性,故《民法总则》与《民法典》第154条是否可作为认定"持续生效"抽屉协议无效的请求权基础,取决于对"他人"含义是作扩张解释还是限缩解释。

综上所述,"持续生效"抽屉协议存在被法院或仲裁机构以违反公序良俗、构成恶意串通为由而认定无效的风险。

(四)抽屉协议、阴阳合同与通谋虚伪表示之区别

在签订抽屉协议的情形中,往往存在一份向证监会报送的"清理协议"、一份体现各方真实意思表示的"抽屉协议"。这一表象与司法实践中经常出现的"阴阳合同"、《民法总则》及《民法典》第146条规定的"通谋虚伪表示"存在相似之处。三者虽有共同点,如阴阳合同、抽屉协议、隐藏行为均系当事人的真实意思表示且均具有私密性,但此三者却并不相同。

"阴阳合同",是指针对同一行为或同一标的,存在两份及以上合同且各份合同就关键内容作出了不一致的约定。其目的多是为了实现经济利益最大化或规避监管,将"阳合同"交给有关机关审核或备案,并不实际履行;"阴合同"仅为当事人所知且实际履行,该现象主要出现在建设工程施工、股权转让、二手房买卖、房屋租赁等领域中。

"通谋虚伪表示"则规定于《民法总则》与《民法典》第146条,"行为人与相对人以虚假的意思表示实施的民事法律行为无效。以虚假的意思表示隐藏的民事法律行为的效力,依照有关法律规定处理。"王泽鉴教授将其解释为"表意人与相对人通谋而为虚伪的意思表示",通常包含伪装行为与隐藏行为。因此,达成通谋虚伪表示需同时满足以下条件:(1)表意人与相对人达成合意;(2)表意人与相对人主观上有共同故意;(3)表意人与相对人均

---

① 参见沈德咏主编:《〈中华人民共和国民法总则〉条文理解与适用》(下册),人民法院出版社2017年版。

明知该意思表示不真实。

1. 适用范围不同

《民法总则》与《民法典》第146条作为一般性的规定,其规范的对象为"民事法律行为",是指民事主体通过意思表示设立、变更、终止民事法律关系的行为。民事法律行为具有多种分类方式,如可分为单方法律行为(如无主物的先占、放弃继承等);双方法律行为(如合同);多方法律行为(如合伙);诺成、实践行为;要式、不要式行为等。而抽屉协议、阴阳合同通常属于诺成、要式的双方法律行为,都是合同,属于"民事法律行为"之下位概念,理论上应当遵循《民法总则》与《民法典》第146条之规定。

2. 表现形式不同

从表现形式来看,抽屉协议在性质上通常被视为补充协议或变更协议,对清理协议起到补充、变更之作用。阴阳合同通常都是各自独立完整的合同,仅仅在部分条款,如价款或期限等实质内容上存在差异。而虚假意思表示,若存在隐藏行为,一定存在伪装行为,如名为赠与实为买卖;但存在伪装行为,并非一定存在隐藏行为,如以逃避债务为目的假意财产赠与,赠与行为是伪装行为,但此处并不存在隐藏行为;即使存在隐藏行为,也未必会以签订合同的方式表现出来。

3. 司法适用情形不同

法院援引《民法总则》第146条进行裁判的案件大致可分为两种类型:(1)伪装行为与隐藏行为分属两类法律关系,如名为买卖实为借贷、名为买卖实为赠与、名为买卖实为担保等;[①](2)伪装行为与隐藏行为虽法律关系相同但当事人主体不同,如同一借贷关系,名为A借贷给B,实为X借贷给B等。[②] 而阴阳合同主要适用于建设工程施工、股权转让、二手房买卖、房屋租赁等具体领域,阴阳合同的签订主体及所体现的法律关系均相同。本书探讨的抽屉协议特指针对应对上市监管要求而清理对赌条款时,投融资各方签订的抽屉协议,解决的是企业拟上市时对赌条款的安排问题。

4. 法律效果不同

从法律效果方面来看,根据《民法总则》与《民法典》第146条之规定,表

① 参见(2019)内2223民初7389号;(2019)浙0702民初7478号;(2018)豫14民终5039号;(2019)川0703民初4338号;(2019)川0722民初3084号。

② 参见(2017)甘0102民初9756号;(2018)黔0222民初1873号;(2019)川民终884号。

意人与相对人均希望伪装行为不发生效力,其因缺乏效果意思而确定无效;而隐藏行为系表意各方意图发生效力的真实意思表示,须视其内容而依照有关法律(如《公司法》《合同法》等其他部门法)去判定。在司法裁判中,法院需首先将伪装与隐藏行为相剥离,在否定伪装行为的效力同时,判断隐藏行为之效力。

抽屉协议、阴阳合同属于民事法律行为,理论上应当适用《民法总则》与《民法典》第 146 条之规定,即阳合同无效、阴合同有效;清理协议无效、抽屉协议有效。但经实证分析,对阴阳合同与抽屉协议效力之判断并非如此简单。

在二手房买卖合同案件中,常见买卖双方为逃税而签订阴阳合同,将为逃税签署的阳合同予以备案,将约定真实交易成交价的阴合同私下留存并实际履行。在司法实践中则存在以下几种判决结果:(1)判决避税的阳合同无效,阴合同有效;①(2)阴阳合同均有效;②(3)阳合同价格条款无效,其他部分有效,阴合同有效等情形。③

在建设工程施工合同案件中,招标单位与投标单位存在将竞标价款较低的阳合同予以备案,私下留存真实施工价格的阴合同。在司法实践中则存在以下几种不同的判决结果:(1)阳合同无效、阴合同有效;④(2)以备案的阳合同作为结算依据;⑤(3)在法定需招标的工程中存在串通中标或挂靠等情况的,阴阳合同均无效等情况,⑥并非完全适用《民法总则》与《民法典》第 146 条。

而在判定抽屉协议效力时,若依据《民法总则》与《民法典》第 146 条来判定抽屉协议效力,则拟上市公司上报证监会的"清理协议"为虚伪行为,"抽屉协议"为隐藏行为,虚伪行为无效,即清理对赌条款的约定无效。如此,证监会基于无效的"清理协议"而准许公司上市,不仅缺乏有效依据,而且也使《IPO 管理办法》第 13 条之规定被架空。

---

① 参见(2015)深宝法民三初字第 2061 号。

② 参见(2018)云 0114 民初 614 号。

③ 参见(2013)浙舟民终字第 79 号;(2019)渝 0110 民初 3528 号;(2013)佛顺法容民初字第 1892 号。

④ 参见(2015)潭中民一终字第 684 号;(2019)赣民终 252 号。

⑤ 参见(2011)陕民一初字第 00004 号;最高人民法院(2018)最高法民申 3342 号。

⑥ 参见(2014)东民初字第 00541 号;(2018)鄂 05 民终 3180 号。

此外,是否以及何时签署“抽屉协议”,均由公司及其股东与投资方决定,监管机构无法控制,如公司及其股东与投资方于上市申报后签订“抽屉协议”可以导致“清理协议”无效,必将为权利滥用留下空间,进而带来荒谬的后果和混乱。因此,“清理协议”也不能简单地依据《民法总则》与《民法典》第146条而被判定无效。

从我国有关意思表示瑕疵规则的角度理解,意思表示瑕疵的效力规则是对表意人的意思自治与相对人合理信赖之间的冲突进行利益衡平的结果。

若不存在对相对人的合理信赖利益保护,则表意人的意思自治优先,如相对人实施欺诈或胁迫,或者第三人实施欺诈或胁迫但相对人非善意,受欺诈或受胁迫方可请求人民法院或仲裁机构予以撤销。

若该意思表示瑕疵涉及相对人信赖保护的情形,则应对表意人的意思自治与相对人合理的信赖利益进行衡平与取舍,如第三人实施欺诈,相对人对此不知情,则表意人不得撤销,相对人的信赖利益优先;但在第三人实施胁迫的,受胁迫方即可请求人民法院或仲裁机构予以撤销,这也体现出对利益衡量与风险分配的考量。

【相关法条】

《民法总则》《民法典》第148条规定:“一方以欺诈手段,使对方在违背真实意思的情况下实施的民事法律行为,受欺诈方有权请求人民法院或者仲裁机构予以撤销。”

《民法总则》《民法典》第149条规定:“第三人实施欺诈行为,使一方在违背真实意思的情况下实施的民事法律行为,对方知道或者应当知道该欺诈行为的,受欺诈方有权请求人民法院或者仲裁机构予以撤销。”

《民法总则》《民法典》第150条规定:“一方或者第三人以胁迫手段,使对方在违背真实意思的情况下实施的民事法律行为,受胁迫方有权请求人民法院或者仲裁机构予以撤销。”

上述提及的阴阳合同、抽屉协议等问题不仅仅只涉及合同当事人的利益,而是更多地涉及国家利益、社会公共利益,如维护招标投标程序、维护市场经济秩序等,因此在个案中须根据具体案情进行不同的利益衡平与风险分配。

综上所述,对赌抽屉协议不能当然适用《民法总则》(《民法典》)第146条,且区别于实践中常出现的“阴阳合同”,最终仍应以合同效力的判断标准作为认定其效力的法律依据。

三、股东知情权

自20世纪80年代以来,国内对知情权问题的研究开始兴起。但为理论研究和社会生活所常用的“知情权”一词,主要是作为一个公法领域的权利概念使用的,私法领域的知情权长期处于边缘状态。[①] 随着“信息日益成为重要的资源形态和社会的结构性要素”,在个体交易和社会生活领域产生了对信息弱势方进行倾斜保护的制度需要,因之而设定的相关权利,一般用“知情权”来命名。[②]

本文从股东知情权的立法背景和现状入手,结合近年来的涉及股东知情权纠纷的案件,分析股东知情权的行使方式及救济途径。

(一)股东知情权的背景介绍

1. 股东知情权的概念

“知情权”(right to know),也称为“知的权利”“了解权或知悉权”等。[③]“知情权”一词于1945年在日本正式被提出的,意思是民众享有通过新闻媒介了解政府工作情况的法定权利。

在现代公司治理“所有权与管理权”分离的语境下,股东因出资而成为公司的所有者,其依据《公司法》和公司章程规定享有资产收益、参与重大决策和选择管理者的权利。

同时,公司“所有权与管理权”的分离使股东不再直接参与公司的日常经营管理,作为公司所有者的股东,有必要了解公司经营方面的必要信息。股东知情权,就是指股东获取公司信息、了解公司情况的权利,是股东对公司行使所有者权利的重要途径和体现。

2. 股东知情权的立法现状

我国关于股东知情权的内容主要规定在《公司法》和《公司法解释(四)》中。《公司法》第33条规定了有限责任公司股东知情权的范围和程序,第96条、第97条规定了股份有限公司股东知情权的范围和程序;《公司法解释(四)》第7条至第12条则规定了股东知情权的司法保护。相关具体

① 黄群财:《论私法上的知情权》,载《内蒙古社会科学》(汉文版)2004年第3期,第48页。

② 李晓辉:《信息权利——一种权利类型分析》,载《法制与社会发展》2004年第4期,第79页。

③ 我国台湾地区译为“知的权利”或者“资讯权”。

法条汇总如下：

（1）《公司法》（2018 年修正）

第 33 条规定："股东有权查阅、复制公司章程、股东会会议记录、董事会会议决议、监事会会议决议和财务会计报告。股东可以要求查阅公司会计账簿。股东要求查阅公司会计账簿的，应当向公司提出书面请求，说明目的。公司有合理根据认为股东查阅会计账簿有不正当目的，可能损害公司合法利益的，可以拒绝提供查阅，并应当自股东提出书面请求之日起十五日内书面答复股东并说明理由。公司拒绝提供查阅的，股东可以请求人民法院要求公司提供查阅。"

第 96 条规定："股份有限公司应当将公司章程、股东名册、公司债券存根、股东大会会议记录、董事会会议记录、监事会会议记录、财务会计报告置备于本公司。"

第 97 条规定："股东有权查阅公司章程、股东名册、公司债券存根、股东大会会议记录、董事会会议决议、监事会会议决议、财务会计报告，对公司的经营提出建议或者质询。"

（2）《公司法解释（四）》

第 7 条规定："股东依据公司法第三十三条、第九十七条或者公司章程的规定，起诉请求查阅或者复制公司特定文件材料的，人民法院应当依法予以受理。

公司有证据证明前款规定的原告在起诉时不具有公司股东资格的，人民法院应当驳回起诉，但原告有初步证据证明在持股期间其合法权益受到损害，请求依法查阅或者复制其持股期间的公司特定文件材料的除外。"

第 8 条规定："有限责任公司有证据证明股东存在下列情形之一的，人民法院应当认定股东有公司法第三十三条第二款规定的'不正当目的'：（一）股东自营或者为他人经营与公司主营业务有实质性竞争关系业务的，但公司章程另有规定或者全体股东另有约定的除外；（二）股东为了向他人通报有关信息查阅公司会计账簿，可能损害公司合法利益的；（三）股东在向公司提出查阅请求之日前的三年内，曾通过查阅公司会计账簿，向他人通报有关信息损害公司合法利益的；（四）股东有不正当目的的其他情形。"

第 9 条规定："公司章程、股东之间的协议等实质性剥夺股东依据公司法第三十三条、第九十七条规定查阅或者复制公司文件材料的权利，公司以此为由拒绝股东查阅或者复制的，人民法院不予支持。"

第10条规定:“人民法院审理股东请求查阅或者复制公司特定文件材料的案件,对原告诉讼请求予以支持的,应当在判决中明确查阅或者复制公司特定文件材料的时间、地点和特定文件材料的名录。股东依据人民法院生效判决查阅公司文件材料的,在该股东在场的情况下,可以由会计师、律师等依法或者依据执业行为规范负有保密义务的中介机构执业人员辅助进行。”

第11条规定:“股东行使知情权后泄露公司商业秘密导致公司合法利益受到损害,公司请求该股东赔偿相关损失的,人民法院应当予以支持。根据本规定第十条辅助股东查阅公司文件材料的会计师、律师等泄露公司商业秘密导致公司合法利益受到损害,公司请求其赔偿相关损失的,人民法院应当予以支持。”

第12条规定:“公司董事、高级管理人员等未依法履行职责,导致公司未依法制作或者保存公司法第三十三条、第九十七条规定的公司文件材料,给股东造成损失,股东依法请求负有相应责任的公司董事、高级管理人员承担民事赔偿责任的,人民法院应当予以支持。”

3. 近年来股东知情权纠纷诉讼情况统计

图5-2显示了2014年至2018年,我国各级法院股东知情权纠纷诉讼案件的审结数量。可以看到,近5年来股东知情权纠纷诉讼案件数明显呈逐年增长趋势,2018年的审计数量甚至是2014年的4倍。该类案件的数量在将来很可能会形成井喷之势,成为公司类纠纷案件的一大组成部分。

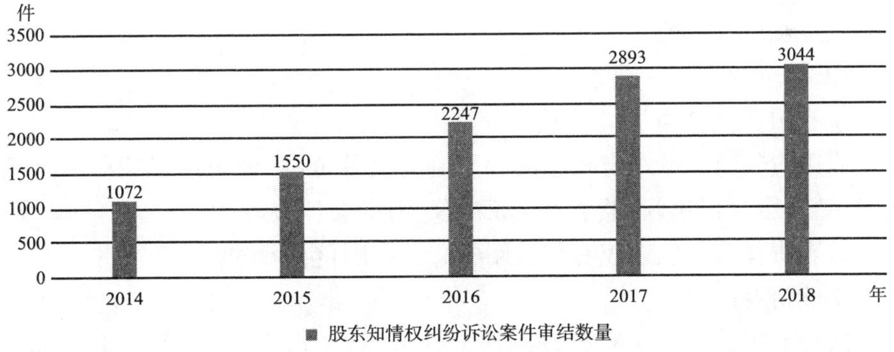

图5-2　全国法院知情权纠纷案件审结统计

(二)股东知情权的行使及司法保护

1. 股东知情权的行使范围(如表5-6所示)

表5-6 股东知情权范围一览表

行权方式 行权范围	有限责任公司		股份有限公司
	查 阅	复 制	查 阅
公司章程	√	√	√
股东名册			√
公司债券存根			√
股东(大)会会议记录	√	√	√
董事会会议决议	√	√	√
监事会会议决议	√	√	√
*财务会计报告	√	√	√
*会计账簿	√	×	

*财务会计报告:《会计法》第20条规定,财务会计报告由会计报表、会计报表附注和财务情况说明书组成。财政部颁布的《企业会计准则——基本准则》第44条第2款规定,财务会计报告包括会计报表及其附注和其他应当在财务会计报告中披露的相关信息和资料。会计报表至少应当包括资产负债表、利润表、现金流量表等报表。

*会计账簿:《会计法》第15条规定,会计账簿包括总账、明细账、日记账和其他辅助性账簿。

(1)法定文件

①有限责任公司

有限责任公司股东有权查阅和复制的文件范围:公司章程、股东会会议记录、董事会会议决议、监事会会议决议、财务会计报告;

有限责任公司股东仅有权查阅的文件范围:会计账簿。

②股份有限公司

股份有限公司股东有权查阅的文件范围:公司章程、股东名册、公司债券存根、股东大会会议记录、董事会会议决议、监事会会议决议、财务会计报告。

(2)其他文件

一般来说,对查阅范围的认定均以股东请求的文件材料名称为判断标准,但是文件材料的名称并非唯一判断标准。如果公司实际经营管理过程中产生的文件材料,与《公司法》规定的查阅范围涉及的文件材料虽名称不同,但性质上相同,对股东权益产生重大影响的,可以比照《公司法》中的相关规定,支持股东行使知情权。

【案例】

北京市第三中级人民法院在李子珍与北京飞腾房地产开发有限公司股东知情权纠纷二审民事判决书[(2017)京03民终8312号]中认为,[①]飞腾公司董事会(班子会)的召集程序和表决方式与董事会基本一致,参加人员涵盖了董事会成员,决策事项范围涉及公司投资、担保、重大项目和人事任命等重大事项。

飞腾公司的班子会会议记录、核心层会议(纪要)决议、会议(纪要)决议与公司的经营管理密切相关,属于股东查阅和复制的范围。公司以董事会(班子会)的形式代行《公司法》及公司章程规定的董事会职权,对股东权益产生重大影响,不能仅以会议名称不同排除、限缩股东行使知情权,因而支持股东查阅董事会(班子会)决议的请求。

2. 股东知情权的行使程序

(1)有限责任公司

①一般文件的查阅、复制程序

一般文件,是指有限责任公司中除会计账簿之外的法定文件。

有限责任公司股东有权查阅和复制公司章程、股东会会议记录、董事会会议决议、监事会会议决议和财务会计报告,当股东行使查阅、复制上述文件的权利时,不需要提出申请、说明查阅目的和理由,公司也不得拒绝查阅要求。

②会计账簿的查阅程序

会计账簿是以会计凭证为依据,由具有专门格式而又互相联系的账页组成,用以连续、系统、全面地记录和反映各项经济业务的簿籍。会计账簿能够真实、完整地展示公司的财务状况,对于股东了解和掌握公司经营情况

---

① 《李子珍与北京飞腾房地产开发有限公司股东知情权纠纷案》[北京市第三中级人民法院(2017)京03民终8312号]。

十分重要。

《公司法》对股东查阅会计账簿的程序规定了相应的前置程序，目的在于规范股东行使知情权的程序。股东在行使《公司法》第33条所规定的权利，希望查阅公司会计账簿时，须履行前置程序，即股东先向公司提出书面请求，并说明查阅目的。

如果有证据证明，股东查阅会计账簿存在《公司法解释（四）》第8条规定的“不正当目的”情形，公司可以拒绝股东查阅请求。对股东查阅目的正当性的判断，不以《公司法解释（四）》第8条明确列举的3种情形为限，还可能存在其他的情况。例如，股东查阅董事会会议决议的目的是将有关情况提供给将与公司发生交易的人或者同行业的竞争者，或者与董事会某董事有个人恩怨，拟对个别董事采取法律行动等。

（2）股份有限公司

《公司法》第96条规定：“股份有限公司应当将公司章程、股东名册、公司债券存根、股东大会会议记录、董事会会议记录、监事会会议记录、财务会计报告置备于本公司。”因此，股份有限公司有义务将公司相关材料放置于公司的办公场所，公司股东可以在公司内直接查阅上述相关资料。

3. 股东行使知情权后泄露公司商业秘密的法律责任

《公司法解释（四）》第11条规定，股东及辅助股东查阅公司文件材料的会计师、律师等专业第三人行使知情权后泄露公司商业秘密导致公司合法利益受到损害，股东或该股东聘请的会计师、律师等专业第三人应当对于公司的损失予以赔偿。

权利与义务相统一，享受权利的同时必须遵守相应的义务，违背法定义务则须承担法律责任。股东及其聘请的专业第三人行使知情权须遵守法律规定，遵守相关职业道德和执业纪律，保守公司商业秘密；如果在行使知情权后泄露公司秘密导致公司合法利益受损，则应当承担相应的赔偿责任。

4. 股东知情权的司法保护

《公司法解释（四）》第7条第2款，第9条、第10条、第12条集中规定了股东知情权的司法救济方式，下文将对股东身份丧失后的知情权、实质性剥夺股东知情权、公司董事高管损害股东知情权三种情况进行分析。

（1）股东身份丧失后的知情权救济

知情权是股东的固有权利，一般情况下，股东身份丧失，其知情权也随之丧失。但是，如果原股东有初步证据证明在持股期间其合法权益受到损害,对其持股期间的公司相关材料,仍然可以行使知情权,与之相适应的诉权也应当受到保护。

【案例】

四川省成都市中级人民法院在成都同昭实业有限公司、陈红兵股东知情权纠纷二审民事判决书[(2018)川01民终10887号]中认为,[①]"享有知情权的主体是股东,依照《公司法解释(四)》第7条第2款规定,在判断股东是否享有知情权的主体身份时,以起诉时是否具有股东资格作为判断标准。"

该案中,陈红兵与钟家全于2018年5月30日签订了《股权转让协议》,次日陈红兵向同昭公司送达了《债权、股权转让通知书》,陈红兵转让股权的行为发生在一审判决作出之后,故陈红兵在起诉时仍具有股东资格,有权请求查阅财务会计报告中的会计报表(包括资产负债表、利润表、现金流量表)。

最终法院判决成都同昭实业有限公司于判决生效之日起10日内在公司实际经营地提供2014年度、2015年度、2016年度及截至2017年9月30日的资产负债表、利润表、现金流量表供陈红兵查阅。上述资料均产生在陈红兵持股期间,其持股期间的知情权得到了相应保护。

(2)实质性剥夺股东知情权的救济

股东知情权属于法定权利,不能被公司章程、股东(大)会决议、董事会决议等任何形式剥夺、限制,也不能由股东通过协议主动放弃。公司章程,既包括公司设立时制定的初始章程,也包括公司成立后依法经过修改的章程;股东协议,既包括股东之间的协议,也包括股东与公司之间的协议、股东与他人之间的股权转让协议。

公司协议或决议规定中可以约定比公司法则更为具体、更富有操作性的查阅权条款,对法定查阅权进行补充和细化,增加新的内容,但是不得限制、否认和剥夺股东查阅权。

【案例】

北京市第一中级人民法院在北京阿格蕾雅科技发展有限公司与金治国股东知情权纠纷二审民事判决书[(2018)京01民终2778号]中认为:[②]股东

① 《成都势木道企业管理咨询有限公司、成都单雅投资管理有限公司股东知情权纠纷案》[四川省成都市中级人民法院(2018)川01民终10887号]。

② 《北京阿格蕾雅科技发展有限公司与金治国股东知情权纠纷案》[北京市第一中级人民法院民事判决书(2018)京01民终2778号]。

知情权是公司股东基于其出资和股东身份享有的固有权利，是股东参与公司决策、参与经营管理和进行分配利润的基础，除了公司法规定的限制条件外，不应以任何形式剥夺或者以多数决形式对股东的知情权予以限制。

阿格蕾雅公司章程规定股东行使知情权需召开临时股东会会议，并经三分之二以上表决权股东同意，是以资本多数决的形式对小股东的知情权进行限制，将导致小股东无法行使知情权，无法了解公司的经营、管理情况，属于用公司章程实质上剥夺了股东知情权，因此对阿格蕾雅公司的上诉意见不予采信。

(3)董事、高管损害股东知情权的救济

如公司董事、高管违反法律规定，怠于履行依法置备公司文件材料的职责，给股东造成了经济损失，且二者之间具有因果关系，则董事和高管应当对股东承担相应的赔偿责任。

【案例】

在福建省某机电有限公司与上海某实业有限公司股东知情权纠纷案中，二审法院认为机电公司作为实业公司的股东，有权了解公司的经营状态和财务状况。实业公司关于机电公司未移交之前的公司资料，无相关会议记录、会计账簿等的抗辩意见，有违自身的法定义务。对于未依法制作和保存公司会计账簿、股东会会议记录、董事会会议决议和财务会计报告等公司必备文件的直接责任人员，应当依法承担民事赔偿责任，由实业公司相关人员向股东机电公司赔偿人民币 10 万元。

(4)股东胜诉判决及执行

①查阅时间

股东在胜诉后有权要求公司配合查阅，而完成公司有关资料的查阅工作往往需要一个过程，法院一般会根据请求查阅的文件材料数量等个案情况，在保障股东知情权及时实现、减少对公司正常经营的干预、征求当事人意见的基础上，自由裁量确定起止时间。

②查阅地点

实践中，法院一般确定在公司住所地进行查阅，如果股东认为在公司住所地查阅可能有障碍并有相关证据证实的，且双方对其他地点协商不成的，法院可依职权选择双方都较为便利的地点作为查阅地点。

③专业第三人辅助行使查阅权

《公司法解释(四)》第 10 条规定股东可以聘请会计师、律师等依法或者以行业行为规范负有保密义务的中介机构人员辅助进行。

作为反映公司财务信息和管理信息的会计账簿以及股东(大)会会议记录、董事会决议等重要文件,具有相当强的专业性和复杂性,基于股东自身专业知识的不足,允许其委托具有中立身份和专业经验的会计师、律师进行查阅,可以弥补股东专业知识的不足,有助于保护股东知情权立法目的的实现。

(三)公司可主张的股东知情权抗辩事由

上文已对股东享有的知情权进行了介绍,知情权是股东作为公司的所有者固有的权利,法律明确予以确认和保护。那么对于公司来说,如何在尊重股东知情权的前提下,维护自身的合法权益？下文对公司可主张的抗辩事由进行分析:

1. 股东知情权的权利主体和对象存在问题

(1)股东知情权的权利主体不适格

《公司法解释(四)》第 7 条第 2 款规定,公司有证据证明原告在起诉时不具有公司股东资格的,人民法院应当驳回起诉。应当明确,股东行使知情权的主体应当是公司现任股东。在原告在起诉时失去公司股东身份后要求行使其担任股东期间的知情权的,原则上不被允许。

【案例】

江苏省高级人民法院在李竹庆、孙国华与盘固水泥集团有限公司股东资格确认纠纷、股东知情权纠纷再审复查与审判监督民事裁定书[(2016)苏民申 3455 号]中认为,①“李竹庆作为公司登记的股东,因其股份已转让,不再是盘固公司的股东……判决驳回李竹庆、孙国华要求盘固公司向其签发出资证明书或股权证、盘固公司向其出示并复制公司章程、股东会议记录、董事会会议决议、监事会会议决议和财务会计报告的诉讼请求,并无不当”。

(2)股东知情权的请求对象错误

股东行使知情权的对象必须是公司,股东不能向除自身外的公司其他股东或者高管提出查阅请求。

【案例】

浙江省高级人民法院在钟华诉宁波耀华暖通有限公司等侵犯公司知情

① 《李竹庆、孙国华与盘固水泥集团有限公司股东资格确认纠纷、股东知情权纠纷案》[江苏省高级人民法院(2016)苏民申 3455 号]。

权纠纷案民事判决书[(2003)甬民二初字第74号][1]中认为,“一般情形下,公司知情权的请求对象即义务主体应为公司,从现有证据看,被告陈醒民作为被告耀华公司的法定代表人和股东之一,在本案原告提起的侵犯公司知情权纠纷案中,与原告钟华并无直接的法律关系,陈醒民并不具备本案被告的主体资格,原告将其列为被告不当。”

2. 股东请求查阅的文件超出法定或约定范围

(1)经营合同等文件

经营合同属于涉及公司商业秘密的特定材料,与公司章程、股东(大)会会议记录、董事会会议决议、监事会会议决议、财务会计报告不同,无论是有限责任公司还是股份有限公司,除非公司章程另有约定,否则股东无权查阅经营合同、项目资料等经营性文件。

【案例】

江苏省高级人民法院在ROONEYLIMITED与常州雍康置业有限公司股东知情权纠纷二审民事判决书[(2015)苏商外终字第00035号][2]中认为,公司章程是公司宪章,在不违反法律禁止性规定的情况下,股东原则上有权依据公司章程的规定范围来主张知情权。

柳州市中级人民法院在覃恒等与柳州市利丰纸业有限责任公司股东知情权纠纷上诉案民事判决书[(2012)柳市民二终字第295号][3]中认为,股东知情权客体应当是公司经营过程中发生的对股东利益有重大影响的信息,而这些信息一般均体现在《公司法》第34条(本书注:现行《公司法》第33条)所列举的股东会会议记录等相关文件当中,若股东对公司经营的所有信息事无巨细要求查阅,将不利于公司的正常经营和运转,也不利于公司商业秘密的保护。

(2)会计凭证

《公司法解释(四)理解与适用》中提到,《公司法》第33条第2款明确规定股东只能请求查阅会计账簿,不包括原始凭证和记账凭证。法院在处理

① 《钟华诉宁波耀华暖通有限公司等侵犯公司知情权纠纷案》[浙江省高级人民法院(2003)甬民二初字第74号]。

② 《ROONEYLIMITED与常州雍康置业有限公司股东知情权纠纷案》[江苏省高级人民法院(2015)苏商外终字第00035号]。

③ 《覃恒等与柳州市利丰纸业有限责任公司股东知情权纠纷案》[柳州市中级人民法院(2012)柳市民二终字第295号]。

具体案件时,应平衡好股东知情权和公司利益保护两者之间的关系,对于公司而言,既要防止侵害股东知情权,又要防止商业秘密泄露,影响公司利益。

我国《公司法》及相关司法解释并未明确规定股东可以查阅会计原始凭证,在公司章程没有另行约定的前提下,股东没有行使查阅会计凭证的法律依据。

【案例】

江苏省常州市中级人民法院在葛秉政与常州市天宁城市建设开发有限公司股东知情权纠纷上诉案民事判决书[(2012)常商终字第 229 号]①中认为,"对于会计账簿和凭证能否复制、摘抄和审核的问题,《公司法》中已有明确规定,即对于财务会计账簿股东只能查阅,当然公司章程另行约定的除外。现葛秉政在章程无约定的前提下,要求拓宽知情权行使的边界,于法无据,不应予以支持。"

会计凭证与会计账簿虽有联系,但并不相同。《会计法》(2017 年修正)第 14 条规定,会计凭证包括原始凭证和记账凭证,记账凭证应当根据审核过的原始凭证及有关资料编制。会计凭证虽然是制作会计账簿的依据,但同时也是相对独立的两类资料。二者虽然关系密切,但并不是包含关系。

【案例】

浙江省高级人民法院在吴志敏与金龙控股集团有限公司股东知情权纠纷再审复查与审判监督民事裁定书[(2015)浙民申字第 2091 号]②中认为,"会计账簿和会计凭证系两个概念,会计账簿本身并不包括会计凭证。虽然会计账簿是以会计凭证为基础进行登记的,但在法律、行政法规未予明确规定股东可以查阅会计凭证的情况下,法院可以根据个案实际情况,在股东知情权和公司利益之间进行平衡,从而决定股东是否可以查阅会计凭证。

二审法院根据本案实际情况,对吴志敏查阅的时间跨度和查阅的范围进行综合考量,判决增加查阅的时间跨度,缩小查阅的范围即不准许查阅会计凭证,并无明显不当。"

---

① 《葛秉政与常州市天宁城市建设开发有限公司股东知情权纠纷案》[江苏省常州市中级人民法院(2012)常商终字第 229 号]。

② 《吴志敏与金龙控股集团有限公司股东知情权纠纷案》[浙江省高级人民法院(2015)浙民申字第 2091 号]。

3. 有限责任公司股东查阅会计账簿未履行前置程序

前置程序是否存在缺失或者瑕疵，是法院判定有限责任公司股东能否行使会计账簿查阅权的审查要点。常见的前置程序瑕疵主要包括以下几种类型：

(1)股东通过向公司邮寄律师函或申请书的方式履行前置程序，公司未收到函件，可能存在未有效送达的情况，即书面申请送达瑕疵。

(2)股东未在书面申请中说明查阅目的，公司因股东未说明目的无法审核其目的正当性而拒绝提供查阅，即书面申请内容瑕疵。

(3)公司收到书面申请未满 15 日，股东即向人民法院提起诉讼，即前置程序期限瑕疵。

【案例】

河南省郑州市中级人民法院在上诉人张杰与被上诉人郑州商讯信息技术有限公司知情权纠纷案民事判决书[(2013)郑民四终字第 591 号][①]中认为，“上诉人未提交证据证明依法履行了提出书面申请、说明目的的法定手续。上诉人的上诉理由不成立，本院不予支持。”

(四)纠纷解决方式仍待规范化

随着公司成为市场经济中最重要的市场主体，公司股权已然成为公民一项重要的财产权利。股东知情权纠纷的日益增多，体现了股东以法律手段保护自身权利和规范公司治理的需求。

法院在股东与公司之间利益衡量中，对股东知情权的审查也在“严格适用”和“扩张适用”两条路径上交叉演变发展。特别是对于立法没有明确规定的新类型、争议问题的处理存在明显差异。对此，应以遵循权利法定、维护利益平衡为基本立场和出发点。

权利法定，意味着知情权是股东固有的、法定的权利，不得以章程、股东协议等方式予以剥夺或限制。权利与义务相统一，股东行使知情权时不得泄露公司商业秘密，否则须承担相应的法律责任。目前我国对于股东知情权的保护已形成从起诉到胜诉执行的全覆盖，充分保障了股东行使其权利。

从查阅范围的确定、前置程序的设置到正当目的的审查，利益平衡原则

① 《张杰与郑州商讯信息技术有限公司知情权纠纷案》[河南省郑州市中级人民法院(2013)郑民四终字第 591 号]。

是股东知情权纠纷中贯穿始终的一项原则。股东行使知情权也可能会损害公司的正常经营,有限责任公司可主张股东查阅会计账簿目的不正当、超越法定文件范围、未履行前置程序等事由来对抗股东。

股东知情权既是股东行使所有者权利的抓手,也是规范公司治理的良方。探索股东知情权的权利边界,平衡股东与公司之间的利益关系,不仅要靠司法实践推动,还需立法进一步规范和细化。

四、回购权的法律性质

随着PE/VC、上市公司投资并购的不断发展,为解决交易双方对目标公司未来发展的不确定性、信息不对称以及代理成本问题,对赌作为一种估值调整机制得到越来越广泛的应用。然而,作为普遍存在于对赌投资协议中的股权(也包括股份,为行文方便,以下统称股权)回购条款的法律含义及回购权的法律性质问题,讨论并不充分。根据我们统计的PE/VC和上市公司对赌争议的134个案例(截至2019年9月底),回购股权请求在全部请求中的占比高居第一。

在对赌投资协议中,除估值调整外,一般都会约定股权回购条款,将股权回购作为投资方的退出路径。当约定的特定事项发生或特定条件触发时,投资方可以行使回购权,要求目标公司或其股东/实际控制人(以下统称回购义务人)通过回购其持有的目标公司股权的方式来实现退出。

司法实践中,关于回购权的法律性质存在着较大争议;同时,由于没有明确的法律规定,如何合理地约定回购权行使的期限也是一个颇受关注的问题。比如某知名公司的回购权纠纷仲裁案,该公司作为投资方在回购条件触发后,没有在约定的期限内及时主张回购权。仲裁庭认为,因该公司主张权利时间过晚,导致融资方无法进行业务调整,因此,裁决该公司不得行使回购权。由此可见,与其他权利一样,回购权也有"保质期"。

本文旨在厘清回购权的权利属性和行使期限等问题,进而对如何行使该权利提出建议。

(一)对回购权内涵的分层解读

就回购权的性质,主要存在两种观点,一种观点认为回购权属于形成权,另一种观点认为回购权属于请求权。

从不同角度出发,民事权利存在多种分类方式,如根据权利效力所及范围,权利可以分为绝对权与相对权;根据权利之间的关系,权利可以分为主权利与从权利。

以实现方式为标准，权利可作支配权、请求权、抗辩权与形成权之分。[①]

1. 形成权的定义

形成权是德国法学家抽象思维的产物，从 Enneccerus 提出的“取得的权能”，到奇特尔曼（Zitelmann）提出的法律上“能为之权能”，直到 1903 年泽克尔（Zeckel）创造性地提出形成权，至此形成权这一名词被固定下来，专指依一方之意思表示即可变动（发生、变更或消灭）法律关系的权利。[②]

由此可见，形成权的根本特征在于，仅需单方意思表示即可使既存法律关系生效、变更或消灭。[③]

基于产生的法律效果不同，形成权可以进一步分为以下三类：

（1）生效形成权——使法律关系得以生效

生效形成权的典型代表为追认权，主要体现在法定代理人对限制民事行为能力人实施民事法律行为的追认、被代理人对无权代理行为的追认、权利人对无权处分行为的追认。

关于追认的法律规定，主要集中在《民法通则》第 66 条、[④]《民法总则》（《民法典》）第 145 条第 1 款、[⑤]第 171 条第 1 款、[⑥]《合同法》第 47 条第 1 款、[⑦]第 48 条第 1 款[⑧]及第 51 条[⑨]之中。

---

① 参见朱庆育：《民法总论》，北京大学出版社 2016 年版，第 514 页。

② 参见汪渊智：《形成权理论初探》，载《中国法学》2003 年第 3 期。

③ 参见朱庆育：《民法总论》，北京大学出版社 2016 年版，第 518 页。

④ 《民法通则》第 66 条规定：“没有代理权、超越代理权或者代理权终止后的行为，只有经过被代理人的追认，被代理人才承担民事责任。未经追认的行为，由行为人承担民事责任。本人知道他人以本人名义实施民事行为而不作否认表示的，视为同意。”

⑤ 《民法总则》（《民法典》）第 145 条第 1 款规定：“限制民事行为能力人实施的纯获利益的民事法律行为或者与其年龄、智力、精神健康状况相适应的民事法律行为有效；实施的其他民事法律行为经法定代理人同意或者追认后有效。”

⑥ 《民法总则》（《民法典》）第 171 条第 1 款规定：“行为人没有代理权、超越代理权或者代理权终止后，仍然实施代理行为，未经被代理人追认的，对被代理人不发生效力。”

⑦ 《合同法》第 47 条第 1 款规定：“限制民事行为能力人订立的合同，经法定代理人追认后，该合同有效，但纯获利益的合同或者与其年龄、智力、精神健康状况相适应而订立的合同，不必经法定代理人追认。”

⑧ 《合同法》第 48 条第 1 款规定：“行为人没有代理权、超越代理权或者代理权终止后以被代理人名义订立的合同，未经被代理人追认，对被代理人不发生效力，由行为人承担责任。”

⑨ 《合同法》第 51 条规定：“无处分权的人处分他人财产，经权利人追认或者无处分权的人订立合同后取得处分权的，该合同有效。”

(2)变更形成权——使法律关系得以变更

根据《民法总则》(《民法典》)所体现的最新立法精神,变更形成权适用的空间存在不断缩小的趋势。

《民法通则》第59条规定:"下列民事行为,一方有权请求人民法院或者仲裁机关予以变更或者撤销:(一)行为人对行为内容有重大误解的;(二)显失公平的。被撤销的民事行为从行为开始起无效。"

《合同法》第54条规定:"下列合同,当事人一方有权请求人民法院或者仲裁机构变更或者撤销:(一)因重大误解订立的;(二)在订立合同时显失公平的。一方以欺诈、胁迫的手段或者乘人之危,使对方在违背真实意思的情况下订立的合同,受损害方有权请求人民法院或者仲裁机构变更或者撤销。当事人请求变更的,人民法院或者仲裁机构不得撤销。"

《九民纪要》第2条规定:"因民法总则施行后成立的合同发生的纠纷,如果合同法'总则'对此的规定与民法总则的规定不一致的,根据新的规定优于旧的规定的法律适用规则,适用民法总则的规定……合同法视欺诈、胁迫行为所损害利益的不同,对合同效力作出了不同规定:损害合同当事人利益的,属于可撤销或者可变更合同;损害国家利益的,则属于无效合同。民法总则则未加区别,规定一律按可撤销合同对待。再如,关于显失公平问题,合同法将显失公平与乘人之危作为两类不同的可撤销或者可变更合同事由,而民法总则则将两者合并为一类可撤销合同事由。"

由此可见,针对欺诈、胁迫、重大误解、显失公平几种情况,《民法总则》(《民法典》)不再赋予当事人变更合同的权利,当事人仅仅享有撤销权。

变更形成权主要体现在情势变更制度中。

《合同法解释(二)》第26条规定:"合同成立以后客观情况发生了当事人在订立合同时无法预见的、非不可抗力造成的不属于商业风险的重大变化,继续履行合同对于一方当事人明显不公平或者不能实现合同目的,当事人请求人民法院变更或者解除合同的,人民法院应当根据公平原则,并结合案件的实际情况确定是否变更或者解除。"

《民法典》第533条规定:"合同成立后,合同的基础条件发生了当事人在订立合同时无法预见的、不属于商业风险的重大变化,继续履行合同对于当事人一方明显不公平的,受不利影响的当事人可以与对方重新协商;在合理期限内协商不成的,当事人可以请求人民法院或者仲裁机构变更或者解除合同。人民法院或者仲裁机构应当结合案件的实际情况,根据公平原则变更或者解除合同。”

(3)消灭形成权——使法律关系得以消灭

消灭形成权主要包括撤销权、抵销权、解除权。

关于撤销权的法律规定,主要体现在《民法通则》第59条、[①]《民法总则》(《民法典》)第147条至第151条、[②]《合同法》第54条、[③]第74条、[④]第186条、[⑤]第192条、[⑥]第193条、[⑦]第194条[⑧]之中。

---

① 《民法通则》第59条规定:“下列民事行为,一方有权请求人民法院或者仲裁机关予以变更或者撤销:(一)行为人对行为内容有重大误解的;(二)显失公平的。被撤销的民事行为从行为开始起无效。”

② 《民法总则》(《民法典》)第147条规定:“基于重大误解实施的民事法律行为,行为人有权请求人民法院或者仲裁机构予以撤销。”《民法总则》(《民法典》)第148条规定:“一方以欺诈手段,使对方在违背真实意思的情况下实施的民事法律行为,受欺诈方有权请求人民法院或者仲裁机构予以撤销。”《民法总则》(《民法典》)第149条规定:“第三人实施欺诈行为,使一方在违背真实意思的情况下实施的民事法律行为,对方知道或者应当知道该欺诈行为的,受欺诈方有权请求人民法院或者仲裁机构予以撤销。”《民法总则》(《民法典》)第150条规定:“一方或者第三人以胁迫手段,使对方在违背真实意思的情况下实施的民事法律行为,受胁迫方有权请求人民法院或者仲裁机构予以撤销。”《民法总则》(《民法典》)第151条规定:“一方利用对方处于危困状态、缺乏判断能力等情形,致使民事法律行为成立时显失公平的,受损害方有权请求人民法院或者仲裁机构予以撤销。”

③ 《合同法》第54条规定:“下列合同,当事人一方有权请求人民法院或者仲裁机构变更或者撤销:(一)因重大误解订立的;(二)在订立合同时显失公平的。一方以欺诈、胁迫的手段或者乘人之危,使对方在违背真实意思的情况下订立的合同,受损害方有权请求人民法院或者仲裁机构变更或者撤销。当事人请求变更的,人民法院或者仲裁机构不得撤销。”

④ 《合同法》第74条规定:“因债务人放弃其到期债权或者无偿转让财产,对债权人造成损害的,债权人可以请求人民法院撤销债务人的行为。债务人以明显不合理的低价转让财产,对债权人造成损害,并且受让人知道该情形的,债权人也可以请求人民法院撤销债务人的行为。撤销权的行使范围以债权人的债权为限。债权人行使撤销权的必要费用,由债务人负担。”

⑤ 《合同法》第186条规定:“赠与人在赠与财产的权利转移之前可以撤销赠与。具有救灾、扶贫等社会公益、道德义务性质的赠与合同或者经过公证的赠与合同,不适用前款规定。”

⑥ 《合同法》第192条规定:“受赠人有下列情形之一的,赠与人可以撤销赠与:(一)严重侵害赠与人或者赠与人的近亲属;(二)对赠与人有扶养义务而不履行;(三)不履行赠与合同约定的义务。赠与人的撤销权,自知道或者应当知道撤销原因之日起一年内行使。”

⑦ 《合同法》第193条规定:“因受赠人的违法行为致使赠与人死亡或者丧失民事行为能力的,赠与人的继承人或者法定代理人可以撤销赠与。赠与人的继承人或者法定代理人的撤销权,自知道或者应当知道撤销原因之日起六个月内行使。”

⑧ 《合同法》第194条规定:“撤销权人撤销赠与的,可以向受赠人要求返还赠与的财产。”

关于抵销权的法律规定,主要集中在《合同法》第83条、[①]第99[②]条之中。

关于解除权的法律规定,主要集中在《合同法》第93条、[③]第94[④]条之中。

2. 请求权的定义

请求权是要求他人作为或不作为的权利,最常见的请求权包括物权请求权、债权请求权。

从权利的实现方式角度看,与形成权仅需单方意思表示即可发生法律效力不同,请求权必须有相对人的"配合"才能实现法律关系的生效、变更或消灭。

(1)物权请求权

物权请求权又被称为物上请求权。

所谓物上请求权,是指物权人于其物被侵害或有被侵害之危险时,可以请求回复物权圆满状态或防止侵害的权利。[⑤]

根据《物权法》第33条至第37条、[⑥]《民法典》第234条至第238条的规定,[⑦]

---

① 《合同法》第83条规定:"债务人接到债权转让通知时,债务人对让与人享有债权,并且债务人的债权先于转让的债权到期或者同时到期的,债务人可以向受让人主张抵销。"

② 《合同法》第99条规定:"当事人互负到期债务,该债务的标的物种类、品质相同的,任何一方可以将自己的债务与对方的债务抵销,但依照法律规定或者按照合同性质不得抵销的除外。当事人主张抵销的,应当通知对方。通知自到达对方时生效。抵销不得附条件或者附期限。"

③ 《合同法》第93条规定:"当事人协商一致,可以解除合同。当事人可以约定一方解除合同的条件。解除合同的条件成就时,解除权人可以解除合同。"

④ 《合同法》第94条规定:"有下列情形之一的,当事人可以解除合同:(一)因不可抗力致使不能实现合同目的;(二)在履行期限届满之前,当事人一方明确表示或者以自己的行为表明不履行主要债务;(三)当事人一方迟延履行主要债务,经催告后在合理期限内仍未履行;(四)当事人一方迟延履行债务或者有其他违约行为致使不能实现合同目的;(五)法律规定的其他情形。"

⑤ 刘家安:《物权法论》,中国政法大学出版社2015年版,第46页。

⑥ 《物权法》第33条规定:"因物权的归属、内容发生争议的,利害关系人可以请求确认权利。"《物权法》第34条规定:"无权占有不动产或者动产的,权利人可以请求返还原物。"《物权法》第35条规定:"妨害物权或者可能妨害物权的,权利人可以请求排除妨害或者消除危险。"《物权法》第36条规定:"造成不动产或者动产毁损的,权利人可以请求修理、重作、更换或者恢复原状。"《物权法》第37条规定:"侵害物权,造成权利人损害的,权利人可以请求损害赔偿,也可以请求承担其他民事责任。"

⑦ 《民法典》第234条规定:"因物权的归属、内容发生争议的,利害关系人可以请求确认权利。"《民法典》第235条规定:"无权占有不动产或者动产的,权利人可以请求返还原物。"《民法典》第236条规定:"妨害物权或者可能妨害物权的,权利人可以请求排除妨害或者消除危险。"《民法典》第237条规定:"造成不动产或者动产毁损的,权利人可以依法请求修理、重作、更换或者恢复原状。"《民法典》第238条规定:"侵害物权,造成权利人损害的,权利人可以依法请求损害赔偿,也可以依法请求承担其他民事责任。"

物权请求权的主要内容包括：物权确认请求权；返还原物权请求权；排除妨害、消除危险请求权；修理、重作、更换或者恢复原状请求权；损害赔偿和其他民事责任请求权。

股权是否属于《物权法》《民法典》中的“物”，历来存在较大争议，尚未达成统一认识；投资方行使回购权的根本诉求是要求回购义务人依约支付投资款本金及收益，系主张金钱债权的行为，因此，回购权与物权请求权无关。

（2）债权请求权

典型的请求权是债权……就概念而言，请求权较之债权更具有一般性，但实际上，请求权的基本框架系以债权为模型建立，权利救济时的请求权基础思维亦是以债权为核心。因而，在非严格意义上，请求权与债权可作同义语使用。[①] 鉴此，本书以下所称请求权或债权，均指债权请求权。

除了以侵权、不当得利、无因管理为代表的法定之债以外，产生债的最主要原因当属合同，即合同主体之间的约定。

对赌投资协议中的回购权，系基于当事人的约定而产生。如前所述，投资方行使回购权的根本诉求是要求回购义务人依约支付投资款本金及收益，系主张金钱债权的行为，应放在债权请求权的讨论范围之中。

3. 对回购权的解构

（1）回购权的适用场景

为了实现双方利益的最大化和投资方的及时退出，在签订投资并购协议时，双方通常会约定目标公司应在约定期限内完成特定目标，如届时未能实现，投资方有权要求融资方以按照一定收益率确定的价格回购股权，从而收回投资及收益并退出目标公司。

因此，当目标公司在约定期限内确实未能完成特定目标时，回购权条款触发，投资方可以行使回购权，要求回购义务人回购其持有的目标公司股权。

（2）回购权包含终止股权投资关系、要求股权回购两层含义

从具体的适用场景来看，回购权的内容应当包含两层含义，具体如下：

①终止股权投资关系

在投资并购协议签订时，投资方以增资或受让股权的方式取得目标公

---

① 参见朱庆育：《民法总论》，北京大学出版社2016年版，第515页。

司的股权,从而实现对目标公司的股权投资。如约定期限内未能完成特定目标(通常为IPO),由于最初的投资目的落空,投资方有权依据投资协议的约定,要求回购义务人回购其持有的目标公司股权,收回投资从而实现退出。

在投资方依约主张回购权时,首先意味着,投资方行使合同约定的单方解除权,终止股权投资关系。投资方决定行使解除权并通知回购义务人时,无须回购义务人同意或配合,双方之间的股权投资关系即告终止。[①]

因此,就终止股权投资关系而言,回购权的实质是解除权,属于形成权,更准确地说,回购权属于消灭形成权。

相应地,根据《民法总则》(《民法典》)第199条的规定,回购权应当受除斥期间的限制,除斥期间经过后,形成权意义上的回购权(解除权)消灭。

《民法总则》(《民法典》)第199条规定:"法律规定或者当事人约定的撤销权、解除权等权利的存续期间,除法律另有规定外,自权利人知道或者应当知道权利产生之日起计算,不适用有关诉讼时效中止、中断和延长的规定。存续期间届满,撤销权、解除权等权利消灭。"

②要求回购义务人回购目标公司股权

投资方仅仅提出回购权主张,还无法自动实现退出,仍需要回购义务人按照事先约定的价格向投资方支付股权回购价款,同时投资方将股权向回购方完成交割,股权回购才告完成。

换句话说,投资方决定行使回购权,仅能终止股权投资关系,若要实际收回投资本金及收益,则需要回购义务人予以配合。

因此,就实际实现投资方退出效果而言,回购权属于债权请求权。根据《民法总则》(《民法典》)第188条、第192条的规定,债权请求权意义上的回购权要受到诉讼时效的约束,诉讼时效期间届满,债务人即取得诉讼时效抗辩权,债权将无法获得司法保护,除非债务人放弃抗辩权或主动履行债务。

《民法总则》(《民法典》)第188条规定:"向人民法院请求保护民事权利的诉讼时效期间为三年。法律另有规定的,依照其规定。诉讼时效期间自权利人知道或者应当知道权利受到损害以及义务人之日起计算。法律另有规定的,依照其规定。但是自权利受到损害之日起超过二十年的,人民法

---

① 参见季境:《回购权的性质与法律适用》,载《江汉论坛》2019年第6期,第125页。

院不予保护；有特殊情况的，人民法院可以根据权利人的申请决定延长。"

《民法总则》(《民法典》)第192条规定："诉讼时效期间届满的，义务人可以提出不履行义务的抗辩。诉讼时效期间届满后，义务人同意履行的，不得以诉讼时效期间届满为由抗辩；义务人已自愿履行的，不得请求返还。"

由此可见，回购权是一种"复合型"权利，由消灭形成权(解除权)与债权请求权两项权利所构成。消灭形成权(解除权)应当受除斥期间的限制；债权请求权则要受到诉讼时效的约束。

(3)关于回购权含义的补充说明

实务中存在这样一种现象，为使股权回购更加简洁高效，部分对赌协议会直接约定，当特定条件满足时(多为IPO失败)，回购义务人应于一定期限内完成对投资方所持股权的回购。

我们认为，参照《合同法》第45条关于附条件合同的规定以及《民法典》第158条关于附条件民事法律行为的规定，这类股权回购条款可以视为附生效条件的条款，当条件成就时，回购义务人即负有股权回购义务，除非投资方及时提出相反主张。

《合同法》第45条规定："当事人对合同的效力可以约定附条件。附生效条件的合同，自条件成就时生效。附解除条件的合同，自条件成就时失效。当事人为自己的利益不正当地阻止条件成就的，视为条件已成就；不正当地促成条件成就的，视为条件不成就。"

《民法典》第158条规定："民事法律行为可以附条件，但是根据其性质不得附条件的除外。附生效条件的民事法律行为，自条件成就时生效。附解除条件的民事法律行为，自条件成就时失效。"

在这种情况下，股权回购的实现方式主要是通过赋予回购义务人在约定条件下承担回购义务的方式实现的，投资方的回购权在对赌投资协议签订时即已"行使"，在约定条件满足时，投资方无须再就回购权的行使单独提出主张，而直接享有对投资款本金及收益的债权请求权。

另外，约定条件满足时，回购义务人应在约定期限内主动完成股权回购，也不会涉及投资方不及时行使回购权的问题，后文中论及的回购权行使期限的问题，亦不包含此种情形。

(二)回购权的特点——与一般合同解除权之对比

如上所述，回购权包含终止股权投资关系、要求股权回购两层含义，属于由消灭形成权(解除权)与债权请求权所构成的"复合型"权利。

1. 回购权所包括的两项权利通常不会也无法分割行使

(1)一般合同解除权可以单独行使,合同解除所产生的债权请求权亦可独立主张

一般的合同解除权可以单独行使,当事人可以依据《合同法》第 93 条第 2 款及第 94 条、《民法典》第 562 条第 2 款及第 563 条的规定,单独就约定或法定解除权的行使提出诉讼或仲裁请求。

《合同法》第 93 条规定:"当事人协商一致,可以解除合同。当事人可以约定一方解除合同的条件。解除合同的条件成就时,解除权人可以解除合同。"

《合同法》第 94 条规定:"有下列情形之一的,当事人可以解除合同:(一)因不可抗力致使不能实现合同目的;(二)在履行期限届满之前,当事人一方明确表示或者以自己的行为表明不履行主要债务;(三)当事人一方迟延履行主要债务,经催告后在合理期限内仍未履行;(四)当事人一方迟延履行债务或者有其他违约行为致使不能实现合同目的;(五)法律规定的其他情形。"

《民法典》第 562 条规定:"当事人协商一致,可以解除合同。当事人可以约定一方解除合同的事由。解除合同的事由发生时,解除权人可以解除合同。"

《民法典》第 563 条规定:"有下列情形之一的,当事人可以解除合同:(一)因不可抗力致使不能实现合同目的;(二)在履行期限届满前,当事人一方明确表示或者以自己的行为表明不履行主要债务;(三)当事人一方迟延履行主要债务,经催告后在合理期限内仍未履行;(四)当事人一方迟延履行债务或者有其他违约行为致使不能实现合同目的;(五)法律规定的其他情形。以持续履行的债务为内容的不定期合同,当事人可以随时解除合同,但是应当在合理期限之前通知对方。"

当事人在提出解除合同诉请的同时,通常都会依据《合同法》第 97 条、《民法典》第 566 条的规定以及合同履行的具体情况,提出其他请求。

《合同法》第 97 条规定:"合同解除后,尚未履行的,终止履行;已经履行的,根据履行情况和合同性质,当事人可以要求恢复原状、采取其他补救措施,并有权要求赔偿损失。"

《民法典》第 566 条规定:"合同解除后,尚未履行的,终止履行;已经履行的,根据履行情况和合同性质,当事人可以请求恢复原状或者采取其他补

救措施,并有权请求赔偿损失。合同因违约解除的,解除权人可以请求违约方承担违约责任,但是当事人另有约定的除外。主合同解除后,担保人对债务人应当承担的民事责任仍应当承担担保责任,但是担保合同另有约定的除外。"

但是,实务中仍然存在仅主张解除合同的情况。对于当事人仅仅提出解除合同诉请的情况,从节约裁判资源、避免矛盾裁判及减轻当事人诉累角度出发,法官或仲裁员通常会向当事人进行释明,提醒当事人考虑合同解除的法律后果,进而提出其他诉请。

一般而言,就法官或仲裁员的释明,当事人通常会认真考虑并接受。但是否提出解除合同之外的其他诉请,最终由当事人自己决定。当事人仍然可能仅主张解除合同,促使其作出如此决策的客观和主观因素不一而足,如当事人的其他诉求以了解对方对合同解除的态度为前提;当事人希望通过与对方协商的方式解决合同解除后的善后事宜;能否恢复原状或采取补救措施、遭受的损失数额在主张解除时尚无法确定;对自己是否享有解除权没有十足的把握,直接提出其他基于合同解除的诉请,一旦解除合同的请求没有得到支持,因其他诉请而交纳的诉讼/仲裁费用将成为新的损失等。

由此可见,一般的合同解除权与由解除权行使而产生的债权(恢复原状、采取其他补救措施、赔偿损失)相对独立,可以分别单独行使,合同解除权受除斥期间的限制,该权利行使后,一方或双方当事人往往由此而取得债权,该债权受诉讼时效的限制。

(2)回购权所包括的两项权利通常不会也无法分割行使

相较而言,回购权的特点在于,在其行使时,解除权与债权请求权通常不会也无法分割。在投资方主张回购权时,意味着其既行使了终止股权投资关系的消灭形成权(解除权),同时也行使了要求股权回购的债权请求权。

以买卖合同为例来说明回购权的上述特点。买卖合同是最为原始及常见的合同,处于《合同法》分则的第一章、《民法典》第三编"合同"第二分编"典型合同"中的第一章,又有"《合同法》小总则"之称,足见其重要地位。

《合同法》第174条规定:"法律对其他有偿合同有规定的,依照其规定;没有规定的,参照买卖合同的有关规定。"

《民法典》第646条规定:"法律对其他有偿合同有规定的,依照其规定;没有规定的,参照适用买卖合同的有关规定。"

同时,对赌投资协议中虽然约定了非常丰富的内容,但是就投资方取得目标公司股权而言,交易本质仍可理解为买卖,投资方支付对价从而取得目标公司的股权。

回购权的主张效果类似于买卖合同中提出的“退货”要求,“退货”意味着买受人要求出卖人返还已经支付的价款或免除己方按照合同约定支付价款的义务。无论怎样,从法律角度出发,上述请求的前提均为解除合同。也就是说,“退货”要求本身就意味着买受人同时提出了解除合同、要求返还价款或免除付款义务两项主张。

实务中,回购条款触发时,投资方通常会按照协议约定直接通知回购义务人“履行回购义务”,而不会单独强调终止股权投资关系,即投资方以主张回购权的方式,同时完成了终止股权投资关系、请求回购义务人支付投资款本金及收益的双重意思表示,两项权利得以同时行使。

需要说明的是,关于股权回购价格的计算方式,通常在投资协议签订时即已事先确定,在回购时无须再行协商。常见的股权回购价格计算公式为:回购价格=投资本金×(1+年固定收益率)×投资之日起至实际支付回购价款之日的自然天数÷365 天-投资方历年累计分得的红利(如有)。

实际股权回购履行过程中,市场监督管理部门通常会提供《股权转让协议》的示范文本,并要求转让与受让双方签署。我们认为,签署《股权转让协议》示范文本并不是双方就股权回购达成了新的合意,而只是为了满足股权变更登记要求而办理的“手续”,股权回购的依据仍为对赌投资协议。因此,签署市场监督管理部门提供的《股权转让协议》示范文本可以视为回购权实现的履行行为。

2. 回购权行使的结果往往涉及回购义务人以外其他相关方的权益

就行使效果而言,在一般合同中,解除合同后是否要求恢复原状、采取其他补救措施及赔偿损失,属处分权利的行为,应由债权人自行决定;同时,债权人基于合同解除进而主张前述债权,通常仅涉及债权人自身权益,属于合同解除后的清算问题,一般并不涉及其他主体的利益保护问题。

与行使一般合同解除权导致交易终结不同,回购权的行使虽然终止股权投资关系,但并不会导致目标公司停止经营或解散。在对赌投资交易中,即使投资方退出,目标公司仍将继续运营,因此,回购权的行使,不仅涉及投资方的退出,通常也会影响到目标公司的注册资本及股权结构调整、运营决策等。因此,为保证目标公司的正常运营及保护目标公司债权人、员工等相关方的权益,应对回购权的行使加以必要的限制。

(三)回购权行使的对象

1. 目标公司股东承诺回购

根据《公司法》第71条及第137条的规定,对于有限责任公司而言,只要公司章程中对股权转让没有特别规定的,股东之间可按照双方自愿达成的股权回购条款自由转让全部或部分股权。对于股份有限公司来说,股东持有的股份可以依法转让,较之于有限责任公司而言,股份转让更加自由。

《公司法》第71条规定:"有限责任公司的股东之间可以相互转让其全部或者部分股权。股东向股东以外的人转让股权,应当经其他股东过半数同意。股东应就其股权转让事项书面通知其他股东征求同意,其他股东自接到书面通知之日起满三十日未答复的,视为同意转让。其他股东半数以上不同意转让的,不同意的股东应当购买该转让的股权;不购买的,视为同意转让。经股东同意转让的股权,在同等条件下,其他股东有优先购买权。两个以上股东主张行使优先购买权的,协商确定各自的购买比例;协商不成的,按照转让时各自的出资比例行使优先购买权。公司章程对股权转让另有规定的,从其规定。"

《公司法》第137条规定:"股东持有的股份可以依法转让。"

因此,由目标公司股东与投资方签订对赌投资协议,约定由其对投资人所持股权进行回购的,由于股权的转让发生在股东之间,并不会对目标公司产生不利影响,进而也不会损害目标公司及其债权人的利益,双方在约定的情形出现时完成股权转让,应属有效。

在较早的"海富案"中,最高人民法院认为迪亚公司对海富投资的补偿承诺有效正是基于上述原因,从而认为其约定没有损害公司及其债权人的利益。

需要说明的是,在一些交易中,由于目标公司的股东同时也是管理层,或管理层主要承担目标公司的经营风险,因此管理层也可能成为回购义务人;而在另外一些交易中,为了某些特殊目的或需要,目标公司的实际控制人同样也可能成为承担回购义务的主体。而管理层、实际控制人承担回购义务与目标公司股东承担回购义务的法律效果基本相同,本书将其一并归入目标公司股东承诺回购的情形。

2. 目标公司承诺回购

最高人民法院在《九民纪要》中提出:"投资方与目标公司订立的'对赌协议'在不存在法定无效事由的情况下,目标公司仅以存在股权回购或者金钱补偿约定为由,主张'对赌协议'无效的,人民法院不予支持……"

最高人民法院就目标公司承担回购或补偿义务的效力问题给出了结论,即在不违反《合同法》及相关法律法规强制性规定的情况下,原则上均应有效。

我们认为,《公司法》没有禁止公司回购股权的根本出发点是保护"投资自由",在符合条件的前提下,既要保证股东向公司进行投资的自由,也要保护股东在一定条件下减少或收回投资的自由,允许公司在符合规定条件的情况下出现净资产的减少。

在保护"投资自由"的前提下,与公司正常经营可能导致净资产减少一样,公司减资、分红、回购股权都会导致公司净资产的减少,只是后者是公司净资产以无偿的方式从公司转向股东,而由于股东可能滥用股东权利,利用公司法人独立地位和股东有限责任损害公司或其他股东、债权人的利益,因此,《公司法》对减资、分红、回购股权设置了比较严格的限制条件,从而实现各方利益的平衡。

(四)回购权行使的限制

1. 回购条件

对赌协议通常会明确约定投资方行使回购权的情形,当特定情形发生时,投资方为了控制风险,及时收回投资,可以行使回购权要求目标公司和(或)其股东回购其所持的目标公司的股权,返还相应的投资款并支付按照一定比例计算的资金成本或收益。

实践中常见的行使回购权的条件有:目标公司 IPO 失败、目标公司净利润或营业收入未达到承诺目标等。

2. 行使期限

在对赌投资协议中,双方会约定回购条款触发时,投资方应在一定期限内(如 IPO 失败之日起 3 个月)行使回购权,双方对回购权的行使期限一般不会存在太大的争议。

但实务中,一些对赌投资协议仅约定了行使回购权的条件,并未约定回购权的行使期限,双方可能会就回购权的行使期限产生争议。

如前所述,我们认为,回购权是一种"复合型"权利,由消灭形成权与债权请求权两项权利所构成,且在行使时不会也无法分割。按照基本的法律原则,形成权意义上的回购权应当受除斥期间的限制;债权请求权意义上的回购权则要受到诉讼时效的约束。

那么,在未约定回购权行使期限的情况下,应当适用除斥期间还是诉讼时效呢?讨论这个问题,有必要从回购权两层权利内容的关系以及回购权的行使过程来进行分析。

虽然回购权包含终止股权投资关系与要求回购义务人回购股权两层含义,但从逻辑上看,终止股权投资关系应为要求回购义务人回购股权的前提,这是显而易见的。

回购权的行使过程如下:投资方主张回购权并通知回购义务人,在通知送达回购义务人后,回购权中的消灭形成权因使命完成而归于消灭,此时,回购权中的债权请求权则开始发挥作用。

由此可见,在回购权的行使过程中,消灭形成权的行使,使债权请求权得以发生,前者为后者的前提。所以,就回购权的行使而言,首先应适用除斥期间;与此同时,随着回购权主张的通知到达回购义务人,回购权中债权请求权的诉讼时效,自对赌投资协议约定或投资方通知要求的回购义务履行期限届满之日起开始计算并产生中断效果。也就是说,只要在除斥期间内行使回购权,投资方对回购义务人所享有的支付投资款本金及收益的债权请求权,其诉讼时效即在约定或投资方指定的履行期限届满之日起开始起算且自然产生中断效果。

另外,基于前面论及的回购权行使的结果往往涉及回购义务人以外其他相关方权益的特点,从保证目标公司的正常运营及保护目标公司债权人、员工等相关方权益的角度出发,为平衡和安定法律关系,回购权的行使在期限上也应受到合理的限制。因此,适用《民法总则》(《民法典》)第 199 条关于除斥期间的规定对回购权进行规制,显然也更为合理。

所谓“除斥期间”与“诉讼时效”相对,是权利的预定存在期间,其客体是形成权,效果是实体权利消灭,其期间属于不变期间,因此不得中止、中断与延长,其起算点为权利成立之时,其利益不可抛弃,其立法精神是维护原有秩序。①

关于形成权的行使期间,《民法总则》(《民法典》)及其他民事法律并未规定统一的期限,而是针对具体形成权的存续期间(除斥期间)作出了具体的规定,如《民法总则》(《民法典》)第 152 条规定了撤销权的除斥期间。

《民法总则》(《民法典》)第 152 条规定:“有下列情形之一的,撤销权消

① 耿林:《论除斥期间》,载《中外法学》2016 年第 3 期,第 614 页。

灭:(一)当事人自知道或者应当知道撤销事由之日起一年内、重大误解的当事人自知道或者应当知道撤销事由之日起三个月内没有行使撤销权;(二)当事人受胁迫,自胁迫行为终止之日起一年内没有行使撤销权;(三)当事人知道撤销事由后明确表示或者以自己的行为表明放弃撤销权。当事人自民事法律行为发生之日起五年内没有行使撤销权的,撤销权消灭。"

关于合同解除权的除斥期间,《合同法》第95条作出了规定,但未能解决没有法律规定和事先约定,且对方不催告或不及时催告情况下解除权的行使期限问题;《民法典》第564条为此进行了补充和完善。

《合同法》第95条规定:"法律规定或者当事人约定解除权行使期限,期限届满当事人不行使的,该权利消灭。

法律没有规定或者当事人没有约定解除权行使期限,经对方催告后在合理期限内不行使的,该权利消灭。"

《民法典》第564条规定:"法律规定或者当事人约定解除权行使期限,期限届满当事人不行使的,该权利消灭。法律没有规定或者当事人没有约定解除权行使期限,自解除权人知道或者应当知道解除事由之日起一年内不行使,或者经对方催告后在合理期限内不行使的,该权利消灭。"

关于回购权的行使期限,我国现行法律并未单独作出明确规定。基于回购权产生解除股权投资关系的法律效果,适用《合同法》《民法典》关于合同解除权的除斥期间规定,应当是合理的。因此,在未约定行使期间的情况下,可由法官或仲裁员根据实际情况,适用《合同法》《民法典》关于合同解除权的行使期限予以确定,最长不应超过一年。

3. 超期行使回购权的后果

权利的行使从来都是有边界的,因此民法中有诸如诚信原则、公序良俗原则、权利不得滥用等原则,目的就是限制一方权利过度延伸,从而起到保护相对人或其他人的合法权益的作用。

形成权的行使亦受权利不得滥用原则的限制,即权利失效规则。所谓权利失效规则,是指权利人有权利而在相当期间内不为行使,致他方相对人有正当事由信赖权利人不欲履行其义务者,其权利再为行使,前后行为发生矛盾,依据诚信原则,应当加以禁止。

一般来说,回购权构成权利失效主要包括两点:一是权利人(投资方)在约定或合理期限内不行使权利;二是相对人(回购义务人)有正当事由信赖权利人不欲其履行义务。至于权利失效的法律效果,则是由法官或仲裁员依法审查,确定权利人(投资方)不得行使其权利。

上述某科技公司回购权纠纷的仲裁裁决恰恰也证明此观点,仲裁庭认可该公司依照约定享有回购权,但是由于其在相当长的一段时间内没有向对方主张权利,因此,适用权利失效规则,该回购权的行使不再受法律的保护,该公司无权主张回购。

第五章　对赌争议解决涉及的其他法律问题（下）

第一节　争议解决

一、民事诉讼的基础介绍

（一）民事诉讼的定义

民事诉讼是指人民法院、当事人和其他诉讼参与人，在审理民事案件的过程中所进行的各种诉讼活动，以及由这些活动所产生的各种诉讼关系的总和。

诉讼活动，既包括人民法院的审判活动，如案件审理、调查取证、适用强制措施、作出裁判等；又包括诉讼参与人的诉讼活动，如原告起诉、被告提出答辩或反诉、证人出庭作证等。

诉讼关系，是指人民法院和一切诉讼参与人之间，在诉讼过程中所形成的诉讼权利义务关系。人民法院始终是诉讼关系中的一方，其与作为诉讼关系中的另一方诉讼参与人之间发生关系。①

（二）民事诉讼的受理范围

《民事诉讼法》第3条规定："人民法院受理公民之间、

① 江伟、肖建国主编：《民事诉讼法》，中国人民大学出版社2018年版，第9页。

法人之间、其他组织之间以及他们相互之间因财产关系和人身关系提起的民事诉讼,适用本法的规定。”

《民事诉讼法》第 4 条规定:“凡在中华人民共和国领域内进行民事诉讼,必须遵守本法。”

由此可见,民事诉讼的受理范围是:公民之间、法人之间、其他组织之间以及他们相互之间因财产关系和人身关系引起的民事纠纷;根据国家司法权的属地主义原则,在我国领域内进行的民事诉讼,必须遵守我国的《民事诉讼法》。

(三)民事诉讼的基本制度

《民事诉讼法》第 10 条规定:“人民法院审理民事案件,依照法律规定实行合议、回避、公开审判和两审终审制度。”

1. 合议制度

合议制度,是指由 3 名以上为单数的审判人员组成审判组织,代表人民法院具体行使民事审判权,对民事案件进行审理并作出裁判的制度。

同时,为了节约司法成本并提高效率,我国《民事诉讼法》还规定了独任制度,即由 1 名审判人员代表人民法院行使民事审判权,对民事案件进行审理并作出裁判的制度。

需要说明的是,合议制度是我国民事诉讼的基本制度之一,是人民法院审理案件的基本形式。因此,独任制度的适用范围被限定在几类特定的情况,主要包括:

(1)适用简易程序审理的案件

《民事诉讼法》第 39 条第 2 款规定:“适用简易程序审理的民事案件,由审判员一人独任审理。”

(2)适用特别程序审理的案件

《民事诉讼法》第 178 条规定:“依照本章程序审理的案件,实行一审终审。选民资格案件或者重大、疑难的案件,由审判员组成合议庭审理;其他案件由审判员一人独任审理。”

《民诉法解释》第 369 条规定:“实现担保物权案件可以由审判员一人独任审查。担保财产标的额超过基层人民法院管辖范围的,应当组成合议庭进行审查。”

(3)适用督促程序审理的案件

《民诉法解释》第 430 条规定:“人民法院受理申请后,由审判员一人进行审查。经审查,有下列情形之一的,裁定驳回申请:(一)申请人不具备当事人资格的;(二)给付金钱或者有价证券的证明文件没有约定逾期给付利息或者违约金、赔偿金,债权人坚持要求给付利息或者违约金、赔偿金的;(三)要求给付的金钱或者有价证券属于违法所得的;(四)要求给付的金钱或者有价证券尚未到期或者数额不确定的。人民法院受理支付令申请后,发现不符合本解释规定的受理条件的,应当在受理之日起十五日内裁定驳回申请。"

(4)适用公示催告程序审理的案件

《民诉法解释》第 454 条规定:"适用公示催告程序审理案件,可由审判员一人独任审理;判决宣告票据无效的,应当组成合议庭审理。"

2. 回避制度

民事诉讼中的回避制度,是指在民事诉讼中,审判人员以及其他可能影响案件公正审理的有关人员,在遇有法律规定的回避情形时,不得参与案件的审理,已经参与的要退出该案诉讼程序的制度。①

关于回避的法定事由、适用对象及程序,《民事诉讼法》作了相应的规定。

《民事诉讼法》第 44 条规定:"审判人员有下列情形之一的,应当自行回避,当事人有权用口头或者书面方式申请他们回避:(一)是本案当事人或者当事人、诉讼代理人近亲属的;(二)与本案有利害关系的;(三)与本案当事人、诉讼代理人有其他关系,可能影响对案件公正审理的。审判人员接受当事人、诉讼代理人请客送礼,或者违反规定会见当事人、诉讼代理人的,当事人有权要求他们回避。审判人员有前款规定的行为的,应当依法追究法律责任。前三款规定,适用于书记员、翻译人员、鉴定人、勘验人。"

《民事诉讼法》第 45 条规定:"当事人提出回避申请,应当说明理由,在案件开始审理时提出;回避事由在案件开始审理后知道的,也可以在法庭辩论终结前提出。被申请回避的人员在人民法院作出是否回避的决定前,应当暂停参与本案的工作,但案件需要采取紧急措施的除外。"

《民事诉讼法》第 46 条规定:"院长担任审判长时的回避,由审判委员会决定;审判人员的回避,由院长决定;其他人员的回避,由审判长决定。"

《民事诉讼法》第 47 条规定:"人民法院对当事人提出的回避申请,应当

① 参见张卫平:《民事诉讼法》,法律出版社 2019 年版,第 61 页。

在申请提出的三日内,以口头或者书面形式作出决定。申请人对决定不服的,可以在接到决定时申请复议一次。复议期间,被申请回避的人员,不停止参与本案的工作。人民法院对复议申请,应当在三日内作出复议决定,并通知复议申请人。”

3. 公开审理制度

公开审理制度,是指人民法院依法以公开方式对民事案件进行审理和宣判的制度。该制度主要体现在《民事诉讼法》如下规定之中。

《民事诉讼法》第 134 条规定:“人民法院审理民事案件,除涉及国家秘密、个人隐私或者法律另有规定的以外,应当公开进行。

离婚案件,涉及商业秘密的案件,当事人申请不公开审理的,可以不公开审理。”

《民事诉讼法》第 136 条规定:“人民法院审理民事案件,应当在开庭三日前通知当事人和其他诉讼参与人。公开审理的,应当公告当事人姓名、案由和开庭的时间、地点。”

《民事诉讼法》第 148 条第 1 款规定:“人民法院对公开审理或者不公开审理的案件,一律公开宣告判决。”

《民事诉讼法》第 156 条规定:“公众可以查阅发生法律效力的判决书、裁定书,但涉及国家秘密、商业秘密和个人隐私的内容除外。”

此外,为进一步落实公开审理原则,最高人民法院于 2013 年 11 月 21 日发布《关于推进司法公开三大平台建设的若干意见》(法发〔2013〕13 号),要求各级法院全面推进审判流程、裁判文书及执行信息公开工作,“中国裁判文书网”已经成为全国法院公布裁判文书的统一平台,“中国审判流程信息公开网”也已开始为当事人及诉讼代理人提供审判流程信息查询等服务。

公开审理原则也存在例外,涉及国家秘密、个人隐私、离婚案件和涉及商业秘密的案件,一般不公开审理,但判决一律公开宣告。

4. 两审终审制度

两审终审制度,是指一个民事案件经过两级法院的审判就宣告终结的制度。根据这一制度,一个民事案件经过第一审人民法院审判后,当事人如果不服,其有权依法向上一级人民法院提起上诉,由其进行第二审。该第二审法院所作出的判决、裁定是终审判决、裁定,当事人不得再行上诉。[①]

① 参见江伟、肖建国主编:《民事诉讼法》,中国人民大学出版社 2018 年版,第 73~74 页。

根据《民事诉讼法》的相关规定,部分案件的判决、裁定不得上诉,实行一审终审制,主要包括:

(1)最高人民法院审理的一审民事案件;

(2)适用特别程序审理的案件。

《民事诉讼法》第177条规定:“人民法院审理选民资格案件、宣告失踪或者宣告死亡案件、认定公民无民事行为能力或者限制民事行为能力案件、认定财产无主案件、确认调解协议案件和实现担保物权案件,适用本章规定。本章没有规定的,适用本法和其他法律的有关规定。”

《民事诉讼法》第178条规定:“依照本章程序审理的案件,实行一审终审。选民资格案件或者重大、疑难的案件,由审判员组成合议庭审理;其他案件由审判员一人独任审理。”

(3)适用督促程序审理的案件;

(4)适用公示催告程序审理的案件;

(5)小额诉讼案件。

《民事诉讼法》第162条规定:“基层人民法院和它派出的法庭审理符合本法第一百五十七条第一款规定的简单的民事案件,标的额为各省、自治区、直辖市上年度就业人员年平均工资百分之三十以下的,实行一审终审。”

(四)民事诉讼中的主体

参与民事诉讼的主体包括人民法院、当事人和其他诉讼参与人,各方在审理民事案件的过程中进行各种诉讼活动,同时产生各种诉讼关系。民事诉讼的顺利进行离不开诉讼主体的参与。

1. 人民法院

《人民法院组织法》(2018年修订)第2条第1款规定:“人民法院是国家的审判机关。”

由此可见,人民法院是专门行使国家司法权的机构,也是民事诉讼程序的主导者。

(1)人民法院的设置与分类

《人民法院组织法》第12条规定:“人民法院分为:(一)最高人民法院;(二)地方各级人民法院;(三)专门人民法院。”

《人民法院组织法》第13条规定:“地方各级人民法院分为高级人民法院、中级人民法院和基层人民法院。”

《人民法院组织法》第15条第1款规定:“专门人民法院包括军事法院

和海事法院、知识产权法院、金融法院等。”

人民法院可以分为两大类，一类是普通法院，包括最高人民法院和地方各级人民法院；另一类是专门法院，主要包括军事法院、海事法院、知识产权法院和金融法院等。

普通法院共分为四级，即最高人民法院、高级人民法院、中级人民法院和基层人民法院。

最高人民法院是最高审判机关，监督地方各级人民法院和专门法院的审判工作。根据《人民法院组织法》第 19 条的规定，最高人民法院目前设置了 6 个巡回法庭，分别位于广东省深圳市、辽宁省沈阳市、江苏省南京市、河南省郑州市、重庆市、陕西省西安市。

高级人民法院包括：省高级人民法院、自治区高级人民法院、直辖市高级人民法院。

中级人民法院包括：省、自治区辖市的中级人民法院，在直辖市内设立的中级人民法院，自治州中级人民法院，在省、自治区内按地区设立的中级人民法院。

基层人民法院包括：县、自治县人民法院，不设区的市人民法院、市辖区人民法院。基层人民法院根据地区、人口和案件情况，可以设立若干人民法庭。

(2)民事诉讼中人民法院的级别管辖与地域管辖

①级别管辖

《民事诉讼法》第 17 条规定：“基层人民法院管辖第一审民事案件，但本法另有规定的除外。”

《民事诉讼法》第 18 条规定：“中级人民法院管辖下列第一审民事案件：(一)重大涉外案件；(二)在本辖区有重大影响的案件；(三)最高人民法院确定由中级人民法院管辖的案件。”

《民事诉讼法》第 19 条规定：“高级人民法院管辖在本辖区有重大影响的第一审民事案件。”

《民事诉讼法》第 20 条规定：“最高人民法院管辖下列第一审民事案件：(一)在全国有重大影响的案件；(二)认为应当由本院审理的案件。”

②地域管辖

第一，一般地域管辖。

一般地域管辖以被告住所地人民法院管辖为原则，以原告住所地人民法院管辖为例外。

《民事诉讼法》第 21 条规定:“对公民提起的民事诉讼,由被告住所地人民法院管辖;被告住所地与经常居住地不一致的,由经常居住地人民法院管辖。对法人或者其他组织提起的民事诉讼,由被告住所地人民法院管辖。同一诉讼的几个被告住所地、经常居住地在两个以上人民法院辖区的,各该人民法院都有管辖权。”

《民事诉讼法》第 22 条规定:“下列民事诉讼,由原告住所地人民法院管辖;原告住所地与经常居住地不一致的,由原告经常居住地人民法院管辖:(一)对不在中华人民共和国领域内居住的人提起的有关身份关系的诉讼;(二)对下落不明或者宣告失踪的人提起的有关身份关系的诉讼;(三)对被采取强制性教育措施的人提起的诉讼;(四)对被监禁的人提起的诉讼。”

第二,特殊地域管辖。

【一般合同纠纷】

《民事诉讼法》第 23 条规定:“因合同纠纷提起的诉讼,由被告住所地或者合同履行地人民法院管辖。”

【保险合同纠纷】

《民事诉讼法》第 24 条规定:“因保险合同纠纷提起的诉讼,由被告住所地或者保险标的物所在地人民法院管辖。”

【票据纠纷】

《民事诉讼法》第 25 条规定:“因票据纠纷提起的诉讼,由票据支付地或者被告住所地人民法院管辖。”

【与公司有关的纠纷】

《民事诉讼法》第 26 条规定:“因公司设立、确认股东资格、分配利润、解散等纠纷提起的诉讼,由公司住所地人民法院管辖。”

【运输合同纠纷】

《民事诉讼法》第 27 条规定:“因铁路、公路、水上、航空运输和联合运输合同纠纷提起的诉讼,由运输始发地、目的地或者被告住所地人民法院管辖。”

【侵权纠纷】

《民事诉讼法》第 28 条规定:“因侵权行为提起的诉讼,由侵权行为地或者被告住所地人民法院管辖。”

【交通事故损害赔偿纠纷】

《民事诉讼法》第29条规定:“因铁路、公路、水上和航空事故请求损害赔偿提起的诉讼,由事故发生地或者车辆、船舶最先到达地、航空器最先降落地或者被告住所地人民法院管辖。”

【海事海商纠纷】

《民事诉讼法》第30条规定:“因船舶碰撞或者其他海事损害事故请求损害赔偿提起的诉讼,由碰撞发生地、碰撞船舶最先到达地、加害船舶被扣留地或者被告住所地人民法院管辖。”

《民事诉讼法》第31条规定:“因海难救助费用提起的诉讼,由救助地或者被救助船舶最先到达地人民法院管辖。”

《民事诉讼法》第32条规定:“因共同海损提起的诉讼,由船舶最先到达地、共同海损理算地或者航程终止地的人民法院管辖。”

③专属管辖

《民事诉讼法》第33条规定:“下列案件,由本条规定的人民法院专属管辖:(一)因不动产纠纷提起的诉讼,由不动产所在地人民法院管辖;(二)因港口作业中发生纠纷提起的诉讼,由港口所在地人民法院管辖;(三)因继承遗产纠纷提起的诉讼,由被继承人死亡时住所地或者主要遗产所在地人民法院管辖。”

④协议管辖

《民事诉讼法》第34条规定:“合同或者其他财产权益纠纷的当事人可以书面协议选择被告住所地、合同履行地、合同签订地、原告住所地、标的物所在地等与争议有实际联系的地点的人民法院管辖,但不得违反本法对级别管辖和专属管辖的规定。”

⑤移送管辖

《民事诉讼法》第36条规定:“人民法院发现受理的案件不属于本院管辖的,应当移送有管辖权的人民法院,受移送的人民法院应当受理。受移送的人民法院认为受移送的案件依照规定不属于本院管辖的,应当报请上级人民法院指定管辖,不得再自行移送。”

⑥指定管辖

《民事诉讼法》第37条规定:“有管辖权的人民法院由于特殊原因,不能行使管辖权的,由上级人民法院指定管辖。

人民法院之间因管辖权发生争议,由争议双方协商解决;协商解决不了的,报请它们的共同上级人民法院指定管辖。”

⑦管辖权转移

《民事诉讼法》第38条规定:“上级人民法院有权审理下级人民法院管辖的第一审民事案件;确有必要将本院管辖的第一审民事案件交下级人民法院审理的,应当报请其上级人民法院批准。

下级人民法院对它所管辖的第一审民事案件,认为需要由上级人民法院审理的,可以报请上级人民法院审理。”

(3)审判组织

①一审案件合议庭的组成

《民事诉讼法》第39条第1款规定:“人民法院审理第一审民事案件,由审判员、陪审员共同组成合议庭或者由审判员组成合议庭。合议庭的成员人数,必须是单数。”

一审案件合议庭的组成有两种情况:由审判员和人民陪审员共同组成合议庭、由审判员组成合议庭。陪审员在执行陪审职务时,与审判员有同等的权利义务。

②二审案件合议庭的组成

《民事诉讼法》第40条第1款规定:“人民法院审理第二审民事案件,由审判员组成合议庭。合议庭的成员人数,必须是单数。”

二审案件只能由审判员组成合议庭,组成人员中不能有人民陪审员,这是二审案件合议庭与一审案件合议庭不同的根本特点,而这正是二审对一审的审判活动进行审级监督的重要体现。

③发回重审案件合议庭的组成

《民事诉讼法》第40条第2款规定:“发回重审的案件,原审人民法院应当按照第一审程序另行组成合议庭。”

在一审没有查明案件事实的情况下,二审法院可以作出发回重审的裁定。对于发回重审的案件,原一审法院应当按照一审程序另行组成合议庭。具体含义如下:无论原一审程序审判组织形式如何,重审都要组成合议庭进行审理;合议庭仍可以由审判员、陪审员共同组成或者由审判员组成,并不受原一审时合议庭组成形式的限制;原一审参与审判的人员不得成为重审合议庭的组成人员。

④再审案件合议庭的组成

《民事诉讼法》第40条第3款规定:“审理再审案件,原来是第一审的,按照第一审程序另行组成合议庭;原来是第二审的或者是上级人民法院提审的,按照第二审程序另行组成合议庭。"

在人民法院按照审判监督程序启动再审时,原来是一审的,按照一审程序另行组成合议庭,即再审时必须采用合议庭方式进行审理,合议庭仍可以由审判员、陪审员共同组成或者由审判员组成,且原一审参与审判的人员不得成为再审案件合议庭的组成人员;原来是二审或上级法院提审的,要按照二审程序另行组成合议庭,即合议庭人员只能由审判员组成,且原二审参与审判的人员不得成为再审合议庭的组成人员。

2. 当事人

《民事诉讼法》第 48 条第 1 款规定:"公民、法人和其他组织可以作为民事诉讼的当事人。"由此可见,可以作为民事诉讼当事人的主体有自然人、法人和其他组织。

自然人通常可以自己参加诉讼,对于不具备诉讼行为能力的自然人,则由其法定代理人代为诉讼;法人由其法定代表人进行诉讼;其他组织由其主要负责人进行诉讼。当事人均有权委托代理人参加民事诉讼。

(1)当事人的权利和义务

当事人在民事诉讼中享有的权利以及需要承担的义务,主要体现在《民事诉讼法》的相关规定之中。

《民事诉讼法》第 49 条规定:"当事人有权委托代理人,提出回避申请,收集、提供证据,进行辩论,请求调解,提起上诉,申请执行。当事人可以查阅本案有关材料,并可以复制本案有关材料和法律文书。查阅、复制本案有关材料的范围和办法由最高人民法院规定。当事人必须依法行使诉讼权利,遵守诉讼秩序,履行发生法律效力的判决书、裁定书和调解书。"

《民事诉讼法》第 50 条规定:"双方当事人可以自行和解。"

《民事诉讼法》第 51 条规定:"原告可以放弃或者变更诉讼请求。被告可以承认或者反驳诉讼请求,有权提起反诉。"

当事人享有参与民事诉讼程序、行使程序权利和处分实体权益的权利,同时也要承担依法行使诉讼权利、遵守诉讼秩序,以及履行发生法律效力的判决、裁定和调解书的义务。

(2)当事人的分类

当事人是民事诉讼重要的参与者,没有当事人,民事诉讼程序就不会启动。根据诉讼地位的不同,当事人主要分为原告、被告和第三人。

①原告

原告,是指为维护自己或自己所管理的他人的民事权益,而以自己的名义向法院起诉,从而引起民事诉讼程序发生的人。[①]

②被告

被告,是指被原告诉称侵犯原告民事权益或与原告发生民事争议,而由法院通知应诉的人。[②]

③第三人

第三人,是指对于已经开始的诉讼,以该诉讼的原、被告为被告提出独立的诉讼请求,或者由该诉讼中的原告或被告引进后主张独立的利益,或者为了自己的利益,辅助该诉讼一方当事人进行辩论的诉讼参加人。[③]

根据第三人对争议的诉讼标的是否具有独立请求权,第三人分为两类:有独立请求权第三人、无独立请求权第三人。

有独立请求权第三人,是指对于已经开始的诉讼,以该诉讼的原、被告为共同被告,对当事人双方的诉讼标的提出独立的诉讼请求而参加诉讼的人。[④]

无独立请求权第三人是对当事人双方的诉讼标的虽然“没有独立请求权”,但是案件处理结果同他“有法律上的利害关系”,可以申请参加诉讼或者由人民法院通知他参加诉讼的人。[⑤]

3. 其他诉讼参与人

其他诉讼参与人,是指除当事人之外,其他参与民事诉讼程序,协助人民法院查明事实、推进民事诉讼程序的人,主要包括诉讼代理人和诉讼辅助人。

(1)诉讼代理人

诉讼代理人,是指根据法律规定或当事人的委托,以当事人的名义参与民事诉讼,代为实施和接受诉讼行为,维护当事人权益的诉讼参与人。

以代理权取得的依据不同,诉讼代理人可以分为法定诉讼代理人与委托诉讼代理人两种。前者代理权取得的依据为法律的直接规定,由法定诉

① 张卫平:《民事诉讼法》,法律出版社 2019 年版,第 141 页。
② 张卫平:《民事诉讼法》,法律出版社 2019 年版,第 141 页。
③ 江伟、肖建国主编:《民事诉讼法》,中国人民大学出版社 2018 年版,第 150 页。
④ 江伟、肖建国主编:《民事诉讼法》,中国人民大学出版社 2018 年版,第 151 页。
⑤ 江伟、肖建国主编:《民事诉讼法》,中国人民大学出版社 2018 年版,第 152~153 页。

讼代理人为无诉讼行为能力的当事人代为进行民事诉讼，行使诉讼权利；后者是基于当事人或其法定诉讼代理人的委托，代当事人参与民事诉讼，为诉讼行为。

(2)诉讼辅助人

诉讼辅助人，是指在民事诉讼中利用专业知识辅助当事人进行诉讼的人。诉讼辅助人参与诉讼的意义，主要在于就鉴定意见或专业问题代表当事人发表意见，以弥补当事人专业知识的不足，更好地维护当事人的合法权益，也有利于人民法院查明案件事实。

《民事诉讼法》第79条规定："当事人可以申请人民法院通知有专门知识的人出庭，就鉴定人作出的鉴定意见或者专业问题提出意见。"

《民诉法解释》第122条规定："当事人可以依照民事诉讼法第七十九条的规定，在举证期限届满前申请一至二名具有专门知识的人出庭，代表当事人对鉴定意见进行质证，或者对案件事实所涉及的专业问题提出意见。

具有专门知识的人在法庭上就专业问题提出的意见，视为当事人的陈述。

人民法院准许当事人申请的，相关费用由提出申请的当事人负担。"

《民事诉讼证据规定》第84条规定："审判人员可以对有专门知识的人进行询问。经法庭准许，当事人可以对有专门知识的人进行询问，当事人各自申请的有专门知识的人可以就案件中的有关问题进行对质。有专门知识的人不得参与对鉴定意见质证或者就专业问题发表意见之外的法庭审理活动。"

(五)民事诉讼的主要程序

1.一审普通程序

我国民事诉讼实行两审终审制，所有民事诉讼案件都必须经历一审程序。一审程序分为普通程序和简易程序，除简单的民事案件外，其他案件的一审均适用普通程序。一审普通程序是人民法院审理民事案件的基础程序，程序规定最为完整。

整体上，一审普通程序可以分为两个大的阶段：第一阶段为起诉和受理阶段，解决的是民事纠纷能否进入诉讼实体审理的问题，是民事诉讼程序的启动阶段；第二阶段为案件审理阶段，即在案件被正式受理后由法官进行实体审理，该阶段又可以分为审理前的准备、开庭审理、庭审后工作及裁判几个小的阶段。

(1)起诉与受理

起诉是民事诉讼程序启动的前提条件,只有原告的起诉被人民法院受理,民事诉讼程序才能正式启动。提出诉讼请求的当事人称为原告,对方当事人称为被告。

①起诉

当事人如认为自己的民事权益受损,有受到保护的必要,可以向人民法院提起民事诉讼。起诉应当符合《民事诉讼法》规定的条件。

《民事诉讼法》第119条规定:"起诉必须符合下列条件:(一)原告是与本案有直接利害关系的公民、法人和其他组织;(二)有明确的被告;(三)有具体的诉讼请求和事实、理由;(四)属于人民法院受理民事诉讼的范围和受诉人民法院管辖。"

《民事诉讼法》第120条第1款规定:"起诉应当向人民法院递交起诉状,并按照被告人数提出副本。"

《民事诉讼法》第121条规定:"起诉状应当记明下列事项:(一)原告的姓名、性别、年龄、民族、职业、工作单位、住所、联系方式,法人或者其他组织的名称、住所和法定代表人或者主要负责人的姓名、职务、联系方式;(二)被告的姓名、性别、工作单位、住所等信息,法人或者其他组织的名称、住所等信息;(三)诉讼请求和所根据的事实与理由;(四)证据和证据来源,证人姓名和住所。"

②受理

人民法院应及时对原告的起诉进行审查,如起诉符合法定条件即予以立案;如不符合受理条件,也应及时区分不同情形予以处理。

《民事诉讼法》第123条规定:"人民法院应当保障当事人依照法律规定享有的起诉权利。对符合本法第一百一十九条的起诉,必须受理。符合起诉条件的,应当在七日内立案,并通知当事人;不符合起诉条件的,应当在七日内作出裁定书,不予受理;原告对裁定不服的,可以提起上诉。"

《民事诉讼法》第124条规定:"人民法院对下列起诉,分别情形,予以处理:(一)依照行政诉讼法的规定,属于行政诉讼受案范围的,告知原告提起行政诉讼;(二)依照法律规定,双方当事人达成书面仲裁协议申请仲裁、不得向人民法院起诉的,告知原告向仲裁机构申请仲裁;(三)依照法律规定,应当由其他机关处理的争议,告知原告向有关机关申请解决;(四)对不属于本院管辖的案件,告知原告向有管辖权的人民法院起诉;(五)对判决、裁定、调解书已经发生法律效力的案件,当事人又起诉的,告知原告申请再审,但人民法院准许撤诉的裁定除外;(六)依照法律规定,在一定期限内不得起诉的案件,在不得起诉的期限内起诉的,不予受理;(七)判决不准离婚和调解和好的离婚案件,判决、调解维持收养关系的案件,没有新情况、新理由,原告在六个月内又起诉的,不予受理。"

《民诉法解释》第208条规定:"人民法院接到当事人提交的民事起诉状时,对符合民事诉讼法第一百一十九条的规定,且不属于第一百二十四条规定情形的,应当登记立案;对当场不能判定是否符合起诉条件的,应当接收起诉材料,并出具注明收到日期的书面凭证。需要补充必要相关材料的,人民法院应当及时告知当事人。在补齐相关材料后,应当在七日内决定是否立案。立案后发现不符合起诉条件或者属于民事诉讼法第一百二十四条规定情形的,裁定驳回起诉。"

自2015年5月1日起,立案登记制正式施行。在当事人向人民法院提起诉讼时,人民法院仅对起诉的形式要件进行审查,而不再对当事人是否适格等实体问题进行审查,给予当事人更充分的程序权利保障。

(2)庭审前的准备

①通知当事人及管辖权异议

《民事诉讼法》第125条规定:"人民法院应当在立案之日起五日内将起诉状副本发送被告,被告应当在收到之日起十五日内提出答辩状。答辩状应当记明被告的姓名、性别、年龄、民族、职业、工作单位、住所、联系方式;法人或者其他组织的名称、住所和法定代表人或者主要负责人的姓名、职务、联系方式。人民法院应当在收到答辩状之日起五日内将答辩状副本发送原告。被告不提出答辩状的,不影响人民法院审理。"

《民事诉讼法》第127条规定:"人民法院受理案件后,当事人对管辖权有异议的,应当在提交答辩状期间提出。人民法院对当事人提出的异议,应当审查。异议成立的,裁定将案件移送有管辖权的人民法院;异议不成立的,裁定驳回。当事人未提出管辖异议,并应诉答辩的,视为受诉人民法院有管辖权,但违反级别管辖和专属管辖规定的除外。"

案件受理后,人民法院应依法通知被告,被告有权提出答辩状并对管辖权提出异议。人民法院应当对被告提出的管辖权异议进行审理,并根据审理结果予以处理。被告在提出答辩状的同时,还有权针对原告提出反诉。

②告知当事人诉讼权利义务及合议庭组成人员

《民事诉讼法》第 126 条规定:“人民法院对决定受理的案件,应当在受理案件通知书和应诉通知书中向当事人告知有关的诉讼权利义务,或者口头告知。”

《民事诉讼法》第 128 条规定:“合议庭组成人员确定后,应当在三日内告知当事人。”

③调查收集证据

《民事诉讼法》第 129 条规定:“审判人员必须认真审核诉讼材料,调查收集必要的证据。”

④追加当事人

《民事诉讼法》第 132 条规定:“必须共同进行诉讼的当事人没有参加诉讼的,人民法院应当通知其参加诉讼。”

⑤举行庭前会议、组织证据交换

对于案情较为复杂的案件,为保证庭审的效果,人民法院可以根据实际情况决定举行庭前会议,明确原告和被告的诉讼请求和答辩意见,决定证据的调查收集与保全,委托鉴定与勘验,归纳争议焦点,组织调解等。

对于案件证据材料繁多的案件,为提高庭审效率,人民法院可以在正式开庭前组织双方进行证据交换,核对证据原件、发表质证意见。

《民诉法解释》第 224 条规定:“依照民事诉讼法第一百三十三条第四项规定,人民法院可以在答辩期届满后,通过组织证据交换、召集庭前会议等方式,作好审理前的准备。”

《民诉法解释》第 225 条规定:“根据案件具体情况,庭前会议可以包括下列内容:(一)明确原告的诉讼请求和被告的答辩意见;(二)审查处理当事人增加、变更诉讼请求的申请和提出的反诉,以及第三人提出的与本案有关的诉讼请求;(三)根据当事人的申请决定调查收集证据,委托鉴定,要求当事人提供证据,进行勘验,进行证据保全;(四)组织交换证据;(五)归纳争议焦点;(六)进行调解。”

(3)开庭审理

开庭审理过程主要包括如下几个环节:

①庭审开始

《民事诉讼法》第 137 条规定:“开庭审理前,书记员应当查明当事人和其他诉讼参与人是否到庭,宣布法庭纪律。

开庭审理时,由审判长核对当事人,宣布案由,宣布审判人员、书记员名单,告知当事人有关的诉讼权利义务,询问当事人是否提出回避申请。”

实务中,庭审开始时,通常由审判长宣布开庭,宣布法庭纪律,核实出庭当事人及代理人身份,询问各方对对方出庭人员的身份是否有异议;宣布合议庭组成人员,询问当事人是否申请回避;询问当事人庭前是否收到相关的案件材料及通知;告知当事人享有的诉讼权利和义务等。

②庭审调查

《民事诉讼法》第138条规定:“法庭调查按照下列顺序进行:(一)当事人陈述;(二)告知证人的权利义务,证人作证,宣读未到庭的证人证言;(三)出示书证、物证、视听资料和电子数据;(四)宣读鉴定意见;(五)宣读勘验笔录。”

实务中,庭审程序一般按照如下顺序进行:

首先,由原告陈述诉讼请求及所依据的事实和理由,被告发表答辩意见;如被告提出反诉,则之后由被告陈述反诉请求以及所依据的事实和理由,并由原告进行答辩。如案件有第三人,第三人也有权陈述自己的诉讼请求及事实和理由或答辩意见,并有权对原、被告的请求作出答辩;同样,原、被告也有权对第三人的诉讼请求进行答辩。

之后,进入举证质证程序。首先,原告对其所提交的证据进行举证,说明证据的内容和证明目的,被告和第三人核对证据原件并发表质证意见;其次,被告就其提交的证据进行说明,原告、第三人核对证据原件并发表质证意见;最后,第三人对其提交的证据进行说明,由原告、被告核对证据原件并发表质证意见。质证的重点是证据的真实性、关联性与合法性,同时对证明目的给予回应。

对于人民法院自行收集的证据,原告、被告及第三人均有权进行质证。

如果案件涉及专门性问题需要进行鉴定,鉴定人应当出庭接受当事人的质询,并回答合议庭提出的问题。对于鉴定结论,当事人可以依据《民诉法解释》第122条的规定申请1名至2名具有专门知识的人出庭并代表当事人进行质证,或者就专业问题表达意见。

案件审理如需要对有关现场或物品进行勘验的,开庭时应当宣读勘验笔录并出示相关材料,由各方当事人发表质证意见并向勘验人询问。

举证和质证过程中以及结束后,合议庭也会根据实际情况查看证据原件,并围绕案件主要事实及诉讼请求提出问题,由当事人给予明确回答。

③庭审辩论

庭审调查结束后,合议庭会根据当事人陈述及举证质证的情况,归纳总结案件的争议焦点,并组织当事人围绕争议焦点发表辩论意见。如当事人在辩论过程中提出新的事实和证据的,合议庭可以恢复庭审调查,之后再继续庭审辩论程序。

庭审辩论,是当事人就案件主要事实及法律观点,当面向合议庭进行系统阐述的最佳机会,也是合议庭了解当事人观点的重要途径。当事人有权获得平等的辩论机会,对对方提出的观点或意见予以回应或反驳。

《民事诉讼法》第 141 条规定:“法庭辩论按照下列顺序进行:(一)原告及其诉讼代理人发言;(二)被告及其诉讼代理人答辩;(三)第三人及其诉讼代理人发言或者答辩;(四)互相辩论。法庭辩论终结,由审判长按照原告、被告、第三人的先后顺序征询各方最后意见。”

④调解

《民事诉讼法》第 93 条规定:“人民法院审理民事案件,根据当事人自愿的原则,在事实清楚的基础上,分清是非,进行调解。”

《民事诉讼法》第 96 条规定:“调解达成协议,必须双方自愿,不得强迫。调解协议的内容不得违反法律规定。”

《民事诉讼法》第 97 条规定:“调解达成协议,人民法院应当制作调解书。调解书应当写明诉讼请求、案件的事实和调解结果。调解书由审判人员、书记员署名,加盖人民法院印章,送达双方当事人。调解书经双方当事人签收后,即具有法律效力。”

通常地,调解可以在裁判作出前的任何阶段进行。因此,庭审结束前,合议庭会征求当事人对调解的意见,如当事人均有调解的意愿且出庭人员取得了代表当事人进行调解的授权,合议庭会组织当事人进行调解;如任一方当事人不同意调解或出庭人员无调解授权,合议庭将不组织调解工作。

⑤签署庭审笔录

《民事诉讼法》第 147 条规定:“书记员应当将法庭审理的全部活动记入笔录,由审判人员和书记员签名。法庭笔录应当当庭宣读,也可以告知当事人和其他诉讼参与人当庭或者在五日内阅读。当事人和其他诉讼参与人认为对自己的陈述记录有遗漏或者差错的,有权申请补正。如果不予补正,应当将申请记录在案。法庭笔录由当事人和其他诉讼参与人签名或者盖章。拒绝签名盖章的,记明情况附卷。”

庭审笔录是对开庭审理活动的记录,是民事诉讼程序中的重要文件,同时也是合议庭最终作出裁决的重要依据,庭审的参与人员都需要在庭审笔录上签字确认。

(4)庭审后的工作

庭审是整个民事诉讼程序的核心阶段,案件的主要问题通常都会在庭审中得以关注和解决。但是实务中,由于主观和客观上的多种原因,庭审中总会遇到准备不足或事先无法预见的情况,需要当事人在庭审结束后补充提交证据,核实相关情况,或根据庭审情况提交补充的书面意见。因此,对于这种情况,合议庭通常会要求当事人在商定或指定的期限内完成上述工作,并视具体情况决定是否再次开庭进行审理。

(5)合议庭评议与裁判

《民事诉讼法》第 9 条规定:“人民法院审理民事案件,应当根据自愿和合法的原则进行调解;调解不成的,应当及时判决。”

《民事诉讼法》第 99 条规定:“调解未达成协议或者调解书送达前一方反悔的,人民法院应当及时判决。”

《民事诉讼法》第 142 条规定:“法庭辩论终结,应当依法作出判决。判决前能够调解的,还可以进行调解,调解不成的,应当及时判决。”

如果当事人不愿意调解或调解不成,案件将进入合议庭评议阶段。

《民事诉讼法》第 42 条规定:“合议庭评议案件,实行少数服从多数的原则。评议应当制作笔录,由合议庭成员签名。评议中的不同意见,必须如实记入笔录。”

根据庭审及当事人的主张及提交证据的情况,以庭审调查和辩论中查明的事实为基础,以法律规定为准绳,合议庭成员需充分交流和讨论裁判结果以及依据和理由。评议过程应当如实记录,由合议庭成员签名并存档。

《民事诉讼法》第 149 条规定:“人民法院适用普通程序审理的案件,应当在立案之日起六个月内审结。有特殊情况需要延长的,由本院院长批准,可以延长六个月;还需要延长的,报请上级人民法院批准。”

一审裁判作出后,应及时送达各方当事人,当事人依法享有提出上诉的权利。

2. 一审简易程序

(1)简易程序适用范围

《民事诉讼法》第 157 条规定:“基层人民法院和它派出的法庭审理事实清楚、权利义务关系明确、争议不大的简单的民事案件,适用本章规定。基层人民法院和它派出的法庭审理前款规定以外的民事案件,当事人双方也可以约定适用简易程序。”

《民诉法解释》第 257 条规定:“下列案件,不适用简易程序:(一)起诉时被告下落不明的;(二)发回重审的;(三)当事人一方人数众多的;(四)适用审判监督程序的;(五)涉及国家利益、社会公共利益的;(六)第三人起诉请求改变或者撤销生效判决、裁定、调解书的;(七)其他不宜适用简易程序的案件。”

(2)简易程序的特点

与普通程序相对比,简易程序的特点主要体现在如下几个方面:

①起诉方式

《民事诉讼法》第 158 条规定:“对简单的民事案件,原告可以口头起诉。

当事人双方可以同时到基层人民法院或者它派出的法庭,请求解决纠纷。基层人民法院或者它派出的法庭可以当即审理,也可以另定日期审理。”

②传唤、送达方式

《民事诉讼法》第 159 条规定:“基层人民法院和它派出的法庭审理简单的民事案件,可以用简便方式传唤当事人和证人、送达诉讼文书、审理案件,但应当保障当事人陈述意见的权利。”

《民诉法解释》第 261 条规定:“适用简易程序审理案件,人民法院可以采取捎口信、电话、短信、传真、电子邮件等简便方式传唤双方当事人、通知证人和送达裁判文书以外的诉讼文书。

以简便方式送达的开庭通知,未经当事人确认或者没有其他证据证明当事人已经收到的,人民法院不得缺席判决。

适用简易程序审理案件,由审判员独任审判,书记员担任记录。”

③庭前准备及庭审程序

《民事诉讼法》第 160 条规定:“简单的民事案件由审判员一人独任审理,并不受本法第一百三十六条、第一百三十八条、第一百四十一条规定的限制。”

《民诉法解释》第266条第3款规定:“当事人双方均表示不需要举证期限、答辩期间的,人民法院可以立即开庭审理或者确定开庭日期。”

《民诉法解释》第267条规定:“适用简易程序审理案件,可以简便方式进行审理前的准备。”

因此,简易程序的庭前准备与庭审程序比较灵活,不受开庭通知时间要求的限制;庭审调查和辩论程序通常同时进行,不再严格区分,以查明案件事实和了解当事人意见为主要目标。

④举证期限与审理期限

适用简易程序审理的案件举证期限不得超过15日,小额诉讼案件的举证期限一般不得超过7日。

《民诉法解释》第266条第1款规定:“适用简易程序案件的举证期限由人民法院确定,也可以由当事人协商一致并经人民法院准许,但不得超过十五日。被告要求书面答辩的,人民法院可在征得其同意的基础上,合理确定答辩期间。”

《民事诉讼法》第161条规定:“人民法院适用简易程序审理案件,应当在立案之日起三个月内审结。”

《民诉法解释》第258条规定:“适用简易程序审理的案件,审理期限到期后,双方当事人同意继续适用简易程序的,由本院院长批准,可以延长审理期限。延长后的审理期限累计不得超过六个月。”

⑤裁判文书

《民诉法解释》第270条规定:“适用简易程序审理的案件,有下列情形之一的,人民法院在制作判决书、裁定书、调解书时,对认定事实或者裁判理由部分可以适当简化:(一)当事人达成调解协议并需要制作民事调解书的;(二)一方当事人明确表示承认对方全部或者部分诉讼请求的;(三)涉及商业秘密、个人隐私的案件,当事人一方要求简化裁判文书中的相关内容,人民法院认为理由正当的;(四)当事人双方同意简化的。”

⑥案件受理费减半交纳

《诉讼费用交纳办法》第16条规定:“适用简易程序审理的案件减半交纳案件受理费。”

⑦小额诉讼一审终审

《民事诉讼法》第162条规定:“基层人民法院和它派出的法庭审理符合本法第一百五十七条第一款规定的简单的民事案件,标的额为各省、自治区、直辖市上年度就业人员年平均工资百分之三十以下的,实行一审终审。”

《民诉法解释》第273条规定:“海事法院可以审理海事、海商小额诉讼案件。案件标的额应当以实际受理案件的海事法院或者其派出法庭所在的省、自治区、直辖市上年度就业人员年平均工资百分之三十为限。”

《民诉法解释》第274条规定:“下列金钱给付的案件,适用小额诉讼程序审理:(一)买卖合同、借款合同、租赁合同纠纷;(二)身份关系清楚,仅在给付的数额、时间、方式上存在争议的赡养费、抚育费、扶养费纠纷;(三)责任明确,仅在给付的数额、时间、方式上存在争议的交通事故损害赔偿和其他人身损害赔偿纠纷;(四)供用水、电、气、热力合同纠纷;(五)银行卡纠纷;(六)劳动关系清楚,仅在劳动报酬、工伤医疗费、经济补偿金或者赔偿金给付数额、时间、方式上存在争议的劳动合同纠纷;(七)劳务关系清楚,仅在劳务报酬给付数额、时间、方式上存在争议的劳务合同纠纷;(八)物业、电信等服务合同纠纷;(九)其他金钱给付纠纷。”

《民诉法解释》第275条规定:“下列案件,不适用小额诉讼程序审理:(一)人身关系、财产确权纠纷;(二)涉外民事纠纷;(三)知识产权纠纷;(四)需要评估、鉴定或者对诉前评估、鉴定结果有异议的纠纷;(五)其他不宜适用一审终审的纠纷。”

3. 二审程序

如果当事人不服第一审人民法院作出的判决或裁定,在法定期限内提请上一级人民法院对案件进行审理,适用二审程序。二审程序是人民法院审理上诉案件适用的程序,又称为上诉审程序;同时,由于我国民事诉讼实行两审终审制度,二审也被称为终审。

《民事诉讼法》第175条规定:“第二审人民法院的判决、裁定,是终审的判决、裁定。”

二审为当事人的权利保护提供了救济途径,同时也可以实现上级人民法院对下级人民法院审判工作的有效监督。

(1)上诉的提起与受理

①上诉的条件

首先,一审判决或裁定具有可上诉性。

具有可上诉性的判决、裁定,主要是指地方各级人民法院按照一审程序作出的判决,以及法律规定可以上诉的裁定。

当事人可以就绝大多数的一审判决提起上诉,例外情形如下:

《民事诉讼法》第 162 条规定:“基层人民法院和它派出的法庭审理符合本法第一百五十七条第一款规定的简单的民事案件,标的额为各省、自治区、直辖市上年度就业人员年平均工资百分之三十以下的,实行一审终审。”

人民法院适用《民事诉讼法》第十五章特别程序审理的选民资格案件、宣告失踪或者宣告死亡案件、认定公民无民事行为能力或者限制民事行为能力案件、认定财产无主案件、确认调解协议案件和实现担保物权案件,也实行一审终审。

多数裁定不可上诉,根据《民事诉讼法》第 154 条的规定,只有不予受理、管辖权异议、驳回起诉的裁定,当事人可以提起上诉。

其次,一审判决或裁定已经作出但并未生效。当事人须在判决送达之日起 15 日内/裁定送达之日起 10 日内,向上一级人民法院提起上诉。

《民事诉讼法》第 164 条规定:“当事人不服地方人民法院第一审判决的,有权在判决书送达之日起十五日内向上一级人民法院提起上诉。当事人不服地方人民法院第一审裁定的,有权在裁定书送达之日起十日内向上一级人民法院提起上诉。”

最后,上诉须以书面方式向一审法院的上一级法院提起。

《民事诉讼法》第 165 条规定:“上诉应当递交上诉状。上诉状的内容,应当包括当事人的姓名,法人的名称及其法定代表人的姓名或者其他组织的名称及其主要负责人的姓名;原审人民法院名称、案件的编号和案由;上诉的请求和理由。”

《民事诉讼法》第 166 条规定:“上诉状应当通过原审人民法院提出,并按照对方当事人或者代表人的人数提出副本。当事人直接向第二审人民法院上诉的,第二审人民法院应当在五日内将上诉状移交原审人民法院。”

②上诉的受理

《民事诉讼法》第 167 条规定:“原审人民法院收到上诉状,应当在五日内将上诉状副本送达对方当事人,对方当事人在收到之日起十五日内提出答辩状。人民法院应当在收到答辩状之日起五日内将副本送达上诉人。对方当事人不提出答辩状的,不影响人民法院审理。

原审人民法院收到上诉状、答辩状,应当在五日内连同全部案卷和证据,报送第二审人民法院。”

(2)上诉案件的审理与裁判

《民事诉讼法》第 174 条规定:“第二审人民法院审理上诉案件,除依照本章规定外,适用第一审普通程序。"

①上诉案件的审理

《民事诉讼法》第 168 条规定:"第二审人民法院应当对上诉请求的有关事实和适用法律进行审查。"

《民事诉讼法》第 169 条规定:"第二审人民法院对上诉案件,应当组成合议庭,开庭审理。经过阅卷、调查和询问当事人,对没有提出新的事实、证据或者理由,合议庭认为不需要开庭审理的,可以不开庭审理。第二审人民法院审理上诉案件,可以在本院进行,也可以到案件发生地或者原审人民法院所在地进行。"

因此,上诉案件的审理范围是与上诉请求有关的事实和法律适用问题,二审法院可以根据案件实际情况决定是否开庭审理。

②上诉案件的裁判

经过审理,二审法院可以根据案件具体情况,对一审判决/裁定作出不同的处理。

《民事诉讼法》第 170 条规定:"第二审人民法院对上诉案件,经过审理,按照下列情形,分别处理:(一)原判决、裁定认定事实清楚,适用法律正确的,以判决、裁定方式驳回上诉,维持原判决、裁定;(二)原判决、裁定认定事实错误或者适用法律错误的,以判决、裁定方式依法改判、撤销或者变更;(三)原判决认定基本事实不清的,裁定撤销原判决,发回原审人民法院重审,或者查清事实后改判;(四)原判决遗漏当事人或者违法缺席判决等严重违反法定程序的,裁定撤销原判决,发回原审人民法院重审。原审人民法院对发回重审的案件作出判决后,当事人提起上诉的,第二审人民法院不得再次发回重审。"

实务中,存在一种比较常见的情形,即二审中,一审原告增加诉讼请求或一审被告提出反诉,为此,《民诉法解释》第 328 条规定:"在第二审程序中,原审原告增加独立的诉讼请求或者原审被告提出反诉的,第二审人民法院可以根据当事人自愿的原则就新增加的诉讼请求或者反诉进行调解;调解不成的,告知当事人另行起诉。双方当事人同意由第二审人民法院一并审理的,第二审人民法院可以一并裁判。"

③上诉案件的审理期限

《民事诉讼法》第 176 条规定:"人民法院审理对判决的上诉案件,应当在第二审立案之日起三个月内审结。有特殊情况需要延长的,由本院院长批准。人民法院审理对裁定的上诉案件，应当在第二审立案之日起三十日内作出终审裁定。”

④上诉案件的调解与撤销

《民事诉讼法》第 172 条规定：“第二审人民法院审理上诉案件，可以进行调解。调解达成协议，应当制作调解书，由审判人员、书记员署名，加盖人民法院印章。调解书送达后，原审人民法院的判决即视为撤销。”

《民事诉讼法》第 173 条规定：“第二审人民法院判决宣告前，上诉人申请撤回上诉的，是否准许，由第二审人民法院裁定。”

4. 再审程序

再审程序，是为了纠正已经生效裁判的错误而对案件进行再次审理的程序。再审程序并不是每一个民事诉讼案件必经的程序，而只是对已经发生法律效力并且符合再审条件的判决、裁定、调解书才能适用的一种特殊审判程序。①

（1）再审事由

再审程序，也被称为审判监督程序，启动主体主要分为四类：各级人民法院院长及上级人民法院、当事人、人民检察院、案外人，其中申请再审最常见的主体是当事人。

启动再审的主体不同，再审事由也有所不同。

①各级人民法院院长及上级人民法院启动再审

《民事诉讼法》第 198 条规定：“各级人民法院院长对本院已经发生法律效力的判决、裁定、调解书，发现确有错误，认为需要再审的，应当提交审判委员会讨论决定。最高人民法院对地方各级人民法院已经发生法律效力的判决、裁定、调解书，上级人民法院对下级人民法院已经发生法律效力的判决、裁定、调解书，发现确有错误的，有权提审或者指令下级人民法院再审。”

各级人民法院院长及上级人民法院启动再审，是法院系统内部自我监督和纠正的体现，因此，启动再审事由的规定比较笼统，即只要生效的判决、裁定、调解书“发现确有错误的”，即可以启动再审程序。

②当事人启动再审

当事人是生效判决、裁定、调解书的直接利害关系人，对裁判结果最为

① 参见江伟、肖建国主编：《民事诉讼法》，中国人民大学出版社 2018 年版，第 351 页。

关心,其申请启动再审程序最为常见。

《民事诉讼法》第199条规定:"当事人对已经发生法律效力的判决、裁定,认为有错误的,可以向上一级人民法院申请再审;当事人一方人数众多或者当事人双方为公民的案件,也可以向原审人民法院申请再审。当事人申请再审的,不停止判决、裁定的执行。"

同时,由于我国民事诉讼实行两审终审制度,为维护生效裁判的权威性和稳定性,当事人申请再审,必须满足法定条件。

《民事诉讼法》第200条规定:"当事人的申请符合下列情形之一的,人民法院应当再审:(一)有新的证据,足以推翻原判决、裁定的;(二)原判决、裁定认定的基本事实缺乏证据证明的;(三)原判决、裁定认定事实的主要证据是伪造的;(四)原判决、裁定认定事实的主要证据未经质证的;(五)对审理案件需要的主要证据,当事人因客观原因不能自行收集,书面申请人民法院调查收集,人民法院未调查收集的;(六)原判决、裁定适用法律确有错误的;(七)审判组织的组成不合法或者依法应当回避的审判人员没有回避的;(八)无诉讼行为能力人未经法定代理人代为诉讼或者应当参加诉讼的当事人,因不能归责于本人或者其诉讼代理人的事由,未参加诉讼的;(九)违反法律规定,剥夺当事人辩论权利的;(十)未经传票传唤,缺席判决的;(十一)原判决、裁定遗漏或者超出诉讼请求的;(十二)据以作出原判决、裁定的法律文书被撤销或者变更的;(十三)审判人员审理该案件时有贪污受贿,徇私舞弊,枉法裁判行为的。"

针对生效判决、裁定申请再审的事由,可以主要分为三大类:裁判主体违法、裁判依据违法、违反法定程序。

其中,裁判主体违法的情形主要包括《民事诉讼法》第200条第7项、第13项;裁判依据违法的情形主要包括《民事诉讼法》第200条第1项至第6项、第12项;违反法定程序的情形主要包括《民事诉讼法》第200条第7项至第11项。

对于已经发生法律效力的调解书,当事人可以调解违反自愿原则或调解协议内容违反法律为由,申请再审。

《民事诉讼法》第201条规定:"当事人对已经发生法律效力的调解书,提出证据证明调解违反自愿原则或者调解协议的内容违反法律的,可以申请再审。经人民法院审查属实的,应当再审。"

③人民检察院启动再审

人民检察院是我国的法律监督机关，负有对人民法院民事审判活动进行法律监督的职责，如发现发生法律效力的判决、裁定存在法定再审事由，或调解书损害国家利益、社会公共利益，其可以提出检察建议或抗诉的方式，提请人民法院启动再审程序。

《民事诉讼法》第208条规定："最高人民检察院对各级人民法院已经发生法律效力的判决、裁定，上级人民检察院对下级人民法院已经发生法律效力的判决、裁定，发现有本法第二百条规定情形之一的，或者发现调解书损害国家利益、社会公共利益的，应当提出抗诉。地方各级人民检察院对同级人民法院已经发生法律效力的判决、裁定，发现有本法第二百条规定情形之一的，或者发现调解书损害国家利益、社会公共利益的，可以向同级人民法院提出检察建议，并报上级人民检察院备案；也可以提请上级人民检察院向同级人民法院提出抗诉。各级人民检察院对审判监督程序以外的其他审判程序中审判人员的违法行为，有权向同级人民法院提出检察建议。"

虽然人民检察院有权对人民法院的民事审判活动进行监督，但由于其并不全程参与民事审判活动，因此，其提出检察建议或抗诉的事实线索往往源于当事人。

《民事诉讼法》第209条规定："有下列情形之一的，当事人可以向人民检察院申请检察建议或者抗诉：(一)人民法院驳回再审申请的；(二)人民法院逾期未对再审申请作出裁定的；(三)再审判决、裁定有明显错误的。人民检察院对当事人的申请应当在三个月内进行审查，作出提出或者不予提出检察建议或者抗诉的决定。当事人不得再次向人民检察院申请检察建议或者抗诉。"

由此可见，在再审程序的启动上，当事人申请再审应优先于检察监督，原则上应由当事人申请再审，只有在再审申请被驳回、人民法院逾期未作出裁定、再审裁判有明显错误时，人民检察院才会介入。

《民事诉讼法》第211条规定："人民检察院提出抗诉的案件，接受抗诉的人民法院应当自收到抗诉书之日起三十日内作出再审的裁定；有本法第二百条第一项至第五项规定情形之一的，可以交下一级人民法院再审，但经该下一级人民法院再审的除外。"

《民事诉讼法》第212条规定："人民检察院决定对人民法院的判决、裁定、调解书提出抗诉的，应当制作抗诉书。"

《民事诉讼法》第213条规定:"人民检察院提出抗诉的案件,人民法院再审时,应当通知人民检察院派员出席法庭。"

④案外人启动再审

即使案外人的民事权益因生效裁判文书的内容而受到损害,但因未参与民事诉讼程序,案外人通常是在人民法院强制执行时才知晓生效裁判文书的内容。因此,案外人申请启动再审,多数始于强制执行程序。

《民事诉讼法》第227条规定:"执行过程中,案外人对执行标的提出书面异议的,人民法院应当自收到书面异议之日起十五日内审查,理由成立的,裁定中止对该标的的执行;理由不成立的,裁定驳回。案外人、当事人对裁定不服,认为原判决、裁定错误的,依照审判监督程序办理;与原判决、裁定无关的,可以自裁定送达之日起十五日内向人民法院提起诉讼。"

《民诉法解释》第423条规定:"根据民事诉讼法第二百二十七条规定,案外人对驳回其执行异议的裁定不服,认为原判决、裁定、调解书内容错误损害其民事权益的,可以自执行异议裁定送达之日起六个月内,向作出原判决、裁定、调解书的人民法院申请再审。"

(2)再审案件的审查

再审并非民事案件必经的程序,对于申请再审的案件,只有通过再审审查阶段,人民法院决定启动再审程序,案件才能进入再审审理阶段;否则,再审申请将会被驳回。

当事人申请再审后,案件首先进入再审审查阶段,再审审查主要解决的是,当事人的再审申请是否具备法定的再审事由,并最终决定案件是否进入再审审理阶段。

《民事诉讼法》第203条规定:"当事人申请再审的,应当提交再审申请书等材料。人民法院应当自收到再审申请书之日起五日内将再审申请书副本发送对方当事人。对方当事人应当自收到再审申请书副本之日起十五日内提交书面意见;不提交书面意见的,不影响人民法院审查。人民法院可以要求申请人和对方当事人补充有关材料,询问有关事项。"

与案外人申请再审一样,当事人申请再审,也必须要在法定的期限内提出。

《民事诉讼法》第205条规定:"当事人申请再审,应当在判决、裁定发生法律效力后六个月内提出;有本法第二百条第一项、第三项、第十二项、第十三项规定情形的,自知道或者应当知道之日起六个月内提出。"

《民事诉讼法》第204条第1款规定："人民法院应当自收到再审申请书之日起三个月内审查，符合本法规定的，裁定再审；不符合本法规定的，裁定驳回申请。有特殊情况需要延长的，由本院院长批准。"

再审审查可能出现以下几种结果：

①再审申请事由成立，裁定再审；

②当事人主张的再审事由不成立，或者当事人申请再审超过法定申请再审期限、超出法定再审事由范围等不符合《民事诉讼法》和《民诉法解释》规定的申请再审条件的，人民法院应当裁定驳回再审申请；

③再审审查期间，再审申请人撤回再审申请的，是否准许，由人民法院裁定。再审申请人经传票传唤，无正当理由拒不接受询问的，可以按撤回再审申请处理；

④裁定终结审查程序，具体情形如下：

第一，再审申请人死亡或者终止，无权利义务承继者或者权利义务承继者声明放弃再审申请的；

第二，在给付之诉中，负有给付义务的被申请人死亡或者终止，无可供执行的财产，也没有应当承担义务的人的；

第三，当事人达成和解协议且已履行完毕的，但当事人在和解协议中声明不放弃申请再审权利的除外；

第四，他人未经授权以当事人名义申请再审的；

第五，原审或者上一级人民法院已经裁定再审的；

第六，再审申请被驳回后再次提出申请的；

第七，对再审判决、裁定提出申请的；

第八，在人民检察院对当事人的申请作出不予提出再审检察建议或者抗诉决定后又提出申请的。

案件进入再审审查阶段，并不中止生效裁判文书的执行。

(3)再审案件的审理

《民事诉讼法》第204条第2款规定："因当事人申请裁定再审的案件由中级人民法院以上的人民法院审理，但当事人依照本法第一百九十九条的规定选择向基层人民法院申请再审的除外。最高人民法院、高级人民法院裁定再审的案件，由本院再审或者交其他人民法院再审，也可以交原审人民法院再审。"

对案件进行再审的审理法院，可能存在三种形式，即上级人民法院直接提审、指令原审人民法院再审、指定与原审人民法院同级的其他人民法院再审。

《民事诉讼法》第 207 条规定:“人民法院按照审判监督程序再审的案件,发生法律效力的判决、裁定是由第一审法院作出的,按照第一审程序审理,所作的判决、裁定,当事人可以上诉;发生法律效力的判决、裁定是由第二审法院作出的,按照第二审程序审理,所作的判决、裁定,是发生法律效力的判决、裁定;上级人民法院按照审判监督程序提审的,按照第二审程序审理,所作的判决、裁定是发生法律效力的判决、裁定。人民法院审理再审案件,应当另行组成合议庭。”

《民事诉讼法》第 206 条规定:“按照审判监督程序决定再审的案件,裁定中止原判决、裁定、调解书的执行,但追索赡养费、扶养费、抚育费、抚恤金、医疗费用、劳动报酬等案件,可以不中止执行。”

(4)再审审理的结果

案件经过再审审理,可能出现不同的结果,主要包括如下几种情况:

①原判决、裁定认定事实清楚、适用法律正确的,应予维持;原判决、裁定认定事实、适用法律虽有瑕疵,但裁判结果正确的,应当在再审判决、裁定中纠正瑕疵后予以维持。

②原判决未对基本事实进行审理,或者原一审存在严重违反法定程序情形,裁定撤销原判决,发回重审。

③原判决、裁定认定事实、适用法律错误,导致裁判结果错误的,应当依法改判、撤销或者变更。

④按照第二审程序再审的案件,人民法院经审理认为不符合《民事诉讼法》规定的起诉条件或者符合《民事诉讼法》第 124 条规定不予受理情形的,应当裁定撤销一审和二审判决,驳回起诉。

⑤人民法院对调解书裁定再审后,当事人提出的调解违反自愿原则的事由不成立,且调解书的内容不违反法律强制性规定的,裁定驳回再审申请。

⑥一审原告在再审审理程序中申请撤回起诉,经其他当事人同意,且不损害国家利益、社会公共利益、他人合法权益的,人民法院可以准许。裁定准许撤诉的,应当一并撤销原判决。

⑦裁定终结再审程序,主要情形如下:

第一,再审申请人在再审期间撤回再审请求,人民法院准许的;

第二，再审申请人经传票传唤，无正当理由拒不到庭的，或者未经法庭许可中途退庭，按撤回再审请求处理的；

第三，人民检察院撤回抗诉的；

第四，再审申请人死亡或者终止，无权利义务承继者或者权利义务承继者声明放弃再审申请的；

第五，在给付之诉中，负有给付义务的被申请人死亡或者终止，无可供执行的财产，也没有应当承担义务的人的；

第六，当事人达成和解协议且已履行完毕的，但当事人在和解协议中声明不放弃申请再审权利的除外；

第七，他人未经授权以当事人名义申请再审的；

第八，人民法院对调解书裁定再审后，人民检察院抗诉或者再审检察建议所主张的损害国家利益、社会公共利益的理由不成立的。

（六）民事诉讼中的证据

《民事诉讼法》第7条规定："人民法院审理民事案件，必须以事实为根据，以法律为准绳。"

案件事实是人民法院审理民事案件并作出最终裁判的基础，而案件事实往往都发生在民事案件进入诉讼程序之前，因此，人民法院查明案件事实只能依靠证据，即能够反映案件事实的各种材料。

1. 证据的种类

《民事诉讼法》规定的证据共分为8类。

《民事诉讼法》第63条规定："证据包括：（一）当事人的陈述；（二）书证；（三）物证；（四）视听资料；（五）电子数据；（六）证人证言；（七）鉴定意见；（八）勘验笔录。证据必须查证属实，才能作为认定事实的根据。"

（1）当事人陈述

当事人陈述，是指当事人就与案件有关的客观事实情况向人民法院所作的陈述。当事人是案件的亲历者，对已经发生的案件事实最为清楚，其陈述也是人民法院查明案件事实的重要依据。但是，由于当事人具有鲜明的立场，往往会为了己方利益最大化而刻意对事实进行"筛选"；对于某些关键的事实问题，各方当事人的陈述通常也不一致，甚至完全相反。因此，人民法院需要结合其他证据，才能客观认定案件事实。

（2）书证

书证，是指用文字、符号、图案等所记载和表达的思想内容来证明案件事实的证据。①

(3)物证

物证,是指以自己存在的外形、重量、质量、规格、损坏程度等标志和特征来证明待证事实的物品和痕迹。②

(4)视听资料

视听资料,是指采用先进科学技术,利用图像、音响以及电脑储存的资料等来证明案件待证事实的证据。视听资料包括录音资料和影像资料。③

(5)电子数据

电子数据,是指通过电子邮件、电子数据交换、网上聊天记录、博客、微博、手机短信、电子签名、域名等形成或者存储在电子介质中的信息。④

随着现代社会科学技术的高速发展,与案件有关的事实,越来越多地以电子数据形式形成并存储下来,所以,在 2012 年《民事诉讼法》修改时,电子数据作为一类新的证据形式被正式确认,成为法定证据种类。

关于电子数据的范围,《新民事诉讼证据规定》第 14 条进行了列举:"电子数据包括下列信息、电子文件:(一)网页、博客、微博客等网络平台发布的信息;(二)手机短信、电子邮件、即时通信、通信群组等网络应用服务的通信信息;(三)用户注册信息、身份认证信息、电子交易记录、通信记录、登录日志等信息;(四)文档、图片、音频、视频、数字证书、计算机程序等电子文件;(五)其他以数字化形式存储、处理、传输的能够证明案件事实的信息。"

(6)证人证言

证人证言,是指证人就其所了解的案件情况,以口头或书面形式向法院所作的陈述。⑤

(7)鉴定意见

鉴定意见,是指鉴定人运用自己的专门知识和技能,对民事案件的某些专门性问题进行分析、鉴别后所作出的书面意见,如医学鉴定、产品质量鉴定、技术鉴定、文书鉴定、工程质量鉴定、会计鉴定等。⑥

---

① 参见江伟、肖建国主编:《民事诉讼法》,中国人民大学出版社 2018 年版,第 183 页。

② 参见江伟、肖建国主编:《民事诉讼法》,中国人民大学出版社 2018 年版,第 184 页。

③ 参见江伟、肖建国主编:《民事诉讼法》,中国人民大学出版社 2018 年版,第 184 页。

④ 参见江伟、肖建国主编:《民事诉讼法》,中国人民大学出版社 2018 年版,第 185 页。

⑤ 参见江伟、肖建国主编:《民事诉讼法》,中国人民大学出版社 2018 年版,第 185 页。

⑥ 参见江伟、肖建国主编:《民事诉讼法》,中国人民大学出版社 2018 年版,第 187 页。

(8)勘验笔录

勘验笔录,是指为了查明案件事实,法院对与案件有关的物证或者现场进行勘查、检验后制作的笔录。[①]

2. 当事人举证

(1)当事人应就其主张提供证据

当事人认为自己民事权益受损或发生纠纷而向人民法院提起诉讼寻求司法保护,其诉求能否得到支持,首先取决于其陈述的事实以及主张能否得到人民法院的认可,即当事人须就其主张的事实承担举证责任。

《民事诉讼法》第64条第1款规定:"当事人对自己提出的主张,有责任提供证据。"

《民事诉讼法》第65条第1款规定:"当事人对自己提出的主张应当及时提供证据。"

因此,当事人对于自己提出的主张,负有及时提供证据的责任,如举证不能、举证不充分或不及时,其将承担由此带来的不利后果,即主张得不到人民法院的认可与支持。

《民事诉讼法》第70条规定:"书证应当提交原件。物证应当提交原物。提交原件或者原物确有困难的,可以提交复制品、照片、副本、节录本。

提交外文书证,必须附有中文译本。"

(2)无须当事人举证证明的事实

无须当事人举证证明的情况,主要包括如下情况:

《民事诉讼证据规定》第3条规定:"在诉讼过程中,一方当事人陈述的于己不利的事实,或者对于己不利的事实明确表示承认的,另一方当事人无需举证证明。

在证据交换、询问、调查过程中,或者在起诉状、答辩状、代理词等书面材料中,当事人明确承认于己不利的事实的,适用前款规定。"

《民事诉讼证据规定》第10条规定:"下列事实,当事人无须举证证明:(一)自然规律以及定理、定律;(二)众所周知的事实;(三)根据法律规定推定的事实;(四)根据已知的事实和日常生活经验法则推定出的另一事实;(五)已为仲裁机构的生效裁决所确认的事实;(六)已为人民法院发生法律效力的裁判所确认的基本事实;(七)已为有效公证文书所证明的事实。

---

① 参见江伟、肖建国主编:《民事诉讼法》,中国人民大学出版社2018年版,第190页。

前款第二项至第五项事实,当事人有相反证据足以反驳的除外;第六项、第七项事实,当事人有相反证据足以推翻的除外。"

3. 证据的调查收集和保全

当事人承担举证责任是民事诉讼证明的基本原则,但限于客观条件,可能出现部分证据为审理案件所必需而当事人却无法自行收集的情况,或者部分案件事实涉及专业问题或需要人民法院组织现场查勘加以证明或确认,为查明案件事实,人民法院有必要介入证据收集工作。

(1)人民法院依当事人申请或依职权调查取证

《民事诉讼法》第64条第2款规定:"当事人及其诉讼代理人因客观原因不能自行收集的证据,或者人民法院认为审理案件需要的证据,人民法院应当调查收集。"

《民事诉讼法》第67条第1款规定:"人民法院有权向有关单位和个人调查取证,有关单位和个人不得拒绝。"

《民诉法解释》第94条规定:"民事诉讼法第六十四条第二款规定的当事人及其诉讼代理人因客观原因不能自行收集的证据包括:(一)证据由国家有关部门保存,当事人及其诉讼代理人无权查阅调取的;(二)涉及国家秘密、商业秘密或者个人隐私的;(三)当事人及其诉讼代理人因客观原因不能自行收集的其他证据。当事人及其诉讼代理人因客观原因不能自行收集的证据,可以在举证期限届满前书面申请人民法院调查收集。"

《民诉法解释》第96条规定:"民事诉讼法第六十四条第二款规定的人民法院认为审理案件需要的证据包括:(一)涉及可能损害国家利益、社会公共利益的;(二)涉及身份关系的;(三)涉及民事诉讼法第五十五条规定诉讼的;(四)当事人有恶意串通损害他人合法权益可能的;(五)涉及依职权追加当事人、中止诉讼、终结诉讼、回避等程序性事项的。除前款规定外,人民法院调查收集证据,应当依照当事人的申请进行。"

《民事诉讼证据规定》第20条规定:"当事人及其诉讼代理人申请人民法院调查收集证据,应当在举证期限届满前提交书面申请。

申请书应当载明被调查人的姓名或者单位名称、住所地等基本情况、所要调查收集的证据名称或者内容、需要由人民法院调查收集证据的原因及其要证明的事实以及明确的线索。"

(2)鉴定

民事案件审理过程中,有时会遇到专业性问题,法官无法直接得出结论,需要专业机构或人士对相关问题进行分析和鉴别,并提供结论性意见,这就是鉴定。常见的鉴定包括:医学鉴定、产品质量鉴定、公章鉴定、笔迹鉴定、工程质量鉴定等。《民事诉讼法》及相关司法解释对鉴定问题进行了较为详细的规定。

《民事诉讼法》第 76 条规定:“当事人可以就查明事实的专门性问题向人民法院申请鉴定。当事人申请鉴定的,由双方当事人协商确定具备资格的鉴定人;协商不成的,由人民法院指定。当事人未申请鉴定,人民法院对专门性问题认为需要鉴定的,应当委托具备资格的鉴定人进行鉴定。”

《民诉法解释》第 121 条第 1 款规定:“当事人申请鉴定,可以在举证期限届满前提出。申请鉴定的事项与待证事实无关联,或者对证明待证事实无意义的,人民法院不予准许。”

《民事诉讼法》第 77 条规定:“鉴定人有权了解进行鉴定所需要的案件材料,必要时可以询问当事人、证人。鉴定人应当提出书面鉴定意见,在鉴定书上签名或者盖章。”

(3)勘验

部分案件中,存在案件事实需要现场予以查勘并确认的情况,人民法院可以依据当事人的申请或依职权对物证或现场进行勘验。为此,《民事诉讼法》及相关司法解释对勘验问题也作出了相应的规定。

《民事诉讼法》第 80 条规定:“勘验物证或者现场,勘验人必须出示人民法院的证件,并邀请当地基层组织或者当事人所在单位派人参加。当事人或者当事人的成年家属应当到场,拒不到场的,不影响勘验的进行。有关单位和个人根据人民法院的通知,有义务保护现场,协助勘验工作。勘验人应当将勘验情况和结果制作笔录,由勘验人、当事人和被邀参加人签名或者盖章。”

《民诉法解释》第 124 条规定:“人民法院认为有必要的,可以根据当事人的申请或者依职权对物证或者现场进行勘验。勘验时应当保护他人的隐私和尊严。人民法院可以要求鉴定人参与勘验。必要时,可以要求鉴定人在勘验中进行鉴定。”

《民事诉讼证据规定》第 43 条规定:“人民法院应当在勘验前将勘验的时间和地点通知当事人。当事人不参加的,不影响勘验进行。当事人可以就勘验事项向人民法院进行解释和说明,可以请求人民法院注意勘验中的重要事项。人民法院勘验物证或者现场,应当制作笔录,记录勘验的时间、地点、勘验人、在场人、勘验的经过、结果,由勘验人、在场人签名或者盖章。对于绘制的现场图应当注明绘制的时间、方位、测绘人姓名、身份等内容。"

(4)证据保全

证据保全,是指在证据有可能灭失或以后难以取得的情况下,法院根据当事人或利害关系人的申请或者依职权采取措施,对证据加以固定和保护的制度。[①]

证据保全包括诉中证据保全和诉前证据保全。

《民事诉讼法》第 81 条规定:"在证据可能灭失或者以后难以取得的情况下,当事人可以在诉讼过程中向人民法院申请保全证据,人民法院也可以主动采取保全措施。

因情况紧急,在证据可能灭失或者以后难以取得的情况下,利害关系人可以在提起诉讼或者申请仲裁前向证据所在地、被申请人住所地或者对案件有管辖权的人民法院申请保全证据。

证据保全的其他程序,参照适用本法第九章保全的有关规定。"

《民诉法解释》第 98 条规定:"当事人根据民事诉讼法第八十一条第一款规定申请证据保全的,可以在举证期限届满前书面提出。

证据保全可能对他人造成损失的,人民法院应当责令申请人提供相应的担保。"

《民事诉讼证据规定》第 25 条规定:"当事人或者利害关系人根据民事诉讼法第八十一条的规定申请证据保全的,申请书应当载明需要保全的证据的基本情况、申请保全的理由以及采取何种保全措施等内容。当事人根据民事诉讼法第 81 条第 1 款的规定申请证据保全的,应当在举证期限届满前向人民法院提出。法律、司法解释对诉前证据保全有规定的,依照其规定办理。"

《民事诉讼证据规定》第 26 条规定:"当事人或者利害关系人申请采取查封、扣押等限制保全标的物使用、流通等保全措施,或者保全可能对证据持有人造成损失的,人民法院应当责令申请人提供相应的担保。担保方式或者数额由人民法院根据保全措施对证据持有人的影响、保全标的物的价值、当事人或者利害关系人争议的诉讼标的金额等因素综合确定。"

---

① 江伟、肖建国主编:《民事诉讼法》,中国人民大学出版社 2018 年版,第 196 页。

《民事诉讼证据规定》第 27 条规定:“人民法院进行证据保全,可以要求当事人或者诉讼代理人到场。根据当事人的申请和具体情况,人民法院可以采取查封、扣押、录音、录像、复制、鉴定、勘验等方法进行证据保全,并制作笔录。在符合证据保全目的的情况下,人民法院应当选择对证据持有人利益影响最小的保全措施。”

《民事诉讼证据规定》第 28 条规定:“申请证据保全错误造成财产损失,当事人请求申请人承担赔偿责任的,人民法院应予支持。”

《民事诉讼证据规定》第 29 条规定:“人民法院采取诉前证据保全措施后,当事人向其他有管辖权的人民法院提起诉讼的,采取保全措施的人民法院应当根据当事人的申请,将保全的证据及时移交受理案件的人民法院。”

4. 举证期限与证据交换

(1)举证期限

人民法院对民事案件的审理和裁判要受到时间限制,所以,人民法院需要根据案件的实际情况,确定案件的举证期限,即当事人应当在人民法院准许或指定的期限内提交证据或提出调查取证等申请,无正当理由逾期提交则要承担相应不利后果。

《民事诉讼法》第 65 条第 2 款规定:“人民法院根据当事人的主张和案件审理情况,确定当事人应当提供的证据及其期限。当事人在该期限内提供证据确有困难的,可以向人民法院申请延长期限,人民法院根据当事人的申请适当延长。当事人逾期提供证据的,人民法院应当责令其说明理由;拒不说明理由或者理由不成立的,人民法院根据不同情形可以不予采纳该证据,或者采纳该证据但予以训诫、罚款。”

《民事诉讼证据规定》第 51 条规定:“举证期限可以由当事人协商,并经人民法院准许。人民法院指定举证期限的,适用第一审普通程序审理的案件不得少于十五日,当事人提供新的证据的第二审案件不得少于十日。适用简易程序审理的案件不得超过十五日,小额诉讼案件的举证期限一般不得超过七日。举证期限届满后,当事人提供反驳证据或者对已经提供的证据的来源、形式等方面的瑕疵进行补正的,人民法院可以酌情再次确定举证期限,该期限不受前款规定的期间限制。”

《民事诉讼证据规定》第 52 条规定:“当事人在举证期限内提供证据存在客观障碍,属于民事诉讼法第六十五条第二款规定的‘当事人在该期限内提供证据确有困难’的情形。前款情形,人民法院应当根据当事人的举证能力、不能在举证期限内提供证据的原因等因素综合判断。必要时,可以听取对方当事人的意见。”

《民事诉讼证据规定》第53条规定:“诉讼过程中,当事人主张的法律关系性质或者民事行为效力与人民法院根据案件事实作出的认定不一致的,人民法院应当将法律关系性质或者民事行为效力作为焦点问题进行审理。但法律关系性质对裁判理由及结果没有影响,或者有关问题已经当事人充分辩论的除外。存在前款情形,当事人根据法庭审理情况变更诉讼请求的,人民法院应当准许并可以根据案件的具体情况重新指定举证期限。”

《民事诉讼证据规定》第54条规定:“当事人申请延长举证期限的,应当在举证期限届满前向人民法院提出书面申请。

申请理由成立的,人民法院应当准许,适当延长举证期限,并通知其他当事人。延长的举证期限适用于其他当事人。申请理由不成立的,人民法院不予准许,并通知申请人。”

《民事诉讼证据规定》第55条规定:“存在下列情形的,举证期限按照如下方式确定:(一)当事人依照民事诉讼法第一百二十七条规定提出管辖权异议的,举证期限中止,自驳回管辖权异议的裁定生效之日起恢复计算;(二)追加当事人、有独立请求权的第三人参加诉讼或者无独立请求权的第三人经人民法院通知参加诉讼的,人民法院应当依照本规定第五十一条的规定为新参加诉讼的当事人确定举证期限,该举证期限适用于其他当事人;(三)发回重审的案件,第一审人民法院可以结合案件具体情况和发回重审的原因,酌情确定举证期限;(四)当事人增加、变更诉讼请求或者提出反诉的,人民法院应当根据案件具体情况重新确定举证期限;(五)公告送达的,举证期限自公告期届满之次日起计算。”

《民事诉讼证据规定》第56条第1款规定:“人民法院依照民事诉讼法第一百三十三条第四项的规定,通过组织证据交换进行审理前准备的,证据交换之日举证期限届满。”

(2)证据交换

证据交换一般是指在正式开庭审理之前,在人民法院的主持或组织下,当事人彼此交换各自提交的证据,避免证据突袭,从而使得当事人可以更充分地发表质证意见,协助法官查明案件事实。

《民事诉讼法》第 133 条第 4 项规定:“需要开庭审理的,通过要求当事人交换证据等方式,明确争议焦点。”

《民诉法解释》第 224 条规定:“依照民事诉讼法第一百三十三条第四项规定,人民法院可以在答辩期届满后,通过组织证据交换、召集庭前会议等方式,作好审理前的准备。”

《民诉法解释》第 225 条规定:“根据案件具体情况,庭前会议可以包括下列内容:(一)明确原告的诉讼请求和被告的答辩意见;(二)审查处理当事人增加、变更诉讼请求的申请和提出的反诉,以及第三人提出的与本案有关的诉讼请求;(三)根据当事人的申请决定调查收集证据,委托鉴定,要求当事人提供证据,进行勘验,进行证据保全;(四)组织交换证据;(五)归纳争议焦点;(六)进行调解。”

《民诉法解释》第 226 条规定:“人民法院应当根据当事人的诉讼请求、答辩意见以及证据交换的情况,归纳争议焦点,并就归纳的争议焦点征求当事人的意见。”

《民事诉讼证据规定》第 56 条规定:“人民法院依照民事诉讼法第一百三十三条第四项的规定,通过组织证据交换进行审理前准备的,证据交换之日举证期限届满。证据交换的时间可以由当事人协商一致并经人民法院认可,也可以由人民法院指定。当事人申请延期举证经人民法院准许的,证据交换日相应顺延。”

《民事诉讼证据规定》第 57 条规定:“证据交换应当在审判人员的主持下进行。在证据交换的过程中,审判人员对当事人无异议的事实、证据应当记录在卷;对有异议的证据,按照需要证明的事实分类记录在卷,并记载异议的理由。通过证据交换,确定双方当事人争议的主要问题。”

《民事诉讼证据规定》第 58 条规定:“当事人收到对方的证据后有反驳证据需要提交的,人民法院应当再次组织证据交换。”

5. 质证

质证是指在审判人员的主持下,各方当事人及诉讼代理人对其他方提交和出示的证据进行质疑、辨认,并就其真实性、关联性与合法性,以及证明力的有无及大小发表意见的过程。

《民事诉讼法》第 68 条规定:“证据应当在法庭上出示,并由当事人互相质证。对涉及国家秘密、商业秘密和个人隐私的证据应当保密,需要在法庭出示的,不得在公开开庭时出示。”

《民诉法解释》第103条规定:“证据应当在法庭上出示,由当事人互相质证。未经当事人质证的证据,不得作为认定案件事实的根据。当事人在审理前的准备阶段认可的证据,经审判人员在庭审中说明后,视为质证过的证据。涉及国家秘密、商业秘密、个人隐私或者法律规定应当保密的证据,不得公开质证。”

《民诉法解释》第104条第1款规定:“人民法院应当组织当事人围绕证据的真实性、合法性以及与待证事实的关联性进行质证,并针对证据有无证明力和证明力大小进行说明和辩论。”

《民事诉讼证据规定》第60条规定:“当事人在审理前的准备阶段或者人民法院调查、询问过程中发表过质证意见的证据,视为质证过的证据。当事人要求以书面方式发表质证意见,人民法院在听取对方当事人意见后认为有必要的,可以准许。人民法院应当及时将书面质证意见送交对方当事人。”

《民事诉讼证据规定》第61条规定:“对书证、物证、视听资料进行质证时,当事人应当出示证据的原件或者原物。但有下列情形之一的除外:(一)出示原件或者原物确有困难并经人民法院准许出示复制件或者复制品的;(二)原件或者原物已不存在,但有证据证明复制件、复制品与原件或者原物一致的。”

《民事诉讼证据规定》第62条规定:“质证一般按下列顺序进行:(一)原告出示证据,被告、第三人与原告进行质证;(二)被告出示证据,原告、第三人与被告进行质证;(三)第三人出示证据,原告、被告与第三人进行质证。人民法院根据当事人申请调查收集的证据,审判人员对调查收集证据的情况进行说明后,由提出申请的当事人与对方当事人、第三人进行质证。人民法院依职权调查收集的证据,由审判人员对调查收集证据的情况进行说明后,听取当事人的意见。”

6. 证据的审核认定及证明标准

当事人提交以及人民法院依申请或职权调取的证据,在当事人质证的基础上,最终应由人民法院根据实际情况予以判定,确认其能否作为认定案件事实的依据,这个过程就是证据的审核认定。只有经过人民法院审核认定的证据,才能作为最终裁判的依据。

关于人民法院审核认定证据的规则以及证明标准,《民事诉讼法》及相关司法解释作出了相应规定,其中《新民事诉讼证据规定》的内容最为具体详尽。

《民事诉讼证据规定》第85条规定："人民法院应当以证据能够证明的案件事实为根据依法作出裁判。审判人员应当依照法定程序，全面、客观地审核证据，依据法律的规定，遵循法官职业道德，运用逻辑推理和日常生活经验，对证据有无证明力和证明力大小独立进行判断，并公开判断的理由和结果。"

《民事诉讼证据规定》第86条规定："当事人对于欺诈、胁迫、恶意串通事实的证明，以及对于口头遗嘱或赠与事实的证明，人民法院确信该待证事实存在的可能性能够排除合理怀疑的，应当认定该事实存在。与诉讼保全、回避等程序事项有关的事实，人民法院结合当事人的说明及相关证据，认为有关事实存在的可能性较大的，可以认定该事实存在。"

《民事诉讼证据规定》第87条规定："审判人员对单一证据可以从下列方面进行审核认定：（一）证据是否为原件、原物，复制件、复制品与原件、原物是否相符；（二）证据与本案事实是否相关；（三）证据的形式、来源是否符合法律规定；（四）证据的内容是否真实；（五）证人或者提供证据的人与当事人有无利害关系。"

《民事诉讼证据规定》第88条规定："审判人员对案件的全部证据，应当从各证据与案件事实的关联程度、各证据之间的联系等方面进行综合审查判断。"

《民事诉讼证据规定》第89条规定："当事人在诉讼过程中认可的证据，人民法院应当予以确认。但法律、司法解释另有规定的除外。当事人对认可的证据反悔的，参照《最高人民法院关于适用〈中华人民共和国民事诉讼法〉的解释》第二百二十九条的规定处理。"

《民事诉讼证据规定》第90条规定："下列证据不能单独作为认定案件事实的根据：（一）当事人的陈述；（二）无民事行为能力人或者限制民事行为能力人所作的与其年龄、智力状况或者精神健康状况不相当的证言；（三）与一方当事人或者其代理人有利害关系的证人陈述的证言；（四）存有疑点的视听资料、电子数据；（五）无法与原件、原物核对的复制件、复制品。"

《民事诉讼证据规定》第91条规定："公文书证的制作者根据文书原件制作的载有部分或者全部内容的副本，与正本具有相同的证明力。在国家机关存档的文件，其复制件、副本、节录本经档案部门或者制作原本的机关证明其内容与原本一致的，该复制件、副本、节录本具有与原本相同的证明力。”

《民事诉讼证据规定》第92条规定:“私文书证的真实性,由主张以私文书证证明案件事实的当事人承担举证责任。私文书证由制作者或者其代理人签名、盖章或捺印的,推定为真实。私文书证上有删除、涂改、增添或者其他形式瑕疵的,人民法院应当综合案件的具体情况判断其证明力。”

《民事诉讼证据规定》第93条规定:“人民法院对于电子数据的真实性,应当结合下列因素综合判断:(一)电子数据的生成、存储、传输所依赖的计算机系统的硬件、软件环境是否完整、可靠;(二)电子数据的生成、存储、传输所依赖的计算机系统的硬件、软件环境是否处于正常运行状态,或者不处于正常运行状态时对电子数据的生成、存储、传输是否有影响;(三)电子数据的生成、存储、传输所依赖的计算机系统的硬件、软件环境是否具备有效地防止出错的监测、核查手段;(四)电子数据是否被完整地保存、传输、提取,保存、传输、提取的方法是否可靠;(五)电子数据是否在正常的往来活动中形成和存储;(六)保存、传输、提取电子数据的主体是否适当;(七)影响电子数据完整性和可靠性的其他因素。人民法院认为有必要的,可以通过鉴定或者勘验等方法,审查判断电子数据的真实性。”

《民事诉讼证据规定》第94条规定:“电子数据存在下列情形的,人民法院可以确认其真实性,但有足以反驳的相反证据的除外:(一)由当事人提交或者保管的于己不利的电子数据;(二)由记录和保存电子数据的中立第三方平台提供或者确认的;(三)在正常业务活动中形成的;(四)以档案管理方式保管的;(五)以当事人约定的方式保存、传输、提取的。电子数据的内容经公证机关公证的,人民法院应当确认其真实性,但有相反证据足以推翻的除外。”

《民事诉讼证据规定》第95条规定:“一方当事人控制证据无正当理由拒不提交,对待证事实负有举证责任的当事人主张该证据的内容不利于控制人的,人民法院可以认定该主张成立。”

《民事诉讼证据规定》第96条规定:“人民法院认定证人证言,可以通过对证人的智力状况、品德、知识、经验、法律意识和专业技能等的综合分析作出判断。”

《民事诉讼证据规定》第97条规定:“人民法院应当在裁判文书中阐明证据是否采纳的理由。对当事人无争议的证据,是否采纳的理由可以不在裁判文书中表述。”

二、仲裁

(一)什么是仲裁?

1. 概念

仲裁是指发生争议的双方当事人,根据其在争议发生前或争议发生后所达成的协议,自愿将该争议提交中立的第三者进行裁判的争议解决制度和方式。①

仲裁具有以下三要素:(1)仲裁是以双方当事人自愿协商为基础的争议解决制度和方式;(2)仲裁是由双方当事人自愿选择的中立第三者进行裁判的争议解决制度和方式;(3)经由当事人选择的中立第三者作出的裁决,对双方当事人具有法律约束力。②

2. 历史

作为一种有效的争议解决途径,仲裁在人类社会经济发展过程中发挥了积极的作用。

仲裁历史悠久,其起源甚至可以追溯至古希腊、古罗马时期。现代意义上的仲裁主要源自欧洲,英国制定了人类历史上第一部仲裁法。

随着商品经济的发展,欧洲的商贸活动逐渐活跃起来,纠纷的出现也就在所难免,虽然可以向法院寻求救济,但法院系统运行的低效率以及法官对商人习惯法的不熟悉,使商事争议无法得到妥善的解决;与此同时,伴随商人队伍的不断壮大,行会等商人之间的自治组织也开始形成并发挥着越来越重要的作用,商人们更愿意将他们之间的争议提交给业内德高望重的人士给予公断,这就是仲裁。

世界经济迅速发展,国家及地区间的经济联系越来越紧密,世界市场已经形成,跨国和跨地区的民商事纠纷逐渐出现并不断增多。法院作为一国的司法机关,体现着国家主权,在处理国际民商事纠纷时,法院的管辖往往存在很大的争议,既可能出现争夺管辖的情况,同样也存在互相推诿的可能性。而作为民间争议解决方式的仲裁,已经突破国家界线,传播到世界很多地方,并开始成为一种解决国际商事纠纷的主要方式。如今,很多国家都有了自己的仲裁制度,而不同国家的仲裁制度又体现出很多的共通性。

---

① 江伟、肖建国主编:《仲裁法》,中国人民大学出版社2016年版,第11页。

② 江伟、肖建国主编:《仲裁法》,中国人民大学出版社2016年版,第11~12页。

3. 类型

按照不同的标准,可以将仲裁划分为不同的类型。主要的划分标准有两种。

(1)国内仲裁与涉外仲裁

依据是否存在涉外因素,仲裁可以分为国内仲裁和涉外仲裁。

国内仲裁是指本国仲裁机构对不具有涉外因素的国内民商事纠纷的仲裁,即基于一国公民、法人或其他组织之间以及其相互之间在本国内发生的纠纷,由该国仲裁机构进行的仲裁。①

涉外仲裁则是指涉及外国或外法域的民商事纠纷的仲裁,即基于公民、法人或其他组织之间以及其相互之间,在涉外经济贸易和海事活动中发生的纠纷而进行的仲裁。② 需要特别说明的是,涉及我国香港特别行政区、澳门特别行政区以及我国台湾地区的仲裁案件,适用涉外仲裁的规定。

(2)机构仲裁与临时仲裁

机构仲裁,是指当事人协商一致选择常设性的仲裁机构解决其民商事争议的仲裁,即由某一常设的仲裁机构按照固定的仲裁规则(通常是本机构的仲裁规则)来管理和进行仲裁程序。在这种仲裁方式中,有固定的仲裁地点、组织章程、仲裁规则、仲裁员名册以及完备的办事机构和管理制度。③

临时仲裁,是指不由任何已设立的仲裁机构进行程序管理,而是由当事人双方将他们之间的争议提交给他们选定的仲裁员,根据他们自己设计或选定的仲裁规则,仲裁员进行审理并作出裁决的商事仲裁。临时仲裁是仲裁的原始形态,在固定的仲裁机构出现之前,临时仲裁是唯一的仲裁方式。它不依赖于任何常设的仲裁机构和仲裁组织,仲裁庭的组成人员由双方当事人协商确定,在仲裁裁决作出后,临时仲裁庭的使命也就随之终结,继而宣告解散。④

我国现行《仲裁法》不承认临时仲裁,仅将机构仲裁作为唯一合法形式。

4. 中国仲裁发展概况

中华人民共和国成立后至《仲裁法》正式实施之前,我国实行国内仲裁与涉外仲裁双轨制。其中,国内仲裁是由不同部门根据不同时期制定的各

---

① 参见江伟、肖建国主编:《仲裁法》,中国人民大学出版社 2016 年版,第 20 页。
② 参见江伟、肖建国主编:《仲裁法》,中国人民大学出版社 2016 年版,第 20 页。
③ 参见江伟、肖建国主编:《仲裁法》,中国人民大学出版社 2016 年版,第 20 页。
④ 参见江伟、肖建国主编:《仲裁法》,中国人民大学出版社 2016 年版,第 21 页。

种法律法规所确立的,包含经济合同纠纷仲裁、技术合同纠纷仲裁、著作权纠纷仲裁、房地产纠纷仲裁及消费纠纷仲裁等。[①] 当时的国内仲裁在性质上都属于行政仲裁。

涉外仲裁则包括20世纪50年代以国务院(当时称政务院)决定的方式建立起来的国际经济贸易仲裁和海事仲裁,所采取的做法与国际上通行的仲裁制度基本相同。仲裁机构是由中国国际经济贸易促进会设立的,不隶属于行政机关,仲裁员大部分由法律和经贸领域的专家兼职。同时,管辖上以当事人的仲裁协议为基础,当事人享有选择仲裁员等权利并且实行一裁终局。[②]

中国仲裁的发展是改革开放的需要。自1978年开始实行改革开放以来,中国需要不断引进外资,扩大对外贸易,这个过程中发生纠纷不足为奇,而仲裁又是国际社会解决纠纷的主要途径和办法,使中国要不断学习国际先进的仲裁制度和理念。历经6年的艰苦努力,中国于2001年12月11日成功加入世界贸易组织。在为加入世贸组织而制定的大量政策法律制度中,仲裁立法是其中重要的组成部分。

1994年8月31日,经第八届全国人大常委会第九次会议审议通过,《仲裁法》正式颁布,并于1995年9月1日实施,结束了之前的混乱局面,使得我国的仲裁制度得以正式确立。

随着中国经济的蓬勃快速发展,经济活动日益活跃,人们的风险与法律意识也在不断提高,民商事纠纷数量呈现出"爆炸"增长之势。仲裁作为替代性纠纷解决途径(ADR)中最重要的一种制度和方式,在缓解法院压力、减少政府经济负担、化解社会矛盾方面起到了积极作用;同时,商事主体对纠纷解决的效率以及保密的需求越来越突出,也促使更多人选择仲裁来解决纠纷。

近年来,国内仲裁机构受理案件的数量以及案件的争议标的额始终保持着高速增长的态势。

(二)仲裁解决什么问题——受理范围

《仲裁法》第2条规定:"平等主体的公民、法人和其他组织之间发生的

---

① 参见陈福勇:《未竟的转型——中国仲裁机构现状与发展趋势实证研究》,法律出版社2010年版,第2~3页。

② 参见陈福勇:《未竟的转型——中国仲裁机构现状与发展趋势实证研究》,法律出版社2010年版,第3页。

合同纠纷和其他财产权益纠纷,可以仲裁。"《仲裁法》第3条规定:"下列纠纷不能仲裁:(一)婚姻、收养、监护、扶养、继承纠纷;(二)依法应当由行政机关处理的行政争议。"

由此可见,从主体角度看,仲裁可以受理法律关系中地位平等的主体之间的争议,行政争议被排除在外;同时,从客体角度看,仲裁受理的是合同纠纷和其他财产权益纠纷,因身份关系而产生的婚姻、收养、监护、扶养、继承纠纷,不能通过仲裁解决。

我国《合同法》第2条规定:"本法所称合同是平等主体的自然人、法人、其他组织之间设立、变更、终止民事权利义务关系的协议。婚姻、收养、监护等有关身份关系的协议,适用其他法律的规定。"《合同法》所规定的合同范围与《仲裁法》第2条规定的"合同纠纷"范围一致。因此,适用《合同法》的"合同纠纷"均可以通过仲裁方式解决。

《仲裁法》第2条规定的"其他财产权益纠纷",主要是指因财产侵权而引起的纠纷,在海事、证券、知识产权领域较为常见,其判断标准为:第一,该纠纷属于财产性纠纷;第二,当事人有权自由支配该财产权益。

综上所述,仲裁受理的最常见的纠纷就是民商事主体之间的财产权益纠纷。

(三)仲裁程序介绍

《仲裁法》第四章对仲裁程序进行了规定。整体上,仲裁程序可以分为两个大的阶段:第一阶段为申请和受理阶段,解决的是纠纷能否进入仲裁实体审理的问题,是仲裁程序的启动阶段;第二阶段为案件审理阶段,即在案件被正式受理后由仲裁员进行实体审理,该阶段又可以分为仲裁庭的组成、审理、庭审后工作及裁决几个小的阶段。

1. 申请和受理

仲裁申请是仲裁程序启动的前提条件,只有仲裁申请被仲裁机构受理,仲裁程序才能正式启动。提出仲裁申请的当事人称为申请人,对方当事人称为被申请人。

(1)申请

根据《仲裁法》第21条、第22条、第23条的规定,当事人申请仲裁,应当符合如下条件:

①有仲裁协议

当事人之间存在有效的仲裁协议,是申请仲裁的前提条件。仲裁机构受理案件的依据,就是当事人之间选择以仲裁作为纠纷解决方式的合意,而这种合意的外在表现形式就是仲裁协议。因此,有仲裁协议是当事人申请仲裁的首要条件。

②有具体的仲裁请求和事实、理由

与提起诉讼的目的一样,当事人申请仲裁必然是为了维护自己的合法权益,因此申请人必须提出针对被申请人的具体的实体权利主张,以及支持其主张的事实和理由。仲裁请求不仅应当属于仲裁事项范围(通常以仲裁协议约定为准),还应当明确、具体,且可以强制执行。

③属于仲裁委员会的受理范围

当事人在签订仲裁协议时,不仅要表明将已经或可能发生的争议提交仲裁解决的意思,而且还要就将争议提交哪个具体的仲裁机构进行明确约定。

仲裁协议约定的仲裁机构不够明确,但当事人能够达成补充协议选定或根据约定的内容能够确定具体的仲裁机构的,应当认定选择了仲裁机构。

④以书面方式提出申请

《仲裁法》第22条规定:"当事人申请仲裁,应当向仲裁委员会递交仲裁协议、仲裁申请书及副本。"

《仲裁法》第23条规定:"仲裁申请书应当载明下列事项:(一)当事人的姓名、性别、年龄、职业、工作单位和住所,法人或者其他组织的名称、住所和法定代表人或者主要负责人的姓名、职务;(二)仲裁请求和所根据的事实、理由;(三)证据和证据来源、证人姓名和住所。"

⑤预交仲裁费用

仲裁机构及仲裁员向当事人提供仲裁服务,必然要收取适当的费用。为保证机构正常运营,仲裁机构普遍均预收仲裁费用。仲裁费用主要用于仲裁机构的运营支出以及支付仲裁员报酬。当事人需要按照仲裁机构确定的金额预交仲裁费用。

(2)受理

《仲裁法》第24条规定:"仲裁委员会收到仲裁申请书之日起五日内,认为符合受理条件的,应当受理,并通知当事人;认为不符合受理条件的,应当书面通知当事人不予受理,并说明理由。"

《仲裁法》第25条第1款规定:"仲裁委员会受理仲裁申请后,应当在仲裁规则规定的期限内将仲裁规则和仲裁员名册送达申请人,并将仲裁申请书副本和仲裁规则、仲裁员名册送达被申请人。"

仲裁机构收到申请人提交的仲裁申请后,应当以《仲裁法》第 21 条、第 22 条、第 23 条以及仲裁规则规定的条件为依据进行审查,及时就是否受理作出决定并通知申请人。

(3)答辩及反请求

《仲裁法》第 25 条第 2 款规定:"被申请人收到仲裁申请书副本后,应当在仲裁规则规定的期限内向仲裁委员会提交答辩书。仲裁委员会收到答辩书后,应当在仲裁规则规定的期限内将答辩书副本送达申请人。被申请人未提交答辩书的,不影响仲裁程序的进行。"

《仲裁法》第 27 条规定:"申请人可以放弃或者变更仲裁请求。被申请人可以承认或者反驳仲裁请求,有权提出反请求。"

仲裁案件受理后,仲裁机构还要及时通知被申请人,被申请人应当在规定期限内提交答辩书,并有权提出反请求。反请求与本请求的处理方式是一样的,申请人也有权就反请求提出答辩意见并举证。

(4)确认仲裁协议效力

当事人之间存在有效的仲裁协议,是仲裁机构受理案件的前提。因此,在收到仲裁申请书副本后,被申请人可能会对仲裁协议的效力提出异议,《仲裁法》赋予被申请人寻求救济的权利,被申请人可以请求仲裁机构或法院就仲裁协议的效力作出判定。就仲裁协议的效力问题,法院享有最终的裁判权。

《仲裁法》第 20 条规定:"当事人对仲裁协议的效力有异议的,可以请求仲裁委员会作出决定或者请求人民法院作出裁定。一方请求仲裁委员会作出决定,另一方请求人民法院作出裁定的,由人民法院裁定。"

实务中,被申请人对仲裁协议效力提出异议,往往是出于争取更多的准备时间的考虑。

2. 仲裁庭的组成

《仲裁法》第 30 条规定:"仲裁庭可以由三名仲裁员或者一名仲裁员组成。由三名仲裁员组成的,设首席仲裁员。"

《仲裁法》第 31 条规定:"当事人约定由三名仲裁员组成仲裁庭的,应当各自选定或者各自委托仲裁委员会主任指定一名仲裁员,第三名仲裁员由当事人共同选定或者共同委托仲裁委员会主任指定。第三名仲裁员是首席仲裁员。当事人约定由一名仲裁员成立仲裁庭的,应当由当事人共同选定或者共同委托仲裁委员会主任指定仲裁员。”

《仲裁法》第32条规定：“当事人没有在仲裁规则规定的期限内约定仲裁庭的组成方式或者选定仲裁员的，由仲裁委员会主任指定。”

通常地，案件标的额较大的案件适用普通仲裁程序，由3名仲裁员组成仲裁庭进行审理，除当事人就仲裁员的选定有特殊约定外，双方当事人均有权选定1名仲裁员，第3名仲裁员担任首席仲裁员，由当事人共同选定或共同委托仲裁委员会主任指定；案件标的额较小或案情相对简单的案件，一般适用简易程序并由1名仲裁员组成仲裁庭，由当事人共同选定或者共同委托仲裁委员会主任指定仲裁员。

仲裁员是案件的审理者，其专业能力及道德水平直接影响到案件审理的结果，并进而影响仲裁的公信力，因此，《仲裁法》规定了仲裁员回避制度。

《仲裁法》第34条规定：“仲裁员有下列情形之一的，必须回避，当事人也有权提出回避申请：(一)是本案当事人或者当事人、代理人的近亲属；(二)与本案有利害关系；(三)与本案当事人、代理人有其他关系，可能影响公正仲裁的；(四)私自会见当事人、代理人，或者接受当事人、代理人的请客送礼的。”

3. 审理

审理是仲裁程序的核心环节，是仲裁员行使仲裁权、当事人行使仲裁程序权利的重要阶段。

《仲裁法》第39条规定：“仲裁应当开庭进行。当事人协议不开庭的，仲裁庭可以根据仲裁申请书、答辩书以及其他材料作出裁决。”因此，仲裁审理以开庭审理为原则，以书面审理为例外。

书面审理是在当事人及其他仲裁参与人不到庭参加审理的情况下，仲裁庭根据当事人提交的仲裁申请书、答辩书以及其他材料作出裁决的审理方式。书面审理的适用条件为当事人事先约定或同意。书面审理中，当事人仍然享有提交证据和发表意见的权利及机会，仲裁庭以书面的方式向当事人提出问题，当事人用书面方式回复并发表辩论意见。在以书面方式查明案件事实的基础上，仲裁庭作出裁决。

开庭审理为仲裁审理的主要方式，具体分为如下几个阶段：

(1)庭前准备

庭前准备是正式审理的预备阶段，为了保证开庭审理的效果，仲裁庭与仲裁机构要做好各项准备工作。《仲裁法》并未将庭审前的准备作为单独程序予以明确规定,从实践角度出发,部分仲裁机构的仲裁规则对庭前准备程序进行了规范。

在庭前准备阶段,仲裁庭一般需要完成如下两项工作:

①通知当事人开庭的时间及地点

《仲裁法》第41条规定:“仲裁委员会应当在仲裁规则规定的期限内将开庭日期通知双方当事人。当事人有正当理由的,可以在仲裁规则规定的期限内请求延期开庭。是否延期,由仲裁庭决定。”

在确定开庭审理后,仲裁庭应根据案件实际情况及工作安排及时确定开庭时间,并在规定的期限内通知当事人,以便当事人为庭审做好准备。如当事人有合理理由请求延期开庭,是否接受该申请,最终由仲裁庭决定。

关于开庭地点,《仲裁法》并未规定,通常均由仲裁机构在仲裁规则中予以规定。一般地,除非当事人另有明确约定,仲裁机构所在地为开庭地点。

②举行庭前会议、组织证据交换

对于案情较为复杂、由3人仲裁庭审理的案件,为保证庭审的效果,仲裁庭可以根据实际情况决定举行庭前会议,仲裁员就案情及初步意见进行交换和讨论,确定审理方案,并就可能出现的紧急情况做好预案。

对于案件证据材料繁多的案件,为提高庭审效率,仲裁庭可以在正式开庭前组织双方进行证据交换,核对证据原件、发表质证意见。

(2)开庭审理

庭审过程主要包括如下几个环节:

①庭审开始

庭审开始时,通常由首席或独任仲裁员宣布开庭,核实出庭当事人及代理人身份,询问各方对对方出庭人员的身份是否有异议;宣布仲裁庭组成人员,询问当事人是否要求仲裁员回避;询问当事人庭前是否收到相关的案件材料及通知,对此前已经进行的仲裁程序是否有异议;告知当事人享有的权利和应当承担的义务、仲裁庭纪律等。

②庭审调查

首先,由申请人陈述仲裁请求及所依据的事实和理由,被申请人发表答辩意见;如被申请人提出仲裁反请求,则之后由被申请人陈述仲裁反请求以及所依据的事实和理由,并由申请人进行答辩。

其次,进入举证质证程序。申请人对其所提交的证据进行举证,说明证据的内容和证明目的,被申请人有权核对证据原件并发表质证意见;如被申请人也提交了证据,则由其对证据进行说明,申请人核对证据原件并发表质证意见。质证的重点是证据的真实性、关联性与合法性,同时对证明目的给予回应。

对于仲裁庭根据《仲裁法》第43条的规定自行收集的证据,申请人与被申请人均有权进行质证。

《仲裁法》第44条规定:"仲裁庭对专门性问题认为需要鉴定的,可以交由当事人约定的鉴定部门鉴定,也可以由仲裁庭指定的鉴定部门鉴定。根据当事人的请求或者仲裁庭的要求,鉴定部门应当派鉴定人参加开庭。当事人经仲裁庭许可,可以向鉴定人提问。"

举证和质证过程中以及结束后,仲裁庭也会根据实际情况查看证据原件,并围绕案件主要事实及仲裁(反)请求提出问题,由当事人给予明确回答。

③庭审辩论

庭审调查结束后,仲裁庭会根据当事人陈述及举证质证的情况,归纳总结案件的争议焦点,并组织当事人围绕争议焦点发表辩论意见。如当事人在辩论过程中提出新的事实和证据的,仲裁庭可以恢复庭审调查,之后再继续庭审辩论程序。

庭审辩论,是当事人就案件主要事实及法律观点,当面向仲裁庭进行系统阐述的最佳机会,也是仲裁庭了解当事人观点的重要途径。当事人有权获得平等的辩论机会,对对方提出的观点或意见予以回应或反驳。

《仲裁法》第47条规定:"当事人在仲裁过程中有权进行辩论。辩论终结时,首席仲裁员或者独任仲裁员应当征询当事人的最后意见。"

④调解

《仲裁法》第51条规定:"仲裁庭在作出裁决前,可以先行调解。当事人自愿调解的,仲裁庭应当调解。调解不成的,应当及时作出裁决。调解达成协议的,仲裁庭应当制作调解书或者根据协议的结果制作裁决书。调解书与裁决书具有同等法律效力。"

在仲裁庭组成后,调解可以在裁决作出前的任何阶段进行。因此,一般地,庭审结束时,仲裁庭会征求当事人对调解的意见,如当事人均有调解的意愿且出庭人员取得了代表当事人进行调解的授权,仲裁庭会组织当事人进行调解;如任一方当事人不同意调解或出庭人员无调解授权,仲裁庭将不组织调解工作。

⑤签署庭审笔录

《仲裁法》第 48 条规定:“仲裁庭应当将开庭情况记入笔录。当事人和其他仲裁参与人认为对自己陈述的记录有遗漏或者差错的,有权申请补正。如果不予补正,应当记录该申请。笔录由仲裁员、记录人员、当事人和其他仲裁参与人签名或者盖章。”

庭审笔录是对开庭审理活动的记录,是仲裁程序中的重要文件,同时也是仲裁庭最终作出裁决的重要依据,庭审的参与人员都需要在庭审笔录上签字确认。

4. 庭审后工作

庭审是整个仲裁程序的核心阶段,案件的主要问题通常都会在庭审中得以关注和解决。但是实务中,由于主观和客观上的多种原因,庭审中总会遇到准备不足或事先无法预见的情况,需要当事人在庭审结束后补充提交证据,或根据庭审情况提交补充的书面意见。因此,对于这种情况,仲裁庭通常会要求当事人在商定或指定的期限内完成上述工作,并视具体情况决定是否再次开庭进行审理。

5. 裁决

审理程序结束后,如果当事人不能私下和解,也无法在仲裁庭的主持下达成调解,仲裁将进入最终的裁决阶段。

若仲裁庭由 3 名仲裁员组成,在作出裁决前,仲裁庭应当进行内部评议,根据庭审及当事人的主张及提交证据的情况,以庭审调查和辩论中查明的事实为基础,以法律规定及商业惯例为准绳,充分交流和讨论裁决结果以及依据和理由。评议过程应当如实记录,由仲裁庭成员签名并存档。

若仲裁庭由 1 名独任仲裁员组成,则无评议环节。

《仲裁法》第 53 条规定:“裁决应当按照多数仲裁员的意见作出,少数仲裁员的不同意见可以记入笔录。仲裁庭不能形成多数意见时,裁决应当按照首席仲裁员的意见作出。”

《仲裁法》第 54 条规定:“裁决书应当写明仲裁请求、争议事实、裁决理由、裁决结果、仲裁费用的负担和裁决日期。当事人协议不愿写明争议事实和裁决理由的,可以不写。裁决书由仲裁员签名,加盖仲裁委员会印章。对裁决持不同意见的仲裁员,可以签名,也可以不签名。”

《仲裁法》第 57 条规定:“裁决书自作出之日起发生法律效力。”

裁决书作出后,应当及时送达给当事人。

（四）仲裁适用的主要依据

作为一种重要的纠纷解决方式和法律制度，仲裁的适用必须遵循一定的规则，而仲裁法就是仲裁的法律依据。

仲裁法是国家制定或认可的，规范仲裁法律关系主体的行为和调整仲裁法律关系的法律规范的总称。

仲裁法有广义和狭义之分。狭义的仲裁法即仲裁法典，是国家最高权力机关制定颁行的关于仲裁的专门法律。我国在 1994 年 8 月 31 日由第八届全国人民代表大会常务委员会第九次会议通过的《仲裁法》即为狭义的仲裁法。广义的仲裁法除了指仲裁法典外，还包括所有涉及仲裁制度的法律中的相关法律规范。①

在 1994 年《仲裁法》正式颁布之前，我们采取的是双轨制和分散立法模式，国内仲裁与涉外仲裁自成体系，且没有统一的仲裁法典，仲裁规定散见于各类规范性文件之中。

1.《仲裁法》及其司法解释

1994 年《仲裁法》标志着现代意义上的民商事仲裁制度在我国的正式建立。《仲裁法》作为仲裁制度的专门法典，成为规范仲裁制度的主要依据，该法分别于 2009 年和 2017 年进行了两次修正。如今《仲裁法》施行已经超过 20 年，存在进一步修改的必要，已被列入修改日程。

继《仲裁法》之后，最高人民法院于 2006 年公布并实施了《仲裁法解释》（法释〔2006〕7 号），其作为专门针对《仲裁法》的司法解释，对人民法院审理涉及仲裁案件适用法律中的若干焦点问题，进行了具体的解释和规定。

2.《民事诉讼法》及其司法解释

同时，基于仲裁与民事诉讼的紧密联系，《民事诉讼法》及其司法解释对仲裁，尤其是民事诉讼与仲裁的衔接以及司法监督等问题进行了规定，成为解决仲裁相关问题的重要法律依据。

3. 国内其他法律规范

此外，我国的其他法律中也有关于仲裁的零星规定，如《合同法》《著作权法》等。

4. 仲裁规则

实务中，仲裁机构的仲裁规则已经成为具体案件审理的主要依据。仲

---

① 参见江伟、肖建国主编：《仲裁法》，中国人民大学出版社 2016 年版，第 35 页。

裁机构的仲裁规则均以《仲裁法》及其司法解释、《民事诉讼法》及其司法解释为依据制定,并体现出一定的特点和各自的灵活性;在与国内外其他仲裁机构不断交流的过程中,仲裁规则也在持续完善,并且体现出越来越明显的国际化趋势。

目前,我国仅认可机构仲裁,而不承认临时仲裁制度。因此,具体的仲裁案件必须由某个具体的仲裁机构进行受理,该仲裁机构的仲裁规则就是该案仲裁程序最直接的依据和指引。仲裁规则实际上已经成为仲裁制度在案件审理中的具体体现。

5. 国际条约或公约

就涉外仲裁而言,我国参加的国际条约或公约,我国与其他国家缔结的双边或多边贸易协定、投资保护协定以及司法协助协定中的有关仲裁的内容,都是涉外仲裁的主要规范依据。

目前,我国已经加入的影响最为广泛的国际公约主要有:1958 年《承认及执行外国仲裁裁决公约》(《纽约公约》)、1965 年《关于解决国家和他国国民之间投资争端公约》(《华盛顿公约》)。

此外,联合国国际贸易法委员会于 1976 年制定仲裁规则,该仲裁规则本身并无约束力,仅作为示范推荐给各国,以便于各国制定国内的仲裁法。

(五)仲裁的特点

遇到民商事法律纠纷的当事人,都希望能主动地参与争议解决过程,以较低的经济和时间成本,获得专业的法律服务和公正的裁判结果,而仲裁在这些方面都有着自身独特的优势。

1. 仲裁的优势

(1)裁判的公正性

①仲裁机构及仲裁员的独立性

《仲裁法》第 14 条规定:"仲裁委员会独立于行政机关,与行政机关没有隶属关系。仲裁委员会之间也没有隶属关系。"

仲裁机构具有非营利性、民间性的特点,并独立于行政机关,与行政机关及其他仲裁机构之间不存在隶属关系。

《仲裁法》第 8 条规定:"仲裁依法独立进行,不受行政机关、社会团体和个人的干涉。"

仲裁的独立性不仅源于仲裁机构的独立性,同样也源于仲裁员的独立性。仲裁案件的裁判主体为仲裁员,仲裁员独立行使裁判权是实现裁判结果公正性的根本保障。仲裁员独立办案,不受包括仲裁机构在内的"行政机关、社会团体和个人的干涉",是确保仲裁审理过程及裁决结果公允的前提条件。虽然法律赋予法院对仲裁的司法监督权,但这种监督仅仅是事后监督,其不能干预仲裁员的审理和裁决。

②仲裁员的专业性

《仲裁法》第13条规定:"仲裁委员会应当从公道正派的人员中聘任仲裁员。仲裁员应当符合下列条件之一:(一)通过国家统一法律职业资格考试取得法律职业资格,从事仲裁工作满八年的;(二)从事律师工作满八年的;(三)曾任法官满八年的;(四)从事法律研究、教学工作并具有高级职称的;(五)具有法律知识、从事经济贸易等专业工作并具有高级职称或者具有同等专业水平的。仲裁委员会按照不同专业设仲裁员名册。"

专业性是仲裁的突出特点和优势。仲裁员普遍具备法律、经济贸易等专业背景和工作经验,在审理案件时,当事人和仲裁机构往往会选定或指定具备相应专业能力和经验的仲裁员,从而实现"专家断案",进而保证最终裁判结果的公正性。

(2)裁判的高效性

①一裁终局

《仲裁法》第9条规定:"仲裁实行一裁终局的制度。"第57条规定:"裁决书自作出之日起发生法律效力。"与民事诉讼不同,仲裁没有二审和再审程序。同时,国内仲裁机构的仲裁规则虽然不尽相同,但审理期限却没有太大的差异,普通程序案件一般是自组庭之日起4个月内,简易程序案件一般为组庭后3个月内作出裁决。一裁终局可以满足当事人快速高效解决纠纷的诉求,节约时间成本。

②管辖权预先确定

《仲裁法》第6条规定:"仲裁委员会应当由当事人协议选定。仲裁不实行级别管辖和地域管辖。"

与民事诉讼不同,仲裁不实行级别管辖和地域管辖制度。当事人可以通过事先或事后达成协议的方式共同选择仲裁机构,且该仲裁机构无须与纠纷具有实际联系。当事人可以通过签订仲裁协议的方式,预先确定纠纷管辖机构,由此可以避免因案件管辖争议耗费大量的时间与精力,也可有效地避免地方保护主义。

(3)经济性

一裁终局,使当事人只需经历一次程序,仲裁费和律师代理费一般只发生一次,这与可能经历二审,甚至再审的民事诉讼相比,仲裁费与律师费等综合费用成本支出更低。

此外,除对仲裁费的承担进行裁决外,仲裁庭还有权根据当事人的请求裁决由败诉方承担或补偿胜诉方因案件支出的合理费用,包括但不限于律师费、保全费、差旅费、公证费等。而在民事诉讼中,除当事人在协议中有明确约定,目前多数法院对上述请求通常不予支持。

(4)裁决执行的全球性

仲裁裁决内容的最终实现有赖于仲裁裁决的有效执行。关于国内仲裁裁决的执行,《仲裁法》第 62 条规定:"当事人应当履行裁决。一方当事人不履行的,另一方当事人可以依照民事诉讼法的有关规定向人民法院申请执行。受申请的人民法院应当执行。"

对于涉外仲裁裁决的承认与执行,《仲裁法》第 72 条规定:"涉外仲裁委员会作出的发生法律效力的仲裁裁决,当事人请求执行的,如果被执行人或者其财产不在中华人民共和国领域内,应当由当事人直接向有管辖权的外国法院申请承认和执行。"

我国于 1986 年 12 月加入《承认及执行外国仲裁裁决公约》(《纽约公约》),1987 年 4 月该公约对我国生效。《纽约公约》一直被认为是国际商事领域最重要的国际公约之一,大多数国家都是《纽约公约》的签约国,目前缔约国数量已经达到 160 个。根据该公约的规定,我国仲裁机构作出的仲裁裁决可以在签约国得到承认和执行。

(5)保密性

与民事诉讼以公开审理为原则不同,仲裁以不公开审理为原则。《仲裁法》第 40 条规定:"仲裁不公开进行。当事人协议公开的,可以公开进行,但涉及国家秘密的除外。"

首先,仲裁程序不对社会公开,未经当事人事先同意,审理过程不允许当事人之外的其他主体旁听,也不接受新闻媒体的采访报道。公开途径无法查询到仲裁裁决。

其次,仲裁员、当事人及其他仲裁参与人都负有保密义务,不得将仲裁文件、案件情况及审理过程对外进行披露。

保密往往是当事人维护商业秘密和企业形象的需要,在目前市场竞争激烈的情况下,当事人的涉诉情况可能会关系到其信誉与形象,为避免因涉诉而形象受损从而导致引入投资失败等不利后果和风险,很多当事人不愿将其涉诉纠纷情况予以公开。因此,商事仲裁的保密性有利于满足当事人的保密需求,维护当事人的信誉。

(6)当事人意思自治

①仲裁员的可选择性

仲裁员是案件的审理者和裁判者,是保证案件审理质量的关键。与民事诉讼不能选择法官不同,仲裁最大的优势之一在于当事人有权选择自己信赖的仲裁员审理案件。

《仲裁法》第 31 条规定:“当事人约定由三名仲裁员组成仲裁庭的,应当各自选定或者各自委托仲裁委员会主任指定一名仲裁员,第三名仲裁员由当事人共同选定或者共同委托仲裁委员会主任指定。第三名仲裁员是首席仲裁员。

当事人约定由一名仲裁员成立仲裁庭的,应当由当事人共同选定或者共同委托仲裁委员会主任指定仲裁员。”

《仲裁法》第 32 条规定:“当事人没有在仲裁规则规定的期限内约定仲裁庭的组成方式或者选定仲裁员的,由仲裁委员会主任指定。”

几乎所有仲裁机构的仲裁规则都对当事人选择/更换仲裁员的方式进行了详细的规定,均以当事人自主选择为主,仲裁机构指定为辅。

可以自主选择裁判者,是仲裁获得公信力的重要原因。

②仲裁程序的自主性和灵活性

仲裁充分体现当事人的意思自治,很多具体程序均可以由当事人协商选择与确定,如审理案件的准据法、仲裁规则、仲裁庭的组成方式、开庭方式及地点等。

实务中,即使有些案件标的额不大,但双方认为案情复杂,仍可以申请由 3 名仲裁员组成仲裁庭进行审理;同样的,即使案件标的额较大,但是案情并不复杂,甚至存在和解的可能,经双方一致同意,也可以由 1 名仲裁员组成仲裁庭。

在仲裁规则的适用上,当事人也可以一致同意选择适用受理案件仲裁机构之外的其他仲裁机构甚至国外仲裁机构的仲裁规则,在很大程度上体现出仲裁程序的自主性和灵活性,是当事人意思自治原则的重要体现。

(7)其他优势

①对代理人几乎没有任何特殊限制

首先,民事诉讼中,同一当事人的代理人不得超过两人,而仲裁程序对代理人的数量一般不作限制或限制较少,复杂案件的当事人可以组建多人团队,从不用的角度相互配合,全面保护当事人的合法权益。

其次,仲裁程序对代理人的身份及其国籍通常也不作限制,很多仲裁机构都规定,当事人可以委托包括内地及我国香港/澳门特别行政区、台湾地区和外国律师在内的人士担任仲裁代理人。

在代理人的问题上,仲裁程序限制较少,也更加尊重当事人的意愿。

②仲裁服务更专业、更人性化

与法院相比,仲裁机构及其工作人员具备更高的服务意识,从立案、开庭审理到仲裁裁决作出的全过程,当事人都可以获得更好的服务体验。同时,大多数仲裁员均为兼职,且审理案件的时间较法官更为宽裕,对当事人和律师更加尊重,更有耐心,使当事人有更多的时间与机会充分陈述自己的意见。

2. 仲裁的劣势

不可否认,虽然仲裁制度存在很多优势,但其也有自身暂时无法解决的问题,其中最为突出的制度“缺陷”在于,当事人将争议提交仲裁以自愿为前提,即当事人之间须签订有效的仲裁协议,未签订仲裁协议的主体不能参与仲裁程序,除非其在仲裁程序开始后明确表示愿意接受仲裁的管辖。在仲裁程序中,没有民事诉讼中的“第三人”制度。

因此,在某些涉及多个主体且合同数量较多的复杂案件中,可能会出现不同的主体签订的不同合同中约定了不同的纠纷解决方式(诉讼、仲裁),或者约定了不同的仲裁机构,从而导致相关联的案件无法由同一审判组织进行审理的问题,使纠纷解决的时间被拉长,甚至可能出现不同案件裁判结果相互矛盾的情况。

在选择仲裁作为纠纷解决方式时,需要特别注意,应尽可能使关联合同的争议解决条款保持协调统一。

(六)参与仲裁的前提——有效的仲裁协议

虽然存在不足,但仲裁的优势仍然是非常明显的,因此,近年来仲裁发展迅猛,仲裁机构受理的案件及标的额数量高速增长,越来越多的当事人选择通过仲裁来解决民商事纠纷。

与民事诉讼无须在诉讼前达成协议不同,欲将已经或可能发生的民商事争议提交仲裁解决,须以当事人之间存在有效的仲裁协议为前提。

1. 仲裁协议的概念

仲裁协议是当事人之间达成的,旨在将其间业已发生或将来产生于特定法律关系的商事争议提交仲裁解决的书面协议。[①]

2. 仲裁协议的生效要件

《仲裁法》第16条规定:"仲裁协议包括合同中订立的仲裁条款和以其他书面方式在纠纷发生前或者纠纷发生后达成的请求仲裁的协议。仲裁协议应当具有下列内容:(一)请求仲裁的意思表示;(二)仲裁事项;(三)选定的仲裁委员会。"

由此可见,仲裁协议需同时满足形式要件和实质要件,才能发生法律效力。

(1)形式要件

仲裁协议必须以书面方式订立,典型方式为主合同中的仲裁条款。根据《仲裁法解释》第1条的规定,"其他书面方式"包括合同书、信件和数据电文(包括电报、电传、传真、电子数据交换和电子邮件)等形式。

实务中,除主合同中的仲裁条款外,书面方式订立的仲裁协议主要表现为单独的仲裁协议书。

(2)实质要件

根据《仲裁法》第16条的规定,仲裁协议的实质要件主要包括:请求仲裁的意思表示、仲裁事项及选定的仲裁委员会。

①请求仲裁的意思表示

当事人在仲裁协议中明确表示,愿意将他们之间已经或将来可能发生的争议通过仲裁方式予以解决。

②仲裁事项

仲裁事项指当事人在仲裁协议中约定的,提交仲裁解决的内容。当事人可以就已经或将来可能发生的争议事项的范围或内容予以明确约定,对于并未明确约定具体范围或内容的,《仲裁法解释》第2条规定:"当事人概括约定仲裁事项为合同争议的,基于合同成立、效力、变更、转让、履行、违约责任、解释、解除等产生的纠纷都可以认定为仲裁事项。"

---

① 参见江伟、肖建国主编:《仲裁法》,中国人民大学出版社2016年版,第55页。

③选定的仲裁委员会

我国仅认可机构仲裁,而不承认临时仲裁,因此,仲裁协议中必须明确约定具体的仲裁机构,即将已经或未来可能发生的争议具体提交给哪个仲裁机构予以处理。

实务中,选定仲裁机构的情况较为复杂,由于对仲裁不够了解等各种原因,经常出现约定不够明确或出现争议的情况,为解决实践中出现的常见问题,《仲裁法解释》规定了认定的具体规则。

3. 仲裁协议的无效、效力瑕疵的补救

(1)仲裁协议的无效

《仲裁法》第17条规定:"有下列情形之一的,仲裁协议无效:(一)约定的仲裁事项超出法律规定的仲裁范围的;(二)无民事行为能力人或者限制民事行为能力人订立的仲裁协议;(三)一方采取胁迫手段,迫使对方订立仲裁协议的。"

《仲裁法》第18条规定:"仲裁协议对仲裁事项或者仲裁委员会没有约定或者约定不明确的,当事人可以补充协议;达不成补充协议的,仲裁协议无效。"

由此可见,仲裁协议无效的原因主要包括:约定的仲裁事项不具备可仲裁性;当事人不具备缔约资格和能力;意思表示不真实;仲裁协议对仲裁事项或仲裁机构约定不明且无法达成补充协议予以明确。

(2)仲裁协议效力瑕疵的补救

①仲裁机构约定不明

实践中,导致仲裁协议效力出现瑕疵最常见的原因就是当事人对仲裁机构约定不明,如未约定仲裁机构、仲裁机构名称不准确、约定的仲裁机构不存在、约定多个仲裁机构,等等。

为此,《仲裁法解释》就仲裁机构约定不明的问题给出了裁判规则。

《仲裁法解释》第3条规定:"仲裁协议约定的仲裁机构名称不准确,但能够确定具体的仲裁机构的,应当认定选定了仲裁机构。"

《仲裁法解释》第4条规定:"仲裁协议仅约定纠纷适用的仲裁规则的,视为未约定仲裁机构,但当事人达成补充协议或者按照约定的仲裁规则能够确定仲裁机构的除外。"

《仲裁法解释》第5条规定:"仲裁协议约定两个以上仲裁机构的,当事人可以协议选择其中的一个仲裁机构申请仲裁;当事人不能就仲裁机构选择达成一致的，仲裁协议无效。”

《仲裁法解释》第 6 条规定：“仲裁协议约定由某地的仲裁机构仲裁且该地仅有一个仲裁机构的，该仲裁机构视为约定的仲裁机构。该地有两个以上仲裁机构的，当事人可以协议选择其中的一个仲裁机构申请仲裁；当事人不能就仲裁机构选择达成一致的，仲裁协议无效。”

上述司法解释规定的原则体现了司法对仲裁的支持态度，即给予当事人协商或补充约定的机会，尽可能使仲裁协议有效，不仅尊重当事人选择仲裁的意思表示，而且也实现了为法院减轻办案压力的效果。

②“或裁或审”

另外一种常见的仲裁协议效力瑕疵当属“或裁或审”，即当事人在仲裁协议中约定，已经或未来可能发生的争议，既可以申请仲裁也可以向法院起诉。

对此，《仲裁法解释》第 7 条规定：“当事人约定争议可以向仲裁机构申请仲裁也可以向人民法院起诉的，仲裁协议无效。但一方向仲裁机构申请仲裁，另一方未在仲裁法第二十条第二款规定期间内提出异议的除外。”

约定“或裁或审”条款的仲裁协议，其实未必绝对无效，参照仲裁机构约定不明的处理原则，只要当事人能够达成补充协议，明确排除法院管辖且同意将争议提交仲裁解决，并明确约定仲裁机构，仍然可以使仲裁协议“起死回生”。另外，如一方申请仲裁而另一方未在仲裁庭首次开庭前提出异议，则视为当事人就仲裁达成一致并放弃了诉讼管辖。

4. 仲裁协议的独立性

所谓仲裁协议的独立性，又称为仲裁协议的“可分性”或“自治性”，是指仲裁协议，尤其是合同中的仲裁条款虽然依附于主合同，但与主合同的其他条款相互分离，其效力不受主合同效力的影响。[①]

仲裁协议独立性的直接法律依据为《仲裁法》第 19 条第 1 款：“仲裁协议独立存在，合同的变更、解除、终止或者无效，不影响仲裁协议的效力。”

关于仲裁协议独立性的具体法律适用，《仲裁法解释》进行了进一步的细化：

《仲裁法解释》第 8 条规定：“当事人订立仲裁协议后合并、分立的，仲裁协议对其权利义务的继受人有效。当事人订立仲裁协议后死亡的，仲裁协

① 参见江伟、肖建国主编：《仲裁法》，中国人民大学出版社 2016 年版，第 57 页。

议对承继其仲裁事项中的权利义务的继承人有效。前两款规定情形,当事人订立仲裁协议时另有约定的除外。”

《仲裁法解释》第 9 条规定:“债权债务全部或者部分转让的,仲裁协议对受让人有效,但当事人另有约定、在受让债权债务时受让人明确反对或者不知有单独仲裁协议的除外。”

《仲裁法解释》第 10 条规定:“合同成立后未生效或者被撤销的,仲裁协议效力的认定适用仲裁法第十九条第一款的规定。当事人在订立合同时就争议达成仲裁协议的,合同未成立不影响仲裁协议的效力。”

综上所述,仲裁协议具有独立性,不受主合同效力的影响,其自身的效力需独立作出判断。

5. 仲裁协议效力的判定

与其他合同一样,当事人有权就仲裁协议的效力提出异议。关于仲裁协议效力判定的机构、时限、程序及法律适用等问题,《仲裁法》与《仲裁法解释》都作出了明确的规定。

《仲裁法》第 20 条规定:“当事人对仲裁协议的效力有异议的,可以请求仲裁委员会作出决定或者请求人民法院作出裁定。一方请求仲裁委员会作出决定,另一方请求人民法院作出裁定的,由人民法院裁定。

当事人对仲裁协议的效力有异议,应当在仲裁庭首次开庭前提出。”

《仲裁法解释》第 12 条规定:“当事人向人民法院申请确认仲裁协议效力的案件,由仲裁协议约定的仲裁机构所在地的中级人民法院管辖;仲裁协议约定的仲裁机构不明确的,由仲裁协议签订地或者被申请人住所地的中级人民法院管辖。申请确认涉外仲裁协议效力的案件,由仲裁协议约定的仲裁机构所在地、仲裁协议签订地、申请人或者被申请人住所地的中级人民法院管辖。涉及海事海商纠纷仲裁协议效力的案件,由仲裁协议约定的仲裁机构所在地、仲裁协议签订地、申请人或者被申请人住所地的海事法院管辖;上述地点没有海事法院的,由就近的海事法院管辖。”

《仲裁法解释》第 13 条规定:“依照仲裁法第二十条第二款的规定,当事人在仲裁庭首次开庭前没有对仲裁协议的效力提出异议,而后向人民法院申请确认仲裁协议无效的,人民法院不予受理。仲裁机构对仲裁协议的效力作出决定后,当事人向人民法院申请确认仲裁协议效力或者申请撤销仲裁机构的决定的,人民法院不予受理。”

《仲裁法解释》第 14 条规定:“仲裁法第二十六条规定的‘首次开庭’是

指答辩期满后人民法院组织的第一次开庭审理,不包括审前程序中的各项活动。"

《仲裁法解释》第 15 条规定:"人民法院审理仲裁协议效力确认案件,应当组成合议庭进行审查,并询问当事人。"

《仲裁法解释》第 16 条规定:"对涉外仲裁协议的效力审查,适用当事人约定的法律;当事人没有约定适用的法律但约定了仲裁地的,适用仲裁地法律;没有约定适用的法律也没有约定仲裁地或者仲裁地约定不明的,适用法院地法律。"

(七)仲裁的权利救济及司法监督

一裁终局是仲裁的重要制度,裁决一经作出即产生法律效力。但是,权力应当受到监督,权利也应当有救济机制。为避免仲裁权被滥用,法律规定了仲裁裁决的撤销与不予执行制度,一方面为当事人寻求法律救济提供了途径,另一方面也成为法院对仲裁实施司法监督的重要措施。

1. 仲裁裁决的撤销

仲裁裁决的撤销,是指仲裁裁决作出后,当事人以仲裁裁决符合法定撤销条件为由,向有管辖权的人民法院提起诉讼,人民法院经审理后认为理由成立,裁定撤销仲裁裁决。

(1)国内仲裁裁决的撤销

①撤销仲裁裁决的事由

《仲裁法》第 58 条规定:"当事人提出证据证明裁决有下列情形之一的,可以向仲裁委员会所在地的中级人民法院申请撤销裁决:(一)没有仲裁协议的;(二)裁决的事项不属于仲裁协议的范围或者仲裁委员会无权仲裁的;(三)仲裁庭的组成或者仲裁的程序违反法定程序的;(四)裁决所根据的证据是伪造的;(五)对方当事人隐瞒了足以影响公正裁决的证据的;(六)仲裁员在仲裁该案时有索贿受贿,徇私舞弊,枉法裁决行为的。人民法院经组成合议庭审查核实裁决有前款规定情形之一的,应当裁定撤销。人民法院认定该裁决违背社会公共利益的,应当裁定撤销。"

对于《仲裁法》第 58 条规定的撤销仲裁裁决的主要情形,最高人民法院通过司法解释对具体适用进行了明确。

《仲裁法解释》第 17 条规定:"当事人以不属于仲裁法第五十八条或者民事诉讼法第二百五十八条规定的事由申请撤销仲裁裁决的,人民法院不予支持。”①

《仲裁法解释》第18条规定:“仲裁法第五十八条第一款第一项规定的‘没有仲裁协议’是指当事人没有达成仲裁协议。仲裁协议被认定无效或者被撤销的,视为没有仲裁协议。”

《仲裁法解释》第19条规定:“当事人以仲裁裁决事项超出仲裁协议范围为由申请撤销仲裁裁决,经审查属实的,人民法院应当撤销仲裁裁决中的超裁部分。但超裁部分与其他裁决事项不可分的,人民法院应当撤销仲裁裁决。”

《仲裁法解释》第20条规定:“仲裁法第五十八条规定的‘违反法定程序’,是指违反仲裁法规定的仲裁程序和当事人选择的仲裁规则可能影响案件正确裁决的情形。”

②撤销仲裁裁决的申请及审理

《仲裁法》第59条规定:“当事人申请撤销裁决的,应当自收到裁决书之日起六个月内提出。”

《仲裁法》第60条规定:“人民法院应当在受理撤销裁决申请之日起两个月内作出撤销裁决或者驳回申请的裁定。”

《仲裁法解释》第24条规定:“当事人申请撤销仲裁裁决的案件,人民法院应当组成合议庭审理,并询问当事人。”

③重新仲裁

我国《仲裁法》还规定了重新仲裁制度。重新仲裁是指当事人申请撤销仲裁裁决,法院审查后认定该仲裁裁决存在瑕疵,且该瑕疵可以由仲裁庭通过重新裁决予以纠正,决定发回仲裁庭重新进行仲裁。

《仲裁法》第61条规定:“人民法院受理撤销裁决的申请后,认为可以由仲裁庭重新仲裁的,通知仲裁庭在一定期限内重新仲裁,并裁定中止撤销程序。仲裁庭拒绝重新仲裁的,人民法院应当裁定恢复撤销程序。”

《仲裁法解释》第21条规定:“当事人申请撤销国内仲裁裁决的案件属于下列情形之一的,人民法院可以依照仲裁法第六十一条的规定通知仲裁庭在一定期限内重新仲裁:(一)仲裁裁决所根据的证据是伪造的;(二)对方当事人隐瞒了足以影响公正裁决的证据的。人民法院应当在通知中说明要求重新仲裁的具体理由。”

---

①　本条引用的“民事诉讼法第258条”应为《民事诉讼法》(2017年修正)“第274条”。

《仲裁法解释》第22条规定："仲裁庭在人民法院指定的期限内开始重新仲裁的，人民法院应当裁定终结撤销程序；未开始重新仲裁的，人民法院应当裁定恢复撤销程序。"

《仲裁法解释》第23条规定："当事人对重新仲裁裁决不服的，可以在重新仲裁裁决书送达之日起六个月内依据仲裁法第五十八条规定向人民法院申请撤销。"

（2）涉外仲裁裁决的撤销

《仲裁法》第70条规定："当事人提出证据证明涉外仲裁裁决有民事诉讼法第二百五十八条第一款规定的情形之一的，经人民法院组成合议庭审查核实，裁定撤销。"①

涉外仲裁裁决撤销的事由与不予执行的事由相同。

2. 仲裁裁决的不予执行

（1）国内仲裁裁决的不予执行

《仲裁法》第63条规定："被申请人提出证据证明裁决有民事诉讼法第二百一十三条第二款规定的情形之一的，经人民法院组成合议庭审查核实，裁定不予执行。"②

《民事诉讼法》第237条规定："对依法设立的仲裁机构的裁决，一方当事人不履行的，对方当事人可以向有管辖权的人民法院申请执行。受申请的人民法院应当执行。被申请人提出证据证明仲裁裁决有下列情形之一的，经人民法院组成合议庭审查核实，裁定不予执行：（一）当事人在合同中没有订有仲裁条款或者事后没有达成书面仲裁协议的；（二）裁决的事项不属于仲裁协议的范围或者仲裁机构无权仲裁的；（三）仲裁庭的组成或者仲裁的程序违反法定程序的；（四）裁决所根据的证据是伪造的；（五）对方当事人向仲裁机构隐瞒了足以影响公正裁决的证据的；（六）仲裁员在仲裁该案时有贪污受贿，徇私舞弊，枉法裁决行为的。人民法院认定执行该裁决违背社会公共利益的，裁定不予执行。裁定书应当送达双方当事人和仲裁机构。仲裁裁决被人民法院裁定不予执行的，当事人可以根据双方达成的书面仲裁协议重新申请仲裁，也可以向人民法院起诉。"

---

① 本条引用的"民事诉讼法第258条第1款"应为《民事诉讼法》（2017年修正）"第274条第1款"。

② 本条引用的"民事诉讼法第213条第2款"应为《民事诉讼法》（2017年修正）"第237条第2款"。

《民诉法解释》第477条规定:“仲裁机构裁决的事项,部分有民事诉讼法第二百三十七条第二款、第三款规定情形的,人民法院应当裁定对该部分不予执行。应当不予执行部分与其他部分不可分的,人民法院应当裁定不予执行仲裁裁决。”

(2)涉外仲裁裁决的不予执行

《仲裁法》第71条规定:“被申请人提出证据证明涉外仲裁裁决有民事诉讼法第二百五十八条第一款规定的情形之一的,经人民法院组成合议庭审查核实,裁定不予执行。”①

《民事诉讼法》第274条规定:“对中华人民共和国涉外仲裁机构作出的裁决,被申请人提出证据证明仲裁裁决有下列情形之一的,经人民法院组成合议庭审查核实,裁定不予执行:(一)当事人在合同中没有订有仲裁条款或者事后没有达成书面仲裁协议的;(二)被申请人没有得到指定仲裁员或者进行仲裁程序的通知,或者由于其他不属于被申请人负责的原因未能陈述意见的;(三)仲裁庭的组成或者仲裁的程序与仲裁规则不符的;(四)裁决的事项不属于仲裁协议的范围或者仲裁机构无权仲裁的。人民法院认定执行该裁决违背社会公共利益的,裁定不予执行。”

《民诉法解释》第541条规定:“人民法院强制执行涉外仲裁机构的仲裁裁决时,被执行人以有民事诉讼法第二百七十四条第一款规定的情形为由提出抗辩的,人民法院应当对被执行人的抗辩进行审查,并根据审查结果裁定执行或者不予执行。”

(3)案外人申请不予执行仲裁裁决或仲裁调解书

仲裁当事人可能相互串通侵害案外人合法权益一直是《仲裁法》未能解决的制度性问题,受到理论界及实务届的广泛诟病。为此,最高人民法院于2018年2月发布了《仲裁裁决执行规定》(法释〔2018〕5号),将案外人增加为不予执行的申请主体。

第9条规定:“案外人向人民法院申请不予执行仲裁裁决或者仲裁调解书的,应当提交申请书以及证明其请求成立的证据材料,并符合下列条件:(一)有证据证明仲裁案件当事人恶意申请仲裁或者虚假仲裁,损害其合法权益;(二)案外人主张的合法权益所涉及的执行标的尚未执行终结;(三)自

① 本条引用的“民事诉讼法第258条第1款”应为《民事诉讼法》(2017年修正)“第274条第1款”。

知道或者应当知道人民法院对该标的采取执行措施之日起三十日内提出。”

第18条规定：“案外人根据本规定第九条申请不予执行仲裁裁决或者仲裁调解书，符合下列条件的，人民法院应当支持：(一)案外人系权利或者利益的主体；(二)案外人主张的权利或者利益合法、真实；(三)仲裁案件当事人之间存在虚构法律关系，捏造案件事实的情形；(四)仲裁裁决主文或者仲裁调解书处理当事人民事权利义务的结果部分或者全部错误，损害案外人合法权益。”

3. 仲裁裁决被撤销或不予执行的法律后果

仲裁裁决被法院依法裁定撤销或者不予执行，当事人可以根据重新达成的仲裁协议申请仲裁，也可以向人民法院起诉。

《仲裁法》第9条第2款规定：“裁决被人民法院依法裁定撤销或者不予执行的，当事人就该纠纷可以根据双方重新达成的仲裁协议申请仲裁，也可以向人民法院起诉。”

《民事诉讼法》第275条规定：“仲裁裁决被人民法院裁定不予执行的，当事人可以根据双方达成的书面仲裁协议重新申请仲裁，也可以向人民法院起诉。”

《民诉法解释》第478条规定：“依照民事诉讼法第二百三十七条第二款、第三款规定，人民法院裁定不予执行仲裁裁决后，当事人对该裁定提出执行异议或者复议的，人民法院不予受理。当事人可以就该民事纠纷重新达成书面仲裁协议申请仲裁，也可以向人民法院起诉。”

三、证据

民事争议解决中的证据，是指在民事诉讼/仲裁程序中能够证明案件真实情况的各种资料，是民事诉讼/仲裁中法院或仲裁庭认定案件事实作出裁判的根据。

在民事诉讼/仲裁程序中，当事人为了证明自己提出的主张，需要向法院/仲裁庭提交证据材料。但只有提交的证据材料具有真实性、与待证案件事实具有关联性、具有合法性，并经过质证、认证后，才能够作为法院/仲裁庭认定事实、评判争议、作出裁判的根据，也即“定案证据”。

(一)证据技术在争议解决中的重要性

争议解决的过程中，证据为王。证据在诉讼/仲裁程序中的重要性无论如何强调都不为过，因此有经验的法律人总是在强调——打官司就是打证据。

每个案件的天然证据条件各不相同。有的案件中,证据因丢失、毁损等原因存在根本无法弥补的欠缺;有的案件中,对方持有证明力显著更强的证据;有的案件中,裁判者具有丰富的类案审理经验,对案件早已形成先入为主的判断,很难用一般证据说服;有的案件中,出于交易习惯、行业惯例等原因,完全没有形成对争议解决程序有价值的任何证据。

因此在庭前,要竭尽全力挖掘对己方有利的证据,要预设对方可能掌握、提交的证据,要站在对方的立场质疑己方的证据,更要在模拟法庭中通过法官的视角审视手中的证据。尽管看似繁复甚至分裂,但这些工作都实属必要,因为它们服务于同一个目的,就是筛选出最合适的证据,用于在法庭上陈述最有利的事实。

在庭审过程中,展示、解读证据的目的在于让己方掌握的有利证据发挥最大的证明力,裁剪出恰到好处的故事事实,以及直面于己方不利的证据,作出坦诚、有理、有力的解释和回应。庭审中出示证据的过程,也是裁判者观察律师、评判观点的过程,正确出示证据既能实现证据的证明效果,同时能够体现律师的专业水准,进而提升裁判者对己方其他事实、观点的接受"意愿"。

除非当庭宣判,否则即便庭审结束,裁判者思考、辨别的活动仍未结束。在裁判文书撰写完成前,裁判者可能基于庭审存在初步判断,但无一例外都会反复阅读庭审笔录、回顾反思庭审过程、比较双方证据证明力强弱,全部质疑的打消最终都建立在审视在案证据、审视举证责任分配的基础上,以此印证或推翻裁判者的"初步判断"。

可见,民事争议解决的全过程都建立在选取、利用证据,裁剪、讲述故事以及审查、判断证据的基础上。在这个角度上讲,证据技术值得每一位法律人,尤其是争议解决律师,不断精进。

(二)我国证据制度规范性文件

2001 年《民事诉讼证据规定》(法释〔2001〕33 号)是我国首部对民事诉讼证据作出全面规定的司法解释。2019 年 12 月 25 日,最高人民法院公布《民事诉讼证据规定》(法释〔2019〕19 号),对《民事诉讼证据规定》作了全面修改,并已于 2020 年 5 月 1 日起施行。

自此,我国关于民事诉讼证据制度的主要规定集中于:

《民事诉讼法》以第六章的 19 个条文,从证据种类、举证责任、举证时限、人民法院调查取证、法庭质证、各种类证据作证规定、有专门知识的人出庭、证据保全等方面确立了我国民事诉讼证据基本制度。

《民诉法解释》对于《民事诉讼法》确立的民事诉讼证据基本制度在司法实践中的应用作出原则性规定。

2020年《民事诉讼证据规定》则根据审判实践的需要，对《民事诉讼法》《民诉法解释》中的证据部分作出更具操作性的解释，有效地完善和补充了《民事诉讼法》《民诉法解释》。

（三）《民事诉讼证据规定》的实践意义

《民事诉讼证据规定》共100条，其中对旧《民事诉讼证据规定》原条文作出修改或新增的条文达到89条，从内容和体量上，都是依据审判实践中积累的经验，对有关民事诉讼证据的规范性司法文件进行了全面梳理调整，极有针对性地回应了司法实践中暴露出的问题。此外对于《民诉法解释》已经作出规定的内容，除确有必要的外，不再重复规定。

因此，可以说，新《民事诉讼证据规定》既是对旧《民事诉讼证据规定》的修改，也是对《民事诉讼法》《民诉法解释》的完善、补充，是对我国民事诉讼证据制度在司法实践中的应用所作的整合，对民事审判实践及律师业务精进都具有重大指导意义。

下一部分将针对新《民事诉讼证据规定》与旧《民事诉讼证据规定》《民事诉讼法》《民诉法解释》相比，其中重点、变化的部分进行解读，以体现裁判者在最新司法环境下对证据规则的适用，作为争议解决律师使用证据的准则。

需要说明的是，无论《民事诉讼法》《民诉法解释》还是新《民事诉讼证据规定》，都属于主要规制民事诉讼程序的规范性文件，但因仲裁程序与诉讼程序同样作为裁判程序，两者对程序公平、实质正义的价值追求相通，因此民事诉讼法律、司法解释在仲裁程序中同样意义重大。

（四）《民事诉讼证据规定》重点内容及对赌争议解决启示

1. 关于自认

（1）什么是自认

民事诉讼理论中的通说认为，自认是指当事人在其诉讼的口头辩论或准备程序中所作出的，与对方当事人主张一致，而对自己不利的事实的陈述。①

自认在诉讼程序中被赋予对裁判者的约束力,并非源于自认所涉事实的真实性,而是源于大陆法系国家民事诉讼法理论中的辩论主义基本原则。也就是说,并非因为双方对自认所涉事实的认可或认识的一致性而导致该事实具有高度盖然性,而是由于一方当事人承认对方当事人主张的主要事实,而使该事实成立,进而裁判者应当受到该事实的约束。

新《民事诉讼证据规定》第 3 条规定:“在诉讼过程中,一方当事人陈述的于己不利的事实,或者对于己不利的事实明确表示承认的,另一方当事人无需举证证明。在证据交换、询问、调查过程中,或者在起诉状、答辩状、代理词等书面材料中,当事人明确承认于己不利的事实的,适用前款规定。”

(2)自认的法律效果

①自认的对象

在诉讼中,事实主张与权利主张是两个不同的概念,二者是可以分开的。自认制度的功能在于当满足一定条件时免除对方当事人的证明责任,因此,自认总是以事实为对象。当然,自认是对事实的承认,但并不排除审判实践中,对一些事实的承认可能直接导致承认对方的诉讼请求。

②诉讼代理人自认视同当事人本人自认

《民事诉讼证据规定》第 5 条规定:“当事人委托诉讼代理人参加诉讼的,除授权委托书明确排除的事项外,诉讼代理人的自认视为当事人的自认。当事人在场对诉讼代理人的自认明确否认的,不视为自认。”

2001 年旧《民事诉讼证据规定》按照诉讼代理人是否取得特别授权,来区分代理人承认事实的法律效果。在这一规定下,常常发生一般授权的代理人对同一事实随意作出前后矛盾的陈述、表达前后相左的意见的情况,甚至不惜恶意利用这一规则,浪费司法资源、扰乱司法秩序,给司法实践造成很大困扰。

《民事诉讼证据规定》下,代理人自认的效力被进一步强化。

一方面,将自认的适用场景扩充到证据交换、询问、调查、起诉状、答辩状、代理词等几乎均由代理人参与完成的场景中;另一方面,根据当事人本人是否在场,来区分代理人自认的效力。

此外,《民事诉讼证据规定》第 4 条对代理人提出更高的要求,“一方

① 参见张卫平:《民事证据法》,法律出版社 2017 年版,第 106 页。

当事人对于另一方当事人主张的于己不利的事实既不承认也不否认，经审判人员说明并询问后，其仍然不明确表示肯定或者否定的，视为对该事实的承认。”“视为自认”在司法实践中难在尺度掌握，因此要求代理人或者对案件事实做到充分认知、明确表达，或者谨慎表达、掌握尺度，避免不恰当的言辞被认定为“视为自认”，而将当事人拖入险境。

③共同诉讼人自认效力

2001 年《民事诉讼证据规定》中并无关于共同诉讼人自认的规定，但因共同诉讼的形态在司法实践中不断增加，新《民事诉讼证据规定》将共同诉讼人的自认纳入规范。

普通共同诉讼中，某个或数个共同诉讼人的自认，仅对其自身发生自认效力；必要共同诉讼中，对某个或数个共同诉讼人的自认，其他当事人如果未作明确否认，则自认效力及于全体共同诉讼人。

(3) 自认能否撤销

当事人的自认从成立之时起便对作出自认的当事人产生约束力，但法律并不绝对禁止撤销。

2001 年《民事诉讼证据规定》第 8 条规定，法庭辩论终结前被撤销的自认在两种情形之一发生时，不再免除对方当事人的举证责任：一是对方当事人同意，二是有充分证据证明其承认行为在受胁迫或者重大误解情况下作出且与事实不符。

《民事诉讼证据规定》在《民诉法解释》第 92 条第 3 款的基础上，完善了对自认撤销制度的规定。

《民诉法解释》第 92 条第 3 款规定：“自认的事实与查明的事实不符的，人民法院不予确认。”这意味着，如果当事人承认的内容不符合事实，都不构成自认。

《民事诉讼证据规定》据此放宽了撤销自认的条件，除对方当事人同意外，只要当事人证明自认是在受胁迫或重大误解情况下作出，不再需要其证明自认内容与事实不符，人民法院均准许撤销自认。

(4) 对赌争议解决启示

自认制度的价值在于节省诉讼成本、简化诉讼程序、提高诉讼效率。这一价值设定建立在自认的约束力的基础上，如果放松自认的约束力，当事人或者代理人随意反悔、撤销自认，那么自认将无从实现其制度价值，甚至将极大浪费司法资源。因此，自认制度内在性地需要严格的约束力给予支持。

《民事诉讼证据规定》中自认部分删除了2001年《民事诉讼证据规定》第8条"未经特别授权的代理人对事实的承认直接导致承认对方诉讼请求的除外"、第74条"当事人反悔并有相反证据足以推翻的除外"这两个除外规定。

这意味着对于己不利的事实一旦构成自认,将更加危险且不可逆,诉讼参加人发表陈述或意见必须极尽谨慎。因此,作为当事人更应谨慎选择、委托诉讼出庭人选,避免自身或代理人疏漏;作为代理人则更应充分了解、研判案件事实、认识立场,提前模拟庭审,制定最有利的代理方案。

2. 关于电子数据

电子数据作为一种独立的证据形式,首次出现在2012年《民事诉讼法》中。电子数据是新的时代、技术条件下出现的新型信息载体,对生产、经济、生活渗透极深,不仅记录有海量信息,且数据规模庞大。

《民诉法解释》第116条对电子数据的含义作了规定:"电子数据是指通过电子邮件、电子数据交换、网上聊天记录、博客、微博客、手机短信、电子签名、域名等形成或者存储在电子介质中的信息。存储在电子介质中的录音资料和影像资料,适用电子数据的规定。"

《民诉法解释》使用列举的方式提示了电子数据的外延,但对于电子数据如何举证、如何认证未作进一步规定。

为了指导审判实践,《民事诉讼证据规定》不仅对电子数据的范围作出详细规定,并且对当事人如何提供电子数据、人民法院如何调查收集、如何保全电子数据等实践操作都提出了具体要求,更重要的是,规定了人民法院对电子数据的审查判断规则。

(1)电子数据的范围

《民事诉讼证据规定》第14条采用列举+兜底条款的方式界定电子数据的范围:"电子数据包括下列信息、电子文件:(一)网页、博客、微博客等网络平台发布的信息;(二)手机短信、电子邮件、即时通信、通信群组等网络应用服务的通信信息;(三)用户注册信息、身份认证信息、电子交易记录、通信记录、登录日志等信息;(四)文档、图片、音频、视频、数字证书、计算机程序等电子文件;(五)其他以数字化形式存储、处理、传输的能够证明案件事实的信息。"

(2)电子数据的提交和审查

我们以几种典型的电子数据形式证据为例,提示提交、审查电子数据证据时的要点：

①录音、录像证据

《民诉法解释》第 106 条规定："对以严重侵害他人合法权益、违反法律禁止性规定或者严重违背公序良俗的方法形成或者获取的证据，不得作为认定案件事实的根据。"

据此，严重侵犯个人隐私权、住宅安全等的偷录、偷拍等证据会因不具有合法性而丧失证据能力。

尽管如此，作为证据提交的录音、录像，仍常常是在隐秘状态下录制或拍摄形成，并未经过被录制、被拍摄人的同意。录音、录像证据取证过程的这一特征，使此类证据从很多角度易被提出质疑。

事实上，在纠纷产生后，往往越早录制或拍摄、越没有其他不相关人等参与的录音、录像，才是越容易在对方尚未防备的情况下取得更接近于事实真相的谈话内容。

当然，录音、录像证据基于其特殊性，在时间地点选择、器材选择、准备工作、话术安排、谈话引导、持续时长等方面都存在大量的取证技巧，这些取证技巧并非放之四海而皆准，而是应在不同的案件情况下，进行特别关注和安排。

提交录音、录像证据，除需通过原始载体演示外，通常还需要提交者刻制光盘，以及制作参加主体、谈话内容的逐字文稿。如果能够在公证员的公证行为下进行录音，则经过公证的录音、录像证据证明力会高于一般的录音、录像证据。

审查重点包括：

一是录音、录像证据的取得方式是否合法；

二是录音、录像中的人物身份，是否为当事人本人；

三是如果对人物身份提出质疑，是否有必要、有可能通过司法鉴定明确；

四是录音、录像内容是否真实，是否伪造形成；

五是录音、录像内容是否完整，是否经过剪辑拼接等技术处理；

六是谈话内容是否与案件具有关联性。

②手机短信及在线聊天记录

手机短信的指向比较明确。在线聊天记录通常指微信聊天记录、QQ 聊天记录、阿里旺旺聊天记录、钉钉聊天记录等。手机短信及在线聊天记录均应当当庭出示原件,即使用发送或接收到记录的设备出示。

但这类证据原件或因聊天各方身份无法明确、或因聊天对方退出聊天场所、或因聊天记录保存在不易移动的电子设备中,因此,多数情况下会在办理公证后提交,设备上的演示仅作为辅助开示手段选择适用。

一类特殊情况是,在纠纷发生后出于准备诉讼的需要,在专门引导下产生的手机短信及在线聊天记录,为便于说明其连贯性、完整性,从而增强其证明力,当事人可以选择拍摄下来手机短信及在线聊天记录形成的过程。

审查重点包括:

一是发件人、收件人各方姓名及手机号码是否清晰明确;

二是聊天各方昵称与真实身份的对应;

三是聊天记录发送/接收时间是否符合案件基本事实走向;

四是短信、聊天内容是否完整、有无删改;

五是被删改的内容是否具有向电信运营商、网络运营商进一步调查的必要性和可能性。

③电子邮件

电子邮件证据因其容易篡改、灭失,往往也以公证书的形式提交。提交人应当提供邮件内容(含附件),说明邮件的发件人、收件人及各方的身份特征,以及电子邮件的发送/接收时间。

审查重点:

一是发件人、收件人各方身份信息、职务信息与电子邮箱地址的对应关系;

二是邮件发送/接收行为属于职务行为还是个人行为;

三是电子邮箱运营商的规模;

四是各方对当庭演示的邮件内容没有异议时,可以直接打印提交;

五是各方对当庭演示的邮件内容存在争议时,需要办理公证或保全。

目前,市场上存在第三方电子证据机构,直接从电子邮箱运营商系统中对电子邮件进行保全,增强电子邮件证据本身的证明力,也能够得到司法机关的认可,不失为当事人在公证以外的又一便利的选择。

电子数据内容渠道成千上万,呈现出来的形式更五花八门,不同内容、不同形式的电子数据,其证明力差别很大。因此需要下功夫通过取证技巧增强电子数据的证明力。

需要统一说明的是,如果提交方能够自行为以上电子数据办理公证,则可以将公证文书作为证据提交,通常情况下公证文书的证明效力更强,此时证据形式也相应转变为书证。

(3)对赌争议解决启示

电子数据这种证据形式之所以特殊,就是因为对于裁判者来说,认定电子数据最难的一点就在于其真实性不容易判断;相对应地,对于当事人来说,提供电子数据的难点就在于如何尽可能地突出它的真实性、说服裁判者认可它的真实性。

而对赌交易的特征在于,首先,签约过程并非一蹴而就,而往往经过较长时期的接触、谈判、尽调、磋商过程才取得签约成果;其次,在履行期间,也要经过3年甚至5年的长期配合。

这样的签约、履行过程中,不仅会留下电子数据形式的证据,而且在长期交易过程中,往往电子数据内容已经能够非常直观地体现出各方在交易中地位、心态、情势、履约情况、违约程度的变化走势,特别有利于还原既往事实,故在对赌争议中尤为需要重视和有效利用电子数据证据。

3. 关于举证责任分配

(1)谁主张,谁举证

《民诉法解释》第90条规定:"当事人对自己提出的诉讼请求所依据的事实或者反驳对方诉讼请求所依据的事实,应当提供证据加以证明,但法律另有规定的除外。在作出判决前,当事人未能提供证据或者证据不足以证明其事实主张的,由负有举证证明责任的当事人承担不利的后果。"

《民诉法解释》第91条规定:"人民法院应当依照下列原则确定举证证明责任的承担,但法律另有规定的除外:(一)主张法律关系存在的当事人,应当对产生该法律关系的基本事实承担举证证明责任;(二)主张法律关系变更、消灭或者权利受到妨害的当事人,应当对该法律关系变更、消灭或者权利受到妨害的基本事实承担举证证明责任。"

以上规定,概括起来就是通称的"谁主张,谁举证"。

(2)举证责任法定

举证责任的分配具有法定性,举证责任应当依据实体法律作出的明确规定进行分配。这意味着,裁判者分配举证责任,只能是适用法律的过程,而不能是创设举证责任分配规则的过程。

旧《民事诉讼证据规定》第7条将特殊情况下举证责任的分配权力交给人民法院:"在法律没有具体规定,依本规定及其他司法解释无法确定举证责任承担时,人民法院可以根据公平原则和诚实信用原则,综合当事人举证能力等因素确定举证责任的承担。”

长期以来的司法实践中,将特定情况下的举证责任分配权力交给裁判者,确实存在一些裁判者在分配举证责任时随意化、任意化的现象,甚至衍生出滥用风险。

既然实体法律规范本身已经包含了法律对举证责任分配的内容,故新《民事诉讼证据规定》完全删除了旧《民事诉讼证据规定》第 7 条内容,裁判者分配举证责任不再适用,重新强调突出了举证责任由法律分配的法定原则。要确定具体某一案由下的某一事实举证责任分配规则,就要到实体法律中去寻找。

例如,根据《侵权责任法》第 6 条以及《民法典》第 1165 条的规定,就可以得出一般侵权的举证责任为过错、侵权行为、损害结果及因果关系四方面的结论,只要当事人举证证明了以上四点,侵权人都应当承担侵权赔偿责任。

再如《专利法》第 61 条“专利侵权纠纷涉及新产品制造方法的发明专利的,制造同样产品的单位或者个人应当提供其产品制造方法不同于专利方法的证明”的规定,同样指明了举证责任的分配规则。

这成为新《民事诉讼证据规定》的亮点之一。此后的审判实践中,如果确实出现按照实体法律规定确定举证责任分配可能导致明显不公平情形的,就因涉及《民诉法解释》第 91 条的适用问题,可以通过向最高人民法院请示,由最高人民法院批复的方式,或者通过其他司法解释解决,而不再允许裁判者在个案中随意变更法律所确定的举证责任分配规则。

(3)对赌争议解决启示

对赌交易由于其交易期较长,交易履行涉及多方主体磨合协作,极易发生各方当事人对其间部分事实争议不下,互相推脱举证责任的情况。

新《民事诉讼证据规定》明确举证责任法定的原则,事实上为当事人指引了提出主张、提交证据的方向,双方当事人只要按照实体法中的举证责任规定来积极争取胜诉结果,就不会再陷入举证责任分配混乱的境地。

当然,这也对争议解决律师提出了更高的要求。在纷繁琐碎的事实中,律师必须具备抽丝剥茧、去粗取精的能力,能够以争议焦点为主线,辨别出重点事实,分配清举证责任,避免陷入无端的论战消耗。

4. 关于书证提出命令

《民事诉讼法》中并没有“书证提出命令”制度，这项制度由《民诉法解释》第112条创设，规定如下：

“书证在对方当事人控制之下的，承担举证证明责任的当事人可以在举证期限届满前书面申请人民法院责令对方当事人提交。

申请理由成立的，人民法院应当责令对方当事人提交，因提交书证所产生的费用，由申请人负担。对方当事人无正当理由拒不提交的，人民法院可以认定申请人所主张的书证内容为真实。”

《民事诉讼证据规定》第45条至第48条完善了《民诉法解释》创设的这项制度。

如前所述，民事诉讼以“谁主张，谁举证”为举证责任分配原则。但在司法实践中，负有举证责任的当事人在争议发生后经常已经失去证据获取及掌控能力。正是在此种情况下，书证提出命令制度在实践中存在其必要性，一方面帮助当事人提高证据收集能力，另一方面震慑掌握重要证据却拒不提交的当事人，更重要的是，能够帮助裁判者查明案件事实。

(1) 书证提出命令的申请条件

《民事诉讼证据规定》第45条规定：“当事人根据《最高人民法院关于适用〈中华人民共和国民事诉讼法〉的解释》第一百一十二条的规定申请人民法院责令对方当事人提交书证的，申请书应当载明所申请提交的书证名称或者内容、需要以该书证证明的事实及事实的重要性、对方当事人控制该书证的根据以及应当提交该书证的理由。对方当事人否认控制书证的，人民法院应当根据法律规定、习惯等因素，结合案件的事实、证据，对于书证是否在对方当事人控制之下的事实作出综合判断。”

①申请对象：对方当事人，包括原告、被告、参与诉讼的第三人，而不包括案外人。

②申请形式：书面申请。

③申请书内容：

一是书证名称或内容；

二是待证事实及其重要性；

三是对方当事人控制该书证的根据；

四是应当提交该书证的理由。

④法院审查要点：法律规定、习惯，案件事实、证据等。

(2)书证提出命令的客体

根据《民事诉讼证据规定》第47条,控制以下书证的当事人应当提交该书证:

①控制书证的当事人在诉讼中曾经引用过的书证;

②为对方当事人的利益制作的书证;

③对方当事人依照法律规定有权查阅、获取的书证;

④账簿、记账原始凭证;

⑤人民法院认为应当提交书证的其他情形。

此外,根据《民事诉讼证据规定》第99条"关于书证的规定适用于视听资料、电子数据"之规定,视听资料、电子数据同样属于书证提出命令的客体。

(3)对书证提出命令申请的审查程序

根据《民事诉讼证据规定》第46条,人民法院审查当事人提交的书证提出命令申请时,应当听取对方当事人的意见,必要时可以要求双方当事人提供证据、进行辩论。

如果存在:①当事人申请提交的书证不明确;②书证对于待证事实的证明无必要;③待证事实对于裁判结果无实质性影响;④书证未在对方当事人控制之下;⑤不符合本规定第四十七条情形等情况的,人民法院不予准许。

当事人申请理由成立的,人民法院应当作出裁定,责令对方当事人提交书证;理由不成立的,通知申请人。

(4)拒不履行书证提出命令的法律后果

控制书证的当事人无正当理由拒不提交书证的,人民法院可以认定对方当事人所主张的书证内容为真实。

控制书证的当事人存在《民诉法解释》第112条规定情形的,人民法院可以认定对方当事人主张以该书证证明的事实为真实。

(5)对赌争议解决启示

我们经手办理过及研究分析过的很多对赌争议案件中,有两种情形非常多见:

一是在并购交易完成后,创业者完全脱离股东身份及管理者身份,与目标公司不再具有投资关系或经营管理关系,甚至不再担任任何职务;

二是在并购交易完成后,创业者无论是否继续对目标公司持股,但仍在目标公司担任管理职务,而在对赌协议履行期间,因双方经营理念不一致或目标公司业绩不理想等原因,被投资方踢出目标公司。

近来媒体上掀起不小波澜的案例，就有仍处于最高人民法院二审阶段的成都英德案，杭州市中级人民法院二审"最惨创业者"郭建案、四川省高级人民法院二审徐征与京福华越案、常州市中级人民法院一审光洋股份与吕超案等。

对赌争议案件中，双方争议焦点常常围绕公司经营管理、人员使用、财务状况、业绩实现水平等事实展开。可以想见，这些案例一旦涉诉，创业者一方除非在交易自始即具有极为谨慎的证据意识，否则必将在证据收集、掌控能力上处于绝对弱势的地位。

书证提出命令制度的完善，一定程度上填补了我国立法上对当事人及律师调查收集证据权利保障不够充分的漏洞，提高了证据弱势当事人的举证能力。新《民事诉讼证据规定》又从程序、内容、后果等各方面对该制度进行完善，对赌争议解决律师如果能够充分消化、正确适用这一制度，可能成为制胜法宝。

小结：

新《民事诉讼证据规定》一手规范裁判者调查、认定证据中的不规范司法行为，一手在提升当事人举证能力的同时，规制当事人滥用诉讼权利、证人虚假陈述、鉴定人虚假鉴定等妨碍民事诉讼行为，对诉讼中的不当行为力图加强防范和惩戒，是对我国以审判为中心的诉讼制度改革方向的有力贯彻落实。

新《民事诉讼证据规定》亮点很多，除前述三个重点外，再如完善当事人、证人具结和鉴定人承诺制度，修改免证事实，重新界定"新的证据"，以及防止裁判突袭等，都值得分别详述。限于篇幅，本书难以一一论及，随着《新民事诉讼证据规定》的全面适用实施，广大律师也定会在日后的律师代理工作中不断产生新的适用感悟。

（五）证据目录制作

当事人进入诉讼后，无论其诉讼地位如何，都必然参与诉讼中的举证质证程序，首当其冲面临的问题就是如何展示己方证据。

当事人或其委托代理人在民事案件中应当向法庭提交证据目录，作用在于以简明的方式罗列清楚证据，以对当事人主张的事实提供佐证。

证据目录制作与否以及制作水平，会直接影响到裁判者对当事人主张的事实、提供的证据的认知程度，甚至影响案件处理结果。可以想见，代理人如果开庭时面对一堆杂乱无章的证据，在庭审中手忙脚乱地查找，必然给裁判者留下不好的印象，也会因难以周全回应庭审而给对方提供机会。我们基于审判经验以及诉讼代理经验，总结出有效实现证据目录功能的一些要点。

1. 证据目录总体要求:简、明

我们把制作证据目录的总体要求概括为“简”“明”,看似简单,实际则需要反复斟酌才可能实现。简,意味着要用最少的字数表达。明,意味着字数虽少但重点清晰全面。

2. 证据目录的逻辑

整理制作证据目录的过程,并非仅仅围绕证据目录展开的独立过程,而应依托于代理思路的整体设计,选择按照时间顺序、事实发展演变顺序、诉讼请求顺序、争议焦点顺序、程序实体顺序、定性定量顺序等代理意见的体系结构,依次组织编排。

也就是说,只有对案件代理思路有了整体清晰的认知,才可能编排出符合代理逻辑、有助于实现代理效果的证据目录。一份简明扼要的证据目录,应该能够清晰地体现出代理人的代理思路。

3. 证据目录的内容及形式

《证据目录》包含的必备信息通常有案号、案件名称、提交人、证据编号、组别编号、证据名称、证明事项、证据来源、证据形式及页码等。与大多数法律文书不同,证据目录通常以表格的形式呈现,如表5-7所示。

表5-7　证据目录

序　号	证据名称	证明目的	形　式	页　码
第一组:证明……				
1			原　件	1-3
2			复印件	4-6
第二组:证明……				
3			打印件	7-9
4			档案复印件	10-11
第三组:证明……				
5			原　件	12-15
6			原　件	16-20

证据目录“简”的要求,主要体现在证明事项中。

针对一份证据完整地说明其证明事项,往往需要从其产生的时间、地点、场合、背景讲起,介绍牵涉的主体或人物,摘抄引用其内容,甚至与其他证据作对比等。但证据目录的表格篇幅有限,又要兼顾美观协调,因此将证明事项写成“代理意见”是大忌。

证据目录“明”的要求,主要体现在两个方面,一是编排分组的逻辑顺序,二是形式及格式。

首先,在复杂案件中,证据可能多达几十份甚至上百份,此时证据目录中的编号绝非简单的一二三,将证明同一事实或观点的证据编为一组,并统一说明组别证明目的,极为必要,这是树立代理思路的重要手段。在此基础上,分别说明每份证据单独的证明目的,使之有总有分、详略得当,符合大多数阅读者的理解逻辑,才有可能帮助裁判者更快地接收到代理人的思想。

其次,证据目录的表现形式多为表格,在有限的单元格空间内,只有对字号、编号、列宽、行间距、段间距、页边距等细节反复调整,标清重点,才能使阅读者一目了然,而无须费力分辨筛选有价值的信息。

总结:

民事诉讼/仲裁案件中,裁判者是以事实为依据、以法律为准绳作出裁判结果。案件事实是适用法律的前提,而证据是认定案件事实的基础。在民事争议解决程序中正确理解与适用证据制度,才能够利用证据有效地传递案件事实信息,使证据自身说话,真正发挥证据证明作用。

第二节　执行

在承诺的业绩目标或上市目标未能完成的情况下,投融资双方如不能就现金/股权补偿、股权回购达成一致意见,最终难免要通过诉讼或仲裁的方式予以解决。

根据我们的统计,在 PE/VC 对赌中,投资方的胜诉率高达 91.4%;在上市公司对赌纠纷中,这一对比更加明显,上市公司对赌纠纷中,投资方的胜率超过 99%。

由此可见,在投融资对赌交易中,在绝大多数情况下,投资方都会成为最终的胜利者。

仅仅拿到胜诉的法院判决书或仲裁裁决书,显然是不够的,真正实现现金/股权补偿、股权回购才是投资方的最终目标。如果融资方不能或不愿主动履行补偿或回购义务,投资方很可能不得不启动强制执行程序。

民事执行,也称民事强制执行、强制执行,是指国家机关依债权人的申请,依据执行依据,运用国家强制力,强制债务人履行义务,以实现债权人的民事权利的活动。①

而对于融资方而言,即使已经在诉讼/仲裁中"落败",在强制执行程序中仍有权益需要保障,甚至存在争取"起死回生"的机会。

一、融资方在执行程序中应当关注的问题及享有的权利

(一)对强制执行所依据的生效裁判文书提出挑战

与法律关系简单、权利义务内容清晰的一般买卖、借贷交易可以通过公证债权文书予以快速解决不同,投融资对赌交易的结构通常比较复杂,时间跨度也比较长,一旦双方发生争议,通常要通过诉讼或仲裁程序,由法官或仲裁员进行实体审理才能作出最终判断,因此,投资方申请强制执行的依据通常为法院作出的生效民事判决书,或仲裁机构作出的生效仲裁裁决书。

人民法院依据投资方的申请采取强制执行措施,以执行依据生效为前提,因此,融资方如欲从根本上摆脱不利处境,"推翻"生效裁判文书堪称最理想的方式。

1. 申请对法院作出的生效判决、裁定进行再审

《民事诉讼法》在第十六章规定了审判监督程序,对已经发生法律效力的判决、裁定中的错误进行纠正。审判监督程序,也称为再审程序,其启动主体主要分为四类:各级人民法院院长及上级人民法院、当事人、人民检察院、案外人,其中申请再审最常见的主体是当事人。

因此,如对赌纠纷系通过民事诉讼解决,融资方可以依据《民事诉讼法》第200条的规定向有管辖权的人民法院申请再审。

《民事诉讼法》第200条规定:"当事人的申请符合下列情形之一的,人民法院应当再审:(一)有新的证据,足以推翻原判决、裁定的;(二)原判决、裁定认定的基本事实缺乏证据证明的;(三)原判决、裁定认定事实的主要证据是伪造的;(四)原判决、裁定认定事实的主要证据未经质证的;(五)对审

① 江伟、肖建国主编:《民事诉讼法》,中国人民大学出版社2018年版,第429页。

理案件需要的主要证据，当事人因客观原因不能自行收集，书面申请人民法院调查收集，人民法院未调查收集的；（六）原判决、裁定适用法律确有错误的；（七）审判组织的组成不合法或者依法应当回避的审判人员没有回避的；（八）无诉讼行为能力人未经法定代理人代为诉讼或者应当参加诉讼的当事人，因不能归责于本人或者其诉讼代理人的事由，未参加诉讼的；（九）违反法律规定，剥夺当事人辩论权利的；（十）未经传票传唤，缺席判决的；（十一）原判决、裁定遗漏或者超出诉讼请求的；（十二）据以作出原判决、裁定的法律文书被撤销或者变更的；（十三）审判人员审理该案件时有贪污受贿，徇私舞弊，枉法裁判行为的。”

从上述规定可以看出，当事人申请再审的事由主要包括：事实认定错误（主要由证据问题所导致）、实体问题的法律适用错误、重大程序错误导致当事人未能行使主要诉讼权利、审判人员存在重大违法行为等。

当事人在法定期限内提出再审申请并由有管辖权的人民法院依法受理，案件进入再审审查阶段；只有案件通过再审审查并最终决定再审、进入再审审理阶段，原生效裁判文书的执行程序才会被中止。

《民事诉讼法》第 199 条规定：“当事人对已经发生法律效力的判决、裁定，认为有错误的，可以向上一级人民法院申请再审……当事人申请再审的，不停止判决、裁定的执行。”

《民事诉讼法》第 206 条规定：“按照审判监督程序决定再审的案件，裁定中止原判决、裁定、调解书的执行，但追索赡养费、扶养费、抚育费、抚恤金、医疗费用、劳动报酬等案件，可以不中止执行。”

本书第五章第四节民事诉讼制度部分已就再审程序的主要问题进行了较为全面的介绍，在此不再赘述。

2. 对仲裁机构作出的生效仲裁裁决书申请撤销或不予执行

为实现对仲裁的司法监督，我国规定了仲裁裁决书的撤销与不予执行制度。

如对赌纠纷系通过仲裁方式解决，为使投资方的执行申请丧失依据，融资方可以就仲裁裁决书向有管辖权的人民法院提出撤销或不予执行的申请。

《仲裁法》第 64 条规定：“一方当事人申请执行裁决，另一方当事人申请撤销裁决的，人民法院应当裁定中止执行。

人民法院裁定撤销裁决的，应当裁定终结执行。撤销裁决的申请被裁定驳回的,人民法院应当裁定恢复执行。”

国内仲裁裁决撤销的事由规定在《仲裁法》的第58条:“当事人提出证据证明裁决有下列情形之一的,可以向仲裁委员会所在地的中级人民法院申请撤销裁决:(一)没有仲裁协议的;(二)裁决的事项不属于仲裁协议的范围或者仲裁委员会无权仲裁的;(三)仲裁庭的组成或者仲裁的程序违反法定程序的;(四)裁决所根据的证据是伪造的;(五)对方当事人隐瞒了足以影响公正裁决的证据的;(六)仲裁员在仲裁该案时有索贿受贿,徇私舞弊,枉法裁决行为的。人民法院经组成合议庭审查核实裁决有前款规定情形之一的,应当裁定撤销。人民法院认定该裁决违背社会公共利益的,应当裁定撤销。”

国内仲裁裁决不予执行的事由规定在《民事诉讼法》第237条:“对依法设立的仲裁机构的裁决,一方当事人不履行的,对方当事人可以向有管辖权的人民法院申请执行。受申请的人民法院应当执行。被申请人提出证据证明仲裁裁决有下列情形之一的,经人民法院组成合议庭审查核实,裁定不予执行:(一)当事人在合同中没有订有仲裁条款或者事后没有达成书面仲裁协议的;(二)裁决的事项不属于仲裁协议的范围或者仲裁机构无权仲裁的;(三)仲裁庭的组成或者仲裁的程序违反法定程序的;(四)裁决所根据的证据是伪造的;(五)对方当事人向仲裁机构隐瞒了足以影响公正裁决的证据的;(六)仲裁员在仲裁该案时有贪污受贿,徇私舞弊,枉法裁决行为的。人民法院认定执行该裁决违背社会公共利益的,裁定不予执行。裁定书应当送达双方当事人和仲裁机构。仲裁裁决被人民法院裁定不予执行的,当事人可以根据双方达成的书面仲裁协议重新申请仲裁,也可以向人民法院起诉。”

涉外仲裁裁决撤销的事由与不予执行的事由相同,规定在《民事诉讼法》第274条:“对中华人民共和国涉外仲裁机构作出的裁决,被申请人提出证据证明仲裁裁决有下列情形之一的,经人民法院组成合议庭审查核实,裁定不予执行:(一)当事人在合同中没有订有仲裁条款或者事后没有达成书面仲裁协议的;(二)被申请人没有得到指定仲裁员或者进行仲裁程序的通知,或者由于其他不属于被申请人负责的原因未能陈述意见的;(三)仲裁庭的组成或者仲裁的程序与仲裁规则不符的;(四)裁决的事项不属于仲裁协议的范围或者仲裁机构无权仲裁的。人民法院认定执行该裁决违背社会公共利益的,裁定不予执行。”

需要注意的是,融资方虽然享有申请撤销仲裁裁决和申请不予执行仲裁裁决两项救济权利,但为避免当事人滥用权利,法律对权利的行使设置了限制:在其中一个程序中主张过的事由,不得在另一个程序中重复主张;多个不予执行事由(如有)应当一并主张。

《仲裁裁决执行规定》第 10 条规定:"被执行人申请不予执行仲裁裁决,对同一仲裁裁决的多个不予执行事由应当一并提出。不予执行仲裁裁决申请被裁定驳回后,再次提出申请的,人民法院不予审查,但有新证据证明存在民事诉讼法第二百三十七条第二款第四、六项规定情形的除外。"

《仲裁裁决执行规定》第 20 条第 1 款规定:"当事人向人民法院申请撤销仲裁裁决被驳回后,又在执行程序中以相同事由提出不予执行申请的,人民法院不予支持;当事人向人民法院申请不予执行被驳回后,又以相同事由申请撤销仲裁裁决的,人民法院不予支持。"

关于仲裁裁决书的撤销与不予执行的其他问题,本书第五章第四节仲裁制度部分已经作了相应的介绍,在此不再赘述。

(二)对执行法院采取的强制执行行为提出异议

《民事诉讼法》第 225 条规定:"当事人、利害关系人认为执行行为违反法律规定的,可以向负责执行的人民法院提出书面异议。当事人、利害关系人提出书面异议的,人民法院应当自收到书面异议之日起十五日内审查,理由成立的,裁定撤销或者改正;理由不成立的,裁定驳回。当事人、利害关系人对裁定不服的,可以自裁定送达之日起十日内向上一级人民法院申请复议。"

融资方如果认为执行程序、执行法院采取的执行措施违反法律规定,可以向执行法院提出异议,请求执行法院变更或者撤销某执行行为。

1. 常见的执行行为异议事由

(1)法院采取的执行措施错误或不当,如法院采取的查封、冻结、扣押措施不当,导致被执行财产价值贬损。

(2)执行行为违反法定程序,如对被执行的不动产或动产进行拍卖前,应当履行评估和公告程序而未履行或违反相关期限规定。

(3)执行依据丧失执行力,如申请执行人已经明确表示免除被执行人的义务。

2. 执行行为异议的主要程序

为了规范人民法院办理执行异议和复议案件,最高人民法院于 2015 年

5月发布并实施了《执行异议和复议规定》(法释〔2015〕10号)。

根据该规定,执行行为异议的主要程序如下:

(1)异议人在法定期限内向执行法院提交书面异议申请

除非是对终结执行措施提出异议,异议人应当在执行程序终结之前向执行法院提交书面异议申请。

申请书应当载明具体的异议请求、事实、理由等内容,并附异议人的身份证明、相关证据材料、送达地址和联系方式。

(2)执行法院对是否受理异议申请作出决定

执行异议符合《民事诉讼法》规定条件的,执行法院应当在3日内立案,并在立案后3日内通知异议人和相关当事人。不符合受理条件的,裁定不予受理。立案后发现不符合受理条件的,裁定驳回申请。

执行异议申请材料不齐备的,执行法院应当一次性告知异议人在3日内补足,逾期未补足的,不予受理。

异议人对不予受理或者驳回申请裁定不服的,可以自裁定送达之日起10日内向上一级人民法院申请复议。上一级人民法院审查后认为符合受理条件的,应当裁定撤销原裁定,指令执行法院立案或者对执行异议进行审查。

(3)执行行为异议的审查与裁判

执行法院审查执行异议案件,应当依法组成合议庭;指令重新审查的执行异议案件,应当另行组成合议庭。办理执行实施案件的人员不得参与相关执行异议和复议案件的审查。

执行法院对执行异议案件实行书面审查。案情复杂、争议较大的,应当进行听证。

异议人对同一执行行为有多个异议事由,但未在异议审查过程中一并提出,撤回异议或者被裁定驳回异议后,再次就该执行行为提出异议的,法院不予受理。

执行行为异议审查后的结果包括如下几种情况:

①异议不成立的,裁定驳回异议;

②异议成立的,裁定撤销相关执行行为;

③异议部分成立的,裁定变更相关执行行为;

④异议成立或者部分成立,但执行行为无撤销、变更内容的,裁定异议成立或者相应部分异议成立。

执行法院依照《民事诉讼法》第225条规定就执行行为异议作出裁定时,应当告知相关权利人申请复议的权利和期限。

(4)申请复议

如融资方提出的执行行为异议被执行法院裁定驳回,融资方可以依据《民事诉讼法》第225条的规定,在收到裁定之日起10日内向上一级人民法院申请复议。

法院审查执行异议复议案件,应当依法组成合议庭。

法院对执行异议复议案件实行书面审查。案情复杂、争议较大的,应当进行听证。

法院应当自收到复议申请之日起30日内完成审查并作出复议裁定;有特殊情况需要延长的,经本院院长批准,可以延长,但延长不得超过30日。

《执行异议和复议规定》第23条规定:“上一级人民法院对不服异议裁定的复议申请审查后,应当按照下列情形,分别处理:(一)异议裁定认定事实清楚,适用法律正确,结果应予维持的,裁定驳回复议申请,维持异议裁定;(二)异议裁定认定事实错误,或者适用法律错误,结果应予纠正的,裁定撤销或者变更异议裁定;(三)异议裁定认定基本事实不清、证据不足的,裁定撤销异议裁定,发回作出裁定的人民法院重新审查,或者查清事实后作出相应裁定;(四)异议裁定遗漏异议请求或者存在其他严重违反法定程序的情形,裁定撤销异议裁定,发回作出裁定的人民法院重新审查;(五)异议裁定对应当适用民事诉讼法第二百二十七条规定审查处理的异议,错误适用民事诉讼法第二百二十五条规定审查处理的,裁定撤销异议裁定,发回作出裁定的人民法院重新作出裁定。除依照本条第一款第三、四、五项发回重新审查或者重新作出裁定的情形外,裁定撤销或者变更异议裁定且执行行为可撤销、变更的,应当同时撤销或者变更该裁定维持的执行行为。人民法院对发回重新审查的案件作出裁定后,当事人、利害关系人申请复议的,上一级人民法院复议后不得再次发回重新审查。”

3. 执行行为异议及复议申请的法律效力

《执行解释》第10条规定:“执行异议审查和复议期间,不停止执行。

被执行人、利害关系人提供充分、有效的担保请求停止相应处分措施的,人民法院可以准许;申请执行人提供充分、有效的担保请求继续执行的,应当继续执行。”

由此可见,仅仅提出执行行为异议和复议申请,并不能产生停止生效裁判文书执行程序的效果,即使被执行人提供充分有效的担保请求停止处分措施,在申请执行人也提供充分、有效的担保请求继续执行的情况下,执行程序仍将继续。只有执行行为异议得到法院的支持,才能实现撤销或变更法院执行行为的目标。

二、投资方在强制执行程序中享有的权利以及可能遇到的障碍

(一)对强制执行所依据的生效裁判文书提出挑战

如前所述,绝大多数对赌案件中,在投融资双方协商无法达成一致的情况下,投资方都是作为原告或申请人,主动启动诉讼或仲裁程序,其诉讼或仲裁请求多为要求融资方支付现金或股权补偿、回购股权;而融资方通常仅就投资方的请求提出抗辩,要求减轻或免除补偿或回购义务,很少主动启动诉讼/仲裁程序,或者提出反诉或反请求。

但实务中,还是存在少数融资方提出诉讼或仲裁请求的情况,如融资方认为投资方未能按照投资协议的约定提供资金支持(如提供贷款)或未能履行其他承诺的义务,不仅导致业绩目标未能实现,而且给融资方造成了其他损失,从而要求投资方予以赔偿;或者,投资方将融资方"踢出"目标公司或以其他方式剥夺融资方对目标公司的经营权,导致业绩补偿履行的基础已经消灭,融资方为此要求解除投资协议。

如果融资方提出的索赔请求得到支持,则投资方也可能成为被执行人。同样的,人民法院依据融资方的申请对投资方采取强制执行措施,以执行依据具有法律效力为前提,因此,投资方如欲从根本上摆脱被执行的不利处境,可以申请对法院作出的生效判决、裁定进行再审,或者对仲裁机构作出的生效仲裁裁决书申请撤销或不予执行。

作为对赌纠纷案件的当事人,投资方在申请再审、申请撤销或不予执行仲裁裁决书程序中享有的权利以及需要遵循的相关法律程序,与融资方相同。

(二)债权的保全——对融资方实施的损害投资方债权的行为主张并行使代位权、撤销权

一旦投资方提出的现金/股权补偿、股权回购的请求得到生效裁判文书的支持,融资方即负有向投资方支付现金或交付股权的义务,同时也意味着,投资方享有的债权得到了生效裁判文书的正式确认。

为寻求利益的最大化,融资方可能会采取各种措施摆脱或逃避债务,如

不及时主张或主动放弃其对他人享有的到期债权、无偿或低价转让自己的财产,等等。

为此,投资方应当了解并学会运用法律武器保全自己的债权。

就债权的保全,我国法律规定了代位权和撤销权两种制度。在《民法典》颁布施行前,代位权和撤销权制度主要规定在《合同法》及《合同法解释(一)》之中。现在,《民法典》第三编合同中的第五章“合同的保全”就该两项制度作了专门的规定。

1. 代位权

《合同法》第 73 条规定:“因债务人怠于行使其到期债权,对债权人造成损害的,债权人可以向人民法院请求以自己的名义代位行使债务人的债权,但该债权专属于债务人自身的除外。代位权的行使范围以债权人的债权为限。债权人行使代位权的必要费用,由债务人负担。”

《合同法解释(一)》第 11 条至第 22 条,分别就债权人行使代位权的条件、“专属于债务人自身债权”的范围、“因债务人怠于行使其到期债权,对债权人造成损害”的含义、代位权诉讼的管辖、当事人的诉讼地位及合并审理、财产保全、代位权行使的法律后果等进行了比较详细的规定。

《民法典》用了以下三个条文对代位权的内容进行了规定。

第 535 条规定:“因债务人怠于行使其债权或者与该债权有关的从权利,影响债权人的到期债权实现的,债权人可以向人民法院请求以自己的名义代位行使债务人对相对人的权利,但是该权利专属于债务人自身的除外。代位权的行使范围以债权人的到期债权为限。债权人行使代位权的必要费用,由债务人负担。相对人对债务人的抗辩,可以向债权人主张。”

第 536 条规定:“债权人的债权到期前,债务人的债权或者与该债权有关的从权利存在诉讼时效期间即将届满或者未及时申报破产债权等情形,影响债权人的债权实现的,债权人可以代位向债务人的相对人请求其向债务人履行、向破产管理人申报或者作出其他必要的行为。”

第 537 条规定:“人民法院认定代位权成立的,由债务人的相对人向债权人履行义务,债权人接受履行后,债权人与债务人、债务人与相对人之间相应的权利义务终止。债务人对相对人的债权或者与该债权有关的从权利被采取保全、执行措施,或者债务人破产的,依照相关法律的规定处理。”

2. 撤销权

《合同法》第 74 条规定:“因债务人放弃其到期债权或者无偿转让财产,对债权人造成损害的,债权人可以请求人民法院撤销债务人的行为。债务人以明显不合理的低价转让财产,对债权人造成损害,并且受让人知道该情形的,债权人也可以请求人民法院撤销债务人的行为。撤销权的行使范围以债权人的债权为限。债权人行使撤销权的必要费用,由债务人负担。”

《合同法解释(一)》第 23 条至第 26 条,分别就撤销权诉讼的管辖、当事人的诉讼地位及合并审理、撤销权行使的法律后果及费用的承担进行了规定。

《民法典》用了以下 5 个条文对撤销权的内容进行了规定。

第 538 条规定:“债务人以放弃其债权、放弃债权担保、无偿转让财产等方式无偿处分财产权益,或者恶意延长其到期债权的履行期限,影响债权人的债权实现的,债权人可以请求人民法院撤销债务人的行为。”

第 539 条规定:“债务人以明显不合理的低价转让财产、以明显不合理的高价受让他人财产或者为他人的债务提供担保,影响债权人的债权实现,债务人的相对人知道或者应当知道该情形的,债权人可以请求人民法院撤销债务人的行为。”

第 540 条规定:“撤销权的行使范围以债权人的债权为限。债权人行使撤销权的必要费用,由债务人负担。”

第 541 条规定:“撤销权自债权人知道或者应当知道撤销事由之日起一年内行使。自债务人的行为发生之日起五年内没有行使撤销权的,该撤销权消灭。”

第 542 条规定:“债务人影响债权人的债权实现的行为被撤销的,自始没有法律约束力。”

(三)案外人认为生效裁判文书侵犯其合法权益或对执行标的提出权利主张

1. 案外人对执行标的提出异议

在执行过程中,不仅融资方可以就执行行为提出异议,投资方也可能会面临案外人对执行标的提出异议的情况。

案外人执行异议,是指案外人对执行标的享有排除强制执行的实体权利,向执行法院提出不得对执行标的进行执行的异议请求。

《民事诉讼法》第 227 条规定:“执行过程中,案外人对执行标的提出书面异议的,人民法院应当自收到书面异议之日起十五日内审查,理由成立的,裁定中止对该标的的执行;理由不成立的,裁定驳回。案外人、当事人对裁定不服,认为原判决、裁定错误的,依照审判监督程序办理;与原判决、裁定无关的,可以自裁定送达之日起十五日内向人民法院提起诉讼。"

执行标的异议的理由通常为案外人对执行标的主张所有权、担保物权、占有等足以排除执行标的转让、交付的实体权利。

案外人依照《民事诉讼法》第227条规定对执行标的提出异议的,应当在异议指向的执行标的执行终结之前提出;执行标的由当事人受让的,应当在执行程序终结之前提出。

(1)案外人执行异议的审查内容

《执行异议和复议规定》第24条规定:"对案外人提出的排除执行异议,人民法院应当审查下列内容:(一)案外人是否系权利人;(二)该权利的合法性与真实性;(三)该权利能否排除执行。"

(2)案外人执行异议的审查标准

投资方的请求通常为现金/股权补偿、股权回购,因此,如生效裁判文书的内容为现金补偿或股权回购,则执行内容为金钱债权;如生效裁判文书的内容为股权补偿,则执行内容为非金钱债权。

就执行标的提出执行异议被驳回后,案外人对裁定不服,认为与原判决、裁定无关的,可以提起执行异议之诉。由此可见,执行异议之诉是案外人执行异议被驳回后的司法救济手段,案外人在执行异议中提出的理由未能得到支持,则可以在执行异议之诉中再次主张以寻求救济。因此,无论案外人主张的异议理由系在执行异议阶段还是在执行异议之诉阶段提出,异议理由是相同的,而法院的审查标准也应当是一致的。

①一般标准

《执行异议和复议规定》第25条规定:"对案外人的异议,人民法院应当按照下列标准判断其是否系权利人:(一)已登记的不动产,按照不动产登记簿判断;未登记的建筑物、构筑物及其附属设施,按照土地使用权登记簿、建设工程规划许可、施工许可等相关证据判断;(二)已登记的机动车、船舶、航空器等特定动产,按照相关管理部门的登记判断;未登记的特定动产和其他动产,按照实际占有情况判断;(三)银行存款和存管在金融机构的有价证券,按照金融机构和登记结算机构登记的账户名称判断;有价证券由具备合法经营资质的托管机构名义持有的,按照该机构登记的实际投资人账户名称判断;(四)股权按照工商行政管理机关的登记和企业信用信息公示系统公示的信息判断;(五)其他财产和权利,有登记的,按照登记机构的登记判断;无登记的,按照合同等证明财产权属或者权利人的证据判断。案外人依据另案生效法律文书提出排除执行异议,该法律文书认定的执行标的权利人与依照前款规定得出的判断不一致的,依照本规定第二十六条规定处理。"

②案外人依据另案生效法律文书提出异议的审查标准

《执行异议和复议规定》第26条规定:"金钱债权执行中,案外人依据执行标的被查封、扣押、冻结前作出的另案生效法律文书提出排除执行异议,人民法院应当按照下列情形,分别处理:(一)该法律文书系就案外人与被执行人之间的权属纠纷以及租赁、借用、保管等不以转移财产权属为目的的合同纠纷,判决、裁决执行标的归属于案外人或者向其返还执行标的且其权利能够排除执行的,应予支持;(二)该法律文书系就案外人与被执行人之间除前项所列合同之外的债权纠纷,判决、裁决执行标的归属于案外人或者向其交付、返还执行标的的,不予支持;(三)该法律文书系案外人受让执行标的的拍卖、变卖成交裁定或者以物抵债裁定且其权利能够排除执行的,应予支持。金钱债权执行中,案外人依据执行标的被查封、扣押、冻结后作出的另案生效法律文书提出排除执行异议的,人民法院不予支持。非金钱债权执行中,案外人依据另案生效法律文书提出排除执行异议,该法律文书对执行标的权属作出不同认定的,人民法院应当告知案外人依法申请再审或者通过其他程序解决。申请执行人或者案外人不服人民法院依照本条第一、二款规定作出的裁定,可以依照民事诉讼法第二百二十七条规定提起执行异议之诉。"

关于金钱债权执行中,案外人依据另案生效法律文书提出异议的审查标准的具体适用,最高人民法院在2019年11月发布的《九民纪要》中进行了进一步的说明。

《九民纪要》第124条规定:"【案外人依据另案生效裁判对金钱债权的执行提起执行异议之诉】作为执行依据的生效裁判并未涉及执行标的物,只是执行中为实现金钱债权对特定标的物采取了执行措施。对此种情形,《最高人民法院关于人民法院办理执行异议和复议案件若干问题的规定》第26条规定了解决案外人执行异议的规则,在审理执行异议之诉时可以参考适用。依据该条规定,作为案外人提起执行异议之诉依据的裁判将执行标的物确权给案外人,可以排除执行;作为案外人提起执行异议之诉依据的裁判,未将执行标的物确权给案外人,而是基于不以转移所有权为目的的有效合同(如租赁、借用、保管合同),判令向案外人返还执行标的物的,其性质属于物权请求权,亦可以排除执行;基于以转移所有权为目的有效合同(如买卖合同),判令向案外人交付标的物的,其性质属于债权请求权,不能排除执行。应予注意的是,在金钱债权执行中,如果案外人提出执行异议之诉依据的生效裁判认定以转移所有权为目的的合同(如买卖合同)无效或应当解除,进而判令向案外人返还执行标的物的,此时案外人享有的是物权性质的返还请求权,本可排除金钱债权的执行,但在双务合同无效的情况下,双方互负返还义务,在案外人未返还价款的情况下,如果允许其排除金钱债权的执行,将会使申请执行人既执行不到被执行人名下的财产,又执行不到本应返还给被执行人的价款,显然有失公允。为平衡各方当事人的利益,只有在案外人已经返还价款的情况下,才能排除普通债权人的执行。反之,案外人未返还价款的,不能排除执行。"

同时,针对非金钱债权执行中,案外人依据另案生效法律文书提出异议的审查问题,在原有《执行异议和复议规定》的基础上,《九民纪要》也进行了补充说明。

《九民纪要》第123条规定:"【案外人依据另案生效裁判对非金钱债权的执行提起执行异议之诉】审判实践中,案外人有时依据另案生效裁判所认定的与执行标的物有关的权利提起执行异议之诉,请求排除对标的物的执行。此时,鉴于作为执行依据的生效裁判与作为案外人提出执行异议依据的生效裁判,均涉及对同一标的物权属或给付的认定,性质上属于两个生效裁判所认定的权利之间可能产生的冲突,人民法院在审理执行异议之诉时,需区别不同情况作出判断:如果作为执行依据的生效裁判是确权裁判,不论作为执行异议依据的裁判是确权裁判还是给付裁判,一般不应据此排除执行,但人民法院应当告知案外人对作为执行依据的确权裁判申请再审;如果作为执行依据的生效裁判是给付标的物的裁判,而作为提出异议之诉依据的裁判是确权裁判,一般应据此排除执行,此时人民法院应告知其对该确权裁判申请再审;如果两个裁判均属给付标的物的裁判,人民法院需依法判断哪个裁判所认定的给付权利具有优先性,进而判断是否可以排除执行。"

③金钱债权执行中,买受人对登记在被执行人名下不动产提出异议的

审查标准

《执行异议和复议规定》第 28 条规定:“金钱债权执行中,买受人对登记在被执行人名下的不动产提出异议,符合下列情形且其权利能够排除执行的,人民法院应予支持:(一)在人民法院查封之前已签订合法有效的书面买卖合同;(二)在人民法院查封之前已合法占有该不动产;(三)已支付全部价款,或者已按照合同约定支付部分价款且将剩余价款按照人民法院的要求交付执行;(四)非因买受人自身原因未办理过户登记。”

关于该异议问题的具体审查标准,最高人民法院在《九民纪要》中予以进一步明确。

《九民纪要》第 127 条规定:“【案外人系商品房消费者之外的一般买受人】金钱债权执行中,商品房消费者之外的一般买受人对登记在被执行人名下的不动产提出异议,请求排除执行的,《最高人民法院关于人民法院办理执行异议和复议案件若干问题的规定》第 28 条规定,符合下列情形的依法予以支持:一是在人民法院查封之前已签订合法有效的书面买卖合同;二是在人民法院查封之前已合法占有该不动产;三是已支付全部价款,或者已按照合同约定支付部分价款且将剩余价款按照人民法院的要求交付执行;四是非因买受人自身原因未办理过户登记。人民法院在审理执行异议之诉案件时,可参照适用此条款。实践中,对于该规定的前 3 个条件,理解并无分歧。对于其中的第 4 个条件,理解不一致。一般而言,买受人只要有向房屋登记机构递交过户登记材料,或向出卖人提出了办理过户登记的请求等积极行为的,可以认为符合该条件。买受人无上述积极行为,其未办理过户登记有合理的客观理由的,亦可认定符合该条件。”

④金钱债权执行中,买受人对登记在被执行的房地产开发企业名下的商品房提出异议的审查标准

《执行异议和复议规定》第 29 条规定:“金钱债权执行中,买受人对登记在被执行的房地产开发企业名下的商品房提出异议,符合下列情形且其权利能够排除执行的,人民法院应予支持:(一)在人民法院查封之前已签订合法有效的书面买卖合同;(二)所购商品房系用于居住且买受人名下无其他用于居住的房屋;(三)已支付的价款超过合同约定总价款的百分之五十。”

关于该异议问题的具体审查标准,最高人民法院在《九民纪要》中予以进一步明确。

《九民纪要》第 125 条规定:“【案外人系商品房消费者】实践中,商品房消费者向房地产开发企业购买商品房,往往没有及时办理房地产过户手续。房地产开发企业因欠债而被强制执行,人民法院在对尚登记在房地产开发企业名下但已出卖给消费者的商品房采取执行措施时,商品房消费者往往会提出执行异议,以排除强制执行。对此,《最高人民法院关于人民法院办理执行异议和复议案件若干问题的规定》第 29 条规定,符合下列情形的,应当支持商品房消费者的诉讼请求:一是在人民法院查封之前已签订合法有效的书面买卖合同;二是所购商品房系用于居住且买受人名下无其他用于居住的房屋;三是已支付的价款超过合同约定总价款的百分之五十。人民法院在审理执行异议之诉案件时,可参照适用此条款。问题是,对于其中‘所购商品房系用于居住且买受人名下无其他用于居住的房屋’如何理解,审判实践中掌握的标准不一。‘买受人名下无其他用于居住的房屋’,可以理解为在案涉房屋同一设区的市或者县级市范围内商品房消费者名下没有用于居住的房屋。商品房消费者名下虽然已有 1 套房屋,但购买的房屋在面积上仍然属于满足基本居住需要的,可以理解为符合该规定的精神。对于其中‘已支付的价款超过合同约定总价款的百分之五十’如何理解,审判实践中掌握的标准也不一致。如果商品房消费者支付的价款接近于百分之五十,且已按照合同约定将剩余价款支付给申请执行人或者按照人民法院的要求交付执行的,可以理解为符合该规定的精神。”

《九民纪要》第 126 条规定:“【商品房消费者的权利与抵押权的关系】根据《最高人民法院关于建设工程价款优先受偿权问题的批复》第 1 条、第 2 条的规定,交付全部或者大部分款项的商品房消费者的权利优先于抵押权人的抵押权,故抵押权人申请执行登记在房地产开发企业名下但已销售给消费者的商品房,消费者提出执行异议的,人民法院依法予以支持。但应当特别注意的是,此情况是针对实践中存在的商品房预售不规范现象为保护消费者生存权而作出的例外规定,必须严格把握条件,避免扩大范围,以免动摇抵押权具有优先性的基本原则。因此,这里的商品房消费者应当仅限于符合本纪要第 125 条规定的商品房消费者。买受人不是本纪要第 125 条规定的商品房消费者,而是一般的房屋买卖合同的买受人,不适用上述处理规则。”

⑤其他异议的审查标准

《执行异议和复议规定》第30条规定:“金钱债权执行中,对被查封的办理了受让物权预告登记的不动产,受让人提出停止处分异议的,人民法院应予支持;符合物权登记条件,受让人提出排除执行异议的,应予支持。”

《执行异议和复议规定》第31条规定:“承租人请求在租赁期内阻止向受让人移交占有被执行的不动产,在人民法院查封之前已签订合法有效的书面租赁合同并占有使用该不动产的,人民法院应予支持。承租人与被执行人恶意串通,以明显不合理的低价承租被执行的不动产或者伪造交付租金证据的,对其提出的阻止移交占有的请求,人民法院不予支持。”

(3)案外人执行异议之法律效力

《执行解释》第16条规定:“案外人异议审查期间,人民法院不得对执行标的进行处分。

案外人向人民法院提供充分、有效的担保请求解除对异议标的的查封、扣押、冻结的,人民法院可以准许;申请执行人提供充分、有效的担保请求继续执行的,应当继续执行。

因案外人提供担保解除查封、扣押、冻结有错误,致使该标的无法执行的,人民法院可以直接执行担保财产;申请执行人提供担保请求继续执行有错误,给对方造成损失的,应当予以赔偿。”

《民诉法解释》第465条第2款规定:“驳回案外人执行异议裁定送达案外人之日起十五日内,人民法院不得对执行标的进行处分。”

(4)案外人执行异议之处理结果

《民诉法解释》第465条第1款规定:“案外人对执行标的提出的异议,经审查,按照下列情形分别处理:(一)案外人对执行标的不享有足以排除强制执行的权益的,裁定驳回其异议;(二)案外人对执行标的享有足以排除强制执行的权益的,裁定中止执行。”

《民事诉讼法》第227条规定:“执行过程中,案外人对执行标的提出书面异议的,人民法院应当自收到书面异议之日起十五日内审查,理由成立的,裁定中止对该标的的执行;理由不成立的,裁定驳回。案外人、当事人对裁定不服,认为原判决、裁定错误的,依照审判监督程序办理;与原判决、裁定无关的,可以自裁定送达之日起十五日内向人民法院提起诉讼。”

根据上述规定,案外人针对执行标的提出的执行异议被驳回,如果认为原生效判决、裁定错误,可以申请再审;如认为与原生效判决、裁定无关,可以提出执行异议之诉。

2. 案外人对原生效裁判文书申请再审或提起第三人撤销之诉

当案外人认为生效裁判文书侵害其合法权益时,根据其身份及所处程序阶段的不同,可能选择申请再审或提起第三人撤销之诉,目的都是否定据以执行的生效裁判文书的法律效力。

在对赌纠纷中,通常在投资方要求融资方给予股权补偿的请求得到支持时,案外人可能会对融资方补偿的股权主张权利,在执行异议被驳回后,启动再审程序或第三人撤销之诉。

(1)案外人对原生效裁判文书申请再审

根据《民事诉讼法》第200条第8项"应当参加诉讼的当事人,因不能归责于本人或者其诉讼代理人的事由,未参加诉讼的"的规定,案外人如为第三人或必要共同诉讼人(共同原告或共同被告),因未得到通知等不能归责于其本人或诉讼代理人的事由而未能参加诉讼,可以申请再审。

案外人作为第三人的情形,主要包括第三人主张其与投资方或融资方存在股权代持关系,应以有独立请求权第三人的身份参加诉讼而未能得到通知,生效裁判文书使其合法权益受损,从而提出再审申请。

案外人作为必要共同诉讼人的情形,主要包括案外人系融资方自然人的配偶,认为应当参加诉讼而未能得到通知,生效裁判文书判令其承担责任,合法权益受损,提出再审申请。

根据作为必要共同诉讼人的案外人是否在执行程序中提出异议,其申请再审有两种程序设置。

《民诉法解释》第422条规定:"必须共同进行诉讼的当事人因不能归责于本人或者其诉讼代理人的事由未参加诉讼的,可以根据民事诉讼法第二百条第八项规定,自知道或者应当知道之日起六个月内申请再审,但符合本解释第四百二十三条规定情形的除外。人民法院因前款规定的当事人申请而裁定再审,按照第一审程序再审的,应当追加其为当事人,作出新的判决、裁定;按照第二审程序再审,经调解不能达成协议的,应当撤销原判决、裁定,发回重审,重审时应追加其为当事人。"

《民诉法解释》第423条规定:"根据民事诉讼法第二百二十七条规定,案外人对驳回其执行异议的裁定不服,认为原判决、裁定、调解书内容错误损害其民事权益的,可以自执行异议裁定送达之日起六个月内,向作出原判决、裁定、调解书的人民法院申请再审。"

就两种程序设置的关系,最高人民法院在《九民纪要》第 121 条规定【必要共同诉讼漏列的当事人申请再审】中作出了说明:“民事诉讼法司法解释对必要共同诉讼漏列的当事人申请再审规定了两种不同的程序,二者在管辖法院及申请再审期限的起算点上存在明显差别,人民法院在审理相关案件时应予注意:(1)该当事人在执行程序中以案外人身份提出异议,异议被驳回的,根据民事诉讼法司法解释第 423 条的规定,其可以在驳回异议裁定送达之日起 6 个月内向原审人民法院申请再审;(2)该当事人未在执行程序中以案外人身份提出异议的,根据民事诉讼法司法解释第 422 条的规定,其可以根据《民事诉讼法》第 200 条第 8 项的规定,自知道或者应当知道生效裁判之日起 6 个月内向上一级人民法院申请再审。当事人一方人数众多或者当事人双方为公民的案件,也可以向原审人民法院申请再审。”

(2)案外人提起第三人撤销之诉

如案外人系应当参加诉讼的第三人,根据《民事诉讼法》第 56 条的规定,其可以提起第三人撤销之诉。人民法院对第三人撤销之诉案件,应当组成合议庭开庭审理。

《民事诉讼法》第 56 条规定:“对当事人双方的诉讼标的,第三人认为有独立请求权的,有权提起诉讼。对当事人双方的诉讼标的,第三人虽然没有独立请求权,但案件处理结果同他有法律上的利害关系的,可以申请参加诉讼,或者由人民法院通知他参加诉讼。人民法院判决承担民事责任的第三人,有当事人的诉讼权利义务。前两款规定的第三人,因不能归责于本人的事由未参加诉讼,但有证据证明发生法律效力的判决、裁定、调解书的部分或者全部内容错误,损害其民事权益的,可以自知道或者应当知道其民事权益受到损害之日起六个月内,向作出该判决、裁定、调解书的人民法院提起诉讼。人民法院经审理,诉讼请求成立的,应当改变或者撤销原判决、裁定、调解书;诉讼请求不成立的,驳回诉讼请求。”

《民诉法解释》第 292 条规定:“第三人对已经发生法律效力的判决、裁定、调解书提起撤销之诉的,应当自知道或者应当知道其民事权益受到损害之日起六个月内,向作出生效判决、裁定、调解书的人民法院提出,并应当提供存在下列情形的证据材料:(一)因不能归责于本人的事由未参加诉讼;(二)发生法律效力的判决、裁定、调解书的全部或者部分内容错误;(三)发生法律效力的判决、裁定、调解书内容错误损害其民事权益。”

《民诉法解释》第 295 条规定:“民事诉讼法第五十六条第三款规定的因

不能归责于本人的事由未参加诉讼,是指没有被列为生效判决、裁定、调解书当事人,且无过错或者无明显过错的情形。包括:(一)不知道诉讼而未参加的;(二)申请参加未获准许的;(三)知道诉讼,但因客观原因无法参加的;(四)因其他不能归责于本人的事由未参加诉讼的。"

在原生效裁判文书已经进入执行程序的情况下,参照再审申请被受理不停止强制执行的规定,即使法院受理第三人撤销之诉,同样也不能停止强制执行程序,在第三人提供担保的情况下,法院可以准许中止执行程序。

《民诉法解释》第299条规定:"受理第三人撤销之诉案件后,原告提供相应担保,请求中止执行的,人民法院可以准许。"

经过审理,法院将根据不同情况就第三人撤销之诉作出裁判。

《民诉法解释》第300条规定:"对第三人撤销或者部分撤销发生法律效力的判决、裁定、调解书内容的请求,人民法院经审理,按下列情形分别处理:(一)请求成立且确认其民事权利的主张全部或部分成立的,改变原判决、裁定、调解书内容的错误部分;(二)请求成立,但确认其全部或部分民事权利的主张不成立,或者未提出确认其民事权利请求的,撤销原判决、裁定、调解书内容的错误部分;(三)请求不成立的,驳回诉讼请求。对前款规定裁判不服的,当事人可以上诉。原判决、裁定、调解书的内容未改变或者未撤销的部分继续有效。"

(3)案外人申请再审与提起第三人撤销之诉的选择

如上所述,若案外人系应当参加诉讼的第三人,其既可以依据《民事诉讼法》第200条第8项申请再审,也可以依据《民事诉讼法》第56条提起第三人撤销之诉。

但需要注意的是,案外人申请再审或提起第三人撤销之诉,目的均在于"推翻"原生效裁判文书,为节约司法资源,避免权利的重复救济,案外人申请再审与第三人撤销之诉只能择一适用。

《民诉法解释》第303条规定:"第三人提起撤销之诉后,未中止生效判决、裁定、调解书执行的,执行法院对第三人依照民事诉讼法第二百二十七条规定提出的执行异议,应予审查。第三人不服驳回执行异议裁定,申请对原判决、裁定、调解书再审的,人民法院不予受理。案外人对人民法院驳回其执行异议裁定不服,认为原判决、裁定、调解书内容错误损害其合法权益的,应当根据民事诉讼法第二百二十七条规定申请再审,提起第三人撤销之诉的,人民法院不予受理。"

就案外人申请再审与提起第三人撤销之诉的选择问题,最高人民法院在《九民纪要》第 122 条【程序启动后案外人不享有程序选择权】进行了具体说明:“案外人申请再审与第三人撤销之诉功能上近似,如果案外人既有申请再审的权利,又符合第三人撤销之诉的条件,对于案外人是否可以行使选择权,民事诉讼法司法解释采取了限制的司法态度,即依据民事诉讼法司法解释第 303 条的规定,按照启动程序的先后,案外人只能选择相应的救济程序:案外人先启动执行异议程序的,对执行异议裁定不服,认为原裁判内容错误损害其合法权益的,只能向作出原裁判的人民法院申请再审,而不能提起第三人撤销之诉;案外人先启动了第三人撤销之诉,即便在执行程序中又提出执行异议,也只能继续进行第三人撤销之诉,而不能依《民事诉讼法》第 227 条申请再审。”

3. 案外人提出执行异议之诉

(1)执行异议之诉的提出

根据《民事诉讼法》第 227 条的规定,案外人针对执行标的提出的执行异议被驳回,如认为与原生效判决、裁定无关,可以提出执行异议之诉。在对赌纠纷中,通常在投资方要求融资方给予现金补偿或股权回购的请求得到支持,即投资方所获司法确定的权利为金钱债权时,案外人可能会对被采取执行措施的财产主张权利或要求排除执行,在其提出的执行异议被驳回之后,有权提出执行异议之诉。案外人应于收到驳回执行异议裁定之日起 15 日内向执行法院提起执行异议之诉,由执行法院的民事审判庭适用普通程序进行审理。

《民诉法解释》第 304 条规定:“根据民事诉讼法第二百二十七条规定,案外人、当事人对执行异议裁定不服,自裁定送达之日起十五日内向人民法院提起执行异议之诉的,由执行法院管辖。”

《民诉法解释》第 305 条规定:“案外人提起执行异议之诉,除符合民事诉讼法第一百一十九条规定外,还应当具备下列条件:(一)案外人的执行异议申请已经被人民法院裁定驳回;(二)有明确的排除对执行标的执行的诉讼请求,且诉讼请求与原判决、裁定无关;(三)自执行异议裁定送达之日起十五日内提起。人民法院应当在收到起诉状之日起十五日内决定是否立案。”

(2)执行异议之诉的判决

经实体审理后,执行法院将区分不同情况作出判决。

《民诉法解释》第312条规定:"对案外人提起的执行异议之诉,人民法院经审理,按照下列情形分别处理:(一)案外人就执行标的享有足以排除强制执行的民事权益的,判决不得执行该执行标的;(二)案外人就执行标的不享有足以排除强制执行的民事权益的,判决驳回诉讼请求。案外人同时提出确认其权利的诉讼请求的,人民法院可以在判决中一并作出裁判。"

为进一步明确和统一执行异议判决的适用规则,最高人民法院在《九民纪要》第119条【案外人执行异议之诉的审理】中指出:"案外人执行异议之诉以排除对特定标的物的执行为目的,从程序上而言,案外人依据《民事诉讼法》第227条提出执行异议被驳回的,即可向执行人民法院提起执行异议之诉。人民法院对执行异议之诉的审理,一般应当就案外人对执行标的物是否享有权利、享有什么样的权利、权利是否足以排除强制执行进行判断。至于是否作出具体的确权判项,视案外人的诉讼请求而定。案外人未提出确权或者给付诉讼请求的,不作出确权判项,仅在裁判理由中进行分析判断并作出是否排除执行的判项即可。但案外人既提出确权、给付请求,又提出排除执行请求的,人民法院对该请求是否支持、是否排除执行,均应当在具体判项中予以明确。执行异议之诉不以否定作为执行依据的生效裁判为目的,案外人如认为裁判确有错误的,只能通过申请再审或者提起第三人撤销之诉的方式进行救济。"

(3)执行异议之诉的效力

《民诉法解释》第315条规定:"案外人执行异议之诉审理期间,人民法院不得对执行标的进行处分。申请执行人请求人民法院继续执行并提供相应担保的,人民法院可以准许。被执行人与案外人恶意串通,通过执行异议、执行异议之诉妨害执行的,人民法院应当依照民事诉讼法第一百一十三条规定处理。申请执行人因此受到损害的,可以提起诉讼要求被执行人、案外人赔偿。"

4. 案外人对仲裁裁决书申请不予执行

如作为执行依据的生效裁判文书为仲裁裁决书,而仲裁案件当事人之外的其他主体认为仲裁当事人恶意申请仲裁或者虚假仲裁,侵害其合法权益,该案外人亦有权根据《仲裁裁决执行规定》,申请不予执行仲裁裁决书。

(1)案外人申请不予执行仲裁裁决书的提出

《仲裁裁决执行规定》第9条规定:"案外人向人民法院申请不予执行仲裁裁决或者仲裁调解书的,应当提交申请书以及证明其请求成立的证据材料，并符合下列条件：(一)有证据证明仲裁案件当事人恶意申请仲裁或者虚假仲裁，损害其合法权益；(二)案外人主张的合法权益所涉及的执行标的尚未执行终结；(三)自知道或者应当知道人民法院对该标的采取执行措施之日起三十日内提出。”

《仲裁裁决执行规定》第19条第1款规定：“被执行人、案外人对仲裁裁决执行案件逾期申请不予执行的，人民法院应当裁定不予受理；已经受理的，应当裁定驳回不予执行申请。”

(2)案外人申请不予执行仲裁裁决书的审理

《仲裁裁决执行规定》第11条规定：“人民法院对不予执行仲裁裁决案件应当组成合议庭围绕被执行人申请的事由、案外人的申请进行审查；对被执行人没有申请的事由不予审查，但仲裁裁决可能违背社会公共利益的除外。

被执行人、案外人对仲裁裁决执行案件申请不予执行的，人民法院应当进行询问；被执行人在询问终结前提出其他不予执行事由的，应当一并审查。人民法院审查时，认为必要的，可以要求仲裁庭作出说明，或者向仲裁机构调阅仲裁案卷。”

(3)案外人申请不予执行仲裁裁决书的处理及救济

《仲裁裁决执行规定》第18条规定：“案外人根据本规定第九条申请不予执行仲裁裁决或者仲裁调解书，符合下列条件的，人民法院应当支持：(一)案外人系权利或者利益的主体；(二)案外人主张的权利或者利益合法、真实；(三)仲裁案件当事人之间存在虚构法律关系，捏造案件事实的情形；(四)仲裁裁决主文或者仲裁调解书处理当事人民事权利义务的结果部分或者全部错误，损害案外人合法权益。”

《仲裁裁决执行规定》第19条第2款规定：“被执行人、案外人对仲裁裁决执行案件申请不予执行，经审查理由成立的，人民法院应当裁定不予执行；理由不成立的，应当裁定驳回不予执行申请。”

《仲裁裁决执行规定》第22条第3款规定：“人民法院基于案外人申请裁定不予执行仲裁裁决或者仲裁调解书，当事人不服的，可以自裁定送达之日起十日内向上一级人民法院申请复议；人民法院裁定驳回或者不予受理案外人提出的不予执行仲裁裁决、仲裁调解书申请，案外人不服的，可以自裁定送达之日起十日内向上一级人民法院申请复议。”

(4)申请不予执行仲裁裁决书的效力

《仲裁裁决执行规定》第7条第1款规定:"被执行人申请撤销仲裁裁决并已由人民法院受理的,或者被执行人、案外人对仲裁裁决执行案件提出不予执行申请并提供适当担保的,执行法院应当裁定中止执行。中止执行期间,人民法院应当停止处分性措施,但申请执行人提供充分、有效的担保请求继续执行的除外;执行标的查封、扣押、冻结期限届满前,人民法院可以根据当事人申请或者依职权办理续行查封、扣押、冻结手续。"

三、公司人格否认制度

公司人格独立和股东有限责任是现代公司制度的基本原则,对鼓励投资、促进经济发展发挥了巨大作用。但如果股东滥用公司独立人格及股东有限责任,则可能会严重侵害公司债权人的利益。在对赌交易中,目标公司控股股东或实际控制人同样可能滥用股东权利,从而导致投资方权益受损,这时就需要引入公司人格否认制度以矫正投融资双方的失衡状态。我国《公司法》对公司人格否认制度仅作了原则性的规定,操作性较弱,最高人民法院于2019年11月14日发布了《九民纪要》,为公司人格否认案件的裁判提供了具体的标准和指引。本文结合纪要内容及处理对赌纠纷的实践经验,分析该制度在对赌纠纷中的实践意义。

(一)公司人格否认制度

1.公司人格否认制度概述

在传统公司法人制度中,法律赋予公司独立人格,公司拥有自己独立的财产,以自己的名义开展商事活动,独立承担法律责任。相应的,公司股东以出资额为限对公司承担有限责任,股东无须在出资之外为公司的债务承担责任。公司人格独立原则和股东有限责任是我国公司法的基本原则。

《公司法》第3条规定:"公司是企业法人,有独立的法人财产,享有法人财产权。公司以其全部财产对公司的债务承担责任。有限责任公司的股东以其认缴的出资额为限对公司承担责任;股份有限公司的股东以其认购的股份为限对公司承担责任。"

但是,如果公司独立人格被用于不正当目的,法院在具体案件中就有理由不承认该公司的独立法人地位,即否认公司独立人格。公司人格否认制度,又称"刺破公司面纱"制度,产生于英美普通法系,后被大陆法系国家相继引进,充当公司人格独立理论漏洞填补者的角色,是对传统公司法人制度的一种完善。2019 年 11 月 14 日,最高人民法院发布的《九民纪要》中称:“否认公司独立人格,由滥用公司法人独立地位和股东有限责任的股东对公司债务承担连带责任,是股东有限责任的例外情形,旨在矫正有限责任制度在特定法律事实发生时对债权人保护的失衡现象。”

公司人格否认制度,即否认公司独立人格继而否认公司股东有限责任,公司股东应为公司的债务承担连带责任。因此公司人格否认,即指股东对公司债务承担连带责任(“顺向否认”)。但随着社会生活以及公司人格否认制度的不断发展,又产生了新的类型——“逆向否认”(公司对股东债务承担连带责任)及“横向否认”(关联公司之间相互承担连带责任)。公司人格否认制度的不同类型,虽在形式上有所区别,其核心均在于公司独立人格被滥用导致债权人利益受损,法院通过否认公司法人独立人格,对权利滥用者进行惩罚,保护债权人从而实现权利的平衡,以及行为与责任的统一,如图 5-3 所示。

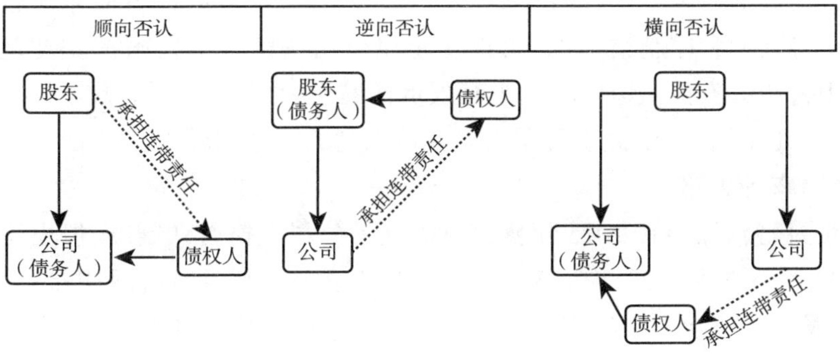

图 5-3　公司人格否认类型

2. 公司人格否认制度在我国的适用

我国《公司法》采用的是狭义的公司人格否认制度,仅包括“顺向否认”,即公司股东对公司债务向公司债权人承担连带责任。

《公司法》第 20 条第 3 款规定:“公司股东滥用公司法人独立地位和股东有限责任,逃避债务,严重损害公司债权人利益的,应当对公司债务承担连带责任。”

在中国长城资产管理公司沈阳办事处与新东北电气(沈阳)高压隔离开关有限公司、沈阳北富机械制造有限公司、沈阳新泰仓储物流有限公司等金融不良债权追偿纠纷二审案[案号:(2013)民二终字第 66 号]中,最高人民法院认为,适用法人人格否认制度应当具备三个条件:一是主体要件,即滥用的主体限于公司股东;二是行为要件,即存在滥用公司独立人格和股东有限责任的行为;三是结果要件,即严重损害了公司债权人的利益。公司人格否认制度的三要件说,在裁判实践中较为常见,比如在王改勇与克拉玛依市瑞金房地产开发有限公司不当得利纠纷二审民事判决书[(2014)新民一终字第146号]中,新疆高院亦以该三要件作为判断标准。

最高人民法院《九民纪要》出台之前,在司法实践中,各个法院已经根据实际情况,逐渐将公司人格否认制度中的股东滥用行为予以类型化,主要包括股东与公司人格混同(财产及财务、业务、人员、住所等)、股东过度支配与控制公司以及公司资本显著不足。以上海高院于2009年6月出台的《上海市高级人民法院民事审判第二庭关于审理公司法人人格否认案件的若干意见》(以下简称《上海高院公司人格否认案件若干意见》)为例:

其第6条规定:"(滥用公司法人独立地位和股东有限责任行为的认定)公司存在资本显著不足,或者股东与公司人格高度混同,或者股东对公司进行不正当支配和控制情形的,可以认定属公司法第二十条第三款规定的股东滥用公司法人独立地位和股东有限责任的行为。"

3.《九民纪要》中关于公司人格否认制度的三个问题

(1)审理思路

我国《公司法》在2005年修订时确立了公司人格否认制度,但由于该制度仅由《公司法》第20条第3款规定,内容较为原则、抽象,适用难度大,故人民法院在审理公司人格否认案件时,会出现滥用或不敢适用该制度的现象。

为了解决司法实践中标准不统一的问题,最高人民法院在《九民纪要》中强调,在审判实践中,要准确把握《公司法》第20条第3款规定的精神,明确只有在公司股东实施滥用公司独立地位等行为且该行为严重损害公司债权人利益情况下,才能适用该制度,而只有实施滥用行为的股东才对公司债务承担连带清偿责任;同时,为了提高判断标准的可辨识度,最高人民法院还将股东滥用公司独立法人地位和股东有限责任的常见情形进行了列举。

关于公司人格否认的效力范围问题,最高人民法院强调"不是全面、彻底、永久地否定公司的法人资格",而是要进行"个案"判定,生效判决的既判力仅约束诉讼当事人,不当然适用涉及该公司的其他诉讼。但如果其他债权人提起公司人格否认诉讼,已生效判决认定的事实可以作为证据使用。

(2)股东滥用公司独立法人地位和股东有限责任的常见情形

自2005年《公司法》确立了公司人格否认制度至今,经过多年的审判实践,人民法院已经逐步将股东滥用公司独立法人地位和股东有限责任的常见情形类型化,除了上海高院出台的《上海高院公司人格否认案件若干意见》,其他各地法院也以在裁判文书中进行说理的方式列举了股东滥用公司独立法人地位和股东有限责任的常见情形。目前实践中最常见的三种情形为"人格混同""过度支配与控制"及"资本显著不足"。我国既有司法实务中的实例,主要集中于"人格混同"。

在既有司法实践的基础上,为使各级人民法院更好地把握《公司法》第20条第3款的精神,最高人民法院在《九民纪要》中明确列举了三种类型中的常见考虑因素以及典型滥用行为。

①人格混同

在以往的审判实践中,人民法院会列举人格混同的主要情形(财产及财务、业务、人员、住所),并在裁判文书中一一分析出现的混同情形。人格混同最主要的特征就是公司与股东的财产完全混同且无法区分,两者"融为一体"。在《九民纪要》中,最高人民法院明确:

"认定公司人格与股东人格是否存在混同,最根本的判断标准是公司是否具有独立意思和独立财产,最主要的表现是公司的财产与股东的财产是否混同且无法区分。在认定是否构成人格混同时,应当综合考虑以下因素:(1)股东无偿使用公司资金或者财产,不作财务记载的;(2)股东用公司的资金偿还股东的债务,或者将公司的资金供关联公司无偿使用,不作财务记载的;(3)公司账簿与股东账簿不分,致使公司财产与股东财产无法区分的;(4)股东自身收益与公司盈利不加区分,致使双方利益不清的;(5)公司的财产记载于股东名下,由股东占有、使用的;(6)人格混同的其他情形。在出现人格混同的情况下,往往同时出现以下混同:公司业务和股东业务混同;公司员工与股东员工混同,特别是财务人员混同;公司住所与股东住所混同。人民法院在审理案件时,关键要审查是否构成人格混同,而不要求同时具备其他方面的混同,其他方面的混同往往只是人格混同的补强。"

②过度支配与控制

股东对公司的过度支配与控制,会使公司完全沦为股东实现自己利益的工具。与人格混同不同,虽然股东与公司的财产可以区分,但区分并无实际意义,因为公司对股东"言听计从",并无独立意志,即公司"形骸化"。最

高人民法院在《九民纪要》中强调:

“公司控制股东对公司过度支配与控制,操纵公司的决策过程,使公司完全丧失独立性,沦为控制股东的工具或躯壳,严重损害公司债权人利益,应当否认公司人格,由滥用控制权的股东对公司债务承担连带责任。实践中常见的情形包括:(1)母子公司之间或者子公司之间进行利益输送的;(2)母子公司或者子公司之间进行交易,收益归一方,损失却由另一方承担的;(3)先从原公司抽走资金,然后再成立经营目的相同或者类似的公司,逃避原公司债务的;(4)先解散公司,再以原公司场所、设备、人员及相同或者相似的经营目的另设公司,逃避原公司债务的;(5)过度支配与控制的其他情形。控制股东或实际控制人控制多个子公司或者关联公司,滥用控制权使多个子公司或者关联公司财产边界不清、财务混同,利益相互输送,丧失人格独立性,沦为控制股东逃避债务、非法经营,甚至违法犯罪工具的,可以综合案件事实,否认子公司或者关联公司法人人格,判令承担连带责任。”

③资本显著不足

自《公司法》取消了最低注册资本和股东首次出资额限制后,以“资本显著不足”为由适用公司人格否认制度有一定难度。最高人民法院在《九民纪要》中认为:“资本显著不足指的是,公司设立后在经营过程中,股东实际投入公司的资本数额与公司经营所隐含的风险相比明显不匹配。股东利用较少资本从事力所不及的经营,表明其没有从事公司经营的诚意,实质是恶意利用公司独立人格和股东有限责任把投资风险转嫁给债权人。由于资本显著不足的判断标准有很大的模糊性,特别是要与公司采取‘以小博大’的正常经营方式相区分,因此在适用时要十分谨慎,应当与其他因素结合起来综合判断。”

由此可见,资本显著不足,以公司注册资本数额明显低于其经营所需,与其经营风险明显不符为特征。如从事房地产开发的公司,注册资本仅为人民币10万元。

(3)诉讼地位

公司人格否认制度,是法律给公司债权人提供的一种救济途径,因此对于主张否认公司人格的债权人而言,应首先确认其公司债权人身份。《九民纪要》以“债权人对债务人公司享有的债权是否已由生效裁判确认”为标准,对各方当事人的诉讼地位予以明确:

①债权已确认的,可另行提起公司人格否认诉讼,列股东为被告、公司为第三人;

②债权未确认的,在对债权提起诉讼的同时一并提起公司人格否认诉讼的,列公司和股东为共同被告;对于未确认债权而直接提起公司人格否认诉讼的,人民法院应当向债权人告知追加公司为共同被告。债权人拒绝追加的,人民法院应当裁定驳回起诉。

4. 仍需关注的三个问题

《九民纪要》对否定公司人格的三种典型情形进行了细化,列举了公司股东滥用公司独立人格及股东有限责任制度的情形,为各级法院审理人格否认案件提供了说理依据。但同时,笔者认为,下述问题在人民法院审理此类案件时仍具有讨论价值。

(1)举证责任

在《公司法》中,除了第 20 条第 3 款原则性规范了公司人格否认制度外,第 63 条规定了一人公司在公司人格否认诉讼中的举证责任倒置规则。

《公司法》第 63 条规定:"一人有限责任公司的股东不能证明公司财产独立于股东自己的财产的,应当对公司债务承担连带责任。"

一人有限责任公司在股东人数上具有特殊性,股东与公司之间出现人格混同的可能性更大,因此《公司法》规定了该类公司的举证责任倒置规则。据学者统计,目前所有公司独立地位否认案件都针对股东数量很少的有限责任公司提起,而且股东人数越少,否认率越高。

对于否认非一人有限责任公司的独立人格案件,法律并无特别规定,仍采取"谁主张,谁举证"的举证规则,即公司债权人应当提供证据证明股东存在滥用公司独立法人地位和股东有限责任的情形。但是,对于公司债权人而言,其难以掌握和取得公司及其股东之间人格混同、股东过度支配与控制公司的证据,在此类案件审理中多处于证据劣势地位。

在证据劣势情况下,公司债权人可否申请人民法院调查取证以了解公司及其股东的经营管理情况?

《上海市高级人民法院关于审理公司法人格否认案件的若干意见》第 10 条规定:"(举证责任)……公司债权人能够提供初步证据证明股东滥用公司独立法人地位和股东有限责任。但确因客观原因不能自行收集公司账簿、会计凭证、会议记录等相关证据,申请人民法院调查取证的,法院应当依据《最高人民法院关于民事诉讼证据的若干规定》的规定,进行必要的审查。……"

在三亚嘉宸房地产开发有限公司诉海马汽车集团股份有限公司股东损害公司债权人利益责任纠纷案[(2015)民二终字第 85 号]中,最高人民法院就公司人格否认案件中双方的举证责任进行了合理分配，认为在公司债权人举出盖然性的证据后，公司股东将承担证明其没有滥用公司独立法人地位和股东有限责任的举证责任，此为“附条件的举证责任倒置”。

根据旧《民事诉讼证据规定》第 7 条“在法律没有具体规定，依本规定及其他司法解释无法确定举证责任承担时，人民法院可以根据公平原则和诚实信用原则，综合当事人举证能力等确定举证责任承担”的规定，在审理法人人格否认案件时，考虑到债权人处于信息劣势而举证困难等因素，人民法院通常会根据上述规定合理分配举证责任，在债权人用以证明股东滥用公司法人独立地位和股东有限责任的证据令人产生合理怀疑的情形下，将没有滥用的举证责任分配给被诉股东。

但上述举证责任调整的前提，应是作为原告方的债权人已举出盖然性的证据证明股东存在滥用公司法人独立地位和股东有限责任的行为以及由此产生了损害的结果，而不是当然的举证责任倒置。故作为债务人公司及其股东举证责任的分配，属于附前提条件的举证责任倒置。

公司人格否认案件中，公司债权人作为原告往往很难获取诉讼所需要的债务人公司内部经营管理信息，在最高人民法院的审理案件中，人民法院根据公平和诚实信用原则，重新分配原被告的举证责任以弥补债权人的举证劣势。在此类案件中，债权人应举出盖然性的证据（或申请人民法院调查取证）使人民法院合理怀疑债务人公司的股东存在滥用公司独立人格和股东有限责任的行为，在此基础上，人民法院再分配举证责任，以查明案件事实，继而综合判断是否需否定公司独立人格。

（2）人格否认的类型

《九民纪要》中强调，“否认公司独立人格，是股东有限责任的例外情形，旨在矫正有限责任制度在特定法律事实发生时对债权人保护的失衡现象”，究其根本，公司人格否认制度是对滥用股东有限责任导致公司丧失独立性后果的矫正。

在商业世界中，一个公司丧失独立人格的原因有很多，既有可能是该公司被其控制股东控制及支配使其丧失独立性，也有可能是关联公司之间（母子公司之间、子公司之间）不合理利益往来导致丧失独立人格等，对应地，在学术上也产生了公司人格否认的不同类型：顺向否认、逆向否认及横向否认。我国《公司法》第 20 条第 3 款的规定仅指顺向否认，即股东滥用公司独立法人地位及股东有限责任，应对公司债务承担连带责任。

但是在实践中,股东财产被无偿或低价转让给公司、关联公司人格混同或相互之间不进行合理的利益输送等损害相关债权人的情形屡见不鲜,人民法院依据我国公司人格否认制度的立法精神,参照《公司法》第 20 条第 3 款的规定判令相关主体向债权人承担连带责任。

举例来说,江苏省高级人民法院在徐工集团工程机械股份有限公司诉成都川交工贸有限责任公司等买卖合同纠纷案[案号:(2011)苏商终字第 0107 号,最高人民法院指导案例 15 号]中认为,川交工贸公司及其他两家关联公司之间界线模糊、人格混同,其中川交工贸公司承担所有关联公司的债务却无力清偿,又使其他关联公司逃避巨额债务,严重损害了债权人的利益。上述行为违背了法人制度设立的宗旨,违背了诚实信用原则,其行为本质和危害结果与《公司法》第 20 条第 3 款规定的情形相当,故参照《公司法》第 20 条第 3 款的规定,两家关联公司对川交工贸公司的债务应当承担连带清偿责任。

在该案中,江苏省高级人民法院以过去司法实践中论证母子公司人格混同的说理方式,论证子公司之间人格混同,依据诚实信用原则,对《公司法》第 20 条第 3 款作出扩大解释,将公司人格否认制度扩张适用至关联公司之间的责任承担问题,即公司人格否认制度中的"横向否认"。

而对于"逆向否认",《人民法院案例选》2012 年第 4 辑(总第 82 辑)选取了山东中创钢构有限公司诉黑龙江恒信投资担保有限公司、山东宝力通信科技有限公司承揽合同纠纷案[案号:(2011)东商终字第 34 号],在该案中,东营法院认为,本案已经具备适用公司人格否认制度的条件。传统的公司人格否认的责任指向是股东,但在某些情形下,公司人格否认可扩张为公司要对股东的债务承担责任,比较典型的就是公司人格否认的反向适用,也称"反向揭开公司面纱"。我国《公司法》第 20 条第 3 款虽然没有明确规定能否反向适用公司人格否认制度,但股东在任何情况下都不得以任何方式滥用公司独立人格和股东有限责任损害公司债权人利益,否则都应承担责任,这是《公司法》的一项基本原则。因此,控制股东通过向关联公司输送利益逃避债务的行为,属于典型的股东滥用公司独立人格和股东有限责任的情形,完全可以反向适用公司人格否认制度。从另一意义上来讲,公司面纱一旦被刺破,股东及公司在责任的承担及利益的享有方面都是相互的,"反向揭开公司面纱"也是"揭开公司面纱"的应有之义。

在最高人民法院发布《九民纪要》征求意见稿时,就有学者提出要扩大

《公司法》第20条第3款的适用范围,矫正现实生活中母子公司之间、子公司之间人格混同及过度支配与控制所导致的公司人格独立性丧失的情形。《九民纪要》正式稿中虽未确认“逆向否认”以及“横向否认”可适用《公司法》第20条第3款规定,但是在滥用行为常见情形——“过度支配及控制”情形的列举中,似乎在一定程度认可了控制股东或实际控制人过度控制子公司或关联公司的“横向否认”。

“控制股东或实际控制人控制多个子公司或者关联公司,滥用控制权使多个子公司或者关联公司财产边界不清、财务混同,利益相互输送,丧失人格独立性,沦为控制股东逃避债务、非法经营,甚至违法犯罪工具的,可以综合案件事实,否认子公司或者关联公司法人人格,判令承担连带责任。”

依据最高人民法院列举“过度支配及控制”中常见的“母子公司之间进行利益输送”“母子公司进行交易,收益归一方,损失却由另一方承担”等情形,公司股东滥用公司独立人格和股东有限责任从而损害股东债权人利益,就存在适用“逆向否认”的空间和可能性。因此,《九民纪要》可能在一定程度上突破了《公司法》第20条第3款的规定,更关注公司人格否认制度的行为本质(滥用行为)和危害结果(侵害债权人利益)。

但需要注意的是,最高人民法院强调,《九民纪要》不是司法解释,不能作为裁判依据进行援引。人民法院尚未审结的一审、二审案件,在裁判文书“本院认为”部分具体分析法律适用的理由时,可以根据纪要的相关规定进行说理。因此,对于不属于“顺向否认”的公司人格否认类型,人民法院仍需加大说理力度。

(3)诉讼时效

公司债权人向人民法院主张否认公司独立人格时,目的是主张股东对公司的债务承担连带责任,应适用3年的普通诉讼时效期间。根据《民法总则》《民法典》第一编总则的规定,诉讼时效请求权自权利人知道或者应当知道权利受到损害以及义务人之日起计算,再结合公司人格否认制度中的结果要件要求公司债权人因股东滥用行为导致债权人利益受损,故诉讼时效应为债权人知道或应当知道公司股东有滥用行为,且公司不能清偿其债务时起算。

因公司债权人知道或应当知道公司股东存在滥用行为之时与知道公司不能清偿其债务之时可能存在时间差,故债权人应考虑债权的诉讼时效以及公司人格否认之诉中的诉讼地位问题,及时主张权利。

(二)公司人格否认制度在对赌中的适用

1. 投资方在对赌中可能遭遇公司独立人格滥用

在股权投资领域,投融资双方为避免高估或低估目标公司的价值,会约定估值调整条款,即俗称的“对赌”。投融资双方及目标公司会在股权投资协议中约定对赌的触发条件(常见触发条件为目标公司的业绩指标、限期上市等),若触发对赌条件,则投资方有权要求承诺方(目标公司或目标公司股东、实际控制人等)履行对赌失败的义务,如回购投资方持有的股权、给予投资方现金或股权补偿。

最高人民法院“海富案”确立的“与目标公司股东对赌有效、与目标公司对赌无效”的裁判标准,已经使投资方选择与目标公司股东或实际控制人对赌,同时由目标公司承担担保责任。“华工案”的出现再次引发理论与实务界关于对赌协议效力的讨论。2019 年 11 月,最高人民法院《九民纪要》出台,虽然仍有争议,但对赌协议效力问题的裁判标准已经基本确定,承诺方的主体身份问题不再成为判断对赌协议效力的决定因素。

同时,最高人民法院《九民纪要》明确,若目标公司作为对赌协议的承诺方,投资方主张目标公司承担业绩补偿或回购义务的前提是,目标公司满足《公司法》规定的利润分配的条件或完成减资程序。因此,实际上,投资方仍然会选择由目标公司股东或实际控制人充当承诺方。

但是,正确地选择承诺方,并不意味着大功告成。如目标公司未能实现业绩目标或如期上市,承诺方应当向投资方履行补偿或回购义务。据“对赌实务”统计,PE/VC 对赌中,投资方的胜诉率高达 91.4%,即使如此,胜诉并不代表债权可以得以顺利实现,承诺方可能因为客观原因无力履行补偿或回购义务,也可能出于逃避债务的考虑实施“掏空”公司或财产转移等不当行为。

在 PE/VC 作为投资方参与的股权投资对赌交易中,PE/VC 多为参股方,持有股权比例较低,而作为承诺方的目标公司控股股东或实际控制人,是目标公司的实际支配者,存在滥用公司独立法人地位和股东有限责任,进而逃避债务的可能性。

2. 投资方可以在符合条件时主张适用公司人格否认制度

对赌条件触发后,投资方有权要求对赌承诺方履行补偿或回购义务,投资方成为承诺方的债权人,如承诺方未能履行补偿或回购义务系公司独立人格被滥用所导致,投资方即有权主张否认公司独立人格,并要求公司股东等主体对投资方的债权承担连带清偿责任。下面分别以目标公司股东/实际控制人、目标公司作为承诺方为例说明公司人格否认制度在对赌中应用的可能性。

情形一:【投资方与目标公司股东/实际控制人对赌】如图 5-4 所示

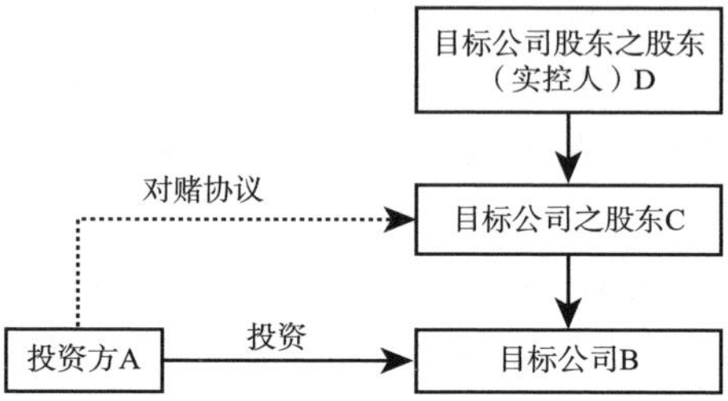

图 5-4　投资方与目标公司股东/实际控制人对赌结构

该结构是最常见的对赌模式:投资方 A 投资目标公司 B,并与目标公司股东 C 公司签订对赌协议。

在很多公司架构中,出于隔离风险等考虑,目标公司股东 C 公司往往并非经营实体,目标公司 B 的实控人 D 通过 C 公司持有目标公司 B 的股权。

在此情形中,若目标公司 B 未完成对赌目标,投资方 A 可依据对赌协议要求 C 公司承担对赌补偿或回购义务,当 C 公司与其股东 D 出现人格混同、过度支配与控制等否认公司独立人格的情形时,投资方 A 可选择适用该制度,主张由 D 对 C 公司的债务承担连带责任。

如目标公司实际控制人的组织形式是公司,则投资方与目标公司实际控制人对赌适用公司人格否认制度的情况,与情形一相同。

情形二:【投资方与目标公司对赌】如图 5-5 所示

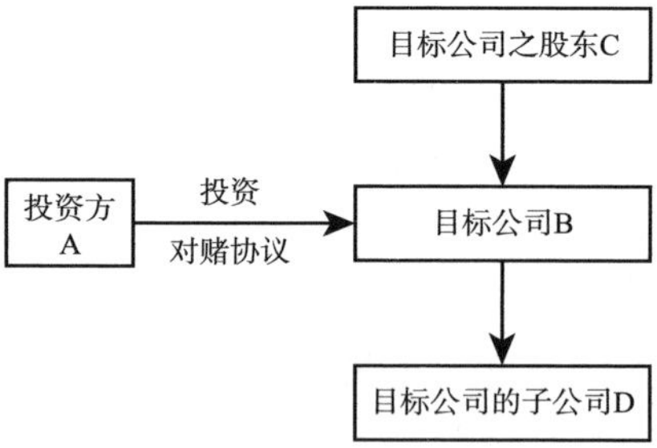

图 5-5　投资方与目标公司对赌结构

投资方A投资目标公司B,C为目标公司B的股东,D为目标公司B的子公司,A与B直接签订对赌协议。

在此情形中,目标公司B未完成对赌目标,则应当承担补偿或回购义务,如目标公司B与公司股东C之间存在人格混同、过度支配与控制等情况,投资方A可以主张否认目标公司B的独立人格并由其股东C对B的债务承担连带责任。

如果子公司D与目标公司B之前存在不合理的利益输送,存在《九民纪要》“过度支配与控制”中的情形,则投资方A可以考虑适用“逆向否认”的公司人格否认制度,要求D对B的债务承担连带责任。

有必要再次强调的是,公司人格否认制度,是公司独立人格及股东有限责任的例外情况。最高人民法院在《九民纪要》中强调,在审理此类案件时,需要根据查明的案件事实进行综合判断,审慎适用公司人格否认制度。尤其是对于“逆向否认”和“横向否认”,虽然司法实践中有成功运用的案例,但毕竟属于个案适用,在《公司法》未正式确立“逆向否认”和“横向否认”制度的情况下,投资方主张获得支持的难度很大。

3. 关于投资方运用公司人格否认制度的一些建议

投资方以股权融资、并购重组等方式成为目标公司股东,期待未来目标公司股权增值后退出公司以实现收益。但对于投资方而言,其作为外部投资者,即使在投资前作了较为完备的尽职调查,但仍有可能不完全了解目标公司及其关联公司错综复杂的利益关系。若投资方仅仅作为财务投资人而不参与目标公司的经营管理,则更有可能因不了解目标公司经营管理情况而无法取得适用公司人格否认制度的证据。为此,我们提出如下建议:

(1)投资前

投资方在准备投资时,一般会进行详尽的尽职调查,并根据目标公司情况确定股权投资协议的内容。为避免滥用公司的控制权导致的风险,在尽职调查及签署投资协议中需要关注如下问题:

首先,在尽职调查时需要了解目标公司及其股东、实际控制人以及其他关联公司在相关产业链中所处位置、目标公司盈利模式、目标公司重要资产、目标公司与其股东、实际控制人以及其他关联公司在经营管理等领域的相关性、经营情况等。了解上述问题的目的在于了解目标公司及其股东、实际控制人以及其他关联公司之间的关系,提前排查和预判公司人格混同或过度支配与控制的风险。

其次,在股权投资协议中,投资方除关注对赌的重要条款(对赌目标、补偿方式等)外,还需关注如下内容:

①对赌承诺人范围:不仅仅包括目标公司股东,还应包括目标公司的实际控制人等可对目标公司的经营管理有支配能力的关联主体;或者将关联主体作为补偿或回购义务的担保人。

②关联交易范围:尽量控制目标公司与其股东、实际控制人以及其他关联公司之间的关联交易,若因行业原因无法避免关联交易,建议缩小关联交易范围,投资方可在协议中约定限制关联交易的条款,如交易内容、交易金额、公司股东(大)会/董事会的决策程序等。

③竞业禁止:投资方可要求目标公司股东、实际控制人以及其他关联公司不可从事与目标公司相同或类似的经营,以避免同业竞争对目标公司的损害。

(2)对赌期内

许多投资方认为自己仅是财务投资人而不对目标公司进行投后管理,导致在发生对赌争议时难以收集到关于目标公司经营管理的证据。因此,我们建议投资方定期取得目标公司的季报、年报等公司经营情况报告,了解目标公司发展现状。同时,关注目标公司的股东、实际控制人以及其他关联公司的经营管理情况(主要是财产、财务及业务等),对与目标公司有关联的情况予以密切关注,必要时应当要求相关主体作出说明。

需要注意的是,投资方在对赌期内发现目标公司及其股东、实际控制人以及其他关联公司之间出现人格混同、过度支配与控制等使公司丧失独立性的情形时,应当及时通知并要求纠正,同时保留相关证据。

(3)发生争议后

发生争议后,投资方应积极查询并尽快申请保全目标公司及相关主体的资产。

同时,在收集和固定相关证据的同时,投资方应当认真研究投资协议中约定的相关内容,结合交易的具体情况,客观分析适用公司人格否认制度的可能性。

经过评估,如公司人格混同、过度支配与控制的情形比较明显,投资方也掌握了较为充分的证据,应当尽快启动诉讼或仲裁程序,及时主张债权和连带责任,避免损失扩大;如公司人格否认条件不足,而承诺人存在恶意转移财产、逃避债务的情况,投资方可以考虑行使法律赋予债权人的代位权和撤销权,以有效保全自己的债权。

第三节　上市公司对赌涉刑的风险及建议

导　语

随着我国经济开放和发展,上市公司的数量逐年增加,根据国家统计局网站公布的数据,截至2019年底,沪深两市共有3777家上市公司。①

2019年6月,上海证券交易所正式设立科创板并试点注册制。相较于主板较为苛刻的上市条件,科创板条件更为宽松,上市也相对比较容易;对比传统的上市审核制、核准制,注册制可以提高IPO的市场化水平,IPO定价和供求将在很大程度上由市场决定,亦有促进上市作用。

然而,宽松的上市条件和市场的自由选择并不意味着监管的放松。2020年3月1日开始实施的新《证券法》正式吹响"强监管"的号角,突出"事中、事后"监管,新《证券法》显著提高了证券市场违法违规的成本,尤其对上市公司控股股东、实际控制人及董监高苛以更重的责任。

因此,在目前的监管格局下,上市公司及股东、实控人、董监高面临的刑事法律风险势必呈高危态势。资本交易错综复杂、牵连众多,不少上市公司及其交易方为了经济利益,一味追求上市、兑现业绩承诺,不惜铤而走险,大肆造假,甚至走上经济犯罪的不归路。

2018年5月,被称为"A股对赌涉刑第一案"的粤传媒(002181)并购香榭丽一案宣判,香榭丽在对赌前后持续造假被举报后案发,最终包括买方、卖方、中介机构在内的三方主体、多名企业高管均被判处刑事责任。

粤传媒案的"余威"尚未散去,资本市场又接连迎来造假被处罚的新闻。2020年7月以来,证监会已对3起上市公司并购重组财务造假案进行处罚,分别是宁波东力(002164)案、长园集团(600525)案和康尼机电(603111)案。值得注意的是,3起案件与粤传媒案"一脉相承",均涉及上市公司并购标的业绩造假,处理后果也大致相似,相关责任主体不仅受到证监会的行政处罚,也同时被司法机关追究刑事责任。

---

①　参见国家统计局官网,http://data.stats.gov.cn/easyquery.htm? cn=C01&zb=A0L0A&sj=2019。

从前述案例中，我们不难发现，上市公司并购重组是刑事风险的高发地，并购标的实施造假行为是上市公司刑事风险的重要起因。当然，上市公司刑事风险远不止于并购重组，上市公司自身其他行为也存在涉刑的可能性，恺英网络（002517）和＊ST天圣（002872）可以为这种情形做一个很好的注脚。

2020年3月，上市不到三年的＊ST天圣因单位行贿罪、对单位行贿罪被处罚金380万元，其实控人则因行贿、挪用资金等罪，被判处19年有期徒刑及罚金。2020年6月，上海市一中院开庭审理了恺英网络原实控人王悦操纵证券、期货市场一案，截至本书定稿之日，尚未宣判。

本文拟引入上市公司涉刑的经典案例并结合大数据分析，梳理上市公司、股东、实控人及高管层常见的涉刑风险、罪名，并就企业及相关人员刑事风险防控提供建议。

一、上市公司对赌涉刑大数据

我们致力于通过商业、司法判例等数据来观察研究资本市场法律问题，对于上市公司刑事风险研究亦是如此。如前所述，上市公司对赌刑事风险最集中的来源是并购重组标的，因此，有必要了解上市公司并购重组中的对赌数量及其变化趋势。如图5-6所示，从2013年起，我国资本市场兴起并购潮，并购重组中对赌数量也在逐年增加。

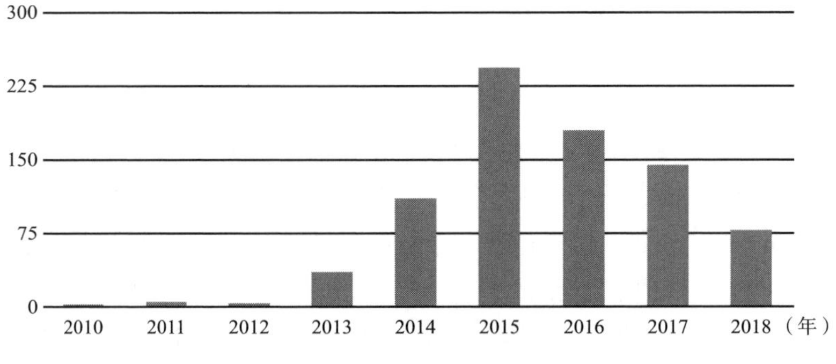

图5-6　上市公司并购重组中的对赌数据

具体到上市公司因对赌引发的刑事案件，从表5-8中可以看出，据不完全统计，截至2018年12月31日，涉刑案件交易标的总额高达88亿元人民币，前文提到的粤传媒、康尼机电、宁波东力等上市公司均“榜上有名”。

表 5-8　上市公司因对赌引发的刑事案件

序号	证券简称(股票代码)	行　业	交易标的额(万元)	交易起始时间	相关方涉刑揭露时间(年)	相关方所涉罪名	刑罚上限
1	粤传媒(002181)	商务服务业	45,000	2013	2016	合同诈骗罪、单位行贿罪	最高死刑
2	顺灏股份(002565)	造纸和纸制品业	7380	2013	2016	职务侵占罪	最高 15 年
3	中水渔业(000798)	批发业	22,000	2014	2016	挪用资金罪	最高 10 年
4	亚威股份(002559)	通用设备制造业	13,976	2014	2018	职务侵占罪	最高 15 年
5	富临运业(002357)	道路运输业	3438.4	2015	2017	合同诈骗罪、虚开增值税专用发票罪	最高无期
6	超华科技(002288)	制造业	18,000	2015	2018	合同诈骗罪	最高无期
7	宁波东力(002164)	电气机械和器材制造业	216,000	2016	2018	合同诈骗罪	最高无期
8	百花村(600721)	软件和信息技术服务业	194,500	2016	2018	背信损害上市公司利益罪	最高 7 年
9	宜通世纪(300310)	软件和信息技术服务业	1000	2016	2018	合同诈骗罪、职务侵占罪	最高无期
10	杰瑞股份(002353)	批发业	20,925	2017	2018	合同诈骗罪	最高无期
11	康尼机电(603111)	铁路、船舶、航空航天和其他运输设备制造业	340,000	2017	2018	合同诈骗罪	最高无期

此外,图中所列的涉刑案件交易起始时间集中于2016年以前,由于上市公司并购重组对赌期一般为3年,因此相关刑事案件的揭露时间集中于2016年—2018年三年。

以上反映了近十年来上市公司并购重组中对赌数量的大趋势,也列举了部分较为典型的刑事案例,可以看出上市公司涉刑危机时刻笼罩在资本市场上空,尤其自2016年起,呈集中、多发状态。从表5-8同时可见,上市公司对赌涉及的相关刑事罪名主要包括合同诈骗、挪用资金、职务侵占、行受贿等,其相关责任人员获刑的刑期也十分令人震惊,最高刑甚至到死刑。

事实上,我们不仅关注过往十年上市公司对赌涉刑的数据,也对近两年涉刑数据进行了细致的研究和分析。以下将分别从涉刑的数量、罪名、年龄、刑期等方面进行呈现。

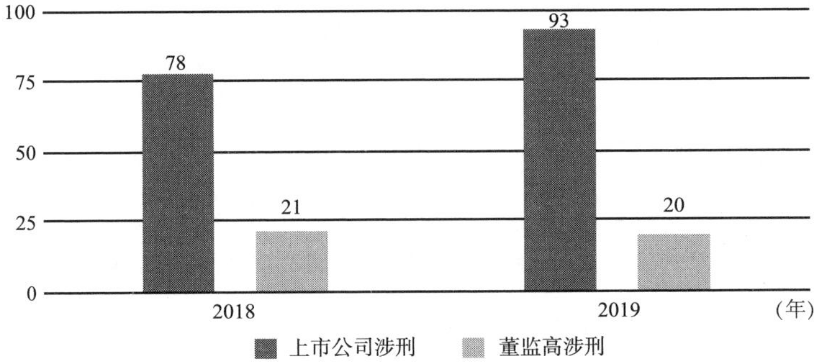

图5-7　上市公司涉刑与董监高涉刑柱状

总的来说,在监管趋严的背景下,上市公司及其董监高涉刑数量只增不减,且呈现罪名较为集中、犯罪主体分布较广等特点。

如图5-7所示,2018年共78家上市公司涉刑事犯罪,其中有21个上市公司的董监高获刑;2019年共93家上市公司卷入刑事案件,其中有20个上市公司的董监高陷入刑事追责程序。

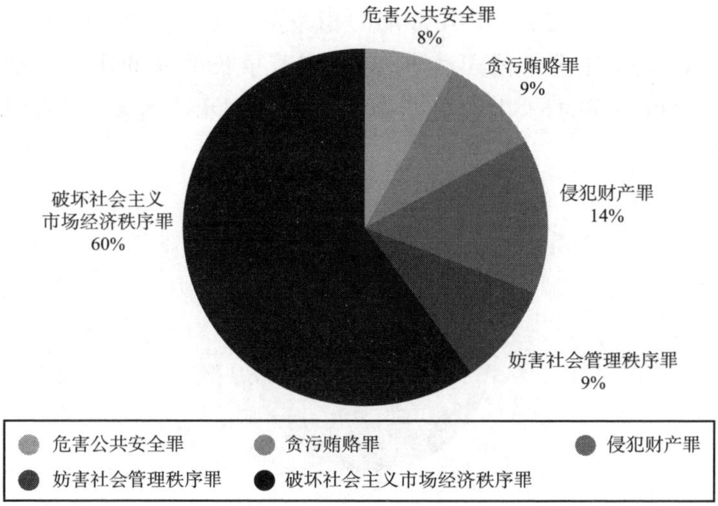

图 5-8　上市公司涉刑案件分类

如图 5-8 所示,以 2019 年为例,上市公司公告中的涉刑案件包含 5 大类、19 种罪名,其中破坏社会主义市场经济秩序罪占比高达 60%。在具体罪名中,排名前六的分别是:行贿罪,对非国家工作人员行贿罪,挪用资金罪,背信损害上市公司利益罪,违规披露、不披露重要信息罪,职务侵占罪。

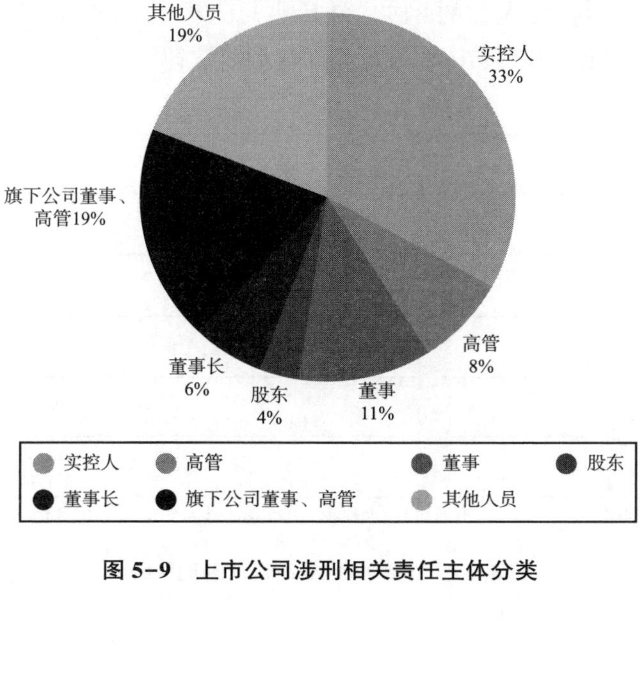

图 5-9　上市公司涉刑相关责任主体分类

如图 5-9 所示,在上市公司涉刑的相关责任主体方面,上市公司实控人涉刑比例高达 33%,上市公司董事、高管和董事长的涉刑比例分别为 11%、8%、6%。值得关注的是,上市公司旗下关联公司董事和高管的涉刑比例也不容小觑,高达 19%。

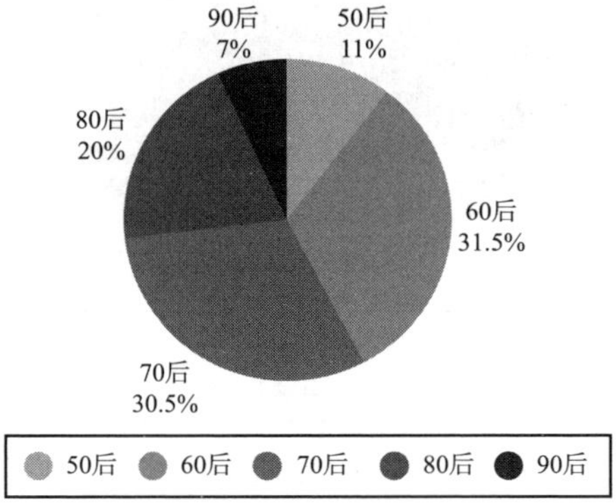

图 5-10 2018 年企业高管涉刑年龄分布

如图 5-10 所示,当我们把涉刑的主体再进一步从上市公司扩展到全部企业时,我们震惊地发现,2018 年全国法院共计公开的 5105 份企业(含上市公司)高管涉及刑事犯罪的裁判文书中,50 后占总人数的 11%,60 后占总人数的 32%,70 后占总人数的 31%,80 后占总人数的 20%,90 后占总人数的 7%。从数据可见,60 后、70 后为企业高管刑事法律风险的高发年龄段。

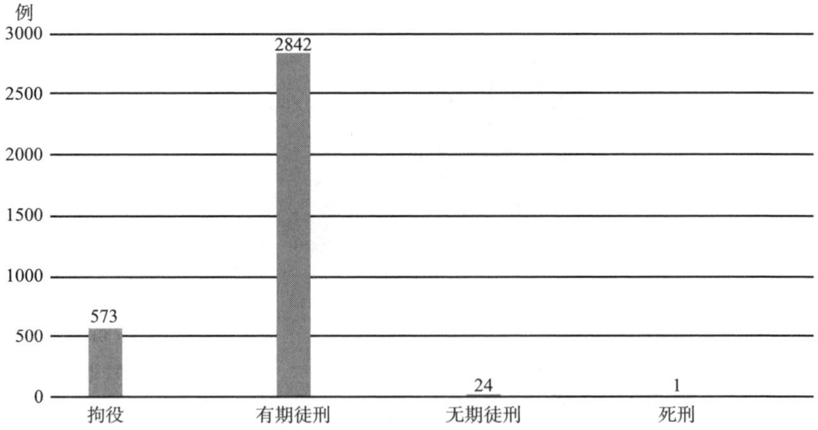

图 5-11 2018 年企业高管涉刑刑种统计

如图5-11所示,涉刑高管被判处有期徒刑共有2842例,占比已经超过了50%,其次是被判处拘役,共有573例。因为企业高管涉及的犯罪多为经济类犯罪,结合我国慎用死刑的政策,2018年度公开的裁判文书中,企业高管被判处死刑的仅有1例。

小结:

从上市公司对赌涉刑到上市公司涉刑,再到对全部企业涉刑的不同主体进行数据分析,尤其着重关注了公司股东、实控人、董监高涉刑的各维度数据,我们经分析、研究,初步得出如下结论:

第一,刑事案件处理流程是公安机关—检察院—法院,数据呈现的仅仅是最终走到法院审判阶段的涉刑案件,实际的涉刑数据会更为惊人,将是目前数据的几何倍数。原因如下:

首先,实际发生的刑事案件与进入公安机关视野的案件存在较大差距。原因在于实务中存在犯罪黑数,又被称为犯罪隐匿数或犯罪暗数,指的是实际已经发生但由于种种原因未纳入公安机关记载的犯罪数量。[①] 其产生的原因比较复杂,主要包括执法方面、被害人方面、社会公众方面以及案件本身的原因,导致刑事案件未正式进入刑事追诉程序,即这部分案件从一开始就未被公安机关受理。例如,如果实际发生的刑事案件有10000件,那么可能只有其中的1000件被公安机关受理。

其次,被公安机关受理并立案侦查的案件与检察院审查起诉、法院审判的案件数量也存在差距。我国《刑事诉讼法》第177条规定了检察院应当或可以作出不起诉决定的情形,如果犯罪嫌疑人符合《刑事诉讼法》的相关规定,则检察院应当或可以作出不起诉决定。例如,如果有1000件案件被公安机关受理并立案侦查,这其中通过检察院审查起诉并移送法院审判的,可能只有其中的100件。

那么,我们据以研究的数据仅仅是裁判文书网上公开的法院裁判结果,做一个简单的数学公式,即最终走到法院审判阶段的100件,背后实际发生的涉刑案件可能有10000件。可见,在法院公布的裁判数据背后,实际上被或深或浅卷入刑事追责程序的企业、股东、实控人、董监高数量十分惊人。因此,大数据告诉我们这个问题值得关注。

第二,犯罪的类型非常集中,以行贿类犯罪(行贿罪、对非国家工作人员

---

① 袁庆鑫、高超、孙梦宁:《浅谈我国犯罪黑数原因与对策》,载《法制与社会》2012年第2期,第76页。

行贿罪)、挪用资金罪、职务侵占、合同诈骗、背信损害上市公司利益罪、违规披露/不披露重要信息罪、操纵证券市场、泄露内幕信息罪最为典型,尤其是行贿类犯罪,在实践中通常会与正常的商业公关手段相混淆。

第三,有相当一部分上市公司实控人、股东、董监高在事前缺乏刑事风控的意识,未采取适当的刑事风控隔离措施;刑事风险出现后,亦因处置不当而导致获刑或加重刑事责任。

二、经典案例及涉刑情形分析

大数据及相关图表的主要作用在于反映上市公司涉刑的整体情况,如果想了解涉刑的具体形态和内容,仍需结合案例进行分析研究。开篇提到典型涉刑案件的上市公司包括粤传媒、宁波东力、康尼机电、长园集团、*ST天圣等,下文将就这些上市公司的涉刑表现形式进行分类解读。

(一)粤传媒案——重组标的因业务造假涉刑,买卖双方及中介机构均获刑

重组标的业务造假,指的是被并购方通过虚构合同、增加业务收入的方式,虚增企业营收和利润,其动机通常是追求被顺利并购,或兑现对赌业绩承诺。被称为上市公司对赌涉刑第一案的粤传媒并购香榭丽案就是并购标的业务造假的典型案例,此案最终导致各方当事人受到严重的刑罚处罚,多名高管累计判刑超60年。

2013年10月,香榭丽原股东与粤传媒签订协议,粤传媒同意以4.5亿元收购香榭丽公司100%股权。香榭丽原股东业绩承诺为:香榭丽在2014年、2015年和2016年分别实现5683万元、6870万元和8156万元的扣非净利润,合计2.07亿元。

然而收购完成后,香榭丽利润跳崖式下跌,2014年、2015年和2016年实现的扣非后净利润分别为-1.54亿元、-1.33亿元和-1.17亿元。连续3年未完成承诺业绩,且累计亏损超过4亿元。按照当初收购协议的约定,香榭丽原股东应当对粤传媒进行业绩补偿,但该业绩补偿迟迟没有到位。

事实上,香榭丽的股东完全没有能力进行补偿,纸终究包不住火,这场虚假并购案最终败露,遭到了公安、证监会等多部门的调查。据公开信息显示,在整个并购过程中,各方的违法犯罪行为如下:

1. 买方受贿。买方粤传媒3位工作人员在收购过程中,包括在后续增资过程中,存在受贿行为。香榭丽方叶玫给予粤传媒时任董事会秘书陈广超、

粤传媒时任总经理赵文华、粤传媒派驻香榭丽公司负责监督管理的时任副总经理、粤传媒上海事业部时任常务副总经理李名智钱款合计410万元。除此之外,粤传媒3位工作人员还存在严重失职,在错误判断香榭丽的财务状况情况下继续对其增资及提供借款。

2. 卖方行贿、合同诈骗。卖方香榭丽为尽快被并购,向粤传媒3名国家工作人员行贿,并通过虚构合同、确认未实际履行合同的财务收入、调高合同折扣等方式虚增利润。在2011年至2013年间制作虚假合同共计127份,虚增净利润共计30,589.83万元,也就意味着香榭丽从2011年就已经开始布局进行造假虚增利润。

3. 中介机构行贿。中介机构东方花旗未严格履行尽职调查责任,并出具包含重大虚假信息的尽调报告,并存在行贿、单位行贿犯罪情节。

这场并购案最终的结局,是买方、卖方、中介机构的相关人员均受到法律的严厉制裁。

2018年5月25日,广州市中级人民法院对本案作出一审判决:

买方粤传媒时任高管赵文华、陈广超、李名智以受贿罪、行贿罪、国有公司人员失职罪等罪名,分别被判处有期徒刑11年、11年、8年,分别并处罚金50万元、50万元、20万元。

卖方香榭丽时任高管叶玫、乔旭东、周思海以合同诈骗罪、单位行贿罪等罪名,分别被判处有期徒刑15年半、10年、4年,分别并处罚金500万元、300万元、20万元。

此外,中介机构东方花旗项目主办人郑某辉以行贿罪被判处有期徒刑3年。标的公司香榭丽以合同诈骗罪、单位行贿罪被判处罚金1100万元,并追缴违法所得4.95亿元。

(二)宁波东力案——重组标的因财务造假涉刑,实控人被以合同诈骗罪判处无期徒刑

宁波东力于2007年8月在深交所上市,主要业务为传动设备、门控系统的生产和销售。年富供应链是宁波东力2017年7月以21亿元高价收购的全资子公司,主营业务为提供进出口报关、采购销售执行、资金结算支持等综合性供应链管理服务。被收购后,年富供应链承诺2017年、2018年、2019年实现的净利润将分别不低于2.2亿元、3.2亿元、4亿元,如未达标将进行业绩补偿。

2018年6月,宁波东力就年富供应链财务造假向宁波市公安局及宁波

证监局报案。

2018年8月,中国证监会对宁波东力立案调查。

经证监会调查,宁波东力子公司年富供应链存在以下三项违法事实:

一是虚增收入、利润。自2014年7月至2018年3月,通过虚增出口代理服务费率和虚构境外代理采购和销售业务两种方式虚增营业收入34.82亿元,营业利润4.36亿元。

二是虚增应收款项。年富供应链累计虚增应收款3.17亿元,将无法收回的应收账款转为对关联公司的虚假应收款项。

三是隐瞒关联关系及关联交易。年富供应链隐瞒其与实际控制的香港公司开展购销业务且未披露。

同时,系统性财务造假隐蔽性强,被披露的年富供应链财务造假行为如下:

一是利用真实客户和业务基础。年富供应链根据业绩目标利用真实的客户虚构业务或虚增服务费率,存在客户配合签订虚假合同、配合资金流转以及在询证函余额不符的情况下盖"相符"章的情况,客观造成财务造假长期未暴露。

二是利用境外实体虚构业务。年富供应链利用其控制的境外实体虚构境外代理采购和销售业务,这种完全在境外进行购销的业务模式操作简便,境外实物流较难追溯,被发现的难度较大。

三是利用供应链行业具有的融资性质。供应链行业资金进出频繁,年富供应链又采用总额法核算,资金量大,往来频繁,使得虚增业绩、掩盖坏账等行为有较大的操作空间,给违法事实的甄别和调查梳理带来很大困难。

另外,宁波东力案造假时间长,金额大。年富供应链对收入利润连续五年恶意造假,从2014年7月持续到2018年6月案发,2014年—2017年虚增利润金额分别为3627万元、9114万元、4927万元、1.95亿元,加上2018年第一季度6359万元,合计虚增营业利润4.36亿元、虚增收入34.82亿元。

最终证监会作出行政处罚如下:责令年富供应链改正,给予警告,并处以顶格罚款;责令宁波东力改正,给予警告,并处以30万元罚款。此外,除对相关责任人给予警告、罚款外,另对6位责任人员分别采取市场禁入措施。

2020 年 1 月,宁波市中级人民法院对本案作出一审判决[①],法院经审理查明:“被告单位及被告人在年富供应链经营亏损,银行贷款高达 30 多亿元,资金链即将断裂的情况下,以非法占有为目的,通过与关联公司签订虚假贸易合同、虚增应收款、虚增利润的方式,隐瞒公司巨额亏损,在目标公司年富供应链已经资不抵债的情况下,制造公司实力雄厚、具有强大盈利能力的假象,并向宁波东力和尽调机构提供虚假的财务数据,找人冒充关联公司负责人欺骗尽调机构,使尽调机构作出错误的估值报告,诱骗被害单位宁波东力以 21.6 亿元的虚高估值与其签订收购协议。

并购后在不具备合同履行能力的情况下,为避免向被害单位返还现金和股票,继续隐瞒实际经营情况,虚增更多利润,以公司经营需要和加快退税速度为由,骗取被害单位宁波东力增资 2 亿元。”

最终年富供应链被判处罚金 3000 万元,其法定代表人、实际控制人李文国因犯合同诈骗罪,被判处无期徒刑,剥夺政治权利终身,并没收个人全部财产。其余主要负责人员如年富供应链总裁杨战武、财务总监刘斌因犯合同诈骗罪,分别被判处有期徒刑 11 年、8 年,二人均被并处罚金 300 万元。

不仅如此,法院还判令追缴李文国、杨战武、刘斌通过合同诈骗获得的赃款共计 3.456 亿元,追缴年富供应链获得的赃款 2 亿元。

至此,这起高达 21 亿元的并购重组案终于唏嘘收场。

(三)长园集团案——重组标的实控人因挪用资金、职务侵占被追究刑事责任

2016 年 6 月 7 日,长园集团与上海和鹰实业发展有限公司、上海王信投资有限公司等 16 名股东签订《股权转让协议》,以现金支付方式购买了长园和鹰公司 80%股权。股权出让方上海和鹰实业发展有限公司、上海王信投资有限公司承诺,长园和鹰在 2016 年度、2017 年度累积合并报表口径扣除非经常性损益后净利润不少于 35000 万元。若长园和鹰未达到承诺目标,则业绩补偿义务人须按照协议的约定对长园集团进行利润补偿。

协议签署后,长园和鹰完成股权变更登记手续,成为长园集团控股子公司。自 2016 年 8 月起,长园集团开始将长园和鹰纳入合并报表范围。为完成业绩目标,长园和鹰通过虚构海外销售、提前确认收入、重复确认收入、签

---

① 宁波东力股份有限公司、富裕仓储(深圳)有限公司、深圳市年富供应链有限公司等合同诈骗罪一审刑事判决书(2019)浙 02 刑初 138 号。

订“阴阳合同”、项目核算不符合会计准则等多种方式“花式”虚增业绩，导致母公司长园集团 2016 年、2017 年年度报告中披露的财务数据存在虚假记载。

根据长园集团公告，上述违法事实，有公司公告、询问笔录、公司及个人情况说明、合同文件、报关材料、ERP 出库记录、发票、会计凭证、客户走访记录等证据证明。

2019 年 3 月，长园集团向公安机关控告长园和鹰原董事长尹智勇挪用资金、职务侵占罪，已被刑事立案。目前，公安机关对尹智勇的调查尚未结束。

2020 年 6 月 13 日，长园集团公告收到证监会深圳监管局《行政处罚及市场禁入事先告知书》。证监会认定，长园和鹰原董事长、财务总监、常务副总裁因涉嫌直接参与实施造假，深圳证监局拟采取 5 年至 10 年的证券市场禁入措施，长园集团因为对子公司管理不善也受到了罚款处罚。

（四）上市公司及其实控人涉刑

1. ＊ST 天圣及其实控人因单位行贿罪受到刑罚

＊ST 天圣于 2017 年 5 月登陆资本市场，主要从事医药制造与医药流通业务。虽然上市仅三年多，＊ST 天圣却成了 A 股 3000 余家上市企业中一个奇葩的存在：上市不满 1 年，核心高管团队便集体涉重大刑事案件被刑拘；上市第二年，业绩大幅下滑同比超过 50%，其 2019 年业绩快报显示，报告期内，公司实现营收 16.77 亿元，同比下滑 22.79%；归属于上市公司股东的净利润为-2.42 亿元，同比下滑 315.94%。；上市第三年，刚刚摆脱次新股的头衔，退市风险警示又让其披星戴帽成了＊ST 股。

2018 年 4 月至 6 月期间，公司控股股东及实控人刘群、原总经理李洪、原副总经理李忠、原副总经理王永红先后被有关部门留置或刑拘。而早在 2017 年 3 月，＊ST 天圣的危机便已日渐显露，基本上注定了今时今日的结局。

IPO 审核时，证监会发审委曾询问该公司是否存在商业贿赂或变相商业贿赂情形，得到的回复是不存在商业贿赂情形，但上市仅一年就东窗事发，且大部分违法犯罪事实发生于公司上市之前。如今复盘，＊ST 天圣存在如此重大隐患，显然是不满足 IPO 上市条件的，而相关案件其后也显示，公司治理和内控存在较大的漏洞和缺失。

据检察机关起诉书显示，2003 年至 2018 年初，时任＊ST 天圣实际控制

人刘群为 * ST 天圣及其关联公司谋取不正当利益,给予多名国家工作人员财物共计折合人民币 1474.80 万元,其中刘群代表 * ST 天圣给予国家工作人员财物共计人民币 970.074 万元。

* ST 天圣发布公告称,根据重庆市第一中级人民法院出具的《刑事判决书》,* ST 天圣犯单位行贿罪、对单位行贿罪,判处罚金 380 万元;控股股东及实控人刘群犯单位行贿罪、对单位行贿罪、挪用资金罪、虚假诉讼罪等,数罪并罚,共判处 19 年有期徒刑,判处罚金 200 万元,没收财产 800 万元。

2020 年 3 月 26 日,* ST 天圣公告公司因不服重庆市第一中级人民法院出具的《刑事判决书》[(2019)渝 01 刑初 68 号],已向重庆市高级人民法院提起上诉。上诉请求:1. 撤销重庆市第一中级人民法院(2019)渝 01 刑初 68 号判决书中关于 * ST 天圣的所有判项;2. 改判 * ST 天圣不构成犯罪,不承担刑事责任。

截至本书定稿之日,案件尚处于重庆市高级人民法院二审审理之中。

2. 恺英网络原实控人因操纵证券市场被审判

曾因“贪玩蓝月”而名噪一时的恺英网络(002517)近年来麻烦缠身。多位高管涉嫌犯罪被调查,公司涉嫌信披违规被证监会立案调查,叠加业绩爆雷,内忧外患之下,公司控制权也可能生变。原实控人王悦因“涉嫌操纵证券市场罪”身陷囹圄。

2020 年 6 月,有自媒体爆出《恺英网络 40 多名股东及员工实名举报》(以下简称《举报》)一文。

根据《举报》,上海圣杯投资管理合伙(有限合伙)(以下简称圣杯投资)、上海骐飞投资管理合伙企业(有限合伙)(以下简称骐飞投资)是 2014 年恺英网络借壳上市前夕,给予在恺英网络奉献近 10 年的老员工、核心骨干激励股权的股权激励平台(员工持股平台)。

王悦作为前述两家员工持股平台的实际控制人,恶意操纵证券市场,签署不对等协议为他人输送利益,并私自将两家平台所持的股票质押,导致圣杯投资和骐飞投资欠下巨额债务且无法清偿,被质押的股票已经或正在被海通证券拍卖,其中圣杯投资所持的股票已经几乎被私下处置完毕。

对于圣杯投资、骐飞投资全体合伙人的《举报》,恺英网络在当晚就予以公开回应。恺英网络表示《举报》中无端指控公司参与了圣杯投资、骐飞投资两家合伙企业自身的商事行为,将两家合伙企业历史商业活动的现实困境责任归咎于公司。

恺英网络同时表示,作为一家公众公司,一直按照法律法规和相关监管规则依法运作,不应该成为其他法人或个人解决商业纠纷和现实困境的捆绑对象。公司支持两家合伙企业的合伙人依法维护自身权益,愿意在法律框架内提供全力配合,包括但不限于提供调查配合、法律咨询等。

事实上,恺英网络于 2017 年完成近 20 亿元的对赌后,便陷入业绩变脸的泥潭。2019 年,公司多名高管因涉嫌刑事犯罪被公安机关立案侦查,曾经风光一时的恺英网络经历了成立以来的至暗时刻。

2019 年 4 月 23 日起,公司实际控制人王悦、董事长金峰、总经理陈永聪等 7 名现任及前任董监高均被有关部门立案调查,涉及操纵证券市场、内幕交易等多项指控。2019 年 6 月 12 日晚,恺英网络实际控制人王悦因涉嫌操纵证券、期货市场罪,经上海市人民检察院批准,被上海市公安局正式逮捕。2020 年 6 月 30 日,上海市第一中级人民法院开庭审理了王悦操纵证券、期货市场罪一案[(2020)沪 01 刑初 25 号],截至本书定稿之日,该案尚未宣判。

三、上市公司涉刑原因及相关罪名

前述案例和上市公司总体涉刑的数据均令人唏嘘不已,上市公司的发展质量很大程度上反映了我国经济发展的质量,因此上市公司及高管涉刑案件的增多,不仅对于涉刑主体本身是咎由自取,更不利于投资者的权益保护和证券市场的健康发展。

因此,有必要对上市公司涉刑的原因及相关罪名进行分析,希望读者不仅能看到涉刑的有关数据,更能关注背后的原因。

(一)涉刑原因

1. 利益驱动下,为促成并购或完成对赌业绩而触犯刑法

资本的本质在于逐利,上市公司并购重组中,各方均有利益诉求。上市公司希望通过横向并购或者纵向并购实现企业的快速发展,并购优质资产可以助力上市公司在技术研发、渠道整合、规模拓展等多方面取得跨越式优势,被并购标的则希望借助上市公司平台获得更好的资源支持、其原创始人或者实控人不乏期待通过被并购而套现获利。

然而,从超过三分之二的并购均已失败告终的数据中我们发现,在上市公司并购中,除了商业风险、法律风险之外,被并购标的实控人的道德风险也

尤为重要,因为被并购标的的并购意图以及被并购后在巨大压力下的道德底线的调整等很多主观的、人为的因素是难以预判,或者能够完全避免的。

面对巨大的压力和利益的诱惑,不免出现造假甚至触犯刑法的现象。

在粤传媒并购造假案中,香榭丽在2013年被粤传媒收购。为了能顺利完成收购,香榭丽通过虚构合同、未实际履行合同、调整合同折扣等方式,在2011年至2013年制作虚假合同共计127份,虚增利润30,589.83万元。这也就意味着香榭丽从2011年就已经开始布局虚增利润,实际上是一家连年亏损,根本不具备盈利能力的公司。

在宁波东力财务造假案中,子公司年富供应链原股东在并购前也存在财务造假情况,并购完成后为完成业绩承诺,通过虚增收入和利润、虚增应收款项、隐瞒关联关系及关联交易等方式进行造假。

因此,在上市公司并购重组中,并购标的实控人、股东受利益驱动,为了促成收购事项或者兑现业绩承诺,往往不惜铤而走险,通过造假达到目的,犯罪事实进一步牵连至上市公司,这是上市公司涉刑的最大风险点。

2. 上市公司并购后管理不善,被迫面临刑事风险

多数上市公司完成并购后,并不参与被并购标的企业的实际经营管理,并购后仍由原团队运营,此时的上市公司仅仅对被并购标的实现了财务投资,远未实现战略投资的目的,与上市公司应有的初衷相去甚远。

这种缺乏监督和管理的机制,使上市公司长期无法深入了解,并进而掌控被并购标的日常运营,当上市公司无法实施有效管控之时,作为被并购标的大股东的上市公司却仍会将被并购标的的财务予以并表,这其中所隐藏的巨大利益和失控的状态必然为刑事犯罪的滋生提供了肥沃的土壤。

在宁波东力财务造假案中,子公司年富供应链2014年意图通过并购或境外IPO的方式进入资本市场融资,开始虚做利润。2017年7月高溢价被宁波东力并购后,为了业绩承诺变本加厉继续财务造假。

宁波东力管理人员普遍缺乏供应链行业相关知识和经验,并购后仍由年富供应链原团队经营,直到2018年3月才派驻财务副总监,长期未能深入了解公司日常运营并实施有效管控。后期随着公司财务自查的深入,以及年富供应链不断要求上市公司增加担保而引起警觉,直至案发。

由此可见,上市公司对于并购标的企业的管理十分重要,否则在监督管理缺位的情况下,极易引发道德风险。而一旦造假被揭露,并购标的企业的刑事风险将不可避免地波及上市公司及其董监高。

于上市公司而言,其遭受的不仅仅是经营和发展上的消极影响,更重要的是上市公司如何进行市值管理,如何保证不会因此面临退市的风险更值得深思;对于上市公司董监高而言,不仅仅是与上市公司一荣俱荣、一损俱损的问题,其个人所面临的行政,甚至刑事责任可能伴随其一生。

3. 金融证券市场监管从严,新《证券法》将监管重心转至"事中、事后监管"

随着我国证券市场"从严监管"力度的不断加强,此前更多止步于行政处罚、民事赔偿阶段的违法案件也开始触及刑事领域。

2020 年 3 月 1 日新《证券法》实施之后,我国证券市场迎来最严信息披露监管时代,从上市到重大资产重组,从公司到个人,证监会的监管重心已经由"事前监管"逐步走向"事中、事后监管",建立起全方位的监管体系。

首先,新《证券法》将"持续信息公开"一节升级为"信息披露"专章(第五章),要求发行人及其他信息披露义务人,应当及时依法履行信息披露义务;在披露信息时,应当真实、准确、完整,不得有虚假记载、误导性陈述或者重大遗漏,全面重构了上市公司信息披露制度。

其次,对于"信息披露义务人",新《证券法》第 78 条从根本上突破了"发行人、上市公司"为第一责任人的规范逻辑,确立了以"发行人及法律、行政法规和国务院证券监督管理机构规定的其他信息披露义务人"为中心的监管原则,各领域、各主体的信息披露标准被全面统一,无论是法律、法规还是证监会的部门规章,只要是被施以信息披露义务的主体,都应负有直接的信息披露义务和责任。

最后,对于"信息披露标准",由修订前"真实、准确、完整"的信息披露要求变为"及时、真实、准确、完整",从这一立法变化可以看出,上市公司披露信息的"时效性"将成为信息披露的核心之一,同时也将成为监管规制的又一重点。

由此可见,随着新《证券法》的实施,信息披露正面临更高的标准和更严的监管,过去行政处罚"一罚了事"的时代已经过去,如果信息披露义务人未能依法披露重要信息,如未能披露上市公司并购重组中存在的问题,甚至有意掩盖隐瞒相关情况,不仅将面临监管机构的行政处罚,情节严重的,还可能受到刑事处罚。

4. 行政责任与刑事责任的交叉导致准确识别刑事风险难度增大

何种行为会面临行政处罚,何种行为会面临刑事风险? 如何切割行政责任和刑事责任？实务中,上市公司及股东、实控人、董监高似乎未能给自己清晰划界。

第一,从责任划分看,行政责任和刑事责任属于不同类型法律责任,如果一种行为既违反行政法规又触犯刑法,原则上可以同时追究行政责任和刑事责任。这就意味着,上市公司及股东、实控人、董监高受到行政处罚后,仍有可能因其行为同时触犯刑法而被追究刑事责任,这无疑增加了准确识别刑事风险的难度,也是导致涉刑案件增多的一个重要原因。

第二,从数据统计分析,2019 年,证监会共作出 129 起行政处罚决定,证监会的派出机构共作出 119 起行政处罚决定,其中,有些违规披露、不披露重要信息罪的责任人员在被证监会处以金钱罚(罚款)、资格罚(市场禁入)之后,根据其违法犯罪行为情节和后果的严重程度,会再被司法机关施以刑事处罚。如上海首例违规披露重要信息案"中毅达案"。

2018 年 1 月和 4 月,*ST 毅达(600610)先后收到证监会的《行政处罚事先告知书》和上海证监局的《行政处罚决定书》,对于中毅达的信披违规行为,监管机构作出了警告和罚款的行政处罚。

2020 年 4 月 10 日,上海市第三中级人民法院以违规披露重要信息罪判处 4 名被告人拘役 3 个月至有期徒刑 1 年不等,并处罚金 5 万元至 20 万元不等,该案 4 名被告人均系 A 股上市公司 *ST 毅达及原子公司前任高管、员工。

5. 刑事风控制度不完善,法律意识淡薄

一方面,上市公司通常设有法务部或/和风控合规部,但长期以来,风控合规部门并不完全独立,经常被融入民事合规范畴为主导的法务部,进而导致上市公司未形成行之有效的刑事风控体系。

另一方面,上市公司内承担巨大经营压力的人往往有铤而走险从而触犯刑法的冲动,上市公司及股东、实控人、董监高主动为之,部分行为定性的法律界限模糊,也在一定程度上加剧了刑事风险。

以 *ST 赫美(002356)为例,根据其 2018 年年度报告显示,公司总经理、副总经理、财务总监三大高管同时宣布无法保证年报真实、准确、完整,一度引发社会各界热议。2019 年 5 月,*ST 赫美被证监会因涉嫌信息披露违法违规立案调查,股价一路下跌。

随后公司表示,由于控股股东、公司管理人员及其关联方规范运作意识淡薄,加上公司相关经办人员风险意识与法律意识淡薄,未能有效执行公司内控制度,因此导致一系列违规事项发生,公司在管理方面确实存在重大缺陷。

2019 年 11 月,* ST 赫美的第五大股东天鸿伟业科技发展有限公司委托律师向深圳证监局寄送律师建议函,称 * ST 赫美及董事长兼董秘王磊等人此前被深交所认定的多项违规行为,涉嫌刑事犯罪,建议依法移送公安机关侦查。

此外,在上市公司并购重组中,对于并购标的企业的实控人(一般为业绩承诺补偿义务人)、股东的违法行为,在存在合理怀疑的情况下,碍于上市公司对自身市值管理的担忧,刑事风控意识淡薄,未能及时、有效识别、指出及隔离,导致上市公司董监高和并购标的企业的实控人、股东一并遭受刑事处罚。

因此,上市公司内部风控制度的不完善和相关责任人法律意识的淡薄,均有可能导致公司及相关人员陷入刑事风险之中。

(二)常见的罪名分析

在前述案例中,上市公司、被并购标的企业及其他责任主体常见的罪名包括合同诈骗罪,行贿类犯罪,挪用资金罪,违规披露、不披露重要信息罪,操纵证券、期货市场罪等,下文将对各类罪名的具体规定以及实务中认定该罪的要点进行简要分析。

1. 合同诈骗罪

合同诈骗罪是上市公司并购交易中常出现的罪名,被并购标的企业往往为了完成对赌业绩,以非法占有为目的,采取虚构、伪造合同,签署合同并支付或收取价款但实际未履行合同等方式,虚增营业收入和利润。

例如宁波东力案,并购标的年富供应链及其实控人、总裁、财务总监等人以非法占有为目的,通过虚构合同及相关交易、隐瞒巨额亏损真相等手段,骗取宁波东力巨额并购款、增资款、担保,使宁波东力遭受巨额财产损失,该行为符合合同诈骗罪构成要件,应以合同诈骗罪追究刑事责任。

(1)合同诈骗罪的规定

《刑法》第 224 条规定:“有下列情形之一,以非法占有为目的,在签订、履行合同过程中,骗取对方当事人财物,数额较大的,处三年以下有期徒刑或者拘役,并处或者单处罚金;数额巨大或者有其他严重情节的,处三年以上十年以下有期徒刑,并处罚金;数额特别巨大或者有其他特别严重情节的,处十年以上有期徒刑或者无期徒刑,并处罚金或者没收财产:(一)以虚构的单位或者冒用他人名义签订合同的;(二)以伪造、变造、作废的票据或者其他虚假的产权证明作担保的;(三)没有实际履行能力,以先履行小额合同或者部分履行合同的方法,诱骗对方当事人继续签订和履行合同的;(四)收受对方当事人给付的货物、货款、预付款或者担保财产后逃匿的;(五)以其他方法骗取对方当事人财物的。”

(2)合同诈骗罪认定的关键

合同诈骗罪的主观方面表现为“以非法占有为目的”,刑法意义上的“非法占有”,不仅是指行为人意图使财物脱离相对人而非法实际控制和管领,而且意图非法所有或者不法所有相对人的财物,为使用、收益、处分之表示。其与经济合同纠纷的本质区别在于,行为人是否具有非法占有他人财物的目的。

对于客观上符合合同诈骗罪构成要件的行为,具有非法占有他人财物目的应认定为诈骗罪,不具有非法占有他人财物目的,应认定为经济合同纠纷,以民事规范调整权利义务关系。而在司法实践中,通常从以下几点来认定行为人是否具有非法占有的主观目的:

①行为人是否具有签订相关合同的主体资格,主体身份是否具有真实性。通常情况下,不具有签订相关合同的主体资格,而虚构身份或者冒用他人身份与合同相对方签订合同的,可认定为具有非法占有他人财物的目的;以本人或本单位真实的身份,签订相关合同的,一般不具有非法占有的目的。

②行为人在签订合同时的履行能力。通过在案的证据证明行为人在签订合同时,具有履行合同义务的能力,只是因意志以外的原因,或在经营活动中遇有困难,导致难以履行合同义务的,一般应认定行为人不具有非法占有他人财物的目的;行为人在签订合同时即不具有履行合同的能力,对于合同的履行不具有可期待性,应认定行为人具有非法占有他人财物的目的。

③行为人是否积极履行合同,及未履行合同的原因。行为人在签订合同后,以积极的行为履行合同的义务,一般能够反映行为人是希望通过正常的合同行为取得合法利益,但因不可抗力或其他的客观原因未能履行合同义务,如遇有经营困难难以履行的,可以证明未履行合同义务是违背行为人主观意愿的,即行为人不具有非法占有他人财物的目的,应以经济合同纠纷认定,不涉及合同诈骗罪。

2. 行贿类犯罪

以＊ST 天圣为例，在公司筹划上市时，为了谋求不正当利益以满足上市条件，对国家工作人员采取贿赂手段，行贿类犯罪由此牵连而生。实务中，行贿类犯罪主要涉及的罪名有以下三项：

(1)行贿罪

行贿罪是指为谋取不正当利益，给予国家工作人员、集体经济组织工作人员或者其他从事公务的人员以财物的行为。

《刑法》第 389 条规定："为谋取不正当利益，给予国家工作人员以财物的，是行贿罪。在经济往来中，违反国家规定，给予国家工作人员以财物，数额较大的，或者违反国家规定，给予国家工作人员以各种名义的回扣、手续费的，以行贿论处。因被勒索给予国家工作人员以财物，没有获得不正当利益的，不是行贿。"

(2)单位行贿罪

指单位为谋取不正当利益而行贿，或者违反国家规定，给予国家工作人员以回扣、手续费，情节严重的行为。

《刑法》第 393 条规定："单位为谋取不正当利益而行贿，或者违反国家规定，给予国家工作人员以回扣、手续费，情节严重的，对单位判处罚金，并对其直接负责的主管人员和其他直接责任人员，处五年以下有期徒刑或者拘役，并处罚金。因行贿取得的违法所得归个人所有的，依照本法第三百八十九条、第三百九十条的规定定罪处罚。"

不容忽视的是，公司、企业及事业单位的行为主要由自然人实施，单位行贿的行为往往由个人完成，也就造成了与部分行贿罪主体混同的迷雾，给贿赂类违法犯罪行为的准确定性带来一定困惑。而个人行贿罪和单位行贿罪又在行为性质和处罚后果等方面有较大区别，因此对二者进行有效辨识极有必要。

①犯罪主体

行贿(个人)与单位行贿的客观行为相类似，甚或就是同一行为，其最大的区别就在于犯罪主体。前者的行为主体是具有刑事责任能力的自然人。后者的行为主体既包括依法成立的国有、集体所有的公司、企业、事业单位，也包括依法设立的合资经营、合作经营企业和具有法人资格的独资、私营等公司、企业、事业单位。

②立案标准

1999年9月16日,最高检发布《关于人民检察院直接受理立案侦查案件立案标准的规定(试行)》,规定个人行贿数额在1万元以上的,单位行贿数额在20万元以上的,应予立案。

2016年4月18日,两高发布《关于办理贪污贿赂刑事案件适用法律若干问题的解释》(以下简称《解释》),将行贿罪的追诉标准从1万元提高到3万元,但是,单位行贿罪的追诉标准却并未相应进行调整。

③刑罚后果

我国《刑法》第390条第1款规定"行贿罪"的主刑可从拘役、有期徒刑至无期徒刑,附加刑包括罚金、没收财产。《刑法》第393条规定"单位行贿罪"的主刑为5年以下有期徒刑、拘役,附加刑只有罚金。

(3)对非国家工作人员行贿罪

对非国家工作人员行贿罪是指为谋取不正当利益,给予公司、企业或者其他单位的工作人员以财物,数额较大的行为。

《刑法》第164条规定:"为谋取不正当利益,给予公司、企业或者其他单位的工作人员以财物,数额较大的,处三年以下有期徒刑或者拘役,并处罚金;数额巨大的,处三年以上十年以下有期徒刑,并处罚金。"

上述三项罪名中,"谋取不正当利益"是其共同点。"谋取不正当利益"指行贿人谋取的利益违反法律、法规、规章、政策规定,或者要求国家工作人员违反法律、法规、规章、政策和行业规范的规定,为自己提供帮助或者方便条件。

例如,在公司日常经营中,按市场价格向对方公司销售商品,为了顺利结算合同款,给予经办人或对方公司领导好处费,是否属于"谋取不正当利益"?

按市场价格销售商品并结算合同款,虽是合法行为,但由此而给予经办人和领导好处费,属于"在经济活动中谋取不正当的竞争优势",违背了公平、公正原则,故属于"谋取不正当利益"。

值得关注的是,是否为企业"谋取不正当利益",是判断是否涉嫌行贿的最重要标准。尤其是,实务界有案例印证,通过行贿获得利益或取得竞争优势才是"谋取不正当利益",但事实上,法庭审判中的认定标准要低很多,在行为人行贿后完成交易即构成"谋取不正当利益",不以实际获得利益或竞争优势为必要。

3. 挪用资金罪

前有＊ST天圣原实际控制人刘群因犯挪用资金罪被判处有期徒刑7年,后有长园集团并购标的长园和鹰原董事长尹智勇涉嫌挪用资金被刑事立案。实务中,上市公司股东、高管,甚至管理财产的员工对自身所享有的公司财产管理权往往有着不够准确的理解。

股东认为该公司是其投资设立的,当然对公司财产权益有支配权利;高管认为其为公司的管理人员,对公司的资金自行挪用并无不当,最严重也只是自己向股东们负一定的民事责任;公司管理财产的员工认为,个人对公司的资金流向有掌控的权能,自己挪用部分资金后及时归还更改账本,也不会存在大问题。但实际上,以上情形均有可能构成挪用资金罪。

《刑法》第272条规定:"公司、企业或者其他单位的工作人员,利用职务上的便利,挪用本单位资金归个人使用或者借贷给他人,数额较大、超过三个月未还的,或者虽未超过三个月,但数额较大、进行营利活动的,或者进行非法活动的,处三年以下有期徒刑或者拘役;挪用本单位资金数额巨大的,或者数额较大不退还的,处三年以上十年以下有期徒刑。"

本罪的犯罪主体是公司、企业或其他单位的工作人员,犯罪客观方面表现为行为人利用职务上的便利,挪用本单位资金归个人使用或者借贷给他人,数额较大、超过三个月未还。

具体而言,"挪用",是指利用职务上的便利,非法擅自动用单位资金归本人或他人使用,但准备日后退还。

"利用职务上的便利",是指利用本人在职务上主管、经管或经手单位资金的方便条件,如单位领导人利用主管财务的职务,出纳员利用保管现金的职务,以及其他工作人员利用经手单位资金的便利条件。

"归个人使用",依据2010年5月7日最高人民检察院、公安部《关于公安机关管辖的刑事案件立案追诉标准的规定(二)》第85条规定,包括将本单位资金供本人、亲友或者其他自然人使用的,以个人名义将本单位资金供其他单位使用的,个人决定以单位名义将本单位资金供其他单位使用,谋取个人利益的。

4. 违规披露、不披露重要信息罪

新《证券法》大大加重了信息披露违法的法律责任,更为值得关注的是,我国《刑法》规定的违规披露、不披露重要信息罪适用力度也在加强。2019年接连爆出"大智慧"和"中毅达"两家公司涉嫌违规披露、不披露信息罪的新闻,其中“中毅达”案已于2020年4月10日由上海市第三中级人民法院作出判决。可以预见的是,今后监管部门对信息披露违规行为一罚了事的时代已经远去,行政处罚重罚之后再判刑的风险正在加大。

新《证券法》第197条规定:“信息披露义务人未按照本法规定报送有关报告或者履行信息披露义务的,责令改正,给予警告,并处以五十万元以上五百万元以下的罚款;对直接负责的主管人员和其他直接责任人员给予警告,并处以二十万元以上二百万元以下的罚款。发行人的控股股东、实际控制人组织、指使从事上述违法行为,或者隐瞒相关事项导致发生上述情形的,处以五十万元以上五百万元以下的罚款;对直接负责的主管人员和其他直接责任人员,处以二十万元以上二百万元以下的罚款。信息披露义务人报送的报告或者披露的信息有虚假记载、误导性陈述或者重大遗漏的,责令改正,给予警告,并处以一百万元以上一千万元以下的罚款;对直接负责的主管人员和其他直接责任人员给予警告,并处以五十万元以上五百万元以下的罚款。发行人的控股股东、实际控制人组织、指使从事上述违法行为,或者隐瞒相关事项导致发生上述情形的,处以一百万元以上一千万元以下的罚款;对直接负责的主管人员和其他直接责任人员,处以五十万元以上五百万元以下的罚款。”

我国《刑法》第161条规定:“依法负有信息披露义务的公司、企业向股东和社会公众提供虚假的或者隐瞒重要事实的财务会计报告,或者对依法应当披露的其他重要信息不按照规定披露,严重损害股东或者其他人利益,或者有其他严重情节的,对其直接负责的主管人员和其他直接责任人员,处三年以下有期徒刑或者拘役,并处或者单处二万元以上二十万元以下罚金。”

违规披露、不披露重要信息罪,是2006年《刑法修正案(六)》在原来提供虚假财会报告罪的基础上修改而来,是一个选择性罪名,可以根据案件实际情况,选择认定构成违规披露重要信息罪,或者违规不披露重要信息罪,或者违规披露、不披露重要信息罪。本罪的犯罪主体为特殊主体,即依法负有信息披露义务的公司、企业。

2020年12月26日第十三届全国人民代表大会常务委员会第二十四次会议通过的《中华人民共和国刑法修正案(十一)》,拟将《刑法》第161条修改为:“依法负有信息披露义务的公司、企业向股东和社会公众提供虚假的或者隐瞒重要事实的财务会计报告,或者对依法应当披露的其他重要信息不按照规定披露,严重损害股东或者其他人利益,或者有其他严重情节的,对其直接负责的主管人员和其他直接责任人员,处五年以下有期徒刑或者拘役,并处或者单处罚金;情节特别严重的,处五年以上十年以下有期徒刑,并处罚金。前款规定的公司、企业的控股股东、实际控制人实施或者组织、指使实施前款行为的,或者隐瞒重要事项导致前款规定的情形发生的,依照前款规定处罚;犯前款罪的控股股东、实际控制人是单位的,对单位判处罚金,并对其直接负责的主管人员和其他直接责任人员,依照第一款的规定处罚。"

可以看出,立法机关对于违规披露、不披露重要信息罪的处罚明显加重,直接负责的主管人员和其他直接责任人员最高可判10年有期徒刑,对于上市公司控股股东、实际控制人来说,如果存在组织、指使或隐瞒等行为,也将面临相同的刑罚。

对于该罪来说,准确理解条文具有很强的实操价值。具体而言:

"虚假的或者隐瞒重要事实的财务会计报告",是指在财务报告中伪造、虚构并不存在的事实,如捏造某笔大宗交易;或者隐匿、瞒报应该如实反映的重要事实,如隐瞒公司亏损状况,以此欺骗股东或社会公众的行为。

"依法应当披露的其他重要信息",是指除财务会计报告以外的其他重要信息,包括:招股说明书、债券募集办法、上市报告等文件,上市公司中期报告、年度报告、临时报告及其他信息披露资料;风险管理状况、董事和高级管理人员变更以及其他重大事项等信息;上市公告书及基金资产净值、基金份额净值信息等。其他重要信息的具体范围应当根据公司法、证券法、证券投资基金法、银行业监督管理法等法律、行政法规以及国务院证券监管部门的有关规定作出认定。

"不按照规定披露",是指对依法应当披露的信息进行虚假记载,在信息披露中故意有不正当披露、重大遗漏、误导性陈述或者其他法律禁止的内容。

"严重损害股东或者其他人利益",依据最高人民检察院、公安部《关于公安机关管辖的刑事案件立案追诉标准的规定(二)》(公通字〔2010〕23号)第6条之规定:"依法负有信息披露义务的公司、企业向股东和社会公众提供虚假的或者隐瞒重要事实的财务会计报告,或者对依法应当披露的其他重要信息不按照规定披露,涉嫌下列情形之一的,应予立案追诉:(一)造成股东、债权人或者其他人直接经济损失数额累计在五十万元以上的;(二)虚增或者虚减资产达到当期披露的资产总额百分之三十以上的;(三)虚增或者虚减利润达到当期披露的利润总额百分之三十以上的;(四)未按照规定披露的重大诉讼、仲裁、担保、关联交易或者其他重大事项所涉及的数额或者连续十二个月的累计数额占净资产百分之五十以上的;(五)致使公司发行的股票、公司债券或者国务院依法认定的其他证券被终止上市交易或者多次被暂停上市交易的;(六)致使不符合发行条件的公司、企业骗取发行核准并且上市交易的;(七)在公司财务会计报告中将亏损披露为盈利,或者将盈利披露为亏损的;(八)多次提供虚假的或者隐瞒重要事实的财务会计报告,或者多次对依法应当披露的其他重要信息不按照规定披露的;(九)其他严重损害股东、债权人或者其他人利益,或者有其他严重情节的情形。"

通过上文的分析可以看到,上市公司在发展业务的同时,也需要注重企业刑事法律风险的防控,否则极有可能在强监管的政策下违法甚至犯罪。另外,无论是公司上市前,还是上市后,刑事风险都持续存在,而如何应对上市公司刑事法律风险,其重点不在于风险出现之后的处理,而在于日常的风险把控和预防。

5. 操纵证券、期货市场罪

如前文所述,上海市第一中级人民法院已开庭审理了恺英网络原实控人王悦操纵证券、期货市场一案。根据恺英网络员工的《举报》,王悦作为两家员工持股平台的实际控制人,恶意操纵证券市场,为他人输送利益,并私自将两家平台的股票质押。截至本书定稿之日,对王悦的审判结果尚未出炉。

本罪属于选择性罪名,对于符合操纵证券市场或操纵期货市场的犯罪行为,分别认定为操纵证券市场罪、操纵期货市场罪。

本罪规定于《刑法》第 182 条:"有下列情形之一,操纵证券、期货市场,情节严重的,处五年以下有期徒刑或者拘役,并处或者单处罚金;情节特别严重的,处五年以上十年以下有期徒刑,并处罚金:(一)单独或者合谋,集中资金优势、持股或者持仓优势或者利用信息优势联合或者连续买卖,操纵证券、期货交易价格或者证券、期货交易量的;(二)与他人串通,以事先约定的时间、价格和方式相互进行证券、期货交易,影响证券、期货交易价格或者证券、期货交易量的;(三)在自己实际控制的账户之间进行证券交易,或者以自己为交易对象,自买自卖期货合约,影响证券、期货交易价格或者证券、期货交易量的;(四)以其他方法操纵证券、期货市场的。单位犯前款罪的,对单位判处罚金,并对其直接负责的主管人员和其他直接责任人员,依照前款的规定处罚。”

一般而言,本罪的刑事案件办理程序为证监会稽查总队/调查处—公安机关—检察机关—人民法院。在级别管辖上,涉嫌证券期货犯罪的第一审案件,由中级人民法院负责管辖,同级人民检察院负责提起公诉。

操纵证券市场罪根据情节轻重量刑不同,情节严重的,处5年以下有期徒刑或者拘役,并处或者单处罚金;情节特别严重的,处5年以上10年以下有期徒刑,并处罚金。实务中,犯罪嫌疑人因存在自首、立功、认罪悔罪等法定和酌定的从轻、减轻处罚情节,最终判决量刑都较轻,适用缓刑的情况较多,甚至部分只适用罚金刑。

以(2017)苏01刑初31号判决为例,法院认定被告人吴定昌构成操纵证券市场罪,非法获利达460余万元。但吴定昌具有自首的情节,且退出全部赃款,认罪悔罪态度较好,法院根据其犯罪事实、性质、情节和对于社会的危害程度,决定对其单处罚金。判处罚金人民币2760万元;追缴犯罪所得人民币460.223255万元。

四、对上市公司防范刑事风险的建议

科创板和注册制落地后,上市条件变得宽松,但监管层对于公司上市前后的监管力度却未曾松懈。新《证券法》实施后,金融证券领域的监管将持续从严,且更加强调“事中、事后”监管。事实上,证券监管重心的调整和力度的加大,不仅影响IPO,对于上市公司并购重组来说也是一样。在强监管的背景之下,上市公司及其控股股东、董监高的违法违规行为更容易显现出来,企业刑事风险也随之而来。

也许未来企业谋求上市容易了,但若仅期待上市能够成为企业最有效的融资手段,风控合规流程制度缺位,则在面临常规法律风险,如被监管机构立案调查、处罚,或股价遭到重创甚至是退市的同时,还可能会面临刑事追责。这不仅仅是上市公司的事情,更与上市公司股东、实控人及董监高密切相关。

在我国,刑事责任的追究原则上采取双罚制,也就是说,如果公司、企业构成犯罪,除自身被判刑外,相关责任人员也将被科以刑罚,当然,个别罪名中也存在单位构成犯罪,仅处罚个人的情况,因此,企业的行为决定了人的处境。

但另一方面,企业活动和行为一定是通过具体人员进行决策和执行的,所以人的行为也决定了企业的处境。因此,在刑事法律领域,企业及其人员之间存在行为及责任的转化和牵连。

那么对于上市公司来说,究竟如何防范刑事风险才最有效?我们认为应从以下两个角度进行分析:

(一)完善企业刑事合规,全面构建风控体系

刑事合规,顾名思义,是以刑事法律的标准来识别、评估、预防和控制企业在经营管理活动中的法律风险,防患于未然,避免企业及其经营管理者们因违反刑事法律而诱发刑责。

上市公司发行股票,面向社会公开募集资金,其商业活动和经营行为对社会经济和公众利益产生重大影响,也是具有代表性的企业类型之一。利益总与风险并存,可以说,证券市场所能够产生的巨大经济利益在时刻考验着上市公司、关联企业及人员。

我国刑事法律对于证券活动有专门性规制,且各个罪名的刑事追诉标准并不难达到,无论从数据还是案例来看,我国对证券违法犯罪行为的惩治力度日益趋严,上市公司涉刑情况频繁发生。对于很多上市公司而言,实际上,刑事风险可能早已悬于头上。然而,目前上市公司在证券领域的合规投入普遍止步于证监部门的行政监管,这一点是远远不够的。

因此,我们建议,除了被动适应证监部门的监管要求外,上市公司还应做好以下四方面的合规自检,主动排查、隔离刑事风险。

第一,上市公司应全面审视自身的风控合规体系。对公司现有生产经营、劳动人事、财务审计、公司章程等管理制度进行检查,确认是否存在监管制度缺失、部分高管行使权力未受到制度约束的情况;对公司目前的涉诉案件进行梳理,找出高频的风险点;建立健全公司内部决策的合规审查制度和刑事风控体系,如反贿赂制度、反舞弊制度、公章保管制度等。

第二,上市公司、股东、实控人及董监高应全面、深刻地理解和把握法律、法规及监管部门的各项要求,尤其应依法履行信息披露义务,及时、准确、完整、合规地披露信息,避免违规信息披露造成的刑事风险。

第三,上市公司应重视对大股东、实际控制人、董事、监事、公司经营管理层、董事会秘书、财务会计人员和相关业务人员的法律合规培训,增强相关责任主体的法律意识,避免出现违法违规甚至犯罪行为。

第四,应特别关注上市公司并购重组事项,扩大刑事合规规制范畴的外

延设置,即不仅在上市公司内部做到主动排查风险,在商业合作伙伴、交易对手等特定主体的合规性审查和管理方面,也应当予以重点关注。例如,做好并购标的的尽职调查工作,深入了解其业务模式和盈利能力;在并购标的设置合规部门,负责日常合规工作;上市公司应完善投后管理,定期检查并购标的的风控合规工作。

(二)及时处理涉刑事件,主动隔离刑事风险

经济活动的复杂性和法律的滞后性导致上市公司及人员不仅有可能在经济活动中主动触发刑事责任,也有可能遭受犯罪分子的不法侵害。

如前文所述,上市公司因并购重组中财务造假引发的刑事风险日益增多,很大程度是因为部分上市公司在完成并购重组后,未参与投后管理,疏于监督并购标的的运营管理导致。在这种情况下,上市公司更类似于财务投资人角色,仅提供资金支持,但并不干涉原管理团队的管理运营。

然而,即使上市公司对并购标的的实际运作了解不多,但作为收购方,基于财务报表的要求,一旦并购标的涉嫌造假,上市公司也应该及时向有关部门进行举报并对投资者进行披露。这不仅是上市公司隔离风险的手段,也是上市公司作为收购方、母公司的义务和责任,更是上市公司作为公众公司保护投资者利益的企业社会责任。

针对此类情形,我们建议上市公司及其有关人员应及时通过民事诉讼或者刑事控告的方式,对于其发现的被并购标的违法违规,甚至涉刑行为予以及时有效的处置,避免上市公司及其董监高遭受更为严重的行政处罚,甚至刑事处罚。

例如,在宁波东力的调查和处罚中,证监会不仅考虑了宁波东力的主动报案情形,也考虑了个别高管在发现年富供应链财务造假中的立功情形,同时结合董监高的职责范围,并非根据签字责任一并处罚,这体现了监管的针对性,引导市场相关主体履职尽责。

再如,长园集团也因存在主动向公安机关报案情形,而及时有效地隔离了刑事风险,上市公司相关责任主体仅承担了行政处罚责任。

总的来说,在证监会强化并购重组监管、精准追究相关主体责任的背景下,上市公司应当警惕关注本公司并购项目,做好尽职调查工作,提前隔离风险。一旦发现并购标的企业造假,应第一时间向证券监管机关和公安机关进行举报,及时隔离刑事风险。

图书在版编目(CIP)数据

对赌争议解决法律实务 / 邱琳等著. -- 北京 : 法律出版社, 2021
ISBN 978-7-5197-5362-7

Ⅰ. ①对… Ⅱ. ①邱… Ⅲ. ①金融法–研究–中国 Ⅳ. ①D922.280.4

中国版本图书馆 CIP 数据核字(2021)第 030674 号

对赌争议解决法律实务
DUIDU ZHENGYI JIEJUE FALÜ SHIWU

邱　琳　刘新波　田　古　李晓丹　庞　超　著

策划编辑 郑　导
责任编辑 郑　导
装帧设计 汪奇峰

出版 法律出版社
总发行 中国法律图书有限公司
经销 新华书店
印刷 天津嘉恒印务有限公司
责任校对 晁明慧　王　皓
责任印制 陶　松

编辑统筹 学术 · 对外出版分社
开本 710 毫米×1000 毫米　1/16
印张 28.5
字数 467 千
版本 2021 年 2 月第 1 版
印次 2021 年 2 月第 1 次印刷

法律出版社/北京市丰台区莲花池西里 7 号(100073)
网址/www.lawpress.com.cn
投稿邮箱/info@lawpress.com.cn
举报维权邮箱/jbwq@lawpress.com.cn
销售热线/400-660-8393
咨询电话/010-63939796

中国法律图书有限公司/北京市丰台区莲花池西里 7 号(100073)
全国各地中法图分、子公司销售电话:
统一销售客服/400-660-8393/6393
第一法律书店/010-83938432/8433　西安分公司/029-85330678　重庆分公司/023-67453036
上海分公司/021-62071639/1636　深圳分公司/0755-83072995

书号:ISBN 978-7-5197-5362-7　**定价**:118.00 元
(如有缺页或倒装,中国法律图书有限公司负责退换)